Vettermann   BARAWITZKA UND DIE SEE-AMAZONEN

VETTERMANN

Barawitzka
UND DIE
SEE-AMAZONEN

DELIUS KLASING VERLAG

ISBN 3-7688-0524-7

© Copyright by Delius, Klasing & Co, Bielefeld
Printed in Germany 1985
Umschlag: Siegfried Berning
Zeichnungen: Karl Vettermann
Druck: May & Co. Darmstadt

Kapitelübersicht

Der Schiffbruch der HIPPODACKL 9

Der „schwarze Dienstag" und das Ende der legendären HIPPO-DACKL-Crew · Eine folgenschwere Ohrfeige · Yachtcharter ist nicht so einfach · Ein Vizekommodore wird nicht gewählt · Die „Wiedergeburt" aus dem Moorbad · Wer kennt schon das Seemannsgesetz? · B. A. heuert die Amazonen an

Die Bora war nicht eingeplant 59

„It's a long way to Grado..." (österr. Seemannslied) · Das Seuchenschiff · Segelsetzen kann wahnsinnig lustig sein · Die zollfreie Partisanin und die „Casanova-Tour" · Bora! Bora! · Wie leicht man ein Schiff versenken kann · Das „Milos-Manöver"

Mit Putzlappen und Polierwolle 108

Aus B. A.s Trickkiste · Wie man dem Käptn ein Schnippchen schlägt · Die Streikbrecher · Rebitscheks Super-Farb-Kodierungs-System für Laufendes Gut · Die besten Steaks gibt's in Cäsars gemütlicher Stube · Ich weiß, ich weiß ein Gasthaus, das du nicht weißt! · Der Pate winkt mit dem Finger

Regattaregeln und Tricks 138

Im Damenklo lauert ein Mörder! · B. A. Barawitzka erklärt die Wettsegelbestimmungen · Wie man unliebsame „grüne" Politiker abserviert · Schon wieder Ärger mit Dr. Krobatschek · Der „Wikkelspi" · Barawitzkas neue Segelmütze · Das traurige Ende eines alten Freundes · Das Rovinjer Ankermanöver

Die Philosophie der Hohen Kante 180

Die Verschwörung auf der Hohen Kante · Feine Leute leiden höchstens an Kinetose · Das Regatta-Symphonieorchester · Von Beruf Klagemauer · Die Kunst, mit Händen und Füßen zu reden · Gekentert! · Stammen wir von den Delphinen ab? · Pökelfleisch macht durstig · Das Piratenfest und Rebitscheks Höllenpunsch

Frauenräuber und Gendarm 218

Anita ist weg! · Die Suche nach der verschwundenen Amazonenkönigin · Ein gestandener Tiroler Amateurfunker · Die Seebäcker · Eine traumhafte Nachtfahrt · Wiedersehensfest in Skradin · Das Gefecht in der Diskothek

Ehrlich währt am längsten 261

Zwischenspiel in Venedig · Domenicos Kneipe · Nullstart! · Eine alte Weisheit sagt: Das schnellste Schiff gewinnt, nicht das trickreichste! · Die Trockensegler von Aprilia Marittima · Oberschwester Cleo als Geheimwaffe

Hochzeitsglocken in Venedig 286

Venedig ist einmal Mastlegen wert · Der fünfte Pokal war einer zuviel · Die Trauung in Santa Angela und das Duell der Ehrengarde · B.A. schickt Dr. Krobatschek endgültig ins Exil

Ein Wort voraus . . .

Käptn Barawitzka und eine emanzipierte Amazonencrew auf hoher See! Das ist ein Thema, an dem sich die Geister scheiden werden, das eingefleischte Herrensegler ebenso wie tapfere Vorkämpferinnen für Frauenrechte bis zur Weißglut erhitzen könnte. Auch möchte ich Anita und ihre Seeschwestern vor Repressalien aus den eigenen Reihen – wegen Kooperation mit dem Erzfeind – schützen; deshalb soll der folgenden Logbuchnacherzählung die in solchen Fällen übliche Vorbehaltsklausel vorangesetzt werden:

Die Personen dieser Handlung, ebenso die Handlung selbst, existieren nur in meiner wuchernden Phantasie; jede Ähnlichkeit wäre rein zufällig. Wer's nicht glaubt, kann gern ins Logbuch Einsicht nehmen (ich führe nämlich immer zwei, eines für mich und eines für derlei Kontrollzwecke).

Karl Vettermann,
Navigator

Der Schiffbruch der
HIPPODACKL

Der „schwarze Dienstag" und das Ende der legendären
HIPPODACKL-Crew · Eine folgenschwere Ohrfeige · Yachtcharter ist
nicht so einfach · Ein Vizekommodore wird nicht gewählt
Die „Wiedergeburt" aus dem Moorbad · Wer kennt schon das
Seemannsgesetz? · B.A. heuert die Amazonen an

Auch an jenem „schwarzen Dienstag" im April traf sich die Seglerrunde um Kapitän B.A. Barawitzka in der Sechshauserstraße Nr. 60, im 15. Wiener Gemeindebezirk. Dort gibt es allerdings keine teakhölzerne Seemannskneipe mit polierten Messinglaternen, Schiffsmodellen und ausgestopften Fischen an der Wand oder ein mit Flaggen und den Fotografien früherer Kommodores und Vereinskassierer tapeziertes Versammlungslokal eines feudalen Yachtklubs, sondern nur ein ganz gewöhnliches Wiener Vorstadtbeisl: mit einer Gaststube, einem Extrazimmer, einer kleinen Küche, einer Theke mit Gläserspülbecken, einer Registrierkasse, mit Bierzapfhähnen, einem Glasregal, in dem verschiedene Wurst- und Käsesorten, gekochte Eier, Rollmöpse, Salzgurken, Sardellenringe und ähnliche Gabelbissen eingekühlt sind, mit einer Wirtin, einem Wirt und einem Oberkellner namens Hans. In diesem Beisl ist jeden Dienstagabend ein großer Ecktisch für „die Segler" reserviert. Die Wirtin hat noch andere Tischkarten, zum Beispiel für die „Altweiberrunde", den „Sparverein Storchengasse" und die „Herren von der Müllabfuhr". Natürlich gibt es in Wien auch Lokale mit Marinedekor, wo wir uns stilgerechter hätten treffen können, wie die Flieger im „Fly-away"-Pilotenklub, die Jäger im Hubertus-Bräu, die Politiker in der Milchbar des Parlaments, die Tortentiger in der Hofkonditorei Demel, wie Leute, deren Geschlechtsbewußtsein noch nicht völlig ausgereift war, im Café „Why not?" und Gehörgeschädigte in der Diskothek „Boom-Boom". Aber unser Chef und Kapitän fand, daß wir Donaumatrosen in einem Altwiener Beisl bestens untergebracht wären.

Als ich an besagtem schicksalshaftem Dienstag in unser Gasthaus kam, war der Ecktisch schon gut besetzt und der Lärmpegel entsprechend hoch. Allerdings galt es, die „Altweiberrunde" am Nebentisch zu überschreien, denn die Damen pflegten beim Kartenspielen immer einen ganz schönen Krach zu machen. Es waren beinahe alle Veteranen unserer letztjährigen Ägäiskreuzfahrt mit dem Zweimastsegler HIPPODACKL gekommen.

„Schaut, der Vettermann-Karl, unser Rechenschieber, ist auch schon da!" rief einer. „Macht Platz! Max, rück ein wenig!"

Max Casarolli, der rauschebärtige Schiffskoch, deutete nur wortlos auf einen leeren Stuhl an der Stirnseite des Tisches.

„Sei nicht so faul, Max! Du weißt doch, dieser Stuhl ist für unseren Kapitän reserviert. Also rück!"

Max verzog das Gesicht zu einer widerborstigen Grimasse, rückte unwillig um zwei Millimeter, und ich quetschte mich neben ihn. Ober Hans stellte mir ungebeten ein Krügel Bier hin, wie jeden Dienstag. Dann nickte ich den Freunden reihum grüßend zu.

Mein Freund Simon Rebitschek war heute ausnehmend elegant gekleidet, in einen dunklen Zweireiher mit Weste. Die dezente Seidenkrawatte harmonierte mit dem eierschalenfarbenen Hemd und dem gleichfarbigen Stecktüchlein. Nicht ganz dazu paßte Simons Kopf. Obwohl seine schwarze Mähne sorgfältig frisiert und der Vollbart frisch gestutzt war, sah er eher aus wie ein Freibeuter im Sonntagsanzug, nicht wie ein Ministerialbeamter. Der leichte Knick in der Nase – von einem wildgewordenen Spinnakerbaum verursacht – und die breiten Schultern konnten auch vom besten Schneider nicht völlig kaschiert werden.

Simon Rebitschek, der Schrecken der Meere, hatte mit mir vor vielen Jahren die Gewerbeschule besucht, Fachrichtung Textilchemie und Färberei. Da wir aber beide im praktischen Laborunterricht eine unheilvolle Neugier für all jene chemischen Rezepte entwickelten, die zwar nicht wuschen, appretierten oder färbten, dafür aber zu jähen Explosionen neigten, und da wir auch sonst keine Musterschüler waren, mußten wir nach dem dritten verheerenden Laborbrand die Berufsausbildung wechseln. Als jungen Menschen verschlug es Simon per Anhalter bis an die französische Kanalküste, wo er von bretonischen Yachties mitgenommen und mit dem Segelvirus infiziert wurde. Dort lernte er auch sein schauderhaftes Französisch. Er konnte sich fließend verständigen, aber leider nicht im edlen, champagnergleich perlenden Gallisch der Pariser, sondern in

10

dem von Flüchen strotzenden Calvados-Dialekt der Küste. Jetzt war Simon Rebitschek elf Monate mit Aktenwälzen beschäftigt, doch einmal im Jahr brach er aus dem Alltag und den Armen seiner Familie aus und fuhr zur See. Auf Segelschiffen. Dabei warf er alle Ermahnungen über Bord, die ihm Mama Rebitschek mitgegeben hatte: Er befleißigte sich einer betont rauhen Ausdrucksweise, und sein Hauptargument bei Diskussionen war ein bösartig geschliffenes Takelmesser, das er an Bord ständig bei sich führte.

Laszlo Rosenstein neben ihm war genau das Gegenteil. Mädchenhaft schlank, mit langwimprigen blauen Augen und blonden Christkindlocken saß er da wie Simons gutes Gewissen oder sein Schutzengel. Die beiden verband eine spezielle Freundschaft. Sie lagen einander mit Begeisterung in den Haaren, besonders in nautischen Dingen. Laszlo war der Theoretiker, der stets Sir Francis Chichester, E. C. Hiscock, Adlard Coles, C. A. Marchaj oder sonst einen Altmeister der Segelkunst zitierte und mit Formeln jonglierte, während Simon als Praktiker Segeln gelernt hatte und allen „hochgestochenen Schnickschnack" verachtete. Laszlo Rosenstein lebte vom Handel mit Jeans und ähnlichen Modeartikeln im Wiener Textilviertel.

Der Dritte in der Runde war Georg Hajduk, von Beruf Tischler. Er war groß, sehr kräftig und auf eine etwas grobe Art ein sogenannter „fescher Bursche". Seine verträumten braunen Augen und der millimeterbreite Spalt zwischen den Vorderzähnen verliehen ihm eine gewisse Ähnlichkeit mit dem Filmschauspieler Omar Sharif. Er war unser Bord-Casanova und sorgte mit seiner relativen Ahnungslosigkeit in der Segelei für den Schuß unfreiwilligen Humors, der für ein lockeres Bordklima so ungemein wichtig ist.

Dann war da noch Hofrat Dr. Viktor Trauttmannsdorff. Im Interesse einer demokratischen Bordordnung hatte er gleich ersucht, das „von" vor seinem Familiennamen wegzulassen. Seine aristokratische Nase, der eisgraue Schnurrbart und die hellen Streifen an seinen Schläfen zeichneten ihn ohnehin als Gentleman aus. Er war ein wichtiger Mann im Rechnungshof und an Bord unserer Charteryacht Spezialist für den Ölwechsel und das Verputzen von Speiseresten. Also ein überaus brauchbares Crewmitglied. Außerdem führte er die gemeinsame Bordkasse mit derselben Unbestechlichkeit, wie er seine Kontrollen in den Staatsbetrieben vornahm. Ihn hatte noch nie ein levantinischer Händler um eine einzige Drachme betrogen.

Neben Viktor saß Felix Hufnagel, ein sonnengebräunter Typ mit Adlernase, Händen wie Dingipaddel und langen, glatten, schwarzen Haaren, die er so gescheitelt über die Ohren fallen ließ wie Winnetou. Er war ein sehr angenehmer Schiffskamerad, weil er nicht so viel quatschte wie Simon oder Laszlo und jeden Befehl ohne Zögern und meuterisches Gemurmel ausführte.

Sein Nachbar, Diplomingenieur Westermayer, war unser Paradesegler. Jahraus, jahrein war er bronzebraun gebrannt, als käme er soeben von einer längeren Karibikkreuzfahrt. Es ging das Gerücht, daß er Karotintabletten nehme, um von innen heraus zu bräunen. Sein blonder Schopf war immer wie von der Sonne gebleicht und vom Wind gebürstet. Man sah ihn nie ohne Klubkrawatte und seinen marineblauen Blazer, dessen Revers mit buntemaillierten Klubnadeln und Leistungsabzeichen gespickt war.

Der letzte der Runde war Max Casarolli, unser Kleinster; zum Ausgleich dafür trug er den längsten Vollbart. Max war ein ausgezeichneter Koch. Außerdem war er dank seiner Konfektionsgröße meist der einzige Mann an Bord, der die Muttern einer leckenden Stopfbüchse oder den Getriebeöleinfüllstutzen erreichen konnte oder sich bis zu jenen Seeventilen durchschlängelte, deren Einbauer anscheinend annehmen, daß Segler mit drei Meter langen Armen geboren werden.

Die Mannschaft war also beinahe komplett – bis auf unseren Kapitän und Janos Gludowatz, unseren burgenländischen Weinbauern, der leider meist am Dienstag Gemeinderatsitzung hatte und deshalb selten zu Crewtreffen kommen konnte.

Zwischen den anderen lief eine heiße Diskussion über die richtige Technik bei Kursverwandlungen. Ich wandte mich an Simon, dem

diese Fachsimpeleien sichtlich auf die Nerven gingen: „Du hast dich aber heute fein herausgeputzt, du alter Seeräuber! Was ist denn los? Bist du befördert worden oder warst du auf einem Begräbnis?"

Simon schnitt ein Gesicht, als hätte ich ihm Salz ins Bier gestreut. „Wir hatten den Tag der offenen Tür im Amt", knurrte er. „Unser Abteilungsleiter, dieser verdammte Pretzlhofer, hat versucht, die Registratur ganz besonders herauszustreichen; beinahe hätten wir in Frack und Zylinder herumlaufen müssen. Dabei war's eh' für die Katz'! Kaum ein Dutzend Besucher haben sich bis in unsere staubigen Hallen verirrt. Unten in der Kantine, wo's Freibier und Gratiswürstchen gab, da war natürlich alles voll." Er grinste plötzlich wie ein Lausbub, dem es gelungen ist, einen Knallfrosch unter dem Stuhl des Lehrers zu zünden. „Ein Gutes hat der Zweireiher schon gehabt. Ich habe eine Akte ins Präsidialbüro bringen müssen, dabei bin ich versehentlich unter einen Haufen Bonzen geraten. Bevor ich mich versah, stand ich plötzlich im Festsaal, der Minister drückte mir die Hand und schob mich zum Buffett. Da gab's Champagner und Kaviarbrötchen; ich habe einen netten Vormittag verbracht. Hast du gewußt, daß der belgische Botschafter ein begeisterter Segler ist? Ich habe mich sehr gut mit ihm unterhalten." Simon sah auf seine Uhr. „Wo der Barawitzka nur so lange bleibt? Sollten wir nicht schon mit den Besprechungen anfangen? Du als Navigator kannst ja den Kapitän vertreten. Außerdem halte ich den entsetzlichen Westermayer mit seiner Klugscheißerei über Kursverwandlungen nicht länger aus!"

Ich verstand seine Not. Seit vielen Wochen besuchten Viktor, Laszlo und Felix einen Kursus in Segeltheorie. Westermayer hatte

13

die Drachensaat der Führerscheinsucht in die ahnungslosen Herzen der Mannschaft gestreut, weil er an „Käpt'n Müllers Navigationsschule" unterrichten durfte, wenn er ein paar Kandidaten für den B-Schein-Kursus anwarb. Diese Lehrtätigkeit wiederum sollte ihm den Weg in die Prüfungskommission des Seglerverbandes ebnen, denn die goldene Prüfernadel hätte er gar zu gern noch an seinem Rockaufschlag gehabt. Daß wir bei unserer kommenden Türkeifahrt wahrscheinlich gewisse Kompetenzschwierigkeiten bekommen würden, weil zu viele Navigatoren an Bord waren, kümmerte ihn nicht. Er hatte schon verkündet, daß er diesmal nicht mit von der Partie sein würde, weil ihm Käpt'n Müller das Kommando über ein Schulschiff in Cannes anvertraut habe.

„Eine Minute, bitte!" forderte ich und klopfte an mein Glas. „Wer weiß, ob unser Kapitän heute noch kommt. Also wollen wir jetzt schnell unser Arbeitsprotokoll für diesen Dienstag absolvieren, dann können wir die Organisation der nächsten Reise vergessen und zum gemütlichen Teil des Abends übergehen. Westermayer, halt jetzt bitte die Klappe! Du kannst mit deinem Vortrag später fortfahren."

Alle rückten sich zurecht, einige zogen Notizbücher heraus, der Hofrat öffnete seine Aktenmappe. Es ging sehr schnell, denn einmal war es nicht die erste Seefahrt, die wir planten, und zweitens stammte die Organisation von B. A. Barawitzka, und was der organisierte, war bisher immer perfekt gewesen.

Ich hatte eine Prüfliste und brauchte nur abzuhaken.

„Neue Seekarten der türkischen Küste, das Hafenhandbuch ‚Ägäis Ost' und der Yachtfunkdienst sind besorgt. Das habe ich erledigt. Hier sind die Rechnungen, Viktor." Der Hofrat sortierte die Belege, trug die Beträge in ein Büchlein ein und griff nach seiner Brieftasche, um mir das Geld zu erstatten.

„Punkt zwei: Anreise nach Kreta, wo wir die HIPPODACKL übernehmen werden. Das war deine Aufgabe, Max."

Casarolli nickte gravitätisch und glättete ein Stück Papier. „Wir fliegen am 26. Mai um 11.35 Uhr mit Austrian Airlines, Flugnummer OS 875, von Wien-Schwechat nach Athen. Dort haben wir um 19.20 Uhr Anschluß nach Heraklion, mit Olympic Airways, Flugnummer OA 512. Der Transfer ins Hotel ist bestellt. Unsere Plätze sind gebucht, und ich kann die Flugkarten abholen, wenn die letzten von euch endlich ihr Reisegeld an den Hofrat überwiesen haben. Der Rückflug ist für den 14. Juni gebucht. Zufriedenstellend?"

Ich nickte ihm zu. „Barawitzka würde sogar sagen: äußerst zufriedenstellend. Vielen Dank, Max. Wie sieht es mit den Proviantlisten aus?"

Max winkte mit einem dicken Papierstoß. „Alles da. Ich habe mir ein türkisches Kochbuch besorgt, dazu ein Wörterbuch, und komplette Einkaufslisten auf deutsch und türkisch zusammengestellt. Damit kann der größte Trottel die richtigen Zutaten besorgen."

Das mit dem „Trottel" gefiel Simon nicht, denn er war ein großer Einkäufer in fremden Basaren. Er schnaufte durch die Nase und ballte die Fäuste. Dann aber fiel ihm wohl ein, daß er sich nicht betroffen fühlen mußte, weil es ja noch mehr Leute in der Mannschaft gab, und er regte sich wieder ab.

„Max, ich wüßte nicht, was wir ohne dich anfangen sollten!" Ich grinste ihn an wie Barawitzka, wenn er jemandem für eine besonders gelungene Aktion danken wollte. „Weiter im Text. Ihr habt die Seekarten gesehen. Wenn wir Rhodos erreicht haben, müssen wir uns entscheiden. Habt ihr untereinander die Route abgestimmt?"

„Ich bin sehr dafür, daß wir nach Kusadasi segeln und Ephesus besuchen. Simon und Felix sind auch dafür", behauptete der Hofrat.

„Blödsinn!" ärgerte sich Simon. „Ich habe nie gesagt, daß wir diese langweiligen Ruinen besuchen sollen, nur weil Österreicher daran herumbuddeln. Ich bin eher für Zypern oder die türkische Südküste. Auch Max ist meiner Meinung."

„Lächerlich!" erklärte Laszlo. „Wenn wir schon drei Wochen Zeit haben, dann segeln wir doch nach Haifa und besuchen Israel. Das ist interessant. Wer braucht die Türken?"

„Völlig absurde Idee!" schrie Viktor. „Denn was wird, wenn sich

Karl wieder irrt und wir im Libanon landen? Bürgerkrieg ist nicht meine Vorstellung von einem gemütlichen Urlaub!"

„Okay, ich sehe schon, es gibt noch unterschiedliche Meinungen", entschied ich. „Wir warten in dieser Frage auf unseren Kapitän, der soll eine demokratische Einigung herbeiführen. Fünfter Punkt auf der Tagesordnung: Überweisung der Chartergebühr an die Firma Kettering und Kompagnon."

Der Hofrat lächelte nur spöttisch. „Alles bereits erledigt und mit Einschreibebrief bestätigt. Die Schiffspapiere erhalten wir von einem Herrn Matzoukidis bei der Schiffsübernahme am 27. Mai vormittags im Yachthafen von Heraklion. Gibt's noch Fragen?"

Ich schaute auf meine Liste und schüttelte den Kopf. „Wir brauchen eigentlich nur noch unsere Seesäcke zu packen und loszufliegen. Alles in Ordnung. Danke, meine Herren!"

„Cheerio und Prost!" schrie Simon gut aufgelegt. „Dann kann's ja losgehen! Wenn wir erst unterwegs sind, werde ich euch Segelküken zeigen, wie der Praktiker sein Schiff ans Ziel bringt. Ohne Taschenrechner und dicke Tabellen und ohne tausend Handbücher mit Titeln wie ‚Navigation für Begriffsstutzige' oder ‚In vierzig Lektionen zum Kapitän' und ähnlichen Schmonzes."

„Schmonzes ist ein jiddischer Fachausdruck für leeres Gerede", bemerkte Laszlo kühl. „Er trifft aber nur auf deine unqualifizierten Äußerungen zu, Simon, nicht auf die nautischen Lehrbücher. Immerhin werde ich in zwei Wochen die Kapitänsprüfung ablegen. Du dagegen fährst angeblich schon fünfzehn Jahre zur See und hast noch überhaupt keinen Segelschein. Schande über dich!"

Rebitscheks gute Laune verflog schlagartig. Er kniff die Augen zusammen und starrte böse seinen blonden Widersacher an. „Soll ich dich mit Karls Feuerzeug flambieren?" drohte er. „Du hast Glück, daß ich heute mein Messer nicht dabei habe, weil bei uns Tag der offenen Tür war."

„Also deshalb bist du in deinen Firmungsanzug geschlüpft", kicherte Laszlo ungerührt. „Aufgeputzt wie ein Brautwerber..."

Simon ballte die Fäuste. „Halt dein loses Mundwerk im Zaum, Fetzenhändler! Ich weiß jedenfalls immer, wo ich bin auf dem Meer, im Unterschied zu gewissen Navigatoren, die sich auf See verirren wie kleine Kinder im Wald. Dabei braucht man dazu nur das winzige Gehirn einer Brieftaube..."

„Das hast du", meinte Laszlo. „Keine Frage. Ein Taubenhirn hat sogar in deinem kleinen Kopf Platz..."

16

Simon Rebitschek stand auf und hob die Fäuste, um Laszlo Rosenstein in unkenntliches Strandgut zu verwandeln.

„Achtung! Der Kapitän kommt!" schrie Georg gerade noch rechtzeitig. Simon nahm knurrend wieder Platz.

B. A. Barawitzka wirkte mit Assyrerbart und elegantem Nadelstreifen in dem kleinen Vorstadtbeisl ausgesprochen vornehm. Er war Direktor eines Betriebsberatungsunternehmens, aber auch in Marinedingen der ungekrönte Meister aller Klassen. Er hatte es erst möglich gemacht, daß unsere bunt zusammengewürfelte Mannschaft aus Hofräten, Tischlern, Mechanikern, Kaufleuten und Beamten jedes Jahr einen Teil des gewerkschaftlich vorgeschriebenen Erholungsurlaubs auf See verbringen konnte.

Seine Taufnamen Boris und Anastasius hörte er nicht gern; seine Eltern hatten ihn nur aus Rücksicht auf einen reichen Erbonkel so getauft, der aber war eines Tages überstürzt nach Südamerika abgereist und hatte nur Schulden zurückgelassen.

Man kann sich leicht vorstellen, was B. A. in der Schule von seinen Klassenkameraden alles zu hören bekam, denn Kinder sind ja bekanntlich nicht minder grausam als ausländerfeindliche Erwachsene. Vielleicht entwickelte sich damals schon der Ansatz zu seinem späteren Ehrgeiz, in allem und überall der Beste zu sein und auch vor List, Manipulation und Täuschung nicht zurückzuschrecken, wenn es darum ging, seine Ziele durchzusetzen. Er bestand jedenfalls darauf, von seinen Freunden und Bekannten nur mit Initialen angesprochen zu werden.

„Guten Abend, Herr Direktor!" rief der Ober und verbeugte sich.

B. A. kam zu unserem Tisch, aber er setzte sich nicht, sondern blieb hinter seinem Sessel stehen.

„Hallo, Käptn!" Felix hob grüßend die Hand.

„Meine neuen Proviantlisten sind fertig", meldete Max dienstbeflissen.

Der Hofrat zückte sein Sparbuch. „Weißt du, wieviel wir bereits auf unser gemeinsames Schiffskonto eingezahlt haben?"

Erst jetzt bemerkten wir, daß Barawitzka seltsam ernst dreinschaute. Er stand so reglos am Tisch wie Don Juans Steinerner Gast. Das war ungewöhnlich.

Die Gespräche verstummten, wir sahen ihn neugierig an. Irgendeine Katastrophe hing unsichtbar, aber direkt fühlbar über ihm. Schweigen breitete sich aus.

„Ich muß euch etwas Furchtbares mitteilen", sagte Barawitzka plötzlich. Nach kurzem Räuspern fuhr er fort: „Die HIPPODACKL gibt es nicht mehr. Sie ist gesunken."

„Nein!" Simon schrie es beinahe. Die Runde war wie gelähmt, das Lachen und Plaudern der anderen Gäste im Lokal kam mir auf einmal überlaut und unpassend vor.

B. A. zog einige Papiere aus seiner Tasche und las laut vor: „APA-Meldung: Wie die Hafenbehörden von Kania (Kreta) mitteilen, ist gestern nacht die österreichische Segelyacht HIPPODACKL dicht vor der Hafeneinfahrt gestrandet und gesunken. Obwohl sich das Unglück bei Nacht und Sturm der Stärke 7 bis 8 ereignete, konnte die gesamte Besatzung – alles österreichische Staatsbürger – gerettet werden. Die gestrandete Yacht mußte leider aufgegeben werden, und mit ihr verloren die Segler alle Papiere, Dokumente und ihr Bargeld. Das österreichische Konsulat hat die Schiffbrüchigen vorerst in einem Hotel unterbringen lassen und wird ihre Rückreise nach Wien organisieren. Die Ermittlungen der griechischen Behörden dauern an. Die Yacht befand sich nach Aussage des Kapitäns auf einer Charterfahrt, als sie in Seenot geriet."

Unser Kapitän warf das Fernschreiben auf den Tisch und glättete lesend das nächste Papier: „Sehr geehrter Herr Direktor Barawitzka! Leider muß ich Ihnen mitteilen, daß unsere Charteryacht nicht mehr existiert, wie Sie bitte dem beiliegenden Fernschreiben entnehmen können. Wir sind daher leider gezwungen, unter Bezug auf Paragraph 13 der Charterbedingungen von unserem Vertrag zurückzutreten. Anbei retournieren wir Ihren Scheck für die Charteranzahlung und bitten, selbigen Erhalt der Ordnung halber zu bestätigen. Unsere neue Yacht wird in Holland auf Kiel gelegt, aber erst gegen Ende des Jahres fertig. Sollten Sie im nächsten Frühjahr an einer Überführungsfahrt von Holland ins Mittelmeer interessiert sein, nennen wir Ihnen gern die Bedingungen. Ihrer geschätzten Antwort mit Interesse entgegensehend, verbleiben wir ... Kettering Yachtcharter GmbH & Co.KG." Barawitzka ließ auch diesen Brief und einen Scheck auf den Tisch fallen.

„Das war's, meine Herren!" sagte er. „Unsere geplante Türkeifahrt ist hiermit ebenfalls untergegangen. Aus! Ende! Amen!" Er setzte sich und winkte dem Ober. „Einen Kognak, Hans! Aber einen großen, bitte!"

Wir saßen alle wie gelähmt da. Zwei Jahre war die HIPPODACKL ein glückliches Schiff gewesen. Jetzt hatte das Schicksal die Faust geballt und mit voller Wucht zugeschlagen. Obwohl die Nachricht

18

Untergang der HIPPODACKL

schwarz auf weiß vor uns auf dem Tisch lag, wollten wir die Endgültigkeit dieser Meldung einfach nicht glauben.

Simon schüttelte den Kopf, als könne er nicht begreifen, was er soeben gehört hatte. „Das gibt's doch nicht! Die können doch nicht einfach unser Schiff versenken! Paßt denn da niemand auf, wer mit einem so teuren Kahn herumkutschiert? Das hört sich doch an wie ein Aprilscherz! Was heißt, sie ist gesunken? Unsere HIPPODACKL sinkt doch nicht einfach mir nichts, dir nichts!"

Giselher Westermayer griff nach dem Brief, und ich steckte mit dem Hofrat den Kopf über dem Fernschreiben zusammen. Aber es gab nichts daran zu rütteln. B. A. hatte alles wörtlich vorgelesen.

Die trockene und lakonische Schilderung der Schiffskatastrophe wurde für uns zum persönlichen Erlebnis, weil wir ja mit dieser Ketsch viele Wochen gesegelt waren, auch durch Nacht und Sturm. Ich hörte fast das dröhnende Zuschlagen der Brecher; das Ächzen des Rumpfes; das Scheppern des Bestecks in der Lade; das harte, Gefahr verkündende Knallen killender Segel; den kurzen metallischen Wehlaut, mit dem überbeanspruchte Riggteile nachgaben. Ich konnte mir den Schock der Mannschaft vorstellen, als es zum erstenmal tief unten am Kiel krachte; dann die schrecklichsten aller Geräusche für Seeleute: das Splittern von Spanten, das reißende Bersten von Glasfiberwänden und das gierige Gurgeln hereinschießenden Wassers. In der einen Sekunde eine warme, geschützte Atmosphäre unter Deck – und in der nächsten, mit dem Erlöschen des Lichtes, schlagartig ein nasses, kaltes Chaos.

Ich schauderte.

Nur Georg erfaßte die volle Bedeutung der Meldung nicht ganz. „Dieser Kettering kann doch nicht einfach unseren Vertrag kündigen", rief er in die Runde. „Womit sollen wir denn im Urlaub segeln?" Er blickte von einem zum anderen. Aber Barawitzka starrte nur in seinen Kognakschwenker, Viktor faltete den Scheck zusammen und verstaute ihn in seiner Brieftasche, Max zerriß langsam seine Proviantliste und ließ die Fetzen in einen Papierkorb rieseln.

„So sagt doch was!" rief Georg beunruhigt.

Simon fuhr ihn an: „Schrei doch nicht so! Hast du nicht kapiert? Das Schiff ist gestrandet, kaputt, gesunken. Es liegt irgendwo am Meeresgrund, und in deiner Koje krabbeln jetzt Krebse und Langusten herum. Und mit deinem Funkpeiler spielt ein Tintenfisch. Kein Schiff – kein Vertrag – keine Segelfahrt in die Türkei! So einfach ist das. Wir können uns den Törn in die Haare schmieren!"

Georg wollte es nicht glauben. „Vielleicht kann man Taucher engagieren..."

„Weißt du mehr über den Untergang, B.A.?" unterbrach ihn Giselher Westermayer.

B.A. stützte die Ellbogen auf den Tisch. „Ja, weiß ich", seufzte er. „Ich habe mit Kettering telefoniert. Schuld am Untergang war nicht allein der Sturm oder grobe Fahrlässigkeit dieser Knaben, sondern wie bei den meisten Seeunglücken eine Folge kleiner Fehler und dummer Zufälle. Die HIPPODACKL hätte mit ihrer Mannschaft Kania am frühen Nachmittag erreichen sollen. Doch der Wind legte kräftig zu, und der Skipper ließ vorsichtshalber reffen. Dabei brach das Großfall, angeblich weil es in der Großfallwinsch unsachgemäß aufgekurbelt war; es rauschte zur Gänze aus, und das Segel kam von oben. Bei dem groben Seegang konnten sie kein Ersatzfall einscheren, also fuhren sie unter Sturmfock und Besan weiter. Dadurch wurden sie so langsam, daß sie Kania erst bei Dunkelheit erreichten. Um diese Zeit waren alle an Bord schon sehr erschöpft oder seekrank und jedenfalls viel zu müde, um noch eine ganze Nacht auf See zu bleiben. Also entschloß sich der Skipper, bei dem auflandigen Wind die Segel zu bergen und unter Maschine in den Hafen einzulaufen ..."

„Leichtsinnige Schwächlinge!" knurrte Simon.

B. A. fuhr fort: „Eine halbe Meile vor der Hafeneinfahrt starb die Maschine plötzlich und war auch durch wiederholtes Starten nicht mehr in Gang zu bringen; sie trieben rasch auf die Lichter der Stadt zu. Der Schiffsführer ließ beide Anker fallen, aber kurz bevor sie griffen, bekamen sie schon Grundberührung; dabei wurde das Ruder gestaucht oder brach, ließ sich jedenfalls nicht mehr drehen. Während der Skipper noch versuchte, die Maschine wieder zu entlüften – es war vergessen worden, von dem einen Dieseltank auf den anderen umzuschalten –, brach die erste Ankerleine. Kurz danach rasselten alle achtzig Meter Kette des Hauptankers aus. Ob durch einen Bruch der Ankerwinsch oder weil jemand daran gefummelt hatte – das ließ sich nicht mehr feststellen, denn jetzt überstürzten sich die Ereignisse. Sie trieben rasch ans Ufer und wurden von der Brandung erfaßt. Der Skipper schoß rote Raketen, dann wurde das Schiff breitseits an den Strand geworfen. Herbeigeeilte Fischer brachten die Besatzung in die Sicherheit des hohen Ufers. Jetzt kam der dumme Zufall. Die Strandungsstelle war ein Badestrand, normalerweise wäre einem starken Schiff wie der HIPPODACKL dort nicht viel passiert; einige Kratzer und etwas Wasser in den Kojen, aber nach Abflauen des Sturmes und der Brandung hätte sie leicht wieder abgeschleppt werden können. Leider stand genau unter ihrem Bauch die einzige Felszacke weit und breit. Nachdem sie von den Wellen stundenlang dagegengeworfen worden war, fehlten am nächsten Morgen einige Meter Bordwand aus der Steuerbordflanke. Die Brandung hatte das Wrack schon leergewaschen. Totalschaden. Das war's!"

Simon hatte etwas wäßrige Augen, als er murmelte: „War kein übler Kahn, die alte HIPPODACKL. Sie wird mir fehlen, das bockige Luder. Mit der Ankerwinsch hab' ich mich schon oft herumgeärgert. Jetzt hat sich das alte Mädchen damit selber ins Verderben gebracht. Ich brauch' einen Seelentrost. Hans!"

„Dabei hab' ich doch erst im letzten Herbst alle Winschen zerlegt, gereinigt und frisch gefettet. Wie konnte das passieren?" fragte der Hofrat fassungslos.

„Vielleicht gerade deshalb", meinte Max anzüglich. „Ich bin skeptisch, wenn Hofräte mit ihren linken Händen an Winschen herumschrauben ..."

„Halt! Aus!" Barawitzka donnerte den kleinen, bissigen Koch förmlich nieder. „Das fehlte noch, daß wir jetzt Witze darüber machen. Dies ist immerhin eine Art Begräbnisfeier, wie wir sie unserer HIPPODACKL schließlich schuldig sind. Sie hat uns brav viele hundert Seemeilen durch Untiefen und Stürme gesegelt, und von ihrem Deck aus haben wir viele fremde Häfen und Küsten zum ersten Mal gesehen. Hans, eine Runde bitte! Wir wollen auf unser altes Schiff anstoßen und ihm eine Gedenkminute widmen."

Hans brachte einen Liter Gumpoldskirchner und kleine Römergläser. B. A. hob seines, bis er das Licht der Lampen durch den Wein blinken sah.

„Auf die HIPPODACKL!" rief er. „Auch wenn ihre Maschine jetzt vor Kreta verrostet, auf unseren Filmen und Fotos wird die Yacht weiterleben."

Wir tranken ex und sahen auf die Uhren. Kaum war eine Minute um, fragte Georg: „Und was machen wir jetzt? Besorgen wir uns ein anderes Schiff?"

„Das kannst du vergessen", lachte Westermayer. „Um diese Zeit im Frühjahr sind alle guten Yachten schon in fester Hand. Wenn man euch jetzt noch etwas zum Chartern anbietet, kannst du sicher sein, daß es sich um berüchtigte Wracks oder schwimmende Museumsstücke handelt. Oder um sogenannte Bastelschiffe, die du unterwegs erst zusammenbauen mußt."

„Wir werden uns trotzdem umsehen und alle verfügbaren Charterfirmen sofort anschreiben", versprach B. A.

In den folgenden Tagen stellte Direktor Barawitzka den Textautomaten und die Frankiermaschine seiner Firma in den Dienst der guten Sache, und wir verfeuerten ganze Breitseiten von brieflichen Anfragen an jene Firmen, die sich im Inseratenteil der Segelzeitungen rühmten, über die größten Charterflotten Europas zu verfügen.

Am Wochenende besuchte ich mit B. A. und Simon die CAMPA + BOOT in Tulln, eine Fachmesse für Camping-, Caravaning-, Surfing-, Motor- und Segelbootfreunde; wir wollten alle dort vertretenen Charterfirmen persönlich ansprechen.

Es war einer der ersten schönen Frühlingssonntage, und dichtgedrängte Menschenmassen wogten zwischen den Ausstellungshallen, Bierzelten, Würstelständen und Schnapsbuden hin und her.

Eine gigantische Zelt- und Wagenburg erstreckte sich über das Freigelände bis zum Horizont, und die Hallen waren vollgestopft mit Wassersportgerät, vom Surfbrett bis zur hochseetüchtigen Yacht. Aus Erfahrung wußte B. A., daß wir einander im Gewimmel bestimmt verlieren würden, weil der eine stehen blieb, um einer Videovorführung von Kunstsurfern zuzusehen, der andere die Hände unerwartet auftauchender Bekannter schütteln mußte, während der dritte versuchte, sich möglichst unverschmiert durch Zukkerwatte schleckende und Ketchup tropfende, Pommes frites knabbernde Schulklassen zu winden. Also vereinbarte er feste Treffen, und zwar zu jeder vollen Stunde beim Bierzelt. Dazwischen sollten wir, jeder für sich, die Hallen durchstreifen, alle Schiffsvermieter befragen und Prospekte und Preislisten einsammeln.

Es dauerte nicht lange, und ich trug mehr bedrucktes Papier mit mir herum als ein Aktenschlepper in Rebitscheks Ministerium. Gefüllte Plastiktüten in jeder Hand, die Taschen meines blauen Seejankers häßlich ausgebeult von zusammengerollten Werbebroschüren, trabte ich zum Bierzelt, und es fehlte nicht viel, dann hätte ich mir auch noch ein Päckchen Werbezeitschriften zwischen die Zähne geklemmt, wie der Haushund die Morgenzeitung. Selbstverständlich bezog sich nur ein Bruchteil meines Sammelsuriums auf Charteryachten. Wie die anderen Messebesucher hatte ich wahllos an jedem Stand alles Papier eingesteckt, dessen ich habhaft werden konnte: Informationen über Surfbretter, Ausrüstungskataloge, Preislisten für nautische Antiquitäten, Offerten patentierter Anti-Rheumadecken, dazu Dutzende uralter Segelzeitungen, die als Werbenummern verteilt wurden, auch Werbezettel für Gummi-Schwimmtiere, rostfreie Dosenwürstchen, Paddelboote und Lackfarben.

Gegen diese Sammelwut ist nichts zu machen. Sie packt jeden Messebesucher, es muß sich dabei um ein atavistisches Erinnerungserbstück aus der Urzeit der Menschheit handeln, als unsere erst seit kurzem aufrecht gehenden Vorfahren ihre Nahrung noch im Wald zusammensuchten und dabei einen sehr scharfen Blick für alles entwickelten, was bunter war als der grüne Moosteppich.

Im Bierzelt traf ich Simon, der gerade seine Prospekte in zwei Häufchen schichtete.

„Hast du Barawitzka gesehen?" fragte ich.

Simon zwinkerte mir belustigt zu. „Uns schickt er fleißig zum Sammeln, der große Herr, er selber aber übernimmt den angenehmeren Teil. Er hat sich eine rassige Rothaarige angelacht und flirtet mit ihr auf Teufel komm raus."

„Soll das ein Witz sein? B.A. und flirten? Was bringt dich auf diese seltsame Idee?"

„Na, ich hab' ihn doch gesehen. In der Traglufthalle, beim Stand der Bisamberger Yachtagentur. Richtig salutiert hat er und dem aufgedonnerten Weib dann noch die Hand geküßt. Hoho!"

Mich wunderte das. Seltsamerweise konnte ich mir B.A. absolut nicht als galanten Liebhaber vorstellen. Er gehörte zu jener vielleicht seltenen Sorte von Ehemännern, die auch im intimsten Freundeskreis nie mit Seitensprüngen oder Liebesabenteuern prahlten; die nicht jedem Paar hübscher Beine nachpfiffen und den Erfolg von Geschäftsreisen nicht an der Anzahl vernaschter Stubenmädchen maßen.

„Da mußt du dich geirrt haben", sagte ich deshalb. „Es wird eine Kundin seines Büros gewesen sein oder so was ähnliches."

„Sieh selbst, da kommen die beiden!"

Barawitzka marschierte am Bierzelt vorbei. An diesem Tag sah man ihm den Skipper schon von weitem an, den nadelgestreiften Direktor hatte er zu Hause gelassen. Die neue Tegetthoffmütze keck in die Stirn gezogen, eine Zigarre zwischen den Zähnen, die Fäuste tief in die Taschen seines messinggeknöpften Colanis gestemmt, schlenderte er an der Seite einer auffälligen Person daher. Die Frau hatte prächtiges, rubinrotes Haar, das ihr in vollen Wellen auf die Schultern fiel, die eine froschgrüne, faltenreiche Pelerine verhüllte. Auch Arme sah man keine, denn der Umhang reichte bis zu den knallroten Schaftstiefeln herab. Sie hatte eine weiße Haut, wie bei echten Rothaarigen so häufig, und war kräftig geschminkt wie eine Schauspielerin. B.A. unterhielt sich angeregt mit dieser farbenfrohen, um einen halben Kopf größeren Begleiterin und schaute nicht einmal kurz zu uns herüber; dann wurde das sonderbare Paar von der Menge verschluckt.

„Na? Sah das nach einem geschäftlichen Gespräch aus?"

„Versteh' ich nicht. Mir hat B.A. mal anvertraut, daß er rothaarige Frauen nicht mag, weil die meist am ganzen Körper Sommersprossen haben. Das stört seinen Sinn für Ästhetik."

Simon kicherte. „Vielleicht hat er nachgesehen und festgestellt, daß sie keine echte Rothaarige ist?"

Ein seltsamer Einfall von Simon. Jetzt gaukelte mir meine Phantasie das Bild dieser großen Dragonerin vor, wie sie nur mit Schaft-

24

stiefeln und Cape durch die Menge schritt und darunter überhaupt nichts anhatte!

Ich schwemmte das Trugbild mit dem letzten Schluck Bier weg, wir warfen die überflüssigen Prospekte in einen Müllcontainer und stürzten uns auf die noch nicht heimgesuchten Charterfirmen.

Von unserem Kapitän sahen wir den ganzen Tag nichts mehr. Am späten Nachmittag hielt mich ein Klubkamerad von B. A.s Segelverein auf und fragte mich grinsend, ob ich gesehen hätte, wie Barawitzka im Messerestaurant von einer rothaarigen Furie geohrfeigt wurde.

Eine alarmierende Nachricht. War an Simons Verdächtigungen doch was dran? Nicht daß ich mir um B. A.s Moral Sorgen machte. Aber das alles paßte absolut nicht zu ihm. Damen gegenüber benahm er sich immer wie ein Kavalier der alten Schule. Doch wo, zum Kuckuck, steckte er wirklich? Wir waren in seinem Auto zur CAMPA gekommen, und ich hatte wenig Lust, zu Fuß heimzuwandern.

Ich suchte Simon und erzählte ihm von dem Vorfall.

„Und was machen wir jetzt?" fragte dieser. „Sollen wir die ganze Messe nach ihm absuchen? Ob die beiden sich so in die Haare gekriegt haben, daß er diesen Rotfuchs in einer stillen Ecke erwürgt hat? Bei allen Krabbenlöchern am Strand von St. Malo! Weißt du, in wie vielen Wohnmobilen man eine in ihr Cape gewickelte Frauenleiche auf diesem Gelände verstecken könnte? Nicht mal eine Staffel Polizeihunde kann alle hunderttausend Camper hier innerhalb einer Woche abschnüffeln."

Wir durchstreiften alle Milchbars, Kaffeebuden, Bierzelte und Restaurants – diskret, aber scharfäugig. Ein mephistobärtiger Kapitän und ein fanalrotes Weib hätten doch eigentlich in der Menge auffallen sollen wie die lila bemalte Reklamekuh in einer Herde normaler Rindviecher. Aber wir konnten die beiden nirgends entdecken.

Erst kurz vor Messeschluß sahen wir B. A. allein mit einem großen Becher Bier beim Treffpunktzelt sitzen. Er wirkte abwesend wie ein meditierender Yogi, dessen Geist im Nirwana spazierengeht. Da wir den Körper unseres Kapitäns dort nicht allein sitzen lassen konnten, holte Simon auch für uns Becher, und wir hielten treue Wacht wie seinerzeit die Apostel in Erwartung der Auferstehung des Herrn. Zum Glück dauerte es keine zwei Tage. Denn die Chefin der Segelschule Hofbauer sauste, von ihrem Hund an der Leine gezogen, wie auf einem Toboggan vorbei und rief ihm zu: „Vielen Dank, Käptn Barawitzka, daß Sie Ihre neue Crew zu mir in den Segelkurs geschickt haben!"

Blitzartig erwachte unser Yogi zum Leben. „Welche neue Crew?" dröhnte er mißmutig.

„Na, die netten Damen. Tschüs, mein Lieber!" Und weg war sie.

B.A. explodierte, als hätte der vorbeijagende Hund zufällig die Reißleine einer eingebauten Sprengladung abgezogen.

„Dieses Satansweib!" brüllte er, und schon fielen die Becher um und eine Bierflut schwappte über den Tisch. „Ich bring' sie um! Ich bring' sie um!" Er schüttelte beide Fäuste über dem Kopf.

Mit vereinten Kräften gelang es Simon und mir, den tobenden Kapitän bis zum Parkplatz und ins Auto zu befördern, bevor er Einrichtungen der Stadt Tulln mutwillig beschädigte. Auf dem Heimweg kauften wir ihm in Klosterneuburg ein Viertel Rosé und hörten dann seine Version dieses Messetages: Am Stand der Bisamberger Yachtagentur hatte ihn der Verkäufer, ein Bekannter, um Unterstützung bei der Beratung einer schwierigen Kundin gebeten. Das war die stattliche Rot-grüne gewesen, mit der wir ihn gesehen hatten, eine Dame namens Anita Reschberger, die für sich und ihre Freundinnen eine Segelyacht chartern wollte, aber über keinerlei Segelscheine verfügte. Dem Charterfachmann war es nicht gelungen, die Dame davon zu überzeugen, daß er ihr aus versicherungstechnischen Gründen ohne Qualifikationsnachweis kein seegängiges Schiff anvertrauen konnte.

„Hätte ich mich nur nicht einspannen lassen", brummte B.A. „Ich habe dieser Frau die Gesetzeslage erklärt, ihr die Usancen im Chartergeschäft erläutert und sie auf die Vorteile einer gediegenen Segelausbildung aufmerksam gemacht. Sie entrüstete sich über diesen ihrer Meinung nach unnötigen Vorschriftendschungel, und ich konnte mich nur wundern über ihre ungewöhnliche Naivität und Ignoranz, obwohl sie doch angeblich Chefin einer Segelvereinigung war." Jetzt huschte der Abglanz eines Lächeln um seine Mundwinkel. „Ihr Klub nennt sich S.U.F.F., ein etwas fragwürdiger Name, wenn ich mir's überlege. Aber es ist nur die Abkürzung für ‚Segel-Union freier Frauen', gegründet von und für Frauen vom Sportsekretariat irgendeines Frauenrechtverbandes. Als sie mir dann noch mitteilte, daß unsereinem die Aufnahme in diesen Klub verweigert werde, der sich die Aufgabe gestellt hätte, die Vorherrschaft der Männer im Segelsport zu brechen, da erwachte bei mir leider

26

eine kindische Neugier; ich lud sie zu einem Kaffee ein, um mehr über diesen närrischen Verein zu erfahren."

„Bei den heulenden Nebelbojen von St. Malo!" lachte Simon. „Ein Segelklub für Emanzen? So was gibt's?"

„Ich war ja auch überrascht. Um so mehr, als ich bei unserer Unterhaltung erfuhr, daß diese ambitionierten Damen ihren Segelklub ungefähr so organisiert haben wie eine Kaffeejausen-Strickrunde. Völlig wirklichkeitsfremd. Im Winter treffen sie sich in einem Kaffeehaus zu Knoten-, Tauwerk- und Makramee-Arbeiten und zur gemeinsamen Lektüre von Weltumseglerbüchern; im Sommer verbringen sie die Wochenenden im Bungalow einer geschiedenen Klubkollegin, von wo aus sie mit der Klubflotte – zwei Caravelle-Jollen – Fahrten auf den Neusiedler See hinaus unternehmen. Jedenfalls hat diese S.U.F.F.-Chefin vom richtigen Segeln ungefähr so viel Ahnung wie ich vom Tauchen mit einem Atom-U-Boot. Und da habe ich . . ."

Jetzt wußte ich Bescheid. „Und da hat dich dein gutes Herz nicht ruhen lassen, und du mußtest ihr aus deiner reichen Erfahrung Ezzes geben, nicht wahr? Für welchen guten Tip hat sie sich denn mit dieser kräftigen Watsche revanchiert?"

Barawitzkas Gesicht wurde dunkel wie der Himmel über dem Steppensee, wenn ein Sommergewitter aufzieht. „Das wißt ihr auch schon? Aber reden wir nicht mehr davon. Die Sache ist erledigt, aus und vorbei."

Simon pfiff durch die Zähne. „Also doch Mord und Totschlag! Warst du deshalb unauffindbar? Wo hast du sie vergraben – in den Auwäldern?" fragte er dann interessiert.

Barawitzka wurde plötzlich normal, der Humor kehrte in seine schwarzen Augen zurück, als hätte er einen Schalter umgelegt. „Nichts von alledem. Ich blieb ruhig sitzen, bis sie verschwunden war. Denn der Schlag hat in meinem Gehirn höchst interessante Assoziationen ausgelöst. Jetzt bin ich um einiges klüger und weiß endlich, worauf meine instinktive Ablehnung von Frauen auf See beruht – auf der Furcht nämlich, ihnen bei einer Auseinandersetzung hilflos gegenüberzustehen, wenn sie Gewalt anwenden. Ich bin Kavalier und kann nicht zurückschlagen, also wäre ich ihnen ausgeliefert. Diese Einsicht habe ich durch die ungewöhnliche Diskussionstechnik dieser Anita Reschberger gewonnen. Womit ich als Sieger aus dem Treffen hervorgehe und die Wortführerin segelnder Frauen als Verliererin; denn sie hat keines ihrer Ziele erreicht:

27

weder ein Schiff für sich und ihre Amazonen, noch eine Änderung meiner Einstellung, ja, sie hat mir mit ihrem Benehmen sogar selbst das treffendste Argument gegen Frauenemanzipation auf See geliefert. Jetzt aber Schluß! Wir wollen nie wieder von dieser Angelegenheit sprechen. Frau Kellnerin, noch drei Viertel, bitte!"

„Und was macht diese Schreckschraube jetzt bei der Segelschule Hofbauer?" Simon ließ die Sache doch nicht ruhen.

B.A. zuckte mit den Schultern. „Ich habe ihr geraten, sich gefälligst erst mal um die Grundbegriffe unseres Sports zu kümmern und eine gute Segelschule zu besuchen. Das wird wohl ihr Begriff von Humor gewesen sein, dort zu behaupten, daß sie zu mir gehören." Er strich energisch über den Tisch, als wolle er das Thema wegwischen. „Aber jetzt möchte ich kein Wort mehr über diese Terroristinnen hören. Gib mir die Charterprospekte, wir haben noch viel Arbeit!"

B.A. glaubte, damit den Fall Anita Reschberger endgültig ad acta legen zu können, und wir stürzten uns auf die Charterprospekte. Die bunten Heftchen waren rasch in Klassen sortiert, weil für uns Schiffsbezeichnungen wie Carter 33, Dufour 42, Contest 46, Olympic 48, Halberg-Rassy 43 und Etap 22 ebensoviel besagten wie die Autotypen Golf GTI, Opel Kadett SL, Suzuki LJ 410, Peugeot 505 und BMW 735i für einen versierten Kraftfahrer. Da brauchte es keine langatmigen Erklärungen, jeder von uns wußte, daß eine Duck 36 eine lahme Ente war und die Swan 48 eine elegante, superschnelle Schönheit. Während sich bei Autos die Buchstaben SL, GT, GTI oder nachstehende Zahlen meist auf sportliche Ausführung und Motorkraft beziehen, verraten die zweistelligen Ziffern hinter dem Yachttyp in der Regel die Schiffslänge in englischen Fuß. So bekommt der Kenner gleich eine Vorstellung von der Bootslänge, und für die Angaben in Metern muß er nur die Fußanzahl durch 3,048 dividieren. Landratten werden jetzt einwenden, das sei unnötig umständlich. Aber es ist alte Tradition in der Seefahrt, daß alle Angaben erst mal umgerechnet werden müssen, weil sie stets in ungebräuchlichen Maßeinheiten angegeben werden. So messen wir Nautiker die Wassertiefe in Faden, die Geschwindigkeit in Knoten, die Entfernung in Kabellängen, die Windstärke in Beaufort, den Luftdruck in Hektopascal, den Schiffsraum in Kubikfuß und den Rotwein in Pitschen (0,823417 Liter). Das unterscheidet uns eben von den nicht zur See fahrenden Laien.

Seesegeln ist ein wunderbarer Männersport, der neben körperlicher Ertüchtigung auch wichtige handwerkliche Fertigkeiten vermittelt (Deckschrubben, Segel- und Knöpfenähen, WC-Reinigen, Kochen, Geschirrspülen, Messingpolieren, Bettenmachen, Wäschewaschen und ähnliches mehr). Seine Ausübung fördert außerdem die Charakterbildung (das Einfügen in eine saugrobe Mannschaft unter dem Kommando eines brutalen Kapitäns, wofür man auch noch einen Haufen Geld bezahlt, stärkt ein gesundes Selbstbewußtsein und zerstört ein schwaches völlig) und verlangt eine gewisse Härte (den absoluten Verzicht auf alle gewohnten Annehmlichkeiten wie trockenes Bett, bekömmliche Kost, ausreichende Nachtruhe und gesunde Arbeitsbedingungen). Seesegeln fördert natürlich auch Sprachkenntnisse, denn nirgendwo sonst im Ausland lernt man in so kurzer Zeit so viele saftige Flüche und letztklassige Hafenkneipen kennen. Sehr wertvoll ist auch der psychologische Anschauungsunterricht; man erfährt auf See sehr schnell, wie dünn der Firnis der Zivilisation bei den Mitmenschen ist und wie rasch er unter dem Druck von Kälte, Hunger und Windstärke 8 abblättert. Kein Wunder also, daß dieser herrliche Sport in den letzten Jahren so viele Anhänger gefunden hat.

Seesegeln hat nur einen Haken: Das zur Ausübung benötigte Sportgerät ist in der Anschaffung teurer als ein Einfamilienhaus und in der Erhaltung fast so kostspielig wie das Atomkraftwerk Zwentendorf.

Wir österreichischen Hochseesportler sind darüber hinaus geographisch benachteiligt. Unsere Yachten liegen entweder an der fernen Adria oder müssen erst mühsam auf Tiefladern dorthin geschafft werden. Das ist nichts für arbeitsfreie Nachmittage. Es bleibt nur der Urlaub, aber jeder wirtschaftlich einigermaßen Gebildete errechnet sich dann schnell ein derart ungünstiges Kosten-Nutzen-Verhältnis, daß die Anschaffung einer eigenen Yacht, die maximal vier Wochen gesegelt werden kann und dann elf Monate in fremden Häfen vergammelt, höchstens mit der Verschwendungssucht gewisser Politiker verglichen werden könnte. Also ist das nichts für Normalverbraucher, wie sie den Großteil unserer Seglerrunde ausmachen. Damit wir dennoch jedes Jahr einmal in See stechen können, chartern wir unter B.A.s Leitung Segelyachten von verläßlichen Charterfirmen. Durch Aufteilung der Kosten auf eine vielköpfige Mannschaft läßt sich so der finanzielle Einsatz in vernünftigen Grenzen halten.

Zwei Jahre lang hatten wir Herrn Ketterings HIPPODACKL gechartert, weil sie ein prächtiges Schiff war und B. A. es immer verstanden hatte, spezielle Frühbucher- oder Vorsaisonrabatte für uns auszunutzen. Die wichtige Entscheidung, mit welcher Yacht wir jetzt zur türkischen Küste segeln sollten, mußte das Thema unserer nächsten Seglerrunde sein.

Unser kleiner Arbeitsausschuß hatte nach der Tullner Messe die Aufgabe, aus der Vielfalt der Angebote die realistischen herauszusieben. Offerten für Segelyachten in nördlichen Meeren mit einem Jahresmittel von zwei Sonnentagen und einer durchschnittlichen Sommertemperatur von 15° Celsius wurden vom Ausschuß sofort verworfen. Denn Barawitzka bemerkte völlig richtig: „Wir wollen uns ja nicht vorsätzlich den Hintern erfrieren und den Schlimbach-Frostbeulenpokal gewinnen, sondern auch ein wenig südliche Sonne genießen und im Meer baden."

Auf dieselbe Weise behandelte er Angebote aus Südamerika, Japan und Australien, bei denen die Mietpreise zwar unserer angesparten Bordkasse entsprachen, die Anreisekosten nach Rio de Janeiro, Osaka oder Sydney für uns aber ebenso unerschwinglich waren wie ein Flug zum Mond.

Aussortiert wurden auch die Prospekte von Vermietern mit Briefadressen wie Andorra, Cayman Island und Tanger, die Barawitzka, ein profunder Kenner der Geschäftsgebarung in der Grauzone der Wirtschaft, als konsumentenrechtliches Sicherheitsrisiko einstufte.

Ebenso weggeworfen wurden Angebote von Yachten, bei denen ein Skipper mitreiste, um die Gäste in Navigation zu beraten. Kapitän Barawitzka ging grundsätzlich nicht an Bord, wenn er das Kommando über das Schiff nicht uneingeschränkt selbst führen konnte. Beratende Bootseigner waren ihm ein Greuel, lieber rammte er mit dem Schiff eigenverantwortlich ein Riff, bevor er fremde Einmischung duldete.

Leider reduzierte dieses geniale Auswahlsystem die gesammelten Offerten auf ein trauriges Minimum. Wenn man bedachte, welche Arbeit wir uns gemacht hatten . . .

„Während der Woche werden viele neue Angebote hereinflattern", tröstete uns B. A. „Wir besprechen alles am nächsten Dienstag."

Am nächsten Crewabend sichteten wir die angekommene Post, aber die Gesichter wurden dabei länger und länger; es sah wirklich so aus, als sollte Westermayer mit seinem Kassandraruf recht behal-

ten: Alle guten Yachten waren um diese Zeit schon in fester Hand.
Wir erhielten meist Angebote für viel zu kleine Familienkreuzer
oder uralte hölzerne Kähne, deren Wurmstichigkeit man sogar den
winzigen Prospektfotos ansah, oder viel zu teure Luxusschlitten, die
wir uns nicht im Traum hätten leisten können.

„In diesem Jahr sehe ich schwarz für eine gemeinsame Fahrt",
unkte Simon Rebitschek am Ende des erfolglosen Abends.

Max Casarolli war der erste, der das „gesunkene Schiff" verließ. Er
habe eine Einladung zu einer Tauchfahrt ins Rote Meer, auf einem
bestens ausgerüsteten Kutter, erklärte er uns am nächsten Dienstag.
Solch eine Gelegenheit werde einem so schnell nicht wieder angeboten, da müsse man zugreifen, Bewerber gäbe es viele – kurz, mit
einem Wort, er habe schon zugesagt und werde uns die Daumen
halten, damit auch wir eine Koje auf irgendeinem Schiff bekämen.
Er drückte uns die Hand, ließ sich vom Hofrat seinen bereits einge-
zahlten Anteil refundieren und ging.

„Ehrlose Ratte!" knurrte Simon ihm nach.

Der Hofrat schied als nächster aus. Es war ihm gelungen, seinen
Urlaub zu verschieben, damit konnte er jetzt bei Westermayers Prü-
fungsfahrt mitsegeln und sein Segelpatent erwerben. Er entschied
sich allerdings erst nach längerem Zureden von B. A., diese Chance
zu ergreifen, weil er uns nicht sitzen lassen wollte.

Felix und Laszlo schlossen sich ihm an, um ihren Navigationskurs
zu beenden.

„Du wirst sehen, bald sitzen wir zwei ganz allein da!" unkte
Simon Rebitschek. „Diese rothaarige Hexe hat B. A. einen Fluch an
die Krawatte gespleißt."

Dann brachte Georg Hajduk die Hiobsbotschaft von Janos Gludowatz' Unfall.

„Er lag völlig unkenntlich in seinem Spitalbett und war mit Ban-
dagen und Stützverbänden umwickelt wie eine ägyptische Mumie",
berichtete Georg und zeichnete in der Luft die Spiralen der Mull-
binden nach. „Das linke Bein bis zu den Hüften in Gips, der rechte
Arm an Seilzügen, so nach oben gespreizt . . . Upps!"

Seine Finger landeten in Simons rechtem Auge, und dieser fuhr
ihn böse an: „Wenn man dir die Arme abschneidet, Hampelmann,
kannst du wahrscheinlich nicht mehr reden. Halt gefälligst still!"

„So laß ihn doch von Janos weitererzählen", verlangte B. A. voll
Interesse für seinen alten Freund aus dem fernen Oggau.

„Also, er war so eingefatscht", fuhr Georg fort, „daß nur mehr

31

seine Geiernase und seine Schnurrbartspitzen aus den Binden sahen. Der arme Kerl! Die Schwester muß ihm jeden Schluck Wein eingeben, weil er sich nicht rühren kann. Aber diese Karbolmaus ist ganz große Klasse. Lange rassige Beine wie gedrechselt, eine Taille wie eine Geige und oben das Kleidchen so gestopft, daß die Knöpfe Querfalten ziehen . . ." Er verdrehte die Augen und hob die gewölbten Handflächen, als wolle er Kegelkugeln auf ihr Gewicht schätzen.

„Wenn du nicht bald herausrückst, was mit Janos passiert ist", drohte Simon, „dann wird dich die gedrechselte Krankenschwester ebenfalls füttern müssen."

Also berichtete Georg mehr oder weniger zusammenhängend von Janos' Kampf mit den Störchen.

Wer in burgenländischen Gemeinden um den Neusiedler See etwas gelten will, muß ein Storchennest auf dem Dach haben. Das bürgt weithin sichtbar für Glück, Gesundheit und viel Geld im Haus. Janos Gludowatz' Hof in Oggau war seit Jahren von so einem Kunstwerk aus Zweigen und Stroh gekrönt, in dem jeden Sommer dasselbe Storchenpaar nistete und Junge großfütterte. Die Storchenfamilie war Janos' ganzer Stolz und kam gleich nach seiner Frau und seiner Kielschwert-Shark am See. Aber die Frühjahrsstürme hatten das Nest beschädigt, und die aus Afrika heimgekehrten Hausstörche schienen sich mit dem Gedanken zu tragen, ein anderes Nest aufzusuchen; jedenfalls wollten sie nicht mit den notwendigen Reparaturen beginnen.

In seiner Angst, daß die Störche wirklich umziehen könnten, kletterte Janos selber aufs Dach und kroch zum First.

„Er hat sich das ganz einfach vorgestellt", berichtete Georg. „Wenn er erst einmal mit den Flechtarbeiten anfängt, hat er gesagt, dann werden die sonst so fleißigen Vögel sicherlich gleich allein weiterbasteln. Doch diese Rechnung war ohne das Storchenpärchen gemacht. Die beiden faßten die Nachbarschaftshilfe nämlich als Hausfriedensbruch auf und hämmerten unserem Weinbauern eine Serie Schnabelhiebe über den Kopf, daß er vor Schmerz und Überraschung die Balance verlor, ausrutschte und übers Dach hinunterschlitterte. Wie es weiterging, konnte mir Janos nicht sagen, da er etwa in der Regenrinne das Bewußtsein verlor. Er muß aber vom Dach in den Hof gefallen sein, weil er kopfüber in einem leeren Weinfaß gefunden wurde. Seine Frau erzählte, die Rettungsmannschaft hat sich gar nicht getraut, ihn aus dem Faß zu holen, so zusammengestaucht soll er gewesen sein, sondern hat ihn samt Faß

32

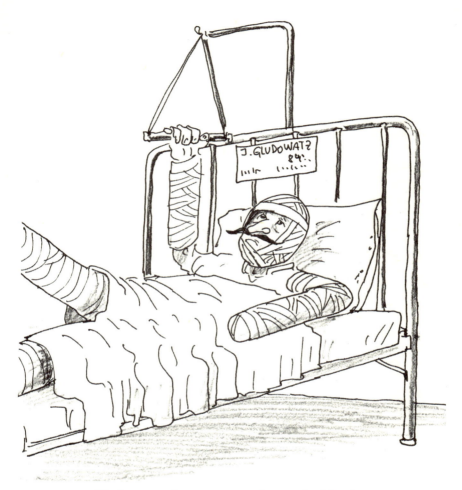

Gludowatz sah aus wie eine ägyptische Mumie

zum Operationstisch gebracht." Georg schnitt ein mitleidiges Gesicht. „Jedenfalls läßt er euch alle schön grüßen, aber er fürchtet, daß er nicht vor dem Sommer aus dem Spital entlassen wird. Außerdem hat er derart viele Niroplatten und Stahlnägel in seinen Knochen, daß er den Kompaß zu stark ablenken würde."

Barawitzka schüttelte den Kopf. „Das ist ein schwerer Schlag.

Ohne Gludowatz als Reiseleiter kann ich mir den Törn gar nicht vorstellen. Der arme Kerl! Wie viele Stürze von hohen Kaimauern, wie viele Schläge von überkommenden Großbäumen hat er überstanden, und jetzt wird er von zwei Untermietsstörchen so in Trümmer geschlagen. Das ist bitter! Wir werden ihn besuchen. Ich hätte ihn auch im Gipsverband mitgenommen. Das mit dem Kompaß ist nicht weiter tragisch, da muß man höchstens eine Gludowatz-Devitationstabelle aufstellen. Was meinst du, Karl?"

Ich seufzte. Das Navigieren von Charterschiffen brachte schon genug Probleme, nämlich wenn sich erst an Bord herausstellte, daß die Seekarten noch aus der Mussolinizeit stammten oder das Leuchtfeuerverzeichnis seit 1961 nicht mehr berichtigt worden war, oder wenn sich der im Vertrag angeführte Seefunkempfänger als billiger Autokassettenrecorder entpuppte. Alles schon passiert. Und jetzt sollte ich noch Janos einkalkulieren, der so viel Eisen mit sich herumtrug wie der Ritter Götz von Berlichingen?

„Wird schon gehen", antwortete ich trotzdem optimistisch. „Dort wo Janos steht, ist eben Norden. Ganz einfach!"

„Gut, das ist dein Problem", entschied B.A. „Viel schlimmer ist die Tatsache, daß wir noch kein geeignetes Boot aufgetrieben haben. Ich habe eine mir gut bekannte Charteragentur in München um ein letztes Angebot ersucht. Sie wird uns Beschreibungen aller noch verfügbaren Tretboote, Einbäume, Kohlenschuten, Äppelkähne, Dschunken, Trawler und Windjammer schicken. Wenn da wieder nichts dabei ist, dann gebe ich auf."

„Ho ho! So geht das nicht!" rief Simon Rebitschek. „Du kannst uns nicht hier im Uferschlamm sitzen lassen. Du bist unser Kapitän, wir haben dich voriges Jahr demokratisch gewählt, also kümmere dich gefälligst um ein Schiff. Das ist deine Sache. Wir segeln es dann. Das ist unsere Sache."

Jetzt wurde Barawitzka ärgerlich. „Ich streite mich doch nicht mit dir herum." Er stand auf und beugte sich über den Tisch zu Simon. „Wenn du so gut Bescheid weißt über die Rechte und Pflichten eines Kapitäns, dann übernimm doch du den Quark! Zeig uns, wie man's richtig macht! Ich trete hiermit das Kommando an dich ab. Wenn du eine Yacht gefunden hast, ruf mich an! Einen schönen guten Abend wünsch' ich, Kapitän Rebitschek!"

B.A. marschierte aus dem Lokal, ohne sich noch einmal umzusehen.

„Da haben wir den Salat!" stöhnte Simon, „Ich will ja nicht

OBERSCHWESTER CLEOPA

ESTHER NEMLUVIL

schwarzsehen, Brüder, aber merkt euch meine Worte: Das ist das Ende unserer Wundercrew!"

Wie auf Stichwort ging die Gasthaustüre auf, und ein mir nur zu bekanntes, rothaariges Weib in grünem Cape marschierte in Begleitung einiger anderer Damen selbstbewußt ins Beisl. Simon blinzelte wie ein blinder Passagier, den man unerwartet ans helle Tageslicht zerrt, und ich verschüttete beinahe mein Bier. Barawitzka mußte unheimliches Glück gehabt haben, denen unerkannt zu entkommen. Anita Reschberger ließ die Blicke durchs Lokal schweifen wie eine Ehefrau, die ihren Mann am Kragen nach Hause schleifen will. Dann waren wir entdeckt, und die Truppe kam an unseren Tisch. Ich kann mich nicht erinnern, worüber wir uns anfangs unterhielten, wahrscheinlich machten wir Konversation mit Fertigteilsätzen. Frau Anita stellte uns jedenfalls ihre S.U.F.F.-Genossinnen vor.

Renate Zack war eine schlanke, langarmige und langbeinige Person mit sehr geraden Schultern, wie man sie bei durchtrainierten Schwimmerinnen sieht. Da sie sich betont vorgebeugt hielt und einen krummen Rücken machte, zeigte sie mehr Stromlinie als Busen. Sie hatte einen sehnigen Nacken wie ein Pferd, blondbewimperte braune Augen und etwas zu kurze Lippen. Wenn sie lächelte, entblößte sie ein prächtiges Roßgebiß. Langes, kräftiges Blondhaar hing ungewellt herab wie die Mähne eines Haflingers, und wenn sie etwas lustig fand, warf sie den Kopf zurück und stieß ein wieherndes Lachen aus. Aber es war ein freundliches Wiehern.

Quer über die halbe Mähne trug Renate einen roten Farbfleck. Den hatte sie sich vermutlich einfärben lassen, damit sie auch wirklich niemand mit einem Gaul verwechselte, sattelte und womöglich einmal mit ihr ums Haus galoppierte. Bei Rennpferden sind ja solche Färbungen strengstens verboten.

Esther Nemluvil war eine dunkle Schönheit. Sie hatte ein Puppengesicht, und ihre tiefblauen Augen bildeten einen merkwürdigen Kontrast zu dem lackschwarzen Pagenkopf. Um die Stirn trug sie eine modische, kunstvoll geflochtene Turbanbinde, die aber so voluminös war, daß ihre Ohren vom Kopf abstanden und fürwitzig durch die Locken guckten. Es sah ganz nett aus, wenn die Muscheln im Licht rosa durchscheinend aufglühten.

Dann war da noch Berta Straubinger, etwas drall und rund, aber sicher ganz anziehend für jemanden, der ein schwereres Kaliber als Vorschoterin bevorzugte. Sie hatte eine kleine Stupsnase, geringelte brünette Haare und sehr kräftige, ringlose Hände. In Lederjacke und Latzhose sah sie so verwegen aus wie eine Gangsterchefin. Die anderen sagten „Tante Berta" zu ihr.

Ob diese Amazonen bemannt oder unbemannt waren, was sie taten, wenn sie nicht gerade nachts Parolen an Häuserwände malten oder Plakate für Damenunterwäsche mit Farbe besprühten, das wußten wir nicht und wollten es auch nicht wissen. Keiner von uns bemühte sich, zu den Unionsdamen besonders nett zu sein, interessierte Fragen zu stellen oder sie sonstwie zu erforschen.

„Wann kommt denn unser lieber Direktor Barawitzka?" erkundigte sich Anita zuckersüß. Sie trug unter dem grünen Zelt eine nebelgraue Tunika mit Straßstickerei an Kragen und Brust. So mochte die Amazonenkönigin Penthesilea ausgesehen haben, als sie ins Nachthemd schlüpfte, um Feldherr Achilles zu Friedensverhandlungen zu bewegen.

Unser Achill aber war schon weg, davongestrumpft wie die Kriegsmüden vor Troja, und hatte seine letzten Hopliten führungslos zurückgelassen. Führungslos? Wozu war denn Rebitschek die Kapitänswürde verliehen worden?

„Der war schon da, hat das Kommando niedergelegt und sich in den Ruhestand zurückgezogen. Er kommt auch nicht wieder. Unser neuer Kapitän ist Monsieur Rebitschek hier", sagte ich schnell.

Anita wandte sich daraufhin an Simon und redete von der Gleichheit der Frau, von der Freiheit der sieben Meere, von patriarchalischen Gewohnheitsgemeinheiten und ähnlichem Zeug, bis unser neuer Kapitän restlos überfordert wissen wollte, was das sonderbare Palaver solle.

„Ach, Sie würden gar nicht glauben, wie wenig hilfsbereit manche

„Männer sind, wenn es darum geht, Frauen die tieferen Geheimnisse der Nautik zu erklären. Unser Segelklub möchte eine Yacht chartern und hat eine gute Offerte eingeholt. Um ganz sicherzugehen, haben wir uns an die Kurskollegen in der Segelschule um Rat gewandt und sie ersucht, das Angebot zu prüfen. Ihre Auskünfte schienen mir aber so vage, daß ich gerne eine fundierte Fachmeinung einholen würde. Wären Sie so nett, Kapitän Rebitschek, sich das mal anzusehen?"

Simon griff nach dem Prospekt, hob eine skeptische Augenbraue und begann zu blättern. Die Damen hatten wirklich ein preislich überaus günstiges Angebot erhalten.

Aber leider handelte es sich dabei um die WIENER WALZER. Mit diesem Schiff hatte B.A. schon vor vielen Jahren auslaufen wollen, damals, als er seinen funkelnagelneuen Segelschein in der Tasche hatte. Aber weit war er nicht gekommen.

Die WIENER WALZER war kein Segelboot, sondern der berühmteste Selbstbau der ganzen Adria. Ein Wiener Glasermeister namens Rudi hatte das Monstrum selbst entworfen, konstruiert und gebaut, um damit die Welt zu umsegeln. Unabhängig wie freischaffende Künstler nun mal sind, kümmerte er sich nicht um die Schiffbauerfahrungen der letzten Jahrtausende, sondern schuf fröhlich drauflos. Er beschritt den umgekehrten Weg: Erst baute er Kabinen, Kombüse, Bad und Stauräume, hübsch anzusehen in Mahagoni und mit viel Messing, dann schraubte er außen Spanten dran und überzog die Konstruktion mit Sperrholzplanken, die er richtig schiffig im Bug- und Heckbereich zusammenlaufen ließ, wie es sich gehört, wenn man die Wogen zerteilen will. Dann wendete er sein Schiff, legte es aufs Dach und schraubte auch noch einen Boden drauf, damit von unten kein Wasser eindringe.

Der erste Schwimmversuch im Kuchelauer Hafen bei Wien wurde eine Katastrophe. Die WIENER WALZER sank wie ein ins Wasser geworfenes Sieb. Von einer hilfsbereiten Firma erhielt Rudi den Tip, den Rumpf mit Glasmatten und Harz zu laminieren. Das tat er nach der Bergung denn auch. Dadurch wurde das Schiff zwar absolut wasserdicht, aber es wollte partout nicht aufrecht schwimmen, sondern legte sich stets in eine stabile seitliche Schwimmlage. Rudi, inzwischen ein erfahrener Schiffbauer, erinnerte sich daran, daß er irgendwo etwas von Kielen gehört hatte. Eine Werft im Waldviertel war in Konkurs gegangen, dort erstand er einen größeren Posten Gußeisenkiele und zwei Masten mit kompletter Takelage. Daß Schiff, Kiel und Masten nicht zusammenpaßten, störte ihn wenig, er hatte ja genug davon; nachdem er vier Kiele paarweise an den Boden der WIENER WALZER gebolzt hatte, hielt ihr Gewicht jetzt auch die beiden Masten aufrecht.

Mit Hilfe eines Freundes installierte er einen luftgekühlten VW-Motor, bohrte ein Loch in den Rumpf für Welle und Propeller, und dann brachte ein Tieflader das sonderbare Gefährt nach Triest. Dort wollte Rudi sein Schiff so lange verchartern, bis genügend Geld für die geplante Weltumsegelung verdient war. Leider wurde aus diesem Vorhaben nichts, denn nachdem einige Crews verärgert wieder abgefahren waren und ihr Geld zurückverlangten, gab es bald keine Interessenten mehr. (Wie gesagt, auch B. A. war darunter).

Aber wer segelt schon gern mit einem Schiff, das nicht symmetrisch ist? Das lag am Badezimmer, dadurch bekam die Backbordwand eine andere Wölbung als die Steuerbordwand. Ab Windstärke zwei mußte man ganz wegreffen. Unter Maschine im vierten Gang (das Getriebe hatte Rudi miteingebaut) konnte man etwa eine halbe Stunde mit 3,5 Knoten dahindampfen, danach glühte der Motor und mußte zur Abkühlung sechs Stunden ruhen. Geradeausfahren war unmöglich, das Schiff tanzte wirklich Walzer. Das lag an den vier Kielen. Von Installationen und Verdrahtung hat ein Glasermeister ja nicht viel Ahnung, deshalb durfte man es ihm nicht nachtragen, daß aus den Steckdosen Heißwasser kam und dafür das WC unter Spannung stand. Der Kompaß war eine Rarität und stammte vielleicht noch von Kolumbus, weil er immer nach Westen zeigte. Man konnte auf dem geräumigen Schiff, wenn es im Hafen aufgebockt lag, einen recht komfortablen Urlaub verbringen, aber das Auslaufen damit war so riskant, daß keine Versicherung bereit war, eine Police abzuschließen.

Anita war recht niedergeschlagen, als sie diese Neuigkeiten über ihr Traumschiff erfuhr.

Es war Georg, der den Abend rettete. Ich hatte davor nie so deutlich begriffen, wie leicht es ist, Frauen aufzubauen, wenn man sie mit richtig dosierter Lüsternheit anhimmelt und ihnen Komplimente macht, auch wenn sie offenkundig gelogen sind; ich meine, Anita mußte doch wissen, daß sie kein Titelblattgesicht besaß, schließlich hatte sie bestimmt schon einmal in den Spiegel geschaut, und trotzdem ging es ihr wie Öl hinunter, wenn Georg so tat, als werde er in dieser Nacht ihretwegen nicht schlafen können.

Sie fand Georg jedenfalls reizend, und ich vermerkte in meinem geistigen Notizbuch, daß es vorteilhaft war, einen charmanten Lügner wie Georg an Bord zu haben. Ich selber war dafür zu blöd. Mir sah man es immer an, wenn ich nicht die Wahrheit sagte.

Wir schieden in bestem Einvernehmen, da wir ja etwas gemeinsam hatten: Wir fanden kein Schiff, und die „Mädels", wie Anita ihre Kumpaninnen nannte, fanden auch keins. Gemeinsames Leid verbindet.

Am nächsten Morgen beim Frühstück las ich die Annoncenseiten der *Yachtrevue* besonders aufmerksam. Jetzt war ich wirklich besorgt.

„Ist was?" fragte meine Frau.

„Nein, wieso?" Ich machte mir Notizen am Zeitungsrand.

„Na, weil du dein weiches Ei kalt werden läßt und deinen Tee ohne Rum und Zucker trinkst. Habt ihr euch in der Seglerrunde zerstritten?"

„Nein." Ich erzählte ihr von Janos' Unfall und von der dezimierten Mannschaft. „Wir letzten Musketiere müssen jetzt sehen, wie und wo wir noch eine Koje bekommen. Aber sonst ist alles in Ordnung."

Doch diesmal gab sich meine Frau nicht zufrieden. „Und was ist mit dieser Frau Reschberger? Da hat sich dein Freund B. A. ja nicht gerade wie ein Kavalier benommen."

Ich zuckte so zusammen, daß ich um ein Haar Zucker, Rum, Tee und das Ei umgeworfen hätte. „Himmeldonnerwetter! Was weißt denn *du* von der Sache? Wer hat dir denn das erzählt?"

„Na, Barbara natürlich. Sie ist von ein paar Freundinnen angerufen worden, weil die ihren B. A. mit einer aufgedonnerten, rothaarigen Person gesehen haben. Von dem Skandal im Messe-Restaurant hat sie natürlich auch gehört. Du kannst dir vorstellen, wie erleichtert sie war, als diese nette Frau Reschberger sie am nächsten Tag aufsuchte, die ganze Angelegenheit aufklärte und sich entschuldigte."

39

„Moment! Moment!" Ich hatte das Gefühl, in einer ganz falschen Fernsehserie aufgewacht zu sein. „Willst du damit sagen, diese rothaarige Dragonerin hat sich mit Barbara Barawitzka angefreundet? Herrgottsackra! Wenn B. A. das erfährt, wird er aber schön in die Luft gehen. Er kann doch diese Emanze nicht riechen. Die zwei reagieren wie Wasser und Karbid, sie schäumen auf, und es kommt zur Explosion. Peng!" Dabei gestikulierte ich ein wenig zu heftig, und mein Ei flog durch die Gegend.

Meine Frau wischte das klibberige Zeug vom Tisch. „Ich verstehe nicht, warum sich Boris so störrisch benimmt. Er sollte doch froh sein, daß es Frauen gibt, die sich für euren feuchten und ungesunden Sport interessieren. Barbara und ich haben ja für die Seefahrt wenig übrig, weil man dabei nur seekrank wird; diesen netten Damen aber macht das anscheinend nichts aus."

Ich schnappte nach Luft. „Vetterfrau! Weißt du, wovon du sprichst? Das sind keine netten Damen. Diese Anita tut nur so, in Wirklichkeit ist sie so nett wie der Hund von Baskerville. Sie gehört einem Emanzenverein an und will nur beweisen, daß wir Männer Versager sind. Wir werden uns doch nicht solch häßliche Weiber auf den Hals laden, die . . ."

„Red' dich in keinen Wirbel, Vettermann!" Meine Frau suchte ihre Autoschlüssel. „Schönheit ist doch sicherlich keine Voraussetzung für die Seefahrt. Denn sonst dürften auch ein paar von euch nicht mitsegeln."

„Aber wir können doch diesem Geschlechterkampf keinen Vorschub leisten!"

„Was heißt Vorschub?" Die Stimme meiner Frau klang etwas ungeduldig. „Bleib bitte logisch! Anita verlangt nur die gleiche Chance, wie sie jeder Mann hat, ob nun Anfänger oder Könner. Ist das vielleicht zuviel verlangt? Wollt ihr sie nur deshalb benachteiligen, weil sie eine Frau ist?"

In diesem Moment erkannte ich die lauernde Gefahr, erahnte ich den verborgenen Dolch, den diese rothaarige Hexe heimtückisch in unsere Wohnungen geschmuggelt hatte. Ich war drauf und dran, wegen dieser Suffragetten mit meiner Frau Streit zu bekommen.

„So gesehen hast du vielleicht recht", sagte ich diplomatisch.

„Ich muß losfahren, ich komme sonst zu spät ins Büro." Meine Frau küßte mich flüchtig. „Schaut euch eben noch mal gut um. Aber wenn du nichts findest, könnten wir endlich einmal gemeinsam Urlaub machen. In Kreta soll es so schön sein!"

Am Abend begleitete ich B. A. ins Palais Pallavicini, in dessen barocken Prachträumen die Generalversammlung der DDSG, der Demokratischen Döblinger Segel-Gemeinschaft, abgehalten werden sollte. Ich kam nicht als stimmberechtigtes Mitglied mit – aus Klubs mache ich mir wenig –, sondern als B. A.s Diaprojektor-Bediener. Um genug Mitglieder zur Generalversammlung zu locken, veranstaltete der Klub ein buntes Rahmenprogramm mit Filmvorführungen, Vorträgen prominenter Segler und fürstlichem Buffet und setzte auch die Siegerehrungen des Vorjahres für denselben Termin an. Ohne diese Extraeinlagen hatte der Vorstand in den letzten Jahren immer allein am Tisch gesessen.

B. A.s Absicht war es, mit seinem Dia-Vortrag einen Konkurrenten um das Amt des Vizekommodore, einen gewissen Dr. Krobatschek, weit aus dem Feld zu schlagen und endlich den Vorstand seines Vereins auch von innen heraus beeinflußen zu können. Dr. Krobatschek war im Klub seiner profunden Kenntnisse im historischen Schiffbau wegen sehr angesehen. Auch segelte er angeblich einen traditionellen Gaffelschoner, was ihm die volle Unterstützung des Uralt-Ehrenpräsidenten sicherte, eines weißbärtigen ehemaligen Marinekapitäns, der noch immer die Einführung des Dampfes in der Schiffahrt bedauerte und für Glasfiberkunststoff, Aluminiumrigg, Dieselmotoren und Elektronik nur Verachtung übrig hatte.

Barawitzka litt unter dieser Diskriminierung schon lange. Er hatte noch nie am Ruder eines Holzschiffes gestanden, er hatte von Manövern mit Rahsegeln und Klüvern nicht viel Ahnung, er wußte nicht auf Anhieb, daß Gording kein nordischer Männername, Klotjes und Schlieten keine friesische Süßspeise und Eselshaupt kein Schimpfname für unachtsame Rudergänger war, daß Fußpferde nichts mit der Kavallerie zu tun hatten und daß mit Jungfern keine sitzengebliebenen Vorschoterinnen gemeint waren. Also gab ihm der Uralt-Ehrenpräsident nicht mal die Hand.

Das hatte B. A. so gewurmt, daß er nicht ruhte, bis er im letzten Jahr endlich zu einem Törn auf einem historischen Großsegler eingeladen wurde. Zwar nicht gerade auf der GORCH FOCK, aber immerhin auf dem 1909 erbauten Dreimastgaffelschoner GROSSHERZOGIN ELISABETH des Schulschiffvereins Elsfleth, der mit 65 m Länge, 462 BRT und 1000 m^2 Segelfläche am Wind um ein Vielfaches größer und auch älter war als Dr. Krobatscheks geschnitzte Holzschute.

B. A.s Vortrag ging mit großem Erfolg über die Bühne. Die Dias, die er auf dem wunderschönen alten Schiff gemacht hatte, zauber-

41

ten wirklich die Romantik der großen Segelschiffszeit in den verdunkelten Prunksaal des Palais, B. A. sprach sehr gut und sehr gelehrt, erklärte das komplizierte Rigg, die aufwendigen Manöver, verabsäumte es nicht, lustige Erlebnisse locker einzustreuen und seinen eigenen Aufstieg an Bord vom Kartoffelschäler bis zum späteren Wachführer der GROSSHERZOGIN gebührend hervorzuheben.

Donnernder Applaus belohnte seine Mühe, und der Uralt-Ehrenpräsident schüttelte ihm vor aller Augen lange die Hände und drückte ihn an seine ordengeschmückte Brust.

Die Zeit bis zur Eröffnung des Büffets nützte der Vorstand, um den Kassierer seinen Bericht herunterratschen zu lassen, über neue Aktivitäten zu berichten und die Wahlvorschläge für den neuen Vorstand vorzulesen.

Ich packte Diaschachteln und Projektor wieder ein und freute mich für meinen Freund und Kapitän. Die Würde eines Vizekommodore war ihm so gut wie sicher.

Da passierte es.

Die Döblinger Segler griffen schon zu ihren Kugelschreibern, um die Wahlzettel auszufüllen, da meldete sich Dr. Krobatschek zu Wort und zitierte einen Paragraphen aus den Vereinsstatuten, der allgemeine Verwirrung hervorrief.

Aufgabe des Vizekommodore, so erklärte B. A.s Erzfeind, sei es nach alter Klubtradition, auch dem Wettfahrtkomitee vorzustehen. Deshalb wolle er nur darauf hinweisen, daß der Träger dieser Würde selbstverständlich auch ein profunder Fachmann auf dem Gebiet des Regattasegelns sein müsse. Er rief den Mitgliedern in Erinnerung, daß die Vizekommodore der vergangenen Jahre in ihrer Zeit zu den erfolgreichsten Rennseglern von internationalem Ruf gehört hätten. Mit einer weitschweifigen Handbewegung wies er auf die Vitrinen, in denen die geheiligten Siegespokale früherer Wettkämpfe so ehrfürchtig verwahrt wurden wie die erbeuteten Fahnen aus glorreichen römischen Feldzügen im Marstempel; und er schleuderte die peinliche Frage wie einen Fehdehandschuh mitten in den Saal: „Freunde, Kameraden! Ihr könnt unschwer an den Inschriften ablesen, wie viele dieser Trophäen ich zur Ehre unserer Demokratischen Segel-Gemeinschaft errungen oder gespendet habe. Wenn ihr einen einzigen Pokal, einen einzigen Silberteller, ein einsames Ehrenbiergläschen findet, auf dem der Name Barawitzka eingraviert ist – dann will ich freiwillig von dieser Kandidatur zurücktreten! Aber ich fordere diese Versammlung auf, nicht Schein für Wissen, nicht große Worte für Erfahrung hinzunehmen! Ich will jetzt gar nicht darauf hinweisen, daß ich Ehrenmitglied der IYRU bin, daß ich ein Handbuch über Regattaregeln verfaßt habe, daß ich Rennsegeln seit zehn Jahren aktiv betreibe. Nein, das will ich gar nicht anführen. Aber es ist meine Pflicht, euch alle an die Statuten unseres geliebten Vereins zu erinnern. Für das Amt des Vizekommodore darf nur ein aktiver Rennsegler kandidieren. Das bitte ich euch zu bedenken!" Es wurde totenstill im Saal. Man hätte eine Klubnadel zu Boden fallen gehört.

Ich schaute zu B.A. hinüber und fächelte mit der rechten Hand, als hätte ich etwas Heißes berührt. Das war eine unerwartete und unangenehme Hürde. Mein Freund und Kapitän hatte so gut wie keine internationale Regattaerfahrung, ja, nicht einmal einen einzigen Pokal errungen. Die paar Wald-und-Wiesen-Rennen, die wir zum Spaß mitgesegelt waren, hatten höchstens mit einem fröhlichen Umtrunk geendet, nie mit einer Preisverteilung. O weh!

Die Regattaregeln, die B.A. beherrschte, erschöpften sich in primitiven Merksätzen wie: „Segel vor Dampf", „Lee vor Luv", „Backbordbug vor Steuerbordbug" und kräftigem „Raum!"-Geheul für alle anderen Situationen. Ich sah schwarz für den Vizekommodore. Dieser Krobatschek war ein raffinierter, zäher Hund.

Käptn Barawitzka aber wartete die Reaktion des Vereins gar nicht ab. Er drehte sich mit steinernem Gesicht um und marschierte ohne einen Blick zurück aus dem Saal und die große Freitreppe hinunter; dann schlug er die Palaistür so hinter sich zu, daß es bis in den Festsaal hinauf hallte.

Als B.A.s „Bildwerfer" konnte ich nach seinem Exodus schlecht allein ans Büffet treten. Also war der Abend auch für mich vorbei.

Zwei Tage später verschwand Barawitzka so spurlos, als hätte ihn ein Sumpf verschluckt. Eine Annahme, die sich als gar nicht so abwegig herausstellen sollte. Von B.A.s Frau Barbara hörte ich, daß unser zurückgetretener Kapitän nach der Generalversammlung seines Segelvereins einen schweren Nervenzusammenbruch erlitten und sich auf Anraten seines Arztes in Kur begeben hatte, und zwar in ein abgelegenes Moorbad hinter allen sieben Bergen. Entweder wußte Barbara die genaue Adresse nicht, oder sie wollte sie aus Rücksicht auf ihren erholungsbedürftigen Gatten nicht nennen.

B.A. blieb jedenfalls in seiner selbstgewählten Verbannung verschollen, und ich begann von diesem Tag an, die Anzeigen für Mitsegelgelegenheiten sehr gründlich zu studieren.

Um so überraschter war ich, als mich B. A. eines Tages zu Hause anrief, mir verschwörerisch strengste Geheimhaltung auferlegte und eine lange Liste von Dingen diktierte, die ich ihm in die Verbannung schicken sollte:
- die neueste Ausgabe der Wettsegelbestimmungen
- das Seemannsgesetz und die Schiffahrtsverordnungen
- alles Broschierte und Gebundene über Segeltrimm
- einen Übersegler für die Obere Adria
- einen Kartenzirkel
- P. Johnsons Buch *Ocean Racing*
- 2 Schachteln Admiral-Zigarren mit Goldbinde
- 1 Flasche guten französischen Cognac.

Außerdem sollte ich sofort alle ehemaligen Mannschaftsmitglieder der HIPPODACKL zusammenholen und eine neue Crew aufstellen.

Meine neugierigen Fragen unterband er mühelos, indem er einfach auflegte. Durch Überprüfung der Postleitzahl seiner Adresse fand ich wenigstens heraus, daß er irgendwo an der tschechischen Grenze stecken mußte.

Wozu er eine Crew brauchte, wenn wir noch immer keine Yacht hatten, wußten wohl nur B. A. und der Teufel. Doch aus alter Freundschaft erledigte ich seine Aufträge so gut es ging. Bücher, Zigarren und Branntwein waren schnell besorgt und abgeschickt; Mannschaft aber konnte ich keine mehr aufstellen. Janos lag im Spital und würde noch eine ganze Weile dort zubringen, Max war schon ans Rote Meer abgeflogen und Diplomingenieur Westermayer nach Cannes; die drei Navigationsschüler konnten jetzt beim besten Willen nicht mehr umdisponieren, weil sonst die bereits eingezahlte Kursgebühr verfiel. Ich fragte Segler aus meinem Bekanntenkreis, rief Segelschulen an, aber ohne Erfolg.

Ein wenig kam ich mir wie James Bond vor dem Rendezvous mit dem Chef des russischen Geheimdienstes vor, als ich am Wochenende Barawitzkas raffiniert ausgeklügelter, geheimer Reiseroute folgte. Sein erster Hinweis führte mich nach Laa an der Thaya, dann durch dunkle Wälder bis nahe an die tschechische Grenze in ein sehr abgelegenes, aber modernes Moorbad. Den Anweisungen entsprechend löste ich mir eine Halbtageskarte, zog mich in einer Kabine aus und setzte mich zum Elf-Uhr-Aufguß in die Sauna. Ohne Brille mußte ich ohnehin warten, bis mich einer der nackten Herren ansprach, was auch prompt geschah. Ein schweißglänzender Esau lüftete das Handtuch über seinem Kopf, und ich erkannte B. A.s markanten Mephistobart.

„Guten Tag, Genosse Oberst", flüsterte ich ihm zu. „Alles wohlauf im Kreml? Ich habe die gewünschten Geheimdokumente bei mir, werde sie aber noch durchschwitzen, wenn der Kerl mit den Birkenreisern dort weiter so viel Dampf macht."

B. A. überging schnöde meine witzige Bemerkung. „Danke, daß du gekommen bist. Ich bin zwar durch Telefon und Telegraf mit der Außenwelt verbunden, aber nicht alles läßt sich aus der Ferne regeln. Du hast dich wahrscheinlich schon gefragt, warum ich auf so umständliche Weise mit dir in Verbindung trete . . ."

„Aber nicht doch! Ich finde es ganz normal, wenn zwei unbescholtene Bürger verschlüsselte Nachrichten versenden und sich wie Spione heimlich in der Sauna treffen. Vielleicht hätte ich mir noch einen Bart und eine falsche Nase ankleben sollen? Ich wußte aber nicht, ob Mastix saunafest ist . . ."

„Du und deine wuchernde Phantasie!" brummte er. Und während wir uns vor den glühendheißen Schwaden duckten, die ein glatzköpfiger Asket mit seinem Handtuch von der Decke der Saunakammer herunterfächelte, versuchte B. A. mir alles zu erklären. Sein Kuraufenthalt diene nicht nur der Gesundheit, sagte er, sondern in erster Linie seiner „Wiedergeburt".

Ich mußte ihn wohl sehr prüfend angesehen haben, denn er beeilte sich, mir zu versichern, daß sein Geisteszustand völlig in Ordnung sei. Er ließ sich sogar herbei, mir diesen Terminus technicus zu erläutern.

„Wiedergeburt" wäre ursprünglich ein in der Völkerkunde gebräuchlicher Ausdruck gewesen, der jenen Trick bezeichnete, mit dem Priester oder Könige bestimmter Naturvölker ihren naiven Untertanen eine göttergleiche Unsterblichkeit vorgegaukelt hätten.

„Du kannst dir das leicht vorstellen: Eine Priesterkaste verheimlichte einfach den Tod eines ihrer Mitglieder oder ihres Chefs, ließ den Leichnam verschwinden, wählte einen Nachfolger, setzte ihm eine Maske auf, stülpte die Insignien darauf, wickelte ihn in verhüllende Gewänder – jetzt weißt du auch, warum Herrscher immer so wallend herumliefen und ihnen niemand ins Gesicht schauen durfte – und präsentierten ihren Kandidaten dem erstaunten Volk als den dank göttlicher Gnade Wiedergeborenen. Kapiert?" B. A. streifte sich den Schweiß mit einer flachen Holzkelle von der Stirn. „Dieses uralte Prinzip hat sich zum Beispiel in allen unseren Brettspielen erhalten. Denk nur an Schach, Mühle, Dame, Fang-das-Hütchen, usw.: das Männchen, die Spielfigur, die Spielmarke ist ‚unsterblich‘. So oft sie auch matt sind, aus dem Spiel geworfen werden, verloren haben, sie dürfen bei jedem neuen Spiel wieder antreten. Sie sind eben wiedergeboren, ganz einfach. Auch in Wirtschaft und Politik kann man bestimmte Leute nicht sterben lassen. Wir modernen Manager haben also den alten ‚Wiedergeburtstrick‘ in unser Repertoire aufgenommen und wenden ihn sehr oft mit bestem Erfolg an. Wer Prestige verliert, sich in der Öffentlichkeit unmöglich gemacht oder blamiert hat, der verschwindet zunächst in der Versenkung, bis die Zeit reif ist für seine ‚Wiedergeburt‘. Bezweifelst du immer noch die Tassenzahl in meinem Schrank?“

„Donnerwetter! Das klingt einleuchtend. Du hast dir also was zuschulden kommen lassen ...“

„Unsinn!“

B. A. stieß mich unerwartet in ein Eiswasserbecken, daß mir das Herz stehenblieb, dann pustete er mir die Beine unterm Leib mit einem Druckschlauch weg, wie die Polizei mit dem Wasserwerfer Demonstranten umspritzt. Im Ruheraum kam ich dann wieder zu mir. Barawitzka stand vor mir, in sein Badetuch gewickelt wie ein römischer Imperator in seine Toga.

„Ich hatte in letzter Zeit eine geradezu unwahrscheinliche Pechsträhne. Erst ging die HIPPODACKL unter und ich fand kein geeignetes Ersatzschiff; zwei meiner besten Kunden mußten Konkurs anmelden, ich kaufte die falschen Aktien, Janos fiel vom Dach, die beste Segelcrew aller Zeiten verlief sich, die Konkurrenz schnappte mir die besten Geschäfte weg ... Und dann passierte noch diese Intrige im Klub. Jetzt ist das verdammte Großmaul Krobatschek Vizekommodore, und ich bin eine Null, ein Niemand im Vorstand.“ Seine schwarzen Rabenaugen blitzten. „Ich weiß aus Erfahrung, daß mir in so einer Situation nur ein völlig neuer Anfang hilft. Weit weglaufen, Abstand gewinnen, eine Weile untertauchen und dann mit gestärkten Kräften wieder an den Spielanfang gehen – wie beim Mensch-ärgere-dich-nicht. Sieh mich an! Ich bin schon ‚wiedergeboren‘. Ich habe hier in der Einöde den Eigner einer 48-Fuß-Rennyacht kennengelernt, der wettsegeln möchte, aber keine Mannschaft hat, und ich werde zu Pfingsten die Klubregatten gewinnen, damit sich Dr. Krobatschek grün und gelb ärgert und der Vorstand seine schäbige Haltung bereut. Jawohl! Also, wie steht es mit der Mannschaft?“

Das waren ja großartige Neuigkeiten.

B. A. erzählte, wie er einen gewissen Professor Arnold Lullinger hier im Moorbad getroffen hatte, und vom Renner dieses Professors, der nach dem Alt-Wiener Dialektausdruck für „Herumtreiber" STRAWANZER hieß. Er wußte auch zu berichten, daß sich diese im Volksmund verballhornte Bezeichnung vom italienischen *stravagare* ableitete. Er schilderte die supermoderne Ausrüstung der Yacht und bekräftigte seine Absicht, mit diesem Wunderschiff einen Pokal – oder mehrere – zu gewinnen.

Dazu mußte ich leider sein ganzes Kurprogramm mitmachen. Bis zum Hals in heißem, zähem, dunkelbraunem Schlamm steckend, berichtete ich von meinen erfolglosen Rekrutierungsversuchen.

B. A.s Stirn runzelte sich wie ein Plastikbecher, den man zu nahe an einen Heizkörper hält.

Er rührte mit beiden Händen in dem schwarzen Brei und hob Klumpen aus der Masse, als wolle er wie Gottvater aus dem Urschlamm eine neue Mannschaft kneten.

„Ich habe mich überall umgehört", sagte ich, damit er meine Bemühungen auch anerkannte. „Ich habe mit Dutzenden von Segelschulen gesprochen, alle Klubsekretäre angerufen. Alles für die Katz! Der einzige, der eventuell mitsegeln würde, ist der alte Joe . . ."

„Der alte Joe!" B. A. stieß den Namen hervor wie einen Fluch. „Der alte Joe! Der nach all den Jahren noch immer die Fallen verwechselt und die Schoten falsch herum auf die Winschen legt. Joe, der den Simmeringer Zeitstek erfunden hat, jenen kunstvollen Knoten, der nach zehn Minuten von allein aufgeht, so daß die Fender von der Reling plumpsen wie reife Birnen vom Spalier. Nein, Karl! Der alte Joe ist der einzige, den ich auf einer Regatta bestimmt nicht brauchen kann. Ich will ja gewinnen. Also laß mich überlegen!"

Doch dazu kam er nicht mehr. Eine Klingel schrillte, ein Badewärter mit Gummischürze und Gummistiefeln scheuchte uns aus dem Matsch und spritzte uns den Dreck mit derart grobem Wasserstrahl ab, als hätte er stählerne Autobuskarosserien vor sich und nicht weichhäutige Lebewesen. Mein Argwohn, daß dieser Kerl noch nicht lange als Krankenpfleger arbeitete, bestätigte sich, als ihn B. A. – vom vollen Strahl schmerzhaft in den Unterleib getroffen – aus instinktivem Überlebenstrieb blind attackierte und ihn samt Stiefeln, Schürze und Schlauch über den Rand ins Moorbecken warf.

Kurz bevor der Sadist im Morast versank, leuchtete auf dem Rücken seines T-Shirts noch einmal die Aufschrift auf: *Freiwillige Feuerwehr Mistelbach.*

B. A. drehte den Druckwasserhahn zu und sah mit Befriedigung in den weichen Pfuhl, wo ein dunkelbraunes Monstrum unbeholfen herumruderte.

„Diese Vergeltung habe ich dem Grobian schon ein paarmal angedroht", sagte er. „Und ich pflege mein Wort zu halten."

In weiche Tücher gehüllt, nahmen wir dann am rustikalen Büffet des Kurhauses Platz, zu einer bodenständigen Jause mit Apfelmost und Schmalzbrot.

Dort lernte ich auch den Professor kennen, einen korpulenten, nervösen Herrn mit struppigem, graugesprenkeltem Vollbart; er schien an einem Augenkatarrh zu leiden, weil er sogar in der schummrigen Beleuchtung des Kurhauses seine dunkle Sonnenbrille trug, und war schreckhaft wie ein Patient mit Verfolgungswahn. Er sprach wenig, blickte sich öfter hastig um und wickelte sich in seine weiten Tücher wie ein scheuer Nomade.

Aber auch wenn der STRAWANZER-Eigner nicht ganz richtig im Kopf schien und sich wie Diogenes verkroch, mir war das egal; Hauptsache, wir hatten wieder ein Segelschiff zur Verfügung und mußten unseren Urlaub nicht an Land verbringen.

Das mit der Regatta nahm ich nicht so ernst. Wenn wir keine zusätzliche Mannschaft fanden, konnte B. A. auch mit mir, Georg und Simon eine 48-Fuß-Yacht ohne weiteres segeln; dann wurde eben eine bequeme Vergnügungsfahrt daraus. Das Wichtigste war, daß ich wieder eine Koje hatte, alles andere interessierte mich nur am Rande.

Barawitzka trug mir auf, weiter nach guten Leuten zu suchen und auch eine Anzeige in der Segelzeitung aufzugeben; die Zuschriften sollten direkt an sein Postfach in Laa an der Thaya geschickt werden. Müde von den vielen heißen Bädern fuhr ich heim, fühlte mich aber trotzdem wie neugeboren.

Am nächsten Wochenende fiel B. A. Barawitzka wie ein frischer Wirbelwind aus der Provinz in Wien ein und rührte gewaltigen Staub auf, als ich ihm wieder nur uns drei Musketiere offerieren konnte und einen einzigen zusätzlichen Vorschoter.

„Verdammt!" fluchte er. „Ich brauche gute acht Mann für die Spinnakermanöver. Sonst sollten wir gar nicht erst lossegeln. Also, dann heuern wir eben Fremde an. Ich habe eine Menge Zuschriften auf die Annonce bekommen."

Das gefiel mir überhaupt nicht. Ich gab ihm zu bedenken, daß er selbst immer dagegen war, unbekannte Leute an Bord zu nehmen. Man konnte nicht einmal ahnen, wie sie sich bei Stress, Orkan, Flaute, Seekrankheit und in der üblichen räumlichen Enge verhalten würden. Ich rief ihm in Erinnerung, daß es Sinn unserer monatelangen Wirtshaustisch-Trockensegelei im Winter und Frühjahr war, die Teilnehmer des nächsten Törns aneinander zu gewöhnen, ihre Reaktionen auf boshafte Scherze, Gemeinheiten und Alkohol zu testen und sie eben zu einer Mannschaft zusammenzuschmieden, die gewohnt war, sich als Ganzes zu betrachten.

„Ganz egal!" rief er. „Wir brauchen noch ein paar Mann. Ich will ja gewinnen, nicht wie die olympischen Kleinhäusler nur dabeigewesen sein."

„Du hast dich so in diesen Regatta-Blödsinn verrannt, B.A., daß du einfach nicht hören willst. Du hast doch nichts davon, wenn wir jetzt vier Kerle anheuern, die mit ihrer Segelerfahrung angeben, aber nach dem Start stellt sich heraus, daß der alte Joe sie noch in die Tasche stecken würde. Abgesehen davon, daß wir uns leicht eine böse Laus in den Pelz setzen könnten. Denk an den Fall APPOLONIA! Diesem Terman hat man den geladenen Revolver in der Tasche auch nicht angesehen . . ."

„Da schneidest du ein interessantes Thema an, Karl", sagte B.A. plötzlich nachdenklich. „Was wurde nicht schon alles über das Bordklima geschrieben! Es gibt sogar einen psychologischen Ratgeber, wie man Mitsegler behandeln soll und Streit, Meuterei, Mord und Totschlag an Bord vermeidet. Jeder hat da seine Patentrezepte: Der eine Skipper nimmt nur musikalische Deckhands mit, der andere nur Junggesellen, der dritte verlangt handgeschriebene Lebensläufe und trägt sie zur Auswertung zum Graphologen. Mein Gott! Und warum das alles? Weil sie zu faul sind, vorher darüber nachzudenken, wie man eine Meuterei im Entstehen verhindert und wie man gute Freunde davon abbringt, sich gegenseitig im Bordkoller die Gurgel durchzuschneiden. Nein, sie fahren einfach los, mit einer gehörigen Portion blinden Gottvertrauens, im Glauben an das Gute im Menschen, an die Freundschaft und die Vernunft aller Beteiligten."

B.A. zog ein blaues Büchlein aus seinem Aktenkoffer. „Dabei gibt es eine blitzgescheite und tausendfach bewährte Anleitung, wie man den Schiffsbetrieb bestens organisieren und die Rechte und Pflichten aller Mitsegler bis ins Detail regeln kann. Das hier: das Seemannsgesetz! Es ist ein internationales Standardwerk, aus der Erfahrung von tausend Jahren Seefahrt entstanden. Die ganze weltweite Großschiffahrt wird danach organisiert. Also sehe ich nicht ein, warum wir Hobbysegler es so hartnäckig ablehnen, unseren Urlaubstörn ebenfalls nach diesem Gesetz zu planen. Da findest du, in Paragraphen aufgeteilt, die ganze Weisheit der Handelsmarine."

Seine pathetischen Worte machten mich neugierig. Ich blätterte in dem Büchlein. Ich wußte, daß es Gesetze gab, die den Bordbetrieb auf Berufsschiffen regeln, aber es war mir noch nie in den Sinn gekommen, sie auch auf Segelmannschaften anzuwenden.

Doch da war genau definiert, welche Rechte und Pflichten Reeder, Kapitän, Schiffsoffiziere, Bootsleute, Besatzungsmitglieder und Schiffsangestellte hatten; da war von Seefahrtsbuch, Musterrolle und Heuer die Rede; von Dienstantritt, Arbeitszeit, Krankenfürsorge, Urlaub, Kündigung, Tod eines Besatzungsmitglieds, Verhalten an Bord, Vermißtenanzeige, Straftaten und Ordnungswidrigkeiten; auch von der Zuständigkeit ausländischer Polizeistellen und Gerichte, von Anordnungsbefugnis, Rechtsbeschwerden, Strafgebühren und ähnlichem war die Rede.

Ich gab B. A. das Buch zurück. „Das klingt alles sehr schiffsmäßig. Die Paragraphen riechen nach Salz und Teer und der neunschwänzigen Katze, aber ich glaube nicht, daß man sie auf Sportboote anwenden kann. Wir haben kein Seefahrtsbuch, wir bekommen keine Heuer, wir müssen sogar noch was zahlen, wir haben keinen Reeder, keinen ordnungsgemäß bestellten Kapitän, wir müssen ihn erst untereinander bestimmen . . ."

„Falsch!" Barawitzka blitzte mich triumphierend an. „Das ist falsch! Wir haben alles. Wir haben einen Reeder: Professor Lullinger. Ihm gehört die STRAWANZER, aber er will aus gewissen Gründen weder das Schiff führen, noch bei der Regattaausschreibung in Erscheinung treten; er will als einfaches Crewmitglied segeln, ohne besondere Rechte. Aber er hat mich zum Kapitän ernannt. Damit bin ich ordnungsgemäß, auch dem Wortlaut des Gesetzes nach, der Schiffsführer und Papst für die Crew. Und wir haben sehr wohl ein Seefahrtsbuch, nämlich das blaue Heftchen vom ÖSV mit Paßfoto, Name und Anschrift, in dem sich unsere Segler die zurückgelegten Meilen bestätigen lassen. Wir haben auch eine Musterrolle, unsere Crewliste. Die wird, wie du weißt, in jedem Hafen von den amt-

50

lichen Stellen anerkannt und abgestempelt. Das ist ein offizielles Dokument. Und wenn du willst, kann ich auch spaßeshalber jedem Besatzungsmitglied eine Heuer zahlen. Sagen wir, fünf Schilling pro Tag als nominellen Betrag. Das wäre mir der Spaß wert. Dafür müssen alle einen Heuerschein unterschreiben, damit akzeptieren sie das Seemannsgesetz, und schon sind wir mitten in der Schifffahrtsordnung. Wenn sie unterwegs kündigen, über Bord fallen oder als vermißt gemeldet werden, erhalten ihre nächsten Verwandten Anspruch auf die Heuer. Das ist alles bis ins Detail geregelt. Wir brauchen diesmal keine Chartergebühr einzahlen, der Professor stellt mir die Yacht kostenlos zur Verfügung. Hauptsache, wir nehmen an einer Regatta teil. Darauf ist der Reeder erpicht. Wenn die B.M.s – so heißen die Besatzungsmitglieder in der offiziellen Abkürzung – wenn die B.M.s für ihre eigene Backschaft und Verpflegung zusammenlegen, verletzt das keinen Paragraphen. Wir haben einen Zahlmeister, wir haben einen Bordarzt – sogar einen Bord-Chefarzt –, du hast die Amateurfunklizenz, also haben wir auch einen staatlich anerkannten Funker. Wieso sollte das Seemannsgesetz also nicht anwendbar sein? Glaubst du, daß ein Handelsmarinekapitän sich mit jedem angeheuerten Matrosen wochenlang an den Tisch setzen kann, um seine psychologische Eignung zum Seedienst zu überprüfen? Quatsch! Der Kerl bekommt eine Heuer und hat die Anordnungen der Schiffsführung laut § 109 Absatz 1 zu befolgen. Bei Nichtbefolgung und grober Fahrlässigkeit drohen ihm bis zu fünf Jahren Freiheitsstrafe. Widerstand gegen den Vorgesetzten wird nach § 116/1 bestraft, bei Verabredung mit mehreren Besatzungsmitgliedern ist der Meutereiparagraph gegeben, und der Kerl kann in Ketten gelegt und dem nächsten Gericht im nächsten Hafen übergeben werden. So einfach ist das! Gefallen ihm meine Anordnungen nicht, kann er innerhalb der gesetzlich vorgeschriebenen Frist kündigen oder sich beim nächsten Seemannsamt beschweren. Punktum! Steht alles hier drin."

Ich starrte Barawitzka überrascht an. Da hatte er sich ja was Feines ausgedacht. „Trotzdem ist es eine Schnapsidee", behauptete ich. „Du glaubst doch nicht, daß sich ein Trottel findet, der auch noch unterschreibt, daß du ihn herumkommandieren darfst wie einen Leibeigenen? Glaub mir, B.A. das klingt ganz lustig, aber in der Praxis funktioniert es nie."

Barawitzka sah jetzt so brutal drein wie der Rote Korsar, dem einer seiner Bukaniere mit der 35-Stunden-Woche kommt. „Wer

nicht unterschreibt, fährt eben nicht mit, basta! Kein Heuerschein –
keine Koje! Außerdem, sei bitte nicht albern. Glaubst du, die See-
mannsgewerkschaft läßt sich heute Arbeitsbedingungen gefallen,
wie sie auf den alten Seelenverkäufern gang und gäbe waren? Dasselbe Gesetz bindet ja auch den Kapitän. Ich kann niemanden zur
Arbeit zwingen, dessen Arbeitszeit um ist. Nur § 88 erlaubt mir das
in dringenden Fällen, wenn's um Schiff oder Menschenleben geht.
Ich muß alle Beschwerden von B. M.s entgegennehmen, ins Logbuch eintragen, dem Beschwerdeführer nach § 112 eine Kopie aus-
händigen und darf dann warten, ob das Seemannsamt mich nicht in
die Mangel nimmt. Nach § 118 droht mir ein Jahr Haft, wenn ich
nicht für ausreichende Verpflegung, Arzneimittel und Kran-
kenpflege sorge. Leider kann ich auch niemanden auf einer einsamen Klippe aussetzen, damit ihn die Möwen fressen. Wenn ich das
tue, riskiere ich eine Geldstrafe bis zu 366 Tagessätzen. Ich sagte ja,
alles ist geregelt, und es juckt mich in beiden Handflächen, einmal
eine Segelfahrt auf der Basis des Seemannsgesetzes zu machen. Das
wäre wirklich mal was Neues!"

Ausreden konnte ich ihm das nicht, also entlieh ich mir dieses
Paragraphenbüchlein, versprach ihm, es mir zu Gemüte zu führen,
und lenkte das Thema auf die Zuschriften. B. A. verzog das Gesicht,
als wir den Stapel Post zum ersten Mal durchgearbeitet hatten.
Unter den vielen Angeboten war kein ernstzunehmendes.

Entweder kam die Bewerbung von „sehr erfahrenen Jollenseglern
mit langjähriger Praxis", die aber erst nach Schulende im Juli ab-
kömmlich waren; oder von Oldtimern, die noch bei der Kriegsma-
rine gedient hatten und nun „... mal wieder'n büschen Seeluft
schnuppern" wollten. Von verschiedenen Aussteigern erhielten wir
Zuschriften, aber alle gaben offen zu, daß sie vom Segeln keine
Ahnung hätten, und sich nur die Überfahrt zu einer paradiesischen
Insel durch Kartoffelschälen oder Deckschrubben erarbeiten wollten. Einige „Automechaniker mit Ruder- oder Faltbooterfahrung"
boten sich an, gegen Kost und Logis unsere Maschine zu warten und
zu pflegen. Schließlich war auch ein Brief ohne Absender dabei, in
dem wir aufgefordert wurden, uns eine fette Prämie zu verdienen,
indem wir nicht näher bezeichnete Warenpäckchen aus Istanbul
abholten und an „später bekanntzugebende Mittelsmänner" wieder
aushändigten. Nur den Mund mußten wir unbedingt halten. Ein
Herr Sch. aus Wien fragte an, ob wir seine Frau nicht als Köchin
mitnehmen und in einem nordafrikanischen Hafen an ein Eroscen-

52

ter verkaufen wollten. Den Erlös sollten wir uns teilen, er würde noch ein ordentliches Trinkgeld dazulegen.

„Komisch", meinte B.A. „Erst gab es kein Schiff für uns, und jetzt herrscht anscheinend eine kräftige Baisse auf der Crew-Börse. Aber sieh dir das an: Dutzende Bewerbungen von Weibern! Hast du etwa eine Heiratsanzeige aufgegeben oder eine für freie Liebe? Unglaublich! Sogar mit Bildzuschrift. Hält die uns für ein Nudistenschiff? Oder suchen wir Stripperinnen für das Bordkabarett?"

Es war wirklich erstaunlich. Hausfrauen, Sekretärinnen, Freiberufliche, sogar eine halbe Oberschulklasse fühlten anscheinend den Lockruf der See; alle wollten sie mitkommen, und die meisten Schreiberinnen versicherten, daß sie Spaß verstünden und die Dinge nicht besonders „eng" sähen. So sahen auch die meisten Fotos aus.

Die Krönung des ganzen Stapels aber war ein hellblauer Brief, sauber getippt und unterschrieben von Frau Anita Reschberger, Präsidentin der S.U.F.F.: Sie offerierte eine bestens trainierte und ausgebildete Crew, bestehend aus vier Damen. Das schlug dem Faß den Boden aus.

Barawitzka wurde schlagartig grantig, stopfte die komplette Korrespondenz in den nächsten Papierkorb, und ich konnte gerade noch verhindern, daß er auch Feuer dranlegte.

Ich war jetzt schon ganz zuversichtlich, daß keine übereifrigen Vorschoter oder Regattalehrlinge unseren gemütlichen Törn mit der STRAWANZER stören würden. Auch Simon war ganz meiner Meinung, wir unterhielten uns köstlich mit dem Seemannsgesetz und trugen langsam die Dinge zusammen, die wir in unseren Seesack packen wollten.

In der letzten Woche aber schlug B.A. Barawitzka zu.

Ich dachte mir noch nichts Böses, als er mich eines Nachmittags an die Alte Donau bestellte. Er holte mich von der U-Bahn-Station ab, und dann standen wir auf der Terrasse der Segelschule Hofbauer an der Alten Donau. Die weite Wasserfläche glitzerte in der frischen Frühlingssonne. Hunderte von Segeljollen glitten vor der gigantischen Kulisse der UNO-City-Bürotürme hin und her.

„Da sind sie", sagte Barawitzka und zeigte zu den Bootsstegen hinunter. Ein Minigeschwader von Piratenjollen, bemannt mit orange und gelben Ölzeuggestalten in Schwimmwesten, übte ein sonderbares Manöver. Erst segelten sie brav in Kiellinie. Auf das Kommando des Segellehrers im Tretboot hin scherte eine Jolle nach der anderen aus, halste und sauste in voller Fahrt auf den Steg zu. Soweit sah alles noch schulmäßig aus, aber jetzt kam der unverständliche Teil der Übung. Zwei Bootslängen vor dem Steg stießen die Steuerleute die Pinne von sich, als wäre sie glühend heiß, und alle begannen zu schreien, mit dem Boot zu schaukeln und hastig zum Bug zu klettern. Wenn es ihnen gelang, den harten Rammstoß mit ausgestreckten Gummistiefeln abzufedern, applaudierte das ganze Geschwader, und der Segellehrer raufte sich den Bart.

„Anlegen am Steg mit Aufschießer soll das wohl sein", lachte B.A. „Dort im Boot Nr. 137 sitzt Anita, erkenntlich an der signalroten Haarfarbe."

Etwas an der ganzen Situation gefiel mir plötzlich überhaupt nicht mehr. „Was wollen wir eigentlich hier?" fragte ich B.A. voll böser Vorahnungen.

„Hallo, Käptn Barawitzka!" Die Segelschulchefin stolperte, von ihrem Hund an einer langen Leine gezogen, vorbei.

„Auf ein Wort, Frau Hofbauer!" rief B.A. „Eine Bekannte von mir ist da in Ihrem Kurs. Über die hätte ich mich gern unterhalten."

Frau Hofbauer mußte ihrem hopsenden, bellenden Wollknäuel erst um ein paar Kastanienbäume folgen, bis die Leine wieder kürzer geworden war. Dann zerrte sie den Hund auf die Terrasse zurück.

„Der wird sicher mal ein ganz passabler Schlittenhund", meinte B.A. „An Ihrer Stelle würde ich mir an dieser verstellbaren Patentleine eine Kurbel anbringen lassen, wie an einer Angelrute, dann können Sie das liebe Hunderl einholen wie einen gefangenen Hecht."

Frau Hofbauer mußte das kleine Biest ganz kurzstag nehmen, weil es dauernd versuchte, Tischbeine und Sessel zu verweben. „Theo hat zu oft beim Knotenunterricht zugesehen", keuchte sie. „Einen Rundtörn mit zwei halben Schlägen hüpft er schon tadellos um einen Baum. Manchmal schafft er auch schon einen Webeleinstek, weiß der Teufel, wie er merkt, wann er die Laufrichtung ändern muß. Aber wenn er erst einen Palstek kann, dann wird es kompliziert. Ich muß ihn schon jetzt dauernd aus seinen eigenen Knoten befreien."

Ich hatte die Vision eines gut dressierten Bordhundes, der vom Deck der anlegenden Yacht zum Kai hüpft, durch die Eisenringe schlüpft, um die Poller jagt und alle Festmacher tadellos belegt.

„Um Ihre Damen brauchen Sie sich keine Sorgen zu machen,

Käptn Barawitzka", versicherte die Segelschulchefin. „Das sind meine fleißigsten Schülerinnen. Sie beherrschen alle Knoten, die Theorie können sie von vorn nach hinten und umgekehrt auswendig, nur mit den Manövern klappt es noch nicht so ganz. Aber da ja alle vier mit einem wahren Feuereifer dabei sind, wird's schon werden. Die sind doch so unheimlich motiviert. Haben Sie übrigens schon meine neue Anzeige in der *Yachtrevue* gelesen? Sie werden stolz sein auf Ihre Damencrew."

B. A sah etwas verständnislos drein. Frau Hofbauer holte ein Exemplar der Segelzeitung und blätterte es auf.

„Hier. Tschüs, B. A.! Ich muß mich um meine Schüler kümmern." Der Hund zerrte sie davon.

„Das ist doch . . ." B. A. grinste erst, dann begann er zu lachen und sank auf den nächsten Stuhl.

„Was ist los?"

Er hielt mir glucksend das Heft hin, und ich starrte eine halbseitige Annonce der Segelschule Hofbauer an, mit folgendem Text:

Wir sind die offiziellen Ausbilder und Trainer der neuen DAMENSEGELCREW des berühmten Kapitäns Barawitzka. Wenn selbst dieser bekannte Skipper seine Mannschaft zu uns in die Schule schickt, dann können auch Sie uns vertrauen.

Zögern Sie nicht länger, melden Sie sich für die in Kürze beginnenden Sommerkurse an! Vom Jollenschein bis zum Küstenpatent – modernste Lehrmethoden, eigene Schulflotte, theoretischer und praktischer Unterricht in Tages-, Abend- und Wochenend-Intensivkursen.

Segelschule Hofbauer. An der Alten Donau.

Ich sah B. A. bestürzt an. „Da lachst du noch?"

„Natürlich! Das ist doch die Antwort auf unser Mannschaftsproblem. Unglaublich, wie schnell Gerüchte kursieren."

„Das meinst du doch hoffentlich nicht im Ernst?"

„Mir war's nie ernster."

Ich sank entgeistert auf einen Sessel. Jetzt dachte B. A. anscheinend tatsächlich daran, Weiber an Bord zu nehmen. Dazu noch diese Feministinnen!

„B. A., dir muß der Schlamm ins Hirn gestiegen sein. Wozu willst du diese Schreckschrauben mitnehmen? Wir haben doch Leute genug, um die STRAWANZER bis nach Gibraltar zu segeln."

„Ich will aber nicht nach Gibraltar, ich will diese Regatta gewinnen!" Barawitzka sah so entschlossen drein wie Sir Francis Drake, bevor der sich mit seiner Handvoll Schiffchen auf die spanische Armada stürzte. Ich erschrak, denn mir wurde erst jetzt klar, wie sehr sich B. A. in diese Regatta verbissen hatte. Und daß er sich mit Tod und Teufel verbünden würde, nur um die im Klub erlittene Schmach zu tilgen.

„Das ist doch glatter Wahnsinn! Nicht mal der Wunder-Rabbi von Stara Zagora kann in zwei Wochen aus Piratenjollen-Lehrmädeln eine Dickschiff-Regattamannschaft machen. Das bringt niemand fertig, nicht mal du, B. A.!"

„Wollen wir wetten, daß ich's schaffe?"

„Ha, ha, ha!"

B. A. schlug mit der Faust auf den Tisch. „Diesen Krobatschek mach' ich sogar noch mit einer Weibercrew zur Schnecke!"

„Niemals! Da verwette ich mein letztes Hemd!"

„Auf dein letztes Hemd bin ich auch gar nicht erpicht", grinste er. „Schlag eine ordentliche Wette vor, ich werde sie halten."

„Du bist verrückt! Seit Jahren wetterst du gegen Weiber auf See, und jetzt willst du selber welche mitnehmen! Dazu noch diese Hexen! Außerdem wird deine Barbara ihr Veto dagegen einlegen. Glaub nicht, du kannst so was geheimhalten!"

„Barbara ist sehr dafür, daß Anita mitsegelt." B. A. sah drein wie der satte Kater neben dem leeren Goldfischglas. „Zu ihrer Beruhigung hab' ich ein spezielles Zusatzabkommen zu § 6 des Seemannsgesetzes erlassen. Darauf bin ich besonders stolz. Wir werden die erste voll integrierte, gemischtgeschlechtliche und gleichberechtigte Yachtcrew der Geschichte sein. Denn es ist mir endlich gelungen, den Störfaktor Sex auszuschalten, der das friedliche Zusammenleben von Mann und Frau so behindert. Hier!" Er reichte mir ein Papierblatt. „Also, was ist? Hältst du die Wette, oder bist du zu feige dazu?"

Jetzt hatte er mich. Alles gab ich zu: daß ich faul war, gelegentlich dumm, vergeßlich, schlampig – aber feige? Nein! Feigheit hatte mir noch niemand vorwerfen dürfen. Mein innerer Old Shatterhand sprang mit Indianergeheul vor, verwettete fünftausend Schilling und schüttelte B. A.s Hand.

Damit war ich festgenagelt.

56

Kapitän Barawitzka erhob sich, um seine neue Damensegelcrew anzuheuern, und ich starrte benommen den Schrieb in meiner Hand an. Das UNO-Zentrum, die ganze Alte Donau und die Segelschule drehten sich um mich. Ich las entgeistert: „Zusatzabkommen zu § 6 Seemannsgesetz, abgeschlossen zwischen Frau Anita Reschberger als Bevollmächtigter der weiblichen Besatzungsmitglieder und Kapitän B. A. Barawitzka. (Entnommen den Erläuterungen des Seemannsgesetzes der Demokratischen Volksmarine zu § 6).

1) Besatzungsmitglieder im Sinne des Gesetzes sind alle männlichen und weiblichen Schiffsleute, die mit dem Reeder ein Heuerverhältnis eingegangen sind, (im weiteren Text als ‚B.M.‘ bezeichnet). Aus dem Geschlecht eines B.M.s dürfen keine Bevor- oder Benachteiligungen im arbeitsrechtlichen Sinn, bei Beförderung, Ausbildung und im Einsatz an Bord abgeleitet werden. Alle B.M.s sind gleichberechtigt.

2) Sexuelle zwischenmenschliche Beziehungen (im Volksmund Liebesleben genannt) haben ausschließlich während der Hafenliegezeiten und des Landgangs stattzufinden. Im Dienstbetrieb auf See sind sie verboten. Offiziere und Bootsleute haben auf strikte Einhaltung dieser Bestimmung zu achten. Zuwiderhandlungen werden nach dem Dienstreglement bestraft und sind ins Logbuch einzutragen.“

Darunter prangte die Unterschrift Barawitzkas und eine Art Seismographenkurve während eines Erdbebens. Die stammte wahrscheinlich von Anita.

Mein heimtückischer Kapitän hatte mich sauber hereingelegt. Es war nämlich schon alles abgesprochen, geplant und unterschrieben gewesen. Und mit meiner dummen, voreiligen Wette war ich ihm schön ins Netz gegangen.

Die Bora war nicht eingeplant

„It's a long way to Grado . . ." *(österreichisches Seemannslied)*
Das Seuchenschiff · Segelsetzen kann wahnsinnig lustig sein
Die zollfreie Partisanin und die „Casanova-Tour" · Bora! Bora!
Wie leicht man ein Schiff versenken kann
Das „Milos-Manöver"

„Karl, so wach doch endlich auf!"

Gerüttelt und geschüttelt tauchte ich langsam aus den Traumtiefen und fand mich nicht gleich zurecht.

„Raus aus dem Bett! Schau, daß du ins Badezimmer kommst! Es ist höchste Zeit. Ich mach' dir einen heißen Tee zum Munterwerden." Meine Frau huschte im Nachthemd aus dem Schlafzimmer.

Ich brummte unwillig und schloß wieder die Augen. Wie ein Taucher beim Aufstieg vom Meeresgrund noch eine Zeitlang unter der Wasseroberfläche dekomprimieren muß, bis sich der durch den erhöhten Druck im Blut angesammelte Stickstoff verflüchtigt hat, so brauchte ich vor dem Erwachen ein paar Minuten, um die letzten Traumbläschen aus meinem Kreislauf zu entfernen. Vor den Fenstern draußen war es noch ganz dunkel. Dann drang ein leises, beständiges Rieseln in mein Bewußtsein.

„Hol's der Teufel! Es regnet auch noch."

Jetzt empfand ich die Wärme des Bettes doppelt angenehm. Aufzustehen und in diese kalte, feuchte und unfreundliche Welt hinauszugehen, schien mir eine blöde Idee. Welcher Idiot hatte den Morgen erfunden? Warum konnte man denn nicht im Bett bleiben? Warum durften das nur Kranke? Kranke! Spürte ich da nicht ohnehin ein leises Kratzen im Hals? Einen ersten Hustenreiz? Meine Stirn fühlte sich so heiß an. Das konnte nur bedeuten, daß ich stark erhöhte Temperatur hatte.

„Vettermann!" Meine Frau sauste durchs Zimmer und legte mir Kleider bereit. „Jetzt aber raus aus den Decken!"

Ich krächzte mit zittriger Stimme: „Ich fühle mich nicht besonders. Muß mich verkühlt haben. Wo ist denn unser Fieberthermometer?"

59

„Seit zwanzig Jahren spielst du mir jeden Morgen dasselbe Theater vor. Wird dir das nicht langweilig? Geh endlich unter die Dusche!"

Wie in den letzten zwanzig Jahren erhob ich mich seufzend und tastete mich arm und krank ins Bad. Aus dem Spiegel starrte mich ein Scheusal aus entzündeten Augen an. Und da behaupteten sie immer, Schlaf mache schön. Ha! Wie kann einer schön sein, dessen Gesicht so zerknittert ist wie ein Stück Altpapier? Und dessen Wange vom Muster der Polsterstickerei geprägt ist?

Ich bedeckte die Hälfte der scheußlichen Visage mit Rasierschaum und schabte schlaftrunken drauflos, bis rotes Blut den jungfräulich weißen Schaum unappetitlich verfärbte. Erst als ich in der Dusche versehentlich den Kaltwasserhahn erwischte, war ich so weit dekomprimiert, daß ich die Umwelt zumindest schemenhaft wahrnahm. In der Küche wärmte ich mir dann die Hände an der Teetasse und blies behutsam in das dampfende Gebräu. Vor meinen Augen bekam die Digital-Kalenderuhr alle Augenblicke ganz rechts eine neue Ziffer. Es dauerte eine Weile, bis mein unwillig reagierendes Gehirn die optische Meldung der Netzhaut zur Kenntnis nahm.

„Samstag, 26. Mai, 01-20-05", entzifferte ich.

Als meine Frau in die Küche kam, hatte ich den Mund voll Tee, der noch viel zu heiß zum Schlucken war, und konnte deshalb nur anklagend auf die Uhr zeigen.

„Du bist ja noch immer nackt! In dreißig Minuten wolltest du unten an der Ecke stehen, wo dich Georg mit dem Bus auflesen soll. Hast du vergessen, daß ihr heute zu eurer Segelregatta aufbrecht? Wozu, meinst du, haben wir denn gestern abend noch den Seesack gepackt? Beeil dich jetzt bitte, Karl! Und mach mir vor allem hier Platz, ich muß dir noch ein Proviantpäckchen herrichten."

Oh, verflixt! Diese dumme Regatta hatte ich wirklich völlig vergessen. Zwei Uhr früh war aber auch eine saudumme Abfahrtzeit. Barawitzka hatte zwar recht, um diese Zeit fuhren die letzten Nachtvögel heim und die Straßen waren leer, aber es war trotzdem eine verrückt frühe Reisestunde. Besonders wenn es regnete.

Ich stellte bei mir eine heftige Abneigung gegen das Segeln fest, besonders gegen diese Regatta. Sie war unter so mysteriösen Umständen und endlosen Krämpfen zustandegekommen, daß eigentlich alles schiefgehen mußte. Und dann noch fünf Weiber an Bord! Das hieß ja wirklich, das Schicksal herausfordern. Da konnte man gleich an einem Freitag, dem 13., mit dem Klabautermann als Crew zum Bermudadreieck aufbrechen. Nicht daß ich abergläubisch war. Aber es hatte zu viele warnende Vorzeichen gegeben. Seit diese rothaarige Hexe Barawitzkas Weg gekreuzt hatte, war doch alles, aber auch tatsächlich alles, danebengegangen wie im verwunschenen siebten Jahr.

Was war denn so lustig an Hochseeregatten? Ich konnte mich plötzlich nur noch an lauter unangenehme Dinge erinnern. An nasse Kojen, zerschundene Hände, angeschlagene Knöchel, feuchte Unterhosen, juckenden Salzwasserausschlag, ungenießbares Essen, warmes Bier, Brot mit Petroleumgeschmack und aufgeweichte, zerbröselte Zigaretten.

Hatte ich Barawitzka wirklich zugesagt, an dieser Segelfahrt teilzunehmen? Wie war ich bloß auf diese Schnapsidee verfallen? Sollte er doch allein mit seinen Amazonen lossegeln und schauen, ob er den heißersehnten Siegespokal gewinnen konnte. Was hatte ich damit zu schaffen?

Da sah ich plötzlich ein irritierendes Bild vor Augen: einen diabolisch grinsenden Barawitzka, der mir mit hohnfunkelnden Augen einen Silberbecher mit der Aufschrift „1. Preis – Circolo Nautico" vorhielt, während ich ihm fünf Tausendschillingscheine hinblättern mußte. Für die verlorene Wette.

Mein linkes Hosenbein hatte keinen Ausgang, der war verlegt oder zugenäht; ich kam ins Schwanken, das ärgerte mich, dazu kam die kindische Wut über diese blöde Wette – ich schäumte vor Zorn über und fiel prompt auf den Rücken.

„Sag, bist du restlos übergeschnappt?" fragte meine Frau bestürzt. „Kugelst da strampelnd auf dem Teppich herum und kreischt wie ein Epileptiker. Jetzt mach aber, daß du aus dem Haus kommst, bevor du alle Nachbarn aufweckst. Die brauchen ja nicht mitten in der Nacht aufzustehen, das sind ja keine verrückten Segler. Setz dich doch aufs Bett, wenn du auf einem Bein die Balance verlierst! Aber, Vettermann, auf dem Schiff reißt du dich bitte zusammen! Was müssen die Damen sonst denken? Ehrlich, *ich* hätte ja kein Zutrauen in einen Navigator, der sich noch nicht mal allein die Hose anziehen kann."

Es geht nichts über einen liebevollen, aufmunternden Zuspruch am frühen Morgen. „Grrrrrrrr!" knurrte ich und drückte meine Füße mit Gewalt durch die widerspenstigen Leinenröhren. Sie knirschten resigniert in den Nähten, dann konnte ich den Gürtel schließen. „Himmelfixlaudon!" Der Reißverschluß klemmte.

61

„Bleib ganz still stehen", rief Karin. „Ich helfe dir. Mein Gott, können Männer ungeschickt sein!"

Ich fragte mich, ob auch Admiral Tegetthoff am Morgen vor der Seeschlacht von seiner Frau mit den Worten verabschiedet worden war: „Mein Gott, Willi! Wie siehst du wieder aus! Mit so einem Toilettefehler kannst du doch nicht die italienische Flotte versenken!"

Zehn Minuten später marschierte ich fertig adjustiert, beladen wie ein Packesel, geküßt und mit glückbringenden Wünschen versehen durch die Haustür. Dann stand ich an der Straßenecke im Nieselregen, oben tropfende Schwärze, unten spiegelnde Wasserpfützen. Der Schulterriemen des Seesacks drückte, der Finger im Tragegriff des Proviantsäckchens starb ab, das Heftpflaster auf der zerschnittenen Wange spannte unangenehm. Als Georg sich dann auch noch verspätete, sank meine Laune auf den absoluten Nullpunkt.

Jetzt hätten mich alle sehen sollen, die mich das ganze Jahr über beneideten, weil ich mit großen Yachten auf dem Meer segeln durfte. Die sich darunter eine hochvornehme und piekfeine Sache vorstellten, mit schneeweißen Decks, poliertem Messing, seidenmatt glänzendem Mahagoni, mit Starlets in Mini-Bikinis, geeisten Drinks in schweren Gläsern und rauschenden Bordfesten an der Côte d'Azur. Doch so, wie ich da im Regen stand, das war der Alltag der Hochseesegler. Besonders der Wiener Hochseesegler. Sieben Stunden Autobahnfahrt lagen noch vor uns, und dann ging die Plackerei erst richtig los. Pfui! Das nannte sich Freizeitsport? Das sollte eine Erholung sein?

Ich zog im Geist die Segelmütze vor der Klugheit meiner Frau. Sie hatte nach zwei schauerlichen Törns mit Sauwetter und Flaute, Seekrankheit und Mastbruch, Motorschaden und verstopftem Bordklosett die Konsequenzen gezogen und blieb seither vergnügt auf dem festen Land zurück, wenn es mich wieder nach Abenteuern auf schwankenden Planken gelüstete.

Platsch!

Georg bremste natürlich in der größten Regenlache, als ob ich nicht schon naß genug gewesen wäre. Typisch! Das paßte vorzüglich zum Beginn dieser verkorksten Fahrt. Ich verstaute mich und meinen Seesack gleich auf der Rückbank des VW-Busses, denn es sollte ja noch ein Mitsegler zusteigen: mein alter Freund und Seekumpel Simon Rebitschek, der Schrecken der sieben Meere.

Während Georg wie die Feuerwehr durch die nächtlichen Straßen jagte, überlegte ich, wie ich jetzt noch aus der STRAWANZER-Crew aussteigen könnte. Ich war überzeugt, daß es das Vernünftigste wäre.

Georg erzählte mir, von langen Gähnpausen unterbrochen, daß er noch kein Auge zugemacht habe. Das Abschiedsfest im Korneuburger Stadtcafé habe ohnehin bis ein Uhr gedauert.

Am Matzleinsdorferplatz kletterte Simon Rebitschek in den Bus, dampfend vor Feuchtigkeit und übler Laune. Er beschwerte sich über das Mistwetter, bezeichnete es als schlimmes Omen für den geplanten Törn und zerrte wie Hiob an seinem Bart, weil er die Hüftflasche mit seiner speziellen Leberarznei vergessen hatte.

Ich öffnete mein Überlebenspaket und reichte ihm die Thermosflasche mit heißem Kaffee, der zumindest mit gutem Kognak verbrämt war. Er schnüffelte und goß sich dann zufrieden grunzend einen Becher voll. Seine Leberarznei bestand in der Hauptsache aus Branntwein, wie ich wußte.

„Sonja ist schwer erkältet", brummte er. „Und nächste Woche kommen die neuen Fenster. Es gefällt mir gar nicht, daß da kein kräftiger Mann im Haus ist, wenn die Handwerker kommen, nur eine schwache Frau mit Grippe. Und in meinem Ölzeug sind lauter winzige Löcher, als wären da plastikfressende Motten dran gewesen. Die Buben haben meinen Schleifstein verlegt oder verschlampt. Jetzt muß ich mit einem stumpfen Messer lossegeln. Ich hätte gute Lust, gleich wieder umzukehren." Er starrte mit zusammengezogenen Brauen durch die huschenden Scheibenwischer.

„Das werde ich übrigens tatsächlich tun", fuhr er nach einer Weile Brüten fort. „Ich werde B.A. am Parkplatz erklären, daß ich unabkömmlich bin und nicht mitsegeln kann. Zur Hölle mit der dummen Wette!"

Ich spitzte die Ohren. Das war ein mir bisher unbekanntes Detail aus der verwirrenden Vorgeschichte dieser Regatta. Mir hatte B.A. erzählt, daß Simon sich ohne Zögern freiwillig für die Teilnahme entschieden hätte.

„Hast du auch mit B.A. gewettet, daß er den Circolo Nautico nie im Leben gewinnt?" fragte ich neugierig.

„Hm. Ja."

„Um wieviel?"

Er räusperte sich unwillig. „Um ein paar lumpige Zechinen. In der Hölle soll er braten, dieser Schuft!"

„Ach so!"

„Hat er dich vielleicht auch mit einer Wette geködert?"

„Um die Wahrheit zu sagen, ja."

„Um wieviel?"

„Auch nur um ein paar lumpige Zechinen. Fünf Blaue."

„Ach so."

Eine Weile blieb es still im Bus. Georg gähnte, daß ihm die Kiefer knackten.

„Dann streift er ja eine fette Prämie ein, dieser Hundesohn, sollte er wider alle Vernunft doch gewinnen", knurrte Simon.

„Sieht ganz danach aus, o du mein Rebitschek."

„Da müßte man doch was dagegen unternehmen!"

„Hm. Du hast mir mal ein kluges Büchlein gezeigt. Dieses französische Handbuch von einem gewissen Jean Pierre Saboteur. ‚Tausend heimtückische Tricks, Regatten zu gewinnen' oder so ähnlich hieß es. Kannst du dich daran erinnern?"

„Ich hab's sogar in meiner Fototasche stecken", triumphierte Simon. „Willst du ... Oh!" Er stockte einen Moment, dann drehte er sich um, und im Halbdunkel glänzte sein weißes Gebiß. *„J'écoute chanter un petit oiseau, toi aussi?"*

Ich grinste zurück. „Ja, auch ich höre einen kleinen Vogel singen. Also?"

„Bon! Nous allons-y! Wir fahren mit!"

Wir lehnten uns zurück. Meist verstanden wir zwei alten Salzwasservögel uns ohne viele Worte. Georg hatte sicher nicht mitbekommen, daß wir soeben ein äußerst hinterlistiges Komplott gegen Barawitzka geschmiedet hatten. Mit zwei so abgefeimten Saboteuren wie uns an Bord würde der gute B.A. verdammt viel Glück brauchen, um diese Regatta doch noch zu gewinnen.

Die anderen waren schon am verabredeten Treffpunkt, dem letzten Parkplatz vor der Wiener Südautobahnauffahrt. Es regnete noch immer, und so winkten wir einander nur durch die angelaufenen Fenster zu. Direktor Barawitzka und Professor Lullinger thronten mit ihren Marinemützen wie kaiserliche Flaggoffiziere in B.A.s metallicgrauem BMW 735i. Im Fond schlummerte wie ein übergroßes, blondes Dornröschen die Oberschwester Cleopatra. Anitas Amazonen lachten gut aufgelegt aus Bertas rotem Opel Kadett GSi, das Dröhnen ihrer Stereoanlage war bis zu uns zu hören.

Barawitzka hupte zweimal kurz, genau nach Binnenschiffahrtsstraßenordnung, und bog vorschriftsmäßig backbords auf die Auto-

64

bahn ein. Er übernahm die Führung. Bertas schneller Flitzer folgte, und unser Bus bildete das Schlußlicht des Konvois. Der zog sich allerdings schon bald auseinander. Kaum hatten wir die mehrspurige Rennbahn nach Süden erreicht, da beschleunigten die beiden Injektorautos, und ihre roten Rücklichter verglühten in der Ferne wie Sternschnuppen. Georgs alter Bus erreichte bei 52 Knoten seine Rumpfgeschwindigkeit, die er nicht überschreiten durfte, sonst löste er sich in seine Bestandteile auf. Während die Spitze unserer Kolonne bestimmt schon Wiener Neustadt hinter sich ließ, brummten wir noch in der Gegend von Baden herum.

Aber Georg ließ seinen alten Kübel gleichmäßig ziehen, und in der Folge zeigte sich, daß überlegene Spitzengeschwindigkeit keinen Vorteil bringt, wenn die Mannschaft ständig Raststätten anläuft, um Mokka zu trinken oder auszutreten. Unser Bus stoppte nirgends, denn wir führten Kaffee und Speckweckerl in ausreichender Menge mit. Die nächtlichen Anfahrten zum Segelrevier Adria waren uns im Lauf der Jahre zur Routine geworden.

Am Semmering übernahm Simon das Steuer, Georg schlummerte gleich in seinen Gurten hängend ein, und auch ich machte es mir auf dem Hintersitz gemütlich.

Ich mußte auf meiner Rückbank eingedöst sein, denn ein eiserner Griff beutelte mich wie eine Gliederpuppe.

„Kruzitürken! Wacht doch endlich auf, ihr Traumtüten!" brüllte Simon Rebitschek. „Wir sind gleich an der Grenze. Holt eure Pässe raus!"

Ich rieb mir die Augen und spähte durch die angelaufenen Scheiben. Es herrschte nautische Dämmerung, wir sausten die leere Straße nach Arnoldstein hoch. Simon war gefahren wie ein altgedienter Rallyepilot.

Die Zöllner standen fröstelnd vor ihrem Büro, warfen nur einen kurzen Blick ins Wageninnere und winkten uns weiter. Der Bus ratterte durch Tarvis und dann weiter das Kanaltal entlang.

Ich schenkte wieder Kaffee aus und reichte Brötchen nach vorn ins Ruderhaus. Georg studierte eine zerfledderte Straßenkarte, um den Kurs nach Grado zu ermitteln, bis ihm Simon versicherte, daß von hier aus alle Wege zur Adria führten und er außerdem die Strecke kenne wie den Inhalt seines Tabaksbeutels. Also legte Georg die Karte wieder weg.

„Das ist eine Super-Karbolmaus, diese Cleo", meinte er nach einer Weile. „Eine Figur wie gedrechselt. Als ich sie das erste Mal

65

sah, sind mir aber die Astknorren aus den Brettern gesprungen. Wauuuu! Meint ihr, sie ist die Geliebte vom Professor?"

Kein Wunder, daß Georg von der Oberschwester begeistert war. Dr. Lullinger hatte das große blonde Mädchen am letzten Besprechungstag mitgebracht und als seine Mitarbeiterin vorgestellt, der er schon lange versprochen habe, sie auf eine Seereise mitzunehmen. Sie wäre sehr geschickt und wolle auch tüchtig mit anpacken, wenn man ihr nur zeigte, wo.

Nun, da Käptn Barawitzka schon einmal den Rubikon überschritten und seine Gier nach einer Regattatrophäe sogar seine eingefleischte Abneigung gegen Frauen an Bord überwunden hatte, begrüßte er locker jedes weitere weibliche Besatzungsmitglied. Jetzt war ihm alles egal.

„Könnte schon sein, daß der Professor was mit ihr hat", grinste Simon. „Soviel ich gehört habe, ist er geschieden; und die Atmosphäre in Krankenhäusern soll ja erotisch anregend sein. Also laß sicherheitshalber die Finger von dieser Busen-Walküre. Außerdem gilt doch das Anti-Sex-Gesetz während der Fahrt. Hast du vergessen, daß du das Zusatzabkommen zu § 6 unterschrieben hast?"

Georg lachte auf. „Darauf will ich's ankommen lassen. Ihr könnt Kuddeldaddeldu zu mir sagen, wenn es mir nicht gelingt, einen Rekord in Logbucheintragungen nach § 6/2 zu sammeln. Das ist doch hirnrissig, einem Georg Hajduk zwischenmenschliche Beziehungen gesetzlich verbieten zu wollen."

Nach Udine brach die Sonne durch den leichten Frühnebel, von den schilfumsäumten Kanälen stieg goldener Rauch auf, und schräg durch den Dunst fallende Lichtbalken verzauberten die Pappelalleen in eine unwirkliche Feenlandschaft.

„Haben wir eigentlich die Rennfahrer nach der Grenze schon überholt?" fragte Simon.

Keiner von uns hatte den metallicgrauen BMW und den roten Kadett gesehen.

Wir passierten Aquileia.

„Wenn es auf der Landstraße draußen noch unsere alte Weinschenke gibt, hätte ich gar nichts gegen ein paar Minuten Pause und ein Schlückchen Landwein", meinte Simon. „Wir haben es ja nicht mehr so eilig."

„Keine schlechte Idee", stimmte Georg zu.

Wie der Ausguck eines Patrouillenbootes spähten wir voraus. Die Kneipe war eigentlich gar keine Kneipe und weder durch Reklame-

66

schild noch durch Aufschrift erkennbar. Es war nur der hölzerne
Verkaufsstand einer Weinbaugenossenschaft in einem Garten, und
allein die strohumwickelten, vom Dach baumelnden Chiantifla-
schen verrieten, daß es da etwas zu trinken gab. Man konnte sich
drin an den Holztisch lehnen und die Weine zu Spottpreisen verko-
sten; dazu gab's hartgekochte Eier und Mozzarellakäse.

„In zwei Kabellängen, hart Steuerbord", kommandierte sich
Simon selber und bog von der Straße ab.

In der Schenke kostete er den dunkelroten Ruffino und sah drein
wie ein Junge am ersten Ferientag, der überlegt, ob er erst schwimmen oder fischen oder Indianerspielen soll.

Georg kam zurück.

„Tretet da lieber nicht aus!" warnte er uns und schüttelte seine
nassen Hosenbeine. „Das ist noch eine von den altrömischen
Hygiene-Anlagen, bei denen man auf Tritten steht und in ein Loch
im Boden zielen muß. Die Spülung löst eine Überschwemmung
aus, und wenn man nicht flink springt, reißt einen die Flutwelle
weg."

Autoreifen prasselten auf der Kieszufahrt.

B. A. und Berta fuhren vor. In ihren Autos stapelten sich Schuh-
kartons. Das hatte also unsere schnelle Vorhut so lange aufgehalten.
Die See-Amazonen waren putzmunter, und die Szene vor dem kleinen Weinstand wurde turbulent und bunt. Turbulent, weil
Schuheinkauf auf Frauen anscheinend ebenso aufputschend wirkt
wie eine Runde Schnaps auf Seebären. Und die Farbenpracht rührte
von den ultramodernen Segeloveralls her. Vor der strohgedeckten
Bude wirkten unsere Mädels wie exotische Blumen mit ihren Streifen, aufgenähten Taschen, Schlitzen, Klettenbandverschlüssen,
Stahlösen, Schnallen und Reißverschlüssen im hochmodischen Ma-
terialmix. Anita sah aus wie Milva in grünem Astronautenlook,
Berta wie eine rot-weiß-rot gestreifte Mittelfahrwassertonne, Esther
glänzte jetschwarz in Kunstleder und Silberplastik, Renate rannte in
einer blau-weißen Montur herum, wie man sie sonst höchstens bei
weiblichen Hausmonteuren im Playboy Club erwartet. Dazu passend trug sie blaue Holzperlen ins Haar geknotet.

Die Insassen des BMW waren zwar etwas zerknittert, aber noch
immer makellos in ihrem weißen Dress. Nur wir drei Busfahrer
trugen die Spuren von Speckweckerln und Kaffee auf unseren
Hosen.

Nach einer kurzen Stärkung blies B. A. zum Aufbruch zur letzten

Etappe. Diesmal blieb unser Konvoi zusammen, und wir rollten zwanzig Minuten später, kurz vor der Straßenbrücke nach Grado, in die Marina San Marco.

Wie vom Professor vorausgesagt, lag die STRAWANZER mit frisch gewaschenem Deck in der Sonne: ein langer, eleganter Torpedo mit himmelhoch ragendem Mast.

„Nom d'un Eduscho!" keuchte Simon bei ihrem Anblick begeistert. „Seht nur die gewaltige Maschinerie an Deck. Coffeegrinder, wohin du schaust!"

„Himmel, was sind denn das für schreckliche Trommeln?" rief Esther erschrocken. „Wo soll man sich da zum Sonnen hinlegen?"

„Wie ein Walfänger", wunderte sich Georg. „Das Heck ist völlig offen. Wenn einem da die Buttersemmel auskommt, ist sie verloren."

„Abrißheck und im Cockpit versenktes Doppelsteuerrad", konstatierte Barawitzka mit Kennerblick. „Ganz super!"

„Mama mia! Wie klettert man denn da auf den Mast?" wollte Berta wissen.

„Dazu gibt es einen besonderen Aufzug", versprach ihr Arnold Lullinger schmunzelnd. „Zwar keinen Fahr-, aber einen Bootsmannsstuhl." Er schlüpfte aus seinen Schuhen, kletterte in Socken an Bord und schloß das Niedergangsluk auf. Neugierig folgte ihm die Meute.

In der nächsten Sekunde taumelte der Professor entsetzt zurück. Die Frauen schrien auf, und dann roch auch ich es. Aus dem dunklen Schiffsinnern stieg ein fürchterlicher Pesthauch. Ein schrecklicher Verwesungsgestank wehte uns entgegen. Alles flüchtete bleich auf den Kai zurück.

„Eine Abdeckerei riecht lieblicher", hustete Simon, der den Kopf verwegen ins Luk gesteckt hatte. „Hast du im letzten Jahr ein paar Mitsegler da unten vergessen, Arnold? Die jetzt zum Himmel stinken?"

Unser Reeder stand verdattert da und sah sich hilflos um.

„Ich kann mir das nicht erklären", stotterte er. „Wo ist Gabriele? Der sollte doch die Kajüte lüften und die Batterien aufladen."

Er machte sich auf die Suche nach dem Bootsmann. Simon ließ sich nicht abhalten, einen zweiten Versuch zu wagen. Er band sich ein Handtuch vor die Nase, holte tief Luft und stürzte den Niedergang hinunter. Aber ein paar Sekunden später schoß er wieder wie ein Schachtelteufel an Deck und rang keuchend nach Atem.

68

„Da unten verwest ein toter Hund oder so was", berichtete er. „Ich habe einen starken Magen, aber das hält niemand aus. Zu sehen ist auf den ersten Blick nichts. *Pouah! Fi donc!* Pfui! So einen Hautgout habe ich schon lange nicht mehr in der Nase gehabt."

„Werftfertig ist eben leider nie seefertig", brummte B. A. und zündete sich eine Räucherzigarre an.

Der Bootsmann kam dann, konnte das Rätsel des Pestilenzgestanks aber auch nicht lösen. Er sei nie unter Deck gewesen, erklärte er, unten im Schiff hätte ein Kollege aufräumen sollen.

„Der liegt sicher noch auf den Bodenbrettern", vermutete Georg. „Ich kenne das vom Lackieren. Von solch intensivem Geruch kann man leicht bewußtlos werden."

B. A. forderte Gabriele auf, nicht dumm herumzustehen, sondern etwas zu unternehmen, die Feuerwehr, die Kanalbrigade oder die Totengräber anzurufen.

„Ein Rebitschek an Bord erspart die Feuerwehr", sagte Simon und schleppte eine Rauchschutzmaske aus der Werft an. Ich half ihm, sie aufzustülpen und die Preßluftflaschen auf den Rücken zu schnallen; dann tappte er mit der schweren Ausrüstung über die Reling unseres Seuchenschiffs und verschwand unter Deck.

„Wir brauchen nicht alle hier herumzustehen", bemerkte B. A. „So schnell können wir unsere Kojen nicht beziehen. Das Schiff muß erst richtig auslüften, vielleicht müssen wir es sogar ausschwefeln. Die Damen können sich da drüben zu Gianni ins Restaurant setzen oder in die Stadt fahren, dort gibt es sicher Schuhläden, die noch nicht leergekauft sind." Die letzten Worte sagte er in etwas sarkastischem Ton.

„Nein, nein! Wir helfen mit", erklärte Anita. „Ja, wir bestehen sogar darauf, von keiner Arbeit ausgeschlossen zu werden. Wir haben abgemacht, daß es an Bord keine Diskriminierung gibt."

„Tierkadaverbeseitigung und Senkgrubenreinigung ist keine Frauenarbeit." Aber B. A kam nicht weit, Anita unterbrach ihn sofort und verlangte im Namen der S.U.FF.-Crew ihren gerechten Anteil an jeder Drecksarbeit.

„Gut, ich werde versuchen, mich daran zu halten", knurrte Barawitzka halb verärgert, halb belustigt. „Dann treibt bitte große Plastiksäcke auf. Ich fürchte, Simon wird da unten irgendwelche unappetitlichen Dinge vorfinden, die wir luftdicht verpacken müssen."

„Gabriele, komm her und laß dich erwürgen!" brüllte in diesem Moment Dr. Lullinger wütend auf.

Er stand am Kairand, starrte ins Wasser und schüttelte die geballten Fäuste.

„Was ist denn, Arnold?" B. A. trat neben ihn.

Der Professor deutete auf den Schiffsrumpf. „Dieser Hornochse! Ich habe ihm aufgetragen, die STRAWANZER herzurichten. Damit meinte ich natürlich oben und unten, innen und außen. Aber was tut dieser Esel? Das Deck poliert er, bis es so glänzt, daß man es nur mit einer dunklen Sonnenbrille betrachten kann; innen sieht es wahrscheinlich aus wie in einer Mülldeponie; und jetzt schau dir mal das Unterwasserschiff an! Da hängen meterlange Algen dran. Damit kann man doch keine Regatta gewinnen!"

B. A. zog scharf die Luft ein. Gleich unterhalb der blaugestrakten Wasserlinie begann ein faustdicker, dunkelgrüner Teppich. Unter Wasser sah die STRAWANZER aus wie das Wrack einer spanischen Galeone, das schon ein paar Jahrhunderte auf dem Meeresgrund lag.

Barawitzka knirschte mit den Zähnen und warf seine Zigarre weit in die Lagune hinaus.

„Das Schiff muß raus!" konstatierte er. „Es muß einen neuen Unterwasseranstrich bekommen. Karl und Georg, ihr helft bitte Simon! Komm, Arnold! Mal schauen, was wir bei der Werft ausrichten!"

Ein Raumfahrer guckte mit Panzerglasfroschaugen und Rüsselnase aus dem Niedergangsluk.

„Was hast du gefunden, Simon?"

„Bobo hibbe beibebbei Baffa!" machte das Weltraumungeheuer.

„Ich hab' die letzten Folgen von ‚Raumschiff Enterprise' nicht gesehen", sagte ich zu Georg. „Verstehst du Intergalaktisch?"

„Bobbenbinken bebbauff bim!"

So einfach ist das eben nicht mit der Verständigung, besonders wenn man bedenkt, daß sich Politiker oft nicht mehr verständigen können, obwohl sie die gleiche Sprache sprechen. Es gelang uns aber, dem Stinkschutztaucher beizubringen, daß sein Rüssel die Konsonanten stark veränderte. Simon kam an die Reling, nahm die Maske ab und erzählte von einem Proviantmeister, den er feierlich siebenmal verfluchte. „Im abgeschalteten Tiefkühler liegen die Schalenreste von Langusten, im Eiskasten stehen explodierte Joghurtbecher, und neben dem Kiel war Dosenschinken gestaut, der im Winter durchgerostet sein muß. Da unten fault jetzt ein halbes Schwein. Aber die Entseuchung geht gleich los. Gebt mir Plastik-

Simon sah aus wie ein Raumfahrer

säcke! Karl, bitte fahr hinüber nach Grado und kauf alles, was du an Natriumhydrochloridlauge, Salzsäure, Lysoform und Fichtennadelspray bekommst. Das italienische Wörterbuch steckt in meiner Fototasche."

Ich fuhr mit Georgs Bus in die Stadt. Auf der Suche nach einer *drogheria* spazierte ich am alten Fischereihafen entlang; mir war nicht ganz wohl bei dem Gedanken an Hydrochlorid und Salzsäure in der Bilge, da stolperte ich geradezu über eine bestialische Geruchswolke. Die kam eindeutig von einem nahebei vertäuten Fischkutter. Die Luken waren offen, und unten im Schiffsraum schrubbte eine Bürste zu fröhlichem Pfeifen. Ich kletterte an Deck und schaute nach dem Unsichtbaren aus, der in diesem Gestank derart fleißig werkte. So lernte ich Giuseppe kennen, einen *pescatore*, der mir bereitwillig verriet, wie er seine Fischboxen säuberte. Fischschuppen, Köpfe und andere winzige Fischabfälle fielen immer irgendwo daneben und versteckten sich in Ritzen und Spalten, wo der normale Wasserstrahl nicht hinkam. Im Lauf der Monate lösten sich diese Abfälle dann in Gestank auf. Wenn die Signorinas am Kai schon einen großen Bogen um sein Schiff machten, dann wußte Giuseppe, daß es Zeit war, wieder den „*fantastica* Bilgecleaner aus *Inghilterra*" anzuwenden. Diese Schiffsseife konnte mit jeder Menge Seewasser aufgeschäumt werden und löste den Dreck aus jeder noch so winzigen Ritze.

Mit der Adresse des Schiffsausrüsters, der diesen fantastischen Bilgecleaner führte, machte ich mich auf den Weg. Und mit zwei Kanistern dieser Superseife und mit Lysoformsprühdosen kehrte ich zurück in die Marina.

Simon hatte die Bescherung so gut es ging aus Kombüse und Bilge entfernt und setzte nun alles unter konzentrierte Fischkutterseife.

B.A. und der Professor hatten bei der kleinen Reparaturwerft nicht viel erreicht. Der zur Verfügung stehende Kran war für die STRAWANZER viel zu schwach. So hatten sie in der Gegend herumtelefoniert. In der Marina San Giorgio, im unweit liegenden San Giorgio di Nogaro, gab es einen 40-Tonnen-Travellift, der am Montag morgen für die Erneuerung unseres Unterwasserschiffes bereit stand.

Barawitzka schlug vor, das Wochenende für einen Ausflug nach Jugoslawien zu nützen, in Piran ordentlich zollfrei einzukaufen und dann gemütlich nach San Giorgio zu bummeln. Einige Stunden Seefahrt mit offenen Luken und entsprechend viel Reinigungsmittel in der Bilge sollten die Kajüte einigermaßen geruchsfrei machen.

Dieser Vorschlag wurde von der Mannschaft einstimmig begrüßt. In fröhlicher Aufbruchstimmung luden wir das Gepäck, die mitgebrachte Ausrüstung und den Proviant aus den drei Autos auf die STRAWANZER.

Mit einem parfümierten Halstuch vor der Nase setzte ich mich in die Navigationsecke und schlug das Logbuch auf, das ich vor Monaten noch für die HIPPODACKL gekauft hatte. Die Fahrt konnte beginnen.

Um zehn Uhr dröhnte die STRAWANZER mit jagendem Diesel an der Ansteuerungsboje von Grado vorbei in Richtung Piran. Die Backbordwache – die Bubenwache – hatte Dienst, und die Amazonen schauten uns neugierig zu. Zwischen den Beschlägen, die sie von den Piratenjollen her gewöhnt waren, und der Hardware der STRAWANZER gab es doch grundlegende Unterschiede.

Der charakteristische Kirchturm von Grado und die Silhouette der verschachtelten Häuser und Hotelbauten auf der Insel verblaßten im Dunst. Voraus war noch nichts zu sehen, außer einigen kleinen Fischkuttern, Kollegen Giuseppes, die mit ihren Fanggeräten den Meeresgrund abkratzten, damit er dann, in Bierteig frittiert, als *frutti di mare* in den Restaurants an der Küste serviert werden konnte.

Professor Lullinger, seines Zeichens Wachführer, drehte am backbordseitigen Steuerrad, und Kapitän Barawitzka thronte wie ein Fahrschullehrer am zweiten Steuerrad an Steuerbord und beobachtete die ebenfalls doppelt vorhandenen Instrumente am Armaturenbrett unter dem Travellerbalken.

Anita, eine schicke weiße Yachtmütze auf den roten Locken und in eine ebenso blendend weiße Segelkombination gekleidet, sah ihm mit einem geradezu unfraulichen Interesse an technischen Instrumenten über die Schulter, als wäre sie ein Junge, der zum ersten Mal ins Cockpit eines Düsenjets gucken darf.

Irgendwie gefiel es mir, daß die Mädels keinen Versuch gemacht hatten, sich sofort wie Kreuzfahrtpassagiere im Bikini an Deck auszubreiten. Renate und die dicke Berta trugen bordgemäße Overalls und Arbeitshandschuhe und sahen ganz so aus, als warteten sie nur auf eine Gelegenheit zum Zupacken. Das war hochinteressant. Anscheinend gab es auch Emanzen, die nicht nur darauf aus waren, Männer zum Küchendienst zu zwingen, sondern sich auch umgekehrt nicht scheuten, sogenannte Männerjobs anzupacken.

„Mein Kompliment, Arnold!" sagte B. A. „Das war ein sehr elegantes Ablegemanöver. Georg, bring uns bitte die Manöverflasche. Die kleine bauchige aus dem Schnapsschapp."

Zu meiner Überraschung hatte B. A. wegen der Damen einen Aurum-Likör für den Manöverschluck besorgt. Er goß einen guten Schluck ins Meer, ersuchte Äolus um günstigen Wind, Neptun um sein Wohlwollen und alle olympischen Götter um den Sieg in der Regatta. Dann kreiste die Flasche.

„Da ist noch die Hälfte drin", meinte B. A. nach einem prüfenden Blick. „Die brauchen wir nicht aufzuheben. Machen wir lieber gleich noch ein Manöver. Professor, laß bitte Segel setzen! Es ist nicht viel Wind, aber wir können gar nicht früh genug mit dem Training beginnen." Die Wache rannte los.

„Darf die Freiwache mitkommen und sich die Handgriffe aus der Nähe ansehen?" fragte Anita.

B. A. winkte einladend.

Die Steuerbordwache rannte ebenfalls los.

Eine Stunde später herrschte auf der STRAWANZER so lockere und entspannte Stimmung wie in einem gut besuchten Theater nach einer gelungenen Premiere. Es war auch eine der besten Vorstellungen gewesen, die ich je auf See miterlebt hatte. Im Logbuch stand:

1030 Uhr: Großsegelsetzen (1. Versuch)

1040 Uhr: B.M. Georg wird ambulant behandelt

1120 Uhr: Segelsetzen (2. Versuch)

1130 Uhr: Mann-über-Bord-Manöver

1200 Uhr: B.M. Georg wird vom Kapitän nach § 6/2 des Seemanns-gesetzes abgemahnt, weil er eine vorrübergehende Hilf-losigkeit von B.M. Esther zu zwischenmenschlichem Zugriff ausnützte. Außerdem: Wachwechsel

Schon beim Lösen der Großbaumzeisinge hatte es die erste humoristische Einlage gegeben. Am aufgetuchten Segel saßen diese Patentstropps aus zwei kräftigen Gummizügen, die an den Enden von bunten Plastikkugeln zusammengehalten werden. Diese Gummistropps sind recht praktisch, weil sie ihrer Elastizität wegen überall passen, sehr fest halten und einfach zu schließen sind, indem man eine Kugel durch den Gummi vor der anderen Kugel schiebt. So sind sie auch leicht wieder zu lösen. An und für sich sind diese Patentstropps eine gute Erfindung, sie ersparen das Binden und Lösen von Reffknoten, das in eine fingernägelbrechende Plackerei ausarten kann, wenn einer in der Crew ist, der den Unterschied zwischen Reff- und Großmutterknoten noch nicht kennt.

Diese Stropps sind aber leider auch heimtückische Luder. Wehe, wenn einem so eine Kugel aus den Fingern rutscht! So schnell kann man den Kopf gar nicht wegreißen, wie diese Kugel mit unwahrscheinlicher Gewalt um den Baum herumschnalzt.

Georg schoß sich das rechte Glas aus der Sonnenbrille. Der Kapitän brach das Manöver sofort ab, und Oberschwester Cleopatra lief um den Erste-Hilfe-Kasten. Der Professor entfernte mit Lupe und Pinzette eine Unmenge kleiner Glassplitter aus der Haut des Augenlids und wunderte sich, daß Georg so glimpflich davongekommen war.

„Du mußt das Auge gerade vor Anstrengung geschlossen haben, sonst wärst du jetzt ein Fall für den Augenchirurgen, mein Lieber. Tupfer, Schwester! Pinzette! Schale! Sterile Mullbinde! Bepantensalbe! Augenklappe!"

Die Kugel traf Georgs Sonnenbrille

Mit der Augenklappe sah Georg wie ein verwegener Pirat aus. Erst als wir alle unsere gläsernen Sehhilfen weggeräumt hatten, ließ uns der Kapitän das Manöver erneut angehen.

Simon schwang sich wie ein Kunstreiter auf den Großbaum, schäkelte das Fall ein, und dann kurbelte ich mit Georg das Großsegel an der riesigen Fallwinsch hoch. Es stieg beinahe bis zum Topp. Dann ging es plötzlich weder vor noch zurück.

„Da klemmt was!" brüllte Georg.

„Macht die Augen auf!" donnerte B. A. zurück. „Was habt ihr vergessen, ihr blinden Debütanten?"

Von allen Seiten hagelte es Vorschläge.

„Der Baumniederholer ist angeknallt bis zum Geht-nicht-mehr!"
„Da ist noch ein Stropp in der Cunninghamkausch."
„Die Großschot ist noch belegt ..."

Das war der Moment, in dem Anita zeigen wollte, was sie in der Segelschule gelernt hatte, und ungefragt ins Geschehen eingriff.

Sie löste die Großschot.

Aber nicht an der Talje. Sie öffnete den Schnappschäkel am Groß-schot-Schlittenwagen und somit jede Verbindung des oberschenkeldicken Großbaums mit dem Deck. Er war frei wie ein losgelassener Drache. Bevor jemand auch nur einen Finger rühren konnte, griff der Wind ins Segel, und der Baum mähte wie eine gigantische Sense übers Deck ... Es krachte dumpf, und Simon kippte wie ein angeschossener Kegel über die Reling.

„Mann über Bord!" brüllte B.A. „Arnold, behalte den Unglücksraben im Auge! Karl, einen Palstek an einer langen Leine!"

Er kurbelte wie verrückt am Steuerrad.

Ich schnappte mir eine Leine und sprang an die Reling, wo der Professor mit dem ausgestreckten Arm ins Wasser zeigte. Die STRAWANZER drehte auf dem Teller, mit einem Gegenschub brachte B.A. sie zum Stehen und schaltete auf Leerlauf.

Zu meiner Erleichterung tauchte Simons Kopf gerade wieder auf. Er hustete viel Wasser aus. Ich fackelte nicht lange, knotete das eine Ende der Leine an eine Relingstütze und hechtete mit dem Rest über Bord. Mit ein paar kräftigen Schwimmstößen hatte ich Simon erreicht, packte ihn mit dem Rettungsschwimmergriff und knotete ihm eine Schlinge unter den Armen um die Brust.

„Hol dicht!" kommandierte Barawitzka, und von vielen Fäusten gezogen quirlten wir beide wie Hechtblinker an der Angel durchs Wasser. B.A. hatte das Großsegel wieder an Deck fallen lassen, den Großbaum mit Bullenstander wie einen Balken schräg über die Reling gerigt und ließ jetzt den Schnappschäkel der Schot-Talje zu uns herunter wie den Haken eines Baukrans. Ich schäkelte Simon ein, und mit: „Hol dicht!" und: „Hiev-ho!" schwebte er ruckartig in die Höhe und wurde von Dutzenden von Händen an Deck gezerrt.

B.A. beugte sich zu mir herab. „Die Badeleiter ist abgeklappt. Kommst du allein hoch?"

Ich schwamm zum Heck und stand bald darauf klatschnaß im Cockpit. Simon hockte da, kotzte literweise Seewasser, und Arnold Lullinger tastete seine Schädelknochen ab.

„Tja, was nützen die schönsten Unfallverhütungshinweise, wenn die Leute sie nicht lesen und beachten", sagte B.A. und zeigte auf das Aluminiumprofil des Baumes. Erst jetzt bemerkte ich den bunten Aufkleber. In Abwandlung des Aufdrucks auf Zigarettenschachteln stand da: „Eine Warnung des Gesundheitsministers: Dieser Großbaum kann Ihre Gesundheit gefährden!"

Simon lachte unter Hustenanfällen, und Barawitzka wandte sich an die versammelte Mannschaft: „Hoffentlich wird keiner von euch in Zukunft vergessen, daß ein loser Großbaum es an Gefährlichkeit mit einem betrunkenen Amokläufer aufnehmen kann. Wo er jemand an Deck stehen sieht, schlägt er unberechenbar und heimtückisch zu. Das gilt fürs ganze Achterdeck: Solange der Baum nicht festgezurrt ist – Kopf weg! Lieber auf allen Vieren kriechen, als das hocherhobene Haupt eingeschlagen zu bekommen. Das war also ein ganz lehrreiches Manöver. Anita, es ist richtig, die Großschot zum Segelsetzen ein wenig zu öffnen. Es ist aber falsch, sie komplett abzuschäkeln. Außerdem: Misch dich bitte nicht in die Manöver einer anderen Wache, und laß für die erste Zeit die Finger von Beschlägen, die du noch nicht kennst! Die STRAWANZER ist ein bißchen größer und komplizierter als die Schuljollen von der Alten Donau, und es gibt einige Knöpfe und Schalter, die absolut tabu bleiben müssen, wenn wir nicht ständig Katastrophen erleben wollen. Diese beiden Ringe in dem Plexiglaskästchen da unter der Bank gehören zum Beispiel zu einer automatischen Feuerlöschanlage für die Maschine. Bitte zieht nicht daran, weil sonst Dieselmotor und wahrscheinlich auch Kajüte mit Halonschaum gefüllt werden."

Anitas Gericht rötete sich etwas, aber B. A. dozierte schon weiter: „Im ersten Moment habe ich mir vorgenommen, den verdammten Schnappschäkel sofort gegen einen festen Schraubschäkel austauschen zu lassen. Aber wie ihr gesehen habt, ist das Schnappding ganz praktisch, wenn es gilt, schwere Lasten über die hohe Bordwand zu hieven. Dann wird der Baum zu einem sehr nützlichen Kran, man muß ihn nur vorher entsprechend bändigen. Nun wollen wir weitermachen. Ihr zwei Freischwimmer geht euch bitte umziehen. Wenn uns die Steuerbordwache hilft, setzen wir inzwischen Segel."

Als ich wieder an Deck kam und meine nassen Sachen mit Wäscheklammern an die Heckreling hängte, stand das Großsegel schon wunderschön und ragte wie ein gewölbter, riesiger Vogelflügel in den blauen Himmel. Georg zerrte am Vorschiff einen voluminösen Segelsack herum.

„Genua klar zum Setzen!" meldete er nach einer Weile.

Berta und Arnold kurbelten an der Winsch. Georg starrte verblüfft nach oben, denn statt der erwarteten weißen Genua stiegen gewaltig wogende, bunt gestreifte Tuchballons aus dem Segelsack und bauschten sich im leichten Wind.

Der Professor begann als erster zu lachen, dann fiel B. A. ein, dann lachte die ganze Crew. Ohne das Vorstag überhaupt zu berühren, flatterte ein gigantisches buntes Segel lose am Mast herum; die Stagreiter klingelten irgendwo an den Wanten und der Saling.

Barawitzka brüllte: „Fixlaudon nochmal! Kannst du eine Genua nicht von einem Blister unterscheiden? Außerdem hast du ihn verkehrt herum angeschlagen, du Nasenbohrer! Runter mit dem Ding, bevor es sich komplett um Mast und Wanten wickelt!"

Berta ließ alles sausen, das Segel kam wie ein tennisplatzgroßes Leintuch von oben und deckte das ganze Vorschiff zu. Georg, Cleo und Esther waren darunter verschwunden, nur Renate wühlte in den faltigen Bergen.

„Herrliche Einlage!" lobte Barawitzka lachend. „So machen Segelmanöver richtig Spaß. Es ist erstaunlich, was man durch geschickte Improvisation aus einem banalen Segelsetzen alles machen kann."

Ich bewunderte unseren Kapitän. So locker und gelassen sah man ihn selten. Wenn früher an Bord der HIPPODACKL ein einfaches Manöver schiefgegangen war, hatte er wie ein Besessener getobt, mit harten Gegenständen nach den Schuldigen geworfen oder in schweren Fällen den Übeltäter eigenhändig gewürgt. Daß er jetzt mit souveränem Elan Regie führte wie ein Karajan der Meere, konnte nur zwei Ursachen haben: entweder war er bis an die Ohren voll des süßen Weines – denn volltrunken war B.A. der freundlichste und gemütlichste Mensch der Welt –, oder eine geheimnisvolle Macht hatte ihn verzaubert. Die erste Möglichkeit schloß ich aus, denn B.A. stach nie in See, wenn er sich nicht vollkommen fit fühlte; also mußte er unter einem anderen Einfluß handeln.

Da sah ich Simon über das Deck stolzieren, die Schultermuskeln schaustellerisch gespreizt; ohne Notwendigkeit beschattete er seine Augen mit der Hand und spähte zum Horizont, als gälte es, auftauchende Seeräuberflaggen rechtzeitig auszumachen. In diesem Moment wußte ich, welcher unbewußte Drang alle männlichen B.M.s an Bord zu so lachhaftem Imponiergehabe veranlaßte.

Die Mädels an Bord waren der Grund des sonderbaren Benehmens. Das war der Effekt, den Frauen auf Männer ausübten! Ganz egal, wie gescheit, abgeklärt und weise einer im Lauf der Jahre wird, tauchen Frauen in der Nähe auf, fangen alle an, sich seltsam zu benehmen. Ich habe diese unerklärliche Neigung schon oft bei anderen, aber auch bei mir selbst festgestellt. Man zieht unwillkürlich den Bauch ein, obwohl ernste Atembeschwerden die Folge sind;

man reckt die Schultern auf ermüdende Weise; man steckt die Brille weg und versucht, stahlharte Blicke in die Gegend zu werfen, auch wenn man dabei riskiert, die Zigarettenasche ins Bier zu streuen, aus der Zuckerdose zu trinken und Toilette und Telefonzelle zu verwechseln. Angeblich können wir Männer nichts für dieses lächerliche Verhalten – so erklärte mir einmal ein mitsegelnder Psychologe –, das seien Reste einer biologischen Programmierung, die von der Natur zwecks Fortbestandes der Menschheit in unseren Gehirnen verankert worden ist.

Das war ein ungemein erheiternder Gedanke: Kapitän B. A. Barawitzka der Große, der Intelligente, der brutale Schiffs-Dschingis-Khan, wendete nicht sein Seemannsgesetz an, um die Damen-Crew zu beeindrucken, sondern führte sich auf wie ein Untertertianer vor seinen Klassenkameradinnen. Er zeigte sich von seiner besten Seite, wollte als launiger, über den Dingen stehender Segeltrainer brillieren.

Ich rieb mir im Geist die Hände wie der schurkische Intrigant in einer Grillparzer-Tragödie. So konnte B. A. die Wette nicht gewinnen. Meine fünf Tausender begannen schon langsam zu mir zurückzuflattern.

Die unter dem Segel Verschütteten kamen aber nicht wieder ans Tageslicht. Dafür war unter den Segelfalten Bewegung zu erkennen, als balgten sich junge Katzen unterm Teppich. Sie balgten sich immer wilder, man hörte erst leises Miauen, dann Quietschen, schließlich Kreischen.

Dieses Kreischen alarmierte Anita.   „Was ist da los?" rief sie, plötzlich besorgt. „Die arme Esther – wir müssen ihr helfen!"

Die ganze Besatzung eilte aufs Vorschiff. Mit vereinten Kräften wurde der Blister weggeräumt.

„So eine Gemeinheit!" schrie die Amazonenchefin empört, als die ersten Verschütteten ausgegraben wurden. Esther ringelte sich wie eine gefangene Natter in Georgs Armen, der an ihren Kleidern zerrte, als wären es Segel, die in kürzester Zeit gerefft werden müßten. Die beiden erstarrten, dann kreischte Esther zur Sicherheit nochmals und zog sich den Reißverschluß über dem Busen wieder zu.

„Esther, mein Schatz! Komm sofort zu mir!" fauchte Anita entrüstet und wollte mit gezückten Krallen auf Georg losgehen.

„Halt!" donnerte Barawitzka. „Das handhabe ich. Georg, was soll das?"

79

„Ich habe nur versucht, die vergrabenen B.M.s zu retten", erklärte
Georg mit treuherzigem Blick. „Bevor sie unter den Segelfalten
erstickten. Aber es war finster da unten, deshalb habe ich mich nur
auf meinen Tastsinn verlassen können . . ."

B.A. verzog das Gesicht. „Diese Erklärung kann ich nicht akzeptieren. Ich spreche dir eine Verwarnung nach § 6/2 aus. Karl, trag das
bitte ins Logbuch ein. Und jetzt möchte ich endlich die Genua oben
haben und nicht wieder so ein exotisches Vorwindsegel. Nachher
will ich die gesamte Crew zu einer Manöverbesprechung im Cockpit
sehen. Man bekommt ja graue Haare, wenn man euch zusieht. So
gewinnen wir keine Regatta!"

Die Schiffsroutine ging weiter. Ich half Simon, einen weiteren
Segelsack durchs Vorluk an Deck zu hieven. „Genua II" stand darauf, aber der Inhalt stellte sich als überschwere Sturmfock heraus. In
der Folge räumten wir den Segelstauraum komplett aus. Kein Segel
stak im richtigen Sack. Die Genua hatte jemand mit einem seltsamen Humor dort hineingerollt, wo man normalerweise die Sonnenpersenning vermutete.

Endlich stand auch das Vorsegel.

Ich verschwand unter Deck, um die Eintragung ins Logbuch nach-
zuholen. Simons Gesicht tauchte in der Tür zu der kleinen Navigationsecke auf, er hielt sich die Nase mit Daumen und Zeigefinger zu
und näselte: „Segensetzen hat fast eine Stunde gedauert, das ist ein
einsamer Rekord. Wir kriegen unser verwettetes Gend wieder. Da
sind vien zu viene Neinen und Niedenhoner am Mast, damit kennt
sich nicht man ein Segen-Einstein aus." Er zeigte mir den kreisförmig geschlossenen Daumen und Zeigefinger seiner rechten Hand,
das Taucherzeichen für: „Annes okay!" (Wenn man auch bei Handzeichen näseln kann).

Anschließend guckte Georg kurz in mein Kabäuschen. Er zwinkerte mir gut gelaunt zu: „Das war die erste Eintragung, und die
nächste folgt sogleich! Schade, daß ihr uns so schnell zu Hilfe
gekommen seid und ich mich im Opfer geirrt habe. Eigentlich wollte
ich ja Oberschwester Cleo retten. Aber das kommt auch noch." Er
verdrehte die Augen. „Es stinkt ja noch immer erbärmlich hier
unten."

Inzwischen hatte ich mich an den intensiven Fichtennadelgeruch
schon gewöhnt und sah mich noch ein wenig unter Deck um. Die
STRAWANZER war nicht nur wegen des kräftigen Aromas ein atem-
beraubendes Schiff. Sie besaß auch die häßlichste Kajüte und In-

neneinrichtung, die ich je auf einer Yacht gesehen hatte. Nämlich praktisch überhaupt keine.

Die STRAWANZER war ein hundertprozentiges Rennmodell, eine sogenannte „hohle Röhre". Ihr Rumpf war innen leer wie ein Eisenbahntunnel. Auf den nackten Bordwänden sah man die freiliegenden Elektrokabel und Schlauchleitungen, an den unverkleideten Spanten waren ausklappbare Segeltuchkojen mit Gasrohrrahmen befestigt, und statt der Schränke und Schapps gab es nur jede Menge Segeltuchbeutel und Netze zum Verstauen der persönlichen Habseligkeiten. Der Oberteil der kistenähnlichen Motorblock-Schallisolierung ließ sich zu einem Tisch aufklappen, an der Kajütdecke darüber baumelten an Taljen zwei lange Bretter, die als Bankersatz abgefiert werden konnten. Davor teilte die Kielschwertkonstruktion den Innenraum der Länge nach. An Backbord gab es eine primitive Küche mit Petroleumkocher, einer Nirosta-Spüle und etwas Stauraum für Lebensmittel, dazu einen Eiskasten und eine Tiefkühlbox. An Steuerbord waren eine Art Werkbank mit Schraubstock und einige Werkzeugkisten angebolzt.

Vor dem Schwertkasten stand der Alumast, der durch das Deck bis hinunter zum Kielschwein reichte. Man konnte vom Niedergang aus ungehindert durch das ganze Schiff bis zum Ankerkasten blicken.

Achtern vom Niedergang befand sich an Steuerbord die einzige Tür der STRAWANZER. Aufgeschraubte Messinglettern verkündeten: *Torpedoraum,* aber dahinter verbarg sich der Dusch- und Waschraum samt Pump-WC.

Der Professor erklärte diese ungewöhnliche Bezeichnung so: Die üblichen Aufschriften wie WC, 00, Klo, Waschraum, Abtritt usw. waren ihm zu banal vorgekommen. Verkrampft komische Schilder wie Scheißhaus, Gasometer oder Alchimistenkammer hatten ihm nicht gefallen, ebensowenig die Emailtäfelchen mit den stilisierten Ladies und Gentlemen. Die Bezeichnung „Torpedoraum" fand er unverfänglich, nicht anstößig und dem Zweck am ehesten entsprechend, weil ja dabei etwas unter Druck außenbords befördert wurde.

An Backbord schützte ein durchsichtiger Plastikvorhang meine kleine Navigationsbude mit einem riesigen Kartentisch und der überkompletten Schiffselektronik vor Spritzwasser oder gar überkommenden Brechern.

STRAWANZER war keine gemütliche Yacht, in der man nett wohnen konnte, sondern ein nüchternes Zweckgerät, eine häßliche nackte Röhre, allein für Schnelligkeit, geringe Verdrängung und optimalen Bedienungskomfort der Maschinen und Geräte konstruiert und gebaut. Dieser Forderung war jede Bequemlichkeit geopfert worden. Simon hatte die Einrichtung der Mannschaftsquartiere treffend als Sub-Sklavenschiff-Standard eingestuft.

Nach dem Manöverschluck stoppte B.A. die Maschine, und die STRAWANZER bewegte sich zum ersten Mal auf diesem Törn nur unter Windkraft vorwärts. Sie lief trotz der leichten Brise flott dahin, der Bug zerschnipselte das grüne Tischtuch der Adria zu kleinen, weiß ausgefransten Fetzen, die aber vom vollschlanken Achterschiff wieder niedergebügelt und in glattes Kielwasser verwandelt wurden. Als wir uns alle ins Cockpit setzten, begann es unter dem Heck lautstark zu gurgeln. B.A. beugte sich gleichzeitig mit mir über die Reling, um den Grund für das Protestgeräusch herauszufinden. Die Abströmkante war jetzt zwei Handbreit überschwemmt, und ein starker Sog verursachte das Plätschern.

„Sie ist ein wenig empfindlich auf Trimm", erklärte der Professor. „Wenn zu viele Leute im Achterschiff sitzen, taucht die Kante ein und bremst."

„Das muß ich mir merken", sagte B.A. Dann lauter, damit ihn alle hören konnten: „Wir haben jetzt eine gute Stunde gebraucht, um eine ganz normale Besegelung zu setzen. Mit so einer sportlichen Leistung brauchen wir uns gar nicht erst zu einer Regatta anzumelden. Es wäre schade um das Nenngeld. Ich habe diese Stunde aber gern geopfert, damit jeder von euch mit eigenen Augen sehen kann, wohin ungeplante, nicht koordinierte Manöver führen. Ab jetzt gibt es kein Manöver mehr, das sozusagen zufällig entsteht, sondern nur noch konzertierte Aktionen. Die werden wir in den kommenden Tagen so lange drillen, bis jeder an Bord die Handgriffe im Schlaf beherrscht."

Er unterbrach sich und runzelte die Stirn, als suche er einen besonders anschaulichen Vergleich. Sein Gesicht leuchtete jedenfalls selbstzufrieden auf, als er weitersprach: „Man kann Regattasegeln ohne weiteres mit einem Orchesterkonzert vergleichen. So wie die Musiker üben müssen, bis sie nicht mehr nachzudenken brauchen, wie sie das hohe Fis auf ihrer Geige streichen oder welche Trompeten-Ventilklappen sie drücken müssen, damit die entsprechende Tonfolge hörbar wird, wenn ihnen der Dirigent das Zeichen

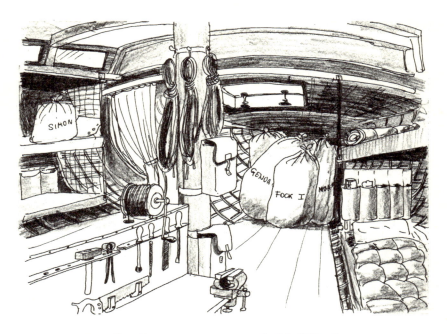

Die Strawanzer war eine „hohle Röhre"

zum Einsatz gibt, so müssen auch wir alle Handgriffe trainieren, die notwendig sind, um in Sekundenschnelle ein bestimmtes Segel zu setzen, den Spinnaker zu shiften oder eine Halse zu fahren.

Da darf keiner mehr nachdenken, sondern die Manöver müssen so in Fleisch und Blut übergegangen sein, daß jedes Besatzungsmitglied schon instinktiv das Richtige tut, wenn's heißt: ‚Fertigmachen zum Spibergen an der Dwarstonne!' Wir werden also mit den einfachen Segel-Tonleitern beginnen, alle Etüden durchspielen und dann das Zusammenspiel im Bordorchester lernen. Ich verspreche euch, ich werde anfangs einen ganz weichen Taktstock verwenden und ihn erst mit der neunschwänzigen Katze vertauschen, wenn jemand in einer Woche noch immer die Genua mit dem Unterliek nach oben setzt. Wir gehen das jetzt theoretisch durch."

Er zergliederte nun das Segelsetzen in einzelne Handgriffe, erklärte genau, wie man sich Arbeit oder Verletzungen durch ausgeklügelte Tricks ersparte, besprach die Einzelaktionen gründlich und brachte aus seiner reichhaltigen Erfahrung so viele gute Beispiele und Vergleiche, daß sogar Simon mit Interesse zuhörte. Großen Wert legte B.A. darauf, daß auch das letzte Besatzungsmitglied den Sinn lauter, klarer Kommandos verstand und sie nicht als unnötigen paramilitärischen Klimbim ansah.

„Alle Kommandos sind nach dem gleichen einfachen Schema aufgebaut", erklärte B.A. „Erst kommt ein: ‚Klar zum . . .' welcher Befehl dann folgt, ist egal, sei es Segel zu setzen, Essen aufzutragen, eine Breitseite abzufeuern oder ein anderes Schiff zu rammen. Dieser erste Befehl endet eigentlich mit einem Fragezeichen. Er verlangt nach einer Antwort. Die geben die Ausführenden, indem sie melden: ‚Klar bei . . . oder klar zum . . .' Damit geben sie zu verstehen, daß sie die Manövervorbereitungen abgeschlossen haben und jetzt loslegen können. Darauf muß sich der Wachführer verlassen, denn sonst gibt es Kleinholz. Kommt diese Rückmeldung nicht, dann ist eben noch nicht alles okay für die Aktion; es ist blödsinnig, wenn ein Kapitän herumbrüllt und seine Leute beschimpft, weil sie noch immer nicht so weit sind. Dann muß er eben Kurs ändern oder eine Warteschleife drehen. Trifft die Klarmeldung endlich ein, kann der Wachführer den Auftrag erteilen, entweder mit einem lauten: ‚Setzt Segel!' oder: ‚Tragt die Suppe auf!' verstanden?"

Alle nickten eifrig und schielten auf ihre Uhren.

„Also gut!" lachte B.A. „Kommando lautet: Backen und Banken! In Anbetracht der andauernden Geruchsbelästigung plädiere ich für ein an Deck zubereitetes kaltes Büffet. Außerdem ist Wachwechsel. Anita, du kannst Arnold am Ruder ablösen."

Nach dem Essen trainierte Barawitzka mit den Amazonen Segelbergen und -setzen, aber trotz einwandfreier Kommandos und bester Rückmeldungen dauerte jedes Manöver schrecklich lange. Schuld daran war die wirklich verwirrende Vielfalt an Fallen und Niederholern auf dem Regattaschiff. Das Großsegel brachte die „Mädchenwache" nach einigen Versuchen ganz gut zum Stehen, doch bei den Vorsegeln kamen B.A. langsam, aber sicher die Tränen. Die Amazonen warfen jeden Taubunsch los, fierten alles, was es nur zu fieren gab, doch auf das richtige Fall kamen sie immer zuletzt. Die Orientierung wurde noch durch das Umlenksystem der STRAWANZER erschwert. Sehr viele Taue kamen unter einer Abdeckplatte sozusagen im Zwischendeck aus dem Mast und wurden von dort mit Umlenkrollen bis zum achterlichen Ende des Kajütaufbaus oder zu verschiedenen anderen Winschen geführt.

„Wenn ich nicht einmal mit den Augen verfolgen kann, wo so ein Strick hinführt", ärgerte sich Berta, „wie soll ich dann wissen, wozu er dient? Ich kann also nur alles von der Klampe werfen und sehen, was passiert. Auch hab' ich schon bemerkt, daß die verschiedenen Fallen einmal da und das nächste Mal woanders belegt werden. Außerdem sind alle gleich stark, aus dem gleichen Material und weiß. Kann man nicht was dranschreiben oder sie markieren, damit sich auch ein normaler Mensch auskennt?"

B. A. sah sich die entsetzliche Wuling an und fand Bertas Einwand gerechtfertigt. „Wenn wir eine Prägezange auftreiben können, werden wir Beschriftungen drucken und ankleben", versprach er.

Die istrische Küste war schon als pastellfarbener Streifen am Horizont auszumachen. B. A. sah auf seine Uhr, dann brüllte er: „Rettungswestenmanöver! In dreißig Sekunden will ich die gesamte Crew mit umgebundener Weste an Deck stehen sehen! Bewegung! Sputet euch!"

Wäre es ein echter Notfall gewesen, wir wären alle ertrunken. Kein Mensch wußte, wo die Schwimmwesten verstaut waren. Beherztere wie Simon und Georg sprangen den Niedergang hinunter und rissen alle Schapps und Deckel auf, die anderen rannten kopflos hin und her wie eine Schar Hühner vor einem hupenden Auto. Es dauerte eine gute halbe Stunde, bis sich der Professor erinnerte, wo er die Rettungsmittel das letzte Mal verstaut hatte.

Barawitzka bemerkte mit vor Hohn triefender Stimme: „Das war das saumäßigste Rettungsmanöver, das ich in meinem langen Leben als Skipper jemals gesehen habe. Das nächste Mal muß es schneller gehen, sonst trainieren wir das Tag und Nacht. Ich schwöre euch, ihr bringt das noch in zehn Sekunden fertig."

Wenn er wollte, konnte er also durchaus eklig sein.

Wir hatten die ganze Zeit über gute Fahrt gemacht und standen zwei Meilen vor Piran. B. A. ließ die Segel bergen und hielt dann unter Maschine auf die Molenköpfe des Hafens zu.

Er rief Simon, den Professor und mich.

„Der Hafen dürfte gerammelt voll sein. Ich sehe Hunderte von Masten hinter dem Wellenbrecher. Deshalb kann ich es mir nicht leisten, Schulmanöver zu fahren. Ob wir überhaupt einen Platz bekommen, hängt vielleicht von einer blitzschnellen Entscheidung ab. Also helft mir bitte." Damit gab er uns ein paar spezielle Anweisungen, und die wichtigste davon war, unter keinen Umständen die Amazonen an Anker oder Leinen heranzulassen.

85

Die Amazonen wunderten sich über die seltsamen, nach der See und der Stadt weit offenen Türme der alten Festung, deren Mauern sich über den ganzen Hügel hinter dem Dachgewimmel der Altstadt hinzogen. Ich erzählte ihnen das dazugehörende Histörchen:

Das alte Pirano, von Venezianern angelegt, hatte ja nie Feinde von See zu befürchten, die beherrschte die Lagunenstadt sowieso, sondern höchstens von der Landseite her. Also konnte man beim Festungsbau ein wenig sparen. Später stellte sich heraus, daß diese „Halbtürme" sich ungemein anfeuernd auf die tapferen Signori der Bürgerwehr auswirkten. Denn da oben an den Schießscharten standen sie jetzt wie auf einer Theaterbühne und konnten von der eigenen Familie, von Braut und Freunden, ja von der ganzen Stadt bewundert werden. Es war natürlich ein ganz anderes Gefühl, vor den Augen aller ein paar Schüsse mit der Armbrust oder Arkebuse abzufeuern, dann der applaudierenden Menge mit erhobenen Fingern die Anzahl der getroffenen Feinde bekanntzugeben und das Evviva-Geheul über die Zinnen brausen zu hören. Da machte es einem schon viel weniger aus, auch mal verwundet zu werden oder gar unter dem Jubel der Bevölkerung den Heldentod zu sterben. *Infatti* – in der Tat, das war doch besser als die *Comedia dell' Arte!*

„Tut mir leid", unterbrach der Kapitän meine Ausführungen, „aber auch unsere Schau muß weitergehen. Karl, geh bitte an die Heckleinen!"

Wir liefen zwischen den Leuchttürmchen der Hafeneinfahrt hindurch und waren sofort mitten im Chaos. Piran war mit Schiffen so verrammelt wie der Stadionparkplatz bei einem Länderspiel. Segelyachten und Motorkreuzer lagen zu dritt und viert im Päckchen nebeneinander an den Molen vertäut. Andere drehten, verzweifelt nach freien Anlegeplätzen Ausschau haltend, langsam Kreise auf den wenigen Quadratmetern offener Wasserfläche. Barawitzka biß die Zähne zusammen und hielt flott mitten ins Durcheinander hinein.

Wenige Minuten später lagen wir sauber vertäut am Zollpier. Das war ein seemännisches Meisterstück gewesen, wie es B. A. so schnell keiner nachmachen konnte. Sich brutal dazwischendrängen, einfach mit Rammkurs auf gerade anlegende Yachten losdonnern, kann jeder. Dazu gehört nicht viel außer einer guten Kaskoversicherung. Barawitzka aber behinderte niemanden, sondern steuerte die STRAWANZER mit souveräner Seemannschaft und nützte die natürlichen Gegebenheiten etwas flinker und exakter als die anderen Skipper.

86

Wir schwenkten in eine Art Kreisverkehr ein, in dem sich schon ein Dutzend Yachten vor dem Zollpier drehten, wo sich eine große französische Yacht gerade zum Ablegen fertig machte. B. A. gelang es, unseren Kreis so zu berechnen, daß nur wir den Bug dicht hinter dem Heck des Franzosen in die freiwerdende Öffnung stecken konnten, während die anderen wieder davondampfen mußten. Fender waren an allen Seiten ausgebracht, ich sprang mit der Vorspring auf die Stegbretter hinunter, machte fix fest, und schon dampfte die STRAWANZER in eine Bilderbuchposition.

„Traumhaft!" konstatierte Kapitän Barawitzka und stellte den Motor ab. „Das war ein äußerst befriedigendes Manöver. Alle Leinen fest, bitte, und her mit der Manöverflasche. Zwei Leute nach Steuerbord, wir wollen die anderen armen Kerle längsseits anlegen lassen!"

Wir hatten unseren ersten Auslandshafen erreicht: Hunderte von Yachten rundum, in der Hauptsache österreichische, italienische, deutsche, aber auch Franzosen, Engländer und ein Finne. Ein lautes, buntes Volk drängte sich auf den Decks. Drüben am Ufer, unter den alten Steinhäusern, flanierte die istrische Jugend, Möwen tauchten kreischend nach Abfällen, und das Hafenwasser stank nach verfaultem Fisch und Ärgerem.

Die schnittige STRAWANZER erregte bei den Nachbarbooten Neugier, Segler schlenderten herbei. Esther wandte sich sofort zum Niedergang. „Ich brauche einen Spiegel und mein Beauty case. Ich muß ja fürchterlich aussehen."

Obwohl ihr Simon versicherte, die fremden Segler seien garantiert nur an den Regattabeschlägen und an unserem Rigg interessiert, ließ sie sich nicht aufhalten.

„So habe ich mir das vorgestellt", seufzte Simon. „Die Weiber werden ständig vor dem Spiegel stehen und sich frisieren, bemalen und eincremen."

„Wieso stört dich das?" fragte ich. „Laß sie doch. Es gibt keinen Paragraphen, der es B.M.s verbietet, Make-up aufzulegen, wenn sie dadurch ihr Selbstbewußtsein heben können."

Simon verzog das Gesicht. „Darum geht's doch nicht", knurrte er aufgebracht. „Aber wenn dauernd jemand im Torpedoraum vorm Spiegel steht, kann ein ehrlicher Christenmensch nicht mehr in Ruhe scheißen gehen, wann er will. Das ist der springende Punkt. Ich werde den Spiegel abmontieren. Sonst gibt es noch eine Meuterei."

Ganz so problemlos war das Zusammenleben von männlichen und weiblichen Seeleuten anscheinend doch nicht.

Kurz darauf kamen Barawitzka und Lullinger von den Behörden zurück. Sie hatten beim Zoll Formulare unterschrieben, bei der Polizei die Pässe der Mannschaft abstempeln lassen, dem Hafenkapitän die Schiffspapiere, Segelpatente und Crewlisten vorgelegt und gegen Bezahlung einiger Dinar ein *Odobrenje za plovidbu u obalnom moru Jugoslavije* – eine Erlaubnis, die jugoslawischen Küstengewässer zu befahren – erhalten.

„Wer geht mit zum Duty-free-Laden?" fragte B. A.

„Jetzt gleich?" Berta Straubinger war weitgereist und kannte sich in Zolldingen gut aus. „Dann müssen wir doch das Land sofort wieder verlassen."

B. A. erklärte es ihr: „In allen Häfen der Welt ist das so, aber Jugoslawien bildet die goldene Ausnahme. Hier ist man froh, wenn Yachties möglichst viel kaufen, weil das Devisen bringt. Also muß man schon bei der Einreise das Schiff bis zur Ladegrenze mit Schnaps, Tabak und Parfüm füllen und wird in jedem Hafen ermuntert, noch fleißig nachzukaufen, solange das Geld reicht. Diese Küstenbewohner sind gewitzte Geschäftsleute. Ich bin überzeugt, daß sie es schon in der alten Römerzeit so gemacht haben: Alles, was in Rom mit hohen Steuern belegt war, konnte man in istrischen Häfen um wenige Zechinen erwerben. Das regt den Handel natürlich an. Also, wer braucht Zigarren, Zigaretten, Champagner, Whisky, duftende Wässerchen, Uhren, Fotoapparate oder Schweizer Schokolade? Der möge mir folgen!"

Alle gingen mit bis auf Simon. Der war wahrscheinlich froh, die STRAWANZER und den Torpedoraum einmal für sich allein zu haben. Er ersuchte uns nur, ein paar Flaschen Captain Morgan's Jamaica Rum für ihn zu besorgen.

Der Laden lag gleich an der Uferstraße: ein kleines Gewölbe, bis unter die Decke vollgestopft mit den teuersten Luxusartikeln dieser Welt. Anfangs ging der Verkauf noch etwas schleppend, da ein Großteil der Mannschaft noch keine Erfahrung mit Duty-free-Läden hatte und sich entsprechend mißtrauisch zurückhielt. Der Professor ließ zwei Kisten *Veuve Cliquot brut* auf die Bestelliste setzen, B. A. eine Großpackung seiner speziellen Zigarren, Berta verlangte eine Sechserpackung Armagnac *Clés-de-Ducs* und ein Familienflakon Madame Rochas, und ich sagte dem schnauzbärtigen Verkäufer, er solle außer dem Rum ruhig noch einige Kisten Dosenbier aufschreiben. Die anderen B.M.s standen herum und studierten die bunten Flaschenbatterien. Der Verkäufer kaute eine Weile an seinem Kugelschreiber, dann legte er ihn weg, holte unter dem Tisch einen Teller Cevapcici hervor und begann zu essen. Es war seine Kollegin, die den Bann brach, eine jener herben, aber rassigen dalmatinischen Schönheiten, die man in jugoslawischen Partisanenfilmen mit gekreuzten Patronengurten über der stolzen Brust Brücken sprengen sieht. Sie wollte den Devisenumsatz aus patriotischen Gründen heben, ergriff zwei Parfümsprays, richtete sie wie Revolver auf unsere zögernden Damen und puffte ihnen eine geballte Ladung auf die bloßen Unterarme.

„Da – du riechen!" befahl sie, packte zwei neue Zerstäuber und besprühte den Rest der Gruppe. Dazu erklärte sie in einem Ton, der keinen Widerspruch aufkommen ließ: „Paco Rabanne, Eau de Patou, Opium, Cabochard, Aramis, Miss Dior, Ma griffe . . .", und ratschte noch ein Dutzend ähnlicher Markennamen herunter. Berta griff sich die Dollarpreisliste und einen Taschenrechner und rechnete ihren Freundinnen die Preise um. Als die endlich begriffen, daß Must de Cartier hier so viel kostete wie in Wien eine Flasche Birkenhaarwasser, steigerten sie sich in einen wahren Parfüm-Orgasmus hinein. Der Schnauzbart mußte seine Cevapcici wieder wegstellen.

Obwohl wir schon alle Bordschwestern – oder -brüder – waren, hatten wir noch keine Ahnung, ob unsere Amazonen bemannt oder unbemannt durchs Leben gingen. Jedenfalls war es gut, daß die diversen Herren jetzt nicht dabei waren. Sie hätten entsetzliche Qualen und die Schadenfreude der unbeteiligten B.M.s ertragen müssen.

Die lustvolle Duftsprüherin wirkte allerdings ansteckend. Georg tat sich als Fachschnupperer hervor, und beinahe wäre wieder eine Logbucheintragung nach § 6/2 fällig gewesen, so tief bohrte er seine Nase in die Damen. Als der Schnauzbart die Zahlenkolonnen addierte, duftete die komplette Mannschaft der STRAWANZER wie ein sechsstöckiger orientalischer Harem. Auch ich hatte ein wüst riechendes Rasierwasser erstanden, weil die Flasche so schön rauchschwarz war, mit goldener Sprühkappe. Das Zeug hieß ‚Admiral' und hatte vier goldene Streifen.

Eine Stunde später, nachdem wir auch noch vollgetankt hatten, saßen wir auf der schilfgedeckten Terrasse des Restaurants *Tre Vdove* – Zu den Drei Witwen – am Uferweg hinter dem Hafen, und B.A.

stellte ein Festmenü zusammen. Die Sonne schwebte dicht über dem Horizont, von der Lichtbrechung enorm vergrößert und zu einer flachen Mandarine deformiert. Tausend Lichter im Hafen wetteiferten mit tausend Lichtern draußen auf dem rotweinfarbenen Meer. Die Fischrestaurants brauchten Nachschub.

Georg neigte sich zu mir. „Karl, was kann das heißen?" Er drückte mir ein vielfach gefaltetes Papierchen in die Hand.

Ich kann auf serbokratisch ein Bier bestellen und den Weg zum Hafenkapitän erfragen, aber sonst? Doch was man nicht im Kopf hat, kann man in der Tasche haben, nämlich ein kleines Wörterbuch. Mit seiner Hilfe entzifferte ich die gekritzelte Botschaft: „Zeigt diesem schönen fremden Mann den Weg zur Ulica ljubavna zgoda 16!" Das klang etwas merkwürdig. „Wo hast du das her?"

„Das hat mir die Schwarzhaarige vom Duty-free-Laden beim Abschied in die Hand gedrückt."

Ich staunte. Diese Partisaninnen holten sich einfach, was sie haben wollten.

„Toll, nicht wahr?" flüsterte Georg.

„Hast du dir Cleo endlich aus dem Kopf geschlagen?" fragte ich leise zurück.

Georg machte runde Augen. „Wieso? Jetzt geht's doch erst richtig los. Auf die ‚Casanova-Tour'."

Ich schaute ihn verständnislos an.

Georg schüttelte vorwurfsvoll den Kopf. „Sag, wovon hast du eigentlich eine Ahnung? Das ist doch der einfachste Schmäh, eine Frau herumzukriegen. Wenn sie merkt, daß alle anderen Puppen auf mich ganz scharf sind, dann wird sie neugierig. Jetzt möchte sie wissen, was an mir dran ist, was ihre Geschlechtsgenossinnen so fasziniert. Damit ist das Spiel schon halb gewonnen. Jetzt mußt du dich nur noch als Muster an Vorsicht und Diskretion aufführen, damit sie Zutrauen bekommt. Natürlich darfst du so eine Eroberung nicht gleich ausplaudern, sondern erst später in deinen Memoiren. Deshalb heißt das ja auch ‚Casanova-Tour'. Wie komme ich eigentlich in diese Ulica lubavnatschi-natschu skoda – oder wie man das ausspricht?"

„Zeig den Zettel auf der Straße herum. Aber natürlich keinem Touristen."

„Danke, Karl." Georg steckte das Papier wieder ein. „Du bist ein Klasse-Bursch!"

Georg inszenierte sein Verschwinden sehr geschickt.

90

„Hansi!" brüllte er auf einmal und winkte einer vorbeischlendernden Touristengruppe nach. Dann sprang er auf. „Entschuldigt mich. Da ist ein alter Freund vorbeigegangen. Dem muß ich schnell nachlaufen. Wird der sich freuen, wenn er mich sieht!" Er trabte davon, und es ist überflüssig zu erwähnen, daß er von seiner Suche nach „Hansi" nicht so bald zurückkam.

B. A. ließ der verwirrende Spaghettihaufen der Fallen und Schoten keine Ruhe. Es war ihm eingefallen, daß selbstklebende Etiketten auf rutschfestem – und daher rauhem – Decksbelag sehr schlecht hafteten und auch bald von Sonne und Seewasser ausgebleicht sein würden.

„Ich hab' mal eine Rennjolle gesehen", sagte Tante Berta. „Da waren die Backbordschoten rot und die an Steuerbord grün. Auch die Fallen hatten besondere Farben. Mir hat das damals sehr imponiert. Können wir unsere Leinen nicht einfärben?"

Beim Wort „färben" riß es Simon aus seiner konzentrierten Beschäftigung mit gefüllten und gebackenen Tintenfischen. Da erwachte der Chemiker in ihm. „He, das ist eine prima Idee! Ich besorge uns eine Auswahl Textilfarben, und wir färben die Fall- und Schot-Enden bunt wie Ostereier. Dafür bin ich Spezialist."

Auch dem Professor gefiel diese Idee außerordentlich, und eine ganze Weile überlegten wir ein narrensicheres Farbsystem zur Unterscheidung des laufenden Guts auf der STRAWANZER.

Ich erzählte, wie Simon im Schul-Labor seine weiße Pudelmütze mit einem selbsterfundenen neuartigen Farbstoff scharlachrot hatte einfärben wollen, die Mütze sich aber infolge der ungewöhnlichen, äußerst aggressiven Chemikalienmischung so restlos im Farbbad aufgelöst hatte wie Zucker im heißen Kaffee.

Davon angeregt, kamen wir ins Witzeln. Einen Witz muß ich leider hier nacherzählen, obwohl ich weiß, daß es immer idiotisch wirkt, wenn in einem Buch ein Witz vorkommt, den schon alle kennen. Damit aber die wenigen Uneingeweihten einen später oft verwendeten Fachausdruck verstehen, muß ich leider . . . Also gut, der Witz ging so:

„UNO-Landwirtschafts-Entwicklungshelfer kommen in ein Massaidorf irgendwo in Wubumba Zalambi. Der Häuptling ruft sein Volk auf dem Dorfplatz zusammen und übersetzt die Ansprache des weißen Mannes. ‚Wir werden euch zeigen, wie man Mais anbaut!' verspricht dieser. ‚Kazunga!' rufen die Massai. Der UNO-Mann ist begeistert über die offensichtliche Freude der Neger und fährt fort:

‚Wir werden euch eine Schule bauen!' – ‚*Kazunga*!' brüllt der
Stamm und stampft mit den Füßen. ‚Wir werden euch die modernen Viehzuchtmethoden lehren und eine landwirtschaftliche Sta-
tion einrichten!' – ‚*Kazunga*!' donnert es den Entwicklungshelfern
entgegen. Hocherfreut wendet sich der Chef der Kommission an
den Häuptling und ersucht, man möge ihm nun die Herden zeigen.
Der Häuptling geht voran. Auf der Weide angekommen, macht er
auf die vielen Kuhfladen aufmerksam und warnt: ‚Passen Sie bitte
auf, daß Sie in keinen *Kazunga* steigen!'"

Ich weiß, so berühmt ist der nicht. Aber damals auf der Terrasse
der Drei Witwen haben wir Tränen gelacht. Und es war Simon, der
vorschlug, im Bordgebrauch ab sofort das verpönte, aber oft benötigte Wort „Scheiße" durch den viel vornehmer klingenden Massai-
Ausdruck „*Kazunga*" zu ersetzen, damit man wieder ungehemmt
fluchen könne, ohne gleich als ordinärer Mensch verschrien zu werden.

Um fünf Minuten vor Mitternacht lief die Maschine der STRA-
WANZER bereits warm; Arnold stand am Steuer und seine Wache an
den Leinen. B.A. ging am Steg auf und ab und sah auf seine Uhr.
„*Kazunga*!" rief er schließlich. „Dieser verdammte Georg hat sicherlich mit seinem Hansi die Zeit versoffen."

Ich sagte kein Wort. Ein Klasse-Bursch verrät nichts.

Da hielt ein kleiner Fiat am Kai, und Georg sprang heraus. Er lief
um den Wagen, griff mit beiden Händen durchs offene Fenster und
küßte die Fahrerin leidenschaftlich. Dann rannte er den Kai entlang,
kletterte an Bord und meldete: „Bin schon zur Stelle, Käptn!"

„Gut", sagte B.A. kommentarlos und drehte sich zu Arnold um.
„Du kannst ablegen."

Das Dröhnen unseres Diesels hallte von den Häusern zurück,
dann glitten wir über das schwarze Wasser, zwischen dichtgedräng-
ten Yachten hindurch, die von unseren Positionslaternen im Vorbei-
fahren rot oder grün angestrahlt wurden. Mit flotter Fahrt tuckerten
wir durch die Hafenausfahrt. Unter einer Laterne stand eine einsame Gestalt und winkte. Georg winkte von der Reling zurück,
solange man den Kai noch ausmachen konnte.

Anita fragte spitz: „War das jetzt ‚Hansi' da vorhin im Auto,
Georg? Ein aufdringliches Eau de Cologne verwendet er. Es hängt
noch schwer in deinem Hemd."

Georg sah ein wenig hilflos drein, aber B.A. schnaubte schon
ärgerlich. Das hatte einen bestimmten Grund. Auf der HIPPODACKL

hatte es sich eingebürgert, daß über Erfolg oder Mißerfolg bei Land-
gängen nie viele Worte verloren wurden. Unser Kapitän hatte Giselher Westermayer, der stets mit seinen Eroberungen prahlte, einmal
so richtig die Meinung gesagt, indem er dem angeberischen Ingenieur unmißverständlich zu verstehen gegeben hatte, was er von
Männern hielt, die über ihre Liebschaften so redeten wie Jäger über
ihre Strecke abgeknallter Hasen; er hatte ihm geraten, sich lieber
Kerben in einen bestimmten Körperteil zu schnitzen – wie Wild-
west-Sheriffs in die Griffe ihrer Colts –, aber ihn, B. A., mit solchen
Kindereien zu verschonen. Danach hatten wir vor Giselhers
Sexualprotzereien endlich Ruhe gehabt, und das Niveau der Bord-
unterhaltung hob sich merklich.

B. A. war also nicht gewillt, Georg von Anita in die Zange nehmen
zu lassen. Er brummte: „Ich glaube, jeder hat gesehen, daß unser
Freund hier von einer jungen Dame zum Hafen gebracht wurde.
Wenn du deine Neugier nicht bezähmen kannst, Anita, und wenn es
unter freien Frauen üblich ist, einander pikante Details über ihre
Rendezvous' zu erzählen, dann setzt euch woanders hin. Ich würde
allerdings der ganzen Steuerbordwache empfehlen, eine Mütze voll
Schlaf zu nehmen, denn es wird noch eine lange Nacht."

Renate erklärte: „Ach, ich kann ziemlich lange ohne Schlaf auskommen. Wenn es sein muß, die ganze Nacht. Ich arbeite an einer
Autobahntankstelle und bin Nachtdienst gewöhnt."

„Ich bezweifle keineswegs dein Durchhaltevermögen, Renate",
versicherte B. A. „Aber es gibt doch einen Unterschied zwischen
Schichtdienst an Land und Wachdienst auf See. Nach einer Nacht-
schicht in der Tankstelle kannst du ausschlafen, aber bei uns geht es
rund um die Uhr weiter: vier Stunden Wache, vier Stunden Ruhe,
wieder vier Stunden Wache. In dieser Zeit mußt du so viel wie
möglich auf Vorrat schlafen und dafür jede freie Minute ausnützen.
Wir haben nichts davon, wenn wir uns die erste Nacht ganz um die
Ohren schlagen, morgen aber keiner mehr ein Auge aufbekommt."

„Also adieu, Schönheitsschlaf!" lachte Esther. „Das wird aber
eine Plackerei, diese Fahrt. Das artet ja richtig in Arbeit aus. Eine
Frage noch, Käptn: Wie werden die Rüstzeiten vom Seemannsgesetz geregelt? Ich habe keinen Hinweis darauf gefunden, ob das
Umziehen, Auflegen von Nachtcreme, das Abschminken, Haareein-
drehen und Frisieren in die Wachzeit fallen, oder ob wir auch diese
notwendigen Rüstarbeiten in unserer kargen Freiwache erledigen
müssen?"

Barawitzka verzog das Gesicht, als hätte er in eine Zitrone gebissen. „Körperpflege gehört selbstverständlich zu privaten Instandsetzungsarbeiten wie Wäschewaschen, Hosenflicken, Bügeln, Duschen, Rasieren oder Haareschneiden und sollte in der Freiwache erledigt werden. Die Seefahrt braucht keine schönen Matrosen, sondern muntere und allzeit bereite. Wir Männer haben da einen gewissen Vorteil, das gebe ich gern zu; wenn wir zu müde sind, rasieren wir uns eben nicht. Ungepflegte Seebären sind mir ein vertrauter Anblick. Ich habe aber keine Erfahrung mit ungepflegten Frauen, daher kann ich nicht sagen, ob mir das auf den Magen schlägt oder nicht. Haltet es doch, wie ihr wollt, rasiert, frisiert oder lackiert euch, wann ihr Zeit und Lust dazu habt. Solange der Bordbetrieb darunter nicht leidet, ist mir das egal. Aber wenn es heißt: ‚Alle Mann an Deck!‘, dann möchte ich innerhalb von Sekunden wirklich alle an Deck sehen, egal, ob sie gerade Rasierschaum im Gesicht, Lockenwickler auf dem Kopf oder die Nägel frisch lackiert haben. Ist das klar? Erst kommt das Schiff und lange danach erst die Schönheit. Wenn sich alle an diese Maxime halten, brauchen wir uns über dieses Thema nicht mehr zu unterhalten. Einverstanden?“

„Kapitänchen, Sie überraschen mich“, kicherte Berta. „So viel Verständnis und Einsicht sind wir aus männlichem Mund gar nicht gewöhnt. Dieses Abkommen unterschreiben wir sofort, das ist eine sehr vernünftige Basis für gleichberechtigte Zusammenarbeit. Aber wenn ich mal die Ohren voll Schaum habe, nichts höre und den allgemeinen Fliegeralarm dadurch versäume, ist dann unser schönes Kosmetikabkommen im Eimer?“

B.A. grinste. „Keine Angst, Berta, *diesen* Alarm überhörst du garantiert nicht.“ Er bückte sich zum Armaturenbrett und drückte ein harmlos aussehendes Knöpfchen.

„Röööööööhr!“ brüllte unter Deck ein in die Weichteile getretener Dinosaurier auf, so daß alle zusammenzuckten. „Einmaliges Signal bedeutet: Fertigmachen zum Wachwechsel! Zweimal hupen: Alle B.M.s fertigmachen zum bevorstehenden Manöver! Dreimaliges Signal ist die Einladung zu einer ‚Komm-wie-du-bist‘-Party, das heißt, alle, aber auch alle müssen sofort an Deck, weil es um Sekunden geht. Da wollen wir dann über mangelhafte Bekleidung oder Zahnpasta in den Mundwinkeln hinwegsehen.“

B.A. kniff ein Auge zu. „Mißbrauch dieser Warnanlage wird natürlich mit Teeren, Federn und Kielholen bestraft. Ich sage das lieber gleich dazu, damit kein Spaßvogel auf die Idee kommt, sich mal anzusehen, wie so eine STRAWANZER-Pyjama-Party aussieht. Alles klar? Alsdann ab in die Koje mit allen, die an Deck entbehrlich sind!"

„Was sollen wir eigentlich jetzt schälen und kneten?" fragte Georg.

B. A. sah irritiert drein. „Was soll das? Wo hast du das her?"

„Im Wachplan steht neben der 0-bis-4-Uhr-Wache unter der Rubrik Extraaufgaben: ‚Schälen, kneten, etc.'"

„Ach so! Das soll ausgleichende Gerechtigkeit sein. Alle anderen Wachen müssen sich ja neben ihren normalen Aufgaben auch um die Backschaft kümmern. Die 4-bis-8-Uhr-Wache richtet das Frühstück her, die 8-bis-12-Wache wäscht ab und kocht das Mittagessen, die nächste Wache wäscht ab und bereitet die Jause zu. Die 16-bis-20-Uhr-B.M.s müssen ein Abendessen auf den Tisch stellen, die nächsten machen wieder sauber, füllen heißen Kaffee und Suppe in die Thermosbehälter, so daß die erwähnte 0-bis-4er-Wache leer ausginge. Deshalb meine ich, daß sie ruhig Kartoffeln schälen oder Teig kneten kann, falls der Küchenchef derartige Halbfertigwaren benötigt. Zum Beispiel für frisches Frühstücksgebäck. Teig muß ja eine Zeitlang gehen. Also wird das Aufgabe der Hundewache sein. Alles klar?"

Die „Mädelwache" legte sich schlafen. Eine leichte Brise kam auf, wir setzten Segel und konnten endlich den hämmernden Motor abstellen. Die gemütliche Ruhe einer Nachtfahrt breitete sich an Bord aus. Simon kochte später Tee, und mit ihm kamen Anita und Berta wieder ins Cockpit. Sie konnten angeblich nicht schlafen und wollten eine Tasse mittrinken.

In der Dunkelheit vor unserem Bug blinkte ein wohlbekannter Freund aller Adriasegler, das Leuchtfeuer von Savudrija: drei weiße Blitze in fünfzehn Sekunden.

„Da fällt mir eine komische Geschichte ein", erinnerte sich der Professor. „Genau hier am Kap, bei diesem Leuchtturm, habe ich einmal eine Regatta wegen eines Telefonanrufs verloren." Und er erzählte, wie er vor zwei Jahren mit der STRAWANZER an einem Rennen von Opatija nach Porto Rož teilgenommen hatte. Wie sie, das übrige Feld von Yachten weit hinter sich lassend, in Sichtweite eben dieses Leuchtturms begonnen hatten, den schon so gut wie sicheren Sieg zu feiern, eine Flasche Champagner knallen zu lassen und über Funk zu Hause anzurufen, um die Freudenbotschaft zu verbreiten.

„Ich hatte damals einen Grazer Kollegen und seine kleine Freundin mit an Bord", fuhr der Professor fort. „Plötzlich kommt der kreidebleich zu mir und sagt: ‚Ich habe soeben über Funk erfahren, daß meine Frau mit einem Bekannten losgefahren ist, um mich beim Zieleinlauf zu überraschen und abzuholen.' Darauf ich: ‚Dann mußt du eben Susi beibringen, daß sie sich beim Einlaufen etwas im Hintergrund hält und später allein nach Hause fährt.' Aber er: ‚Arnold, das klappt nicht. Der Bekannte, mit dem mich meine Frau in Porto Rož erwartet, ist Susis Mann. Wenn der sie sieht, gibt's eine Katastrophe. Was soll ich bloß tun?'" Arnold lachte auf. „Susi mußte also sofort von Bord. Was blieb mir anderes übrig, als Kap Savudrija anzulaufen? Da gibt es eine Badebucht und einen Campingplatz. Dort bin ich dicht unter Land gegangen und habe einen Tretbootfahrer gebeten, Susi mit ihrer Tasche ans Ufer zu bringen. Diese Aktion hat uns natürlich den ganzen Vorsprung gekostet, die Konkurrenz holte auf, und wir landeten weit im abgeschlagenen Feld. Das Bitterste war, ich mußte es auch noch auf meine Kappe nehmen, daß wir gegen alle Regeln so dicht unter Land gekreuzt waren, obwohl es draußen kräftig wehte."

Simon fand diese Rücksicht auf Susi übertrieben und meinte, er hätte sie mit Schmieröl unkenntlich gemacht, in einen alten Seesack gestopft und bis nach der Siegesfeier im Vorschiff versteckt. Anita war sofort auf den Barrikaden für ihre benachteiligten Geschlechtsgenossinnen. „Ihr hättet das arme Ding ja auch einfach ertränken oder zu den Haien werfen können", schlug sie zynisch vor. „Hauptsache, die Regatta geht weiter. Was zählt eine Frau? Über Bord mit ihr! Ein paar Nächte war sie als Bettgespielin recht, aber jetzt zur Hölle mit ihr! Der Sieg darf nicht gefährdet werden. Frauen sind ja nur Wegwerfartikel. Ihr Männer seid solche Egoisten. Pfui!"

Einen Moment sah es so aus, als wolle sie ausspucken. Simon zuckte schon zurück. „He, he!" rief er. „Ich war ja gar nicht dabei. Es geht mich überhaupt nichts an, was Grazer Ärzte mit ihren Freundinnen machen. Aber ich sehe rot, wenn's immer heißt: die armen, vergewaltigten Frauen! Seit dem Sündenfall im Paradies sind es doch bekanntlich die Evas, die die Adams verleiten, in ihre Äpfelchen zu beißen. Wer sagt denn, daß es nicht Susi war, die den armen Doktor mit ihrer Sinnlichkeit geködert hat? Die ihm bis an Bord eines Regattaschiffes nachrannte? Deswegen sage ich ja immer: Weiber haben auf einem Schiff nichts verloren. Sie bringen nur Unglück..."

96

Anita fuhr mit vorgestreckten Fingernägeln auf Simon los. Der rollte sich geistesgegenwärtig über den Travellerbalken und außer Reichweite der gefährlichen Amazone. Ein langes Stahlding schimmerte in seiner Faust. „Einen Schritt näher", drohte er, „und ich hau' mit der Winschkurbel um mich!"

Anita brach unvermutet in schallendes Gelächter aus. „Sieh ihn dir nur an, Berta! Gleicht er nicht aufs Haar einem Pavianmännchen, das zähnefletschend einen Knüppel schwingt? Ist er nicht putzig?"

Simon schloß die Augen und blieb wie versteinert stehen, nur die Kurbel in seiner Hand zitterte. Simon Rebitschek, den Schrecken der Meere, hatte noch niemand „putzig" gefunden. Das schaffte ihn komplett.

„Anita, deine übertrieben impulsiven Reaktionen überraschen mich immer wieder", mischte sich B. A. vom Ruder her ein. „Aber laß uns jetzt mal hören, wie deine emanzipierte Lösung aus dieser Zwickmühle ausgesehen hätte?"

„Wenn dieser Mensch schon seine Frau betrog, hätte er wenigstens den Mut haben sollen, auch die Konsequenzen zu tragen", schnappte die Amazonenkönigin.

B. A. ließ nicht locker. „Auch wenn er damit nicht nur seine Ehe ruiniert hätte, sondern auch die von Susi? Wenn er damit riskiert hätte, daß einer der betrogenen Ehepartner einen Revolver aus der Tasche zog und allen Beteiligten Löcher ins Ölzeug schoß?"

„Dann hätte er als Kavalier eben ans Ufer schwimmen müssen."

„Oho? So ein altmodischer Vorschlag aus dem Mund einer Vorkämpferin für die Gleichberechtigung der Geschlechter? Außerdem, wie hätte man dann seine Abwesenheit erklärt und die Anwesenheit von Susi an Bord?"

„Boris, du bist ein heimtückischer Wortverdreher!"

„Achtung!" warnte Simon. „Gleich zückt sie wieder die Krallen."

Anita streckte ihm die Zunge heraus. „Alter Pavian! Mit euch kann man eben nicht vernünftig diskutieren." Sie kletterte nach vorn aufs Kajütdach und setzte sich zum Mast. Berta folgte ihr.

„Leg bitte endlich diese Kurbel weg!" ersuchte B. A. „Und trag den Damen zwei Sicherheitsgurte nach. Ich mag es auch bei gutem Wetter nicht, wenn Seefrischlinge nachts freihändig an Deck herumturnen. Sag ihnen, das ist ein Befehl!"

Simon machte sich brummend auf den Weg.

B. A. mußte dann unter Deck, und der Professor übernahm das

Ruder. Plötzlich begann er hastig am Rad zu kurbeln, dazu schrie er immer lauter: „Was ist denn! Was ist denn! Was ist denn!"

Der Professor stieß diese Frage immer verzweifelter hervor, denn die Backbordreling stieg plötzlich wie eine aufgehende Bahnschranke hoch und immer höher. Das Deck neigte sich nach der anderen Seite und wollte gar nicht aufhören, wegzukrängen. Die Seitenwand, an der ich lehnte, gab unter mir nach, und ich kam einfach nicht mehr hoch. Ich hörte, wie Arnold ausrutschte und mit den Schuhen verzweifelt nach Halt suchte; dann hing er vom Steuerrad weg wie ein Trapezkünstler. Unten im Schiff polterten umfallende Gegenstände oder aus den Kojen fallende B.M.s, fernes Schreien... Dann heulte und orgelte die Bö schlagartig im Rigg und erklärte das sonderbare Benehmen der STRAWANZER. Ich weiß nicht, wie lange ich da unten wie eine auf den Rücken gedrehte Schildkröte hilflos strampelte, bevor ich mich an irgendetwas hochziehen konnte. Der Teufel war los! In haarsträubender Schräglage jagte das Schiff durch ein jäh aufgerührtes Inferno. Wasser klatschte von allen Seiten über uns zusammen. Tief unten begann der Kiel zu summen, und am Ruder rauschte es gefährlich. Dann schoß die Yacht in den Wind, und die Segel schlugen so wild, als wollten sie das Rigg zertrümmern und sich in Kette und Schuß auflösen. STRAWANZER hatte von allein angeluvt. Es gelang mir, Arnold wieder ins Cockpit zu zerren.

„Die Weiber!" schoß es mir durch den Kopf. „Um Himmels willen!" Ich hatte die erschreckende Vision von zwei hilflosen Gestalten, die über das Deck und durch die waagrechte Reling ins Wasser rutschten und nun achteraus in der aufgewühlten, schwarzen See trieben. Die STRAWANZER richtete sich auf und schüttelte sich wie ein nasser Pudel. Das Deck knackte erbärmlich, weil der Wind versuchte, den Mast herauszubeuteln. Arnold fand festen Stand und drehte am Ruder, um das Rigg zu retten. Eine dunkle, naßglänzende Figur polterte neben mir ins Cockpit: Simon.

„Die Tanten... Erstaunlicherweise noch am Want..." Obwohl er mir ins Ohr schrie, bekam ich nur Wortfetzen mit, so orgelte die Bö. Dann hörte sie schlagartig auf. Als säße drüben am Ufer ein Riese, der erst wieder Luft holen mußte, um unser Spielzeugschiffchen ganz zu den Wolken zu blasen. Arnold brachte den Bug herum und nahm stampfend wieder Fahrt auf.

„Bora!" brüllte ich. „Die Segel müssen weg! Wo sind die Weiber?"

„Ich habe ihre Sicherheitsleinen ums Want gewickelt und die Karabiner eingehängt", schrie Simon. „Arnold ..."

Alles weitere ging im Fauchen der nächsten Sturmbö unter. Der Riese hatte Atem geholt. Wieder krängte die STRAWANZER, aber diesmal waren Simon und ich an den Schoten und fierten entsprechend. Trotzdem reichte es nicht. Die Yacht war unter voller Besegelung viel zu luvgierig und lief wieder aus dem Ruder. Der über uns hinweghuschende Lichtbalken des Leuchtturms war schon unangenehm nahe. Noch so ein Aufschießer, dann mußten wir beim Campingplatz in die Felsen krachen. Das Schlagen der Segel hallte wie Kanonenschüsse.

„Wir sind zu dicht am Ufer!" brüllte ich in Arnolds Ohr. „Keine Chance mehr zu reffen. Wir versuchen, das Großsegel herunterzureißen, lauf inzwischen mit der Genua vor dem Wind ab. Vielleicht hält sie's aus." Arnold nickte. Ich boxte Simon zwischen die Schultern, als Aufforderung, mitzukommen. Wir nützten den Moment, als die Yacht im Wind taumelte, um zum Mast zu laufen, uns dort anzuhängen und das Großsegel mit Zähnen und Klauen herunterzureißen.

Der nächste Windstoß traf uns nur mehr seitlich, wir hatten schon halb gewonnen. Zwar riß er uns das zusammengeraffte Tuch wieder unter den Armen hervor, aber Arnold konnte das Schiff diesmal unter Kontrolle halten. Die lose geschotete Genua warf sich ein paarmal in ihre Lieken, daß das Rigg bis zur letzten Schraube erbebte, aber dann rauschten wir mit schäumender Affenfahrt von der Küste weg in die Nacht hinein. Die Blitze vom Savudrija-Leuchtfeuer blieben hinter uns zurück.

Einen Schönheitspreis für aufgetuchte Großsegel hätten wir wahrscheinlich mit dem Murks, den wir anstellten, nicht gewonnen. Aber es war das Beste, was wir im Dunklen zustande brachten. Es ist unwahrscheinlich, welche Kraft und Wildheit fünfzig Quadratmeter Tuch entwickeln, wenn der Sturm in die Falten packt. Da brechen die Fingernägel, und man kommt sich unbeholfen und kraftlos wie ein Kleinkind vor, wenn man mit dem immer wieder aufflatternden Tuch herumrauft. Aber irgendwie banden wir alles zu einem gerollten Knödel zusammen, der dem Wind schon viel weniger Widerstand bot als das gesetzte Segel. Auch die Genua brachten wir auf Deck herunter. Oder zumindest einen Großteil davon, den wir an den Relingstützen festzurrten; daß der Rest außenbords im Wasser hing, war jetzt uninteressant. Dann setzten wir die Sturmfock. In der

Nähe des Mastes stieg ich auf etwas Weiches. Das waren Berta und Anita. Sie rührten sich nicht, doch als auch Simon auf sie trat, grunzten sie. Also waren sie noch nicht tot. Wir banden sie los und zerrten sie an den Gurten wie nasse Segelsäcke ins geschützte Cockpit. Dort stand Barawitzka, in seiner Schwerwetterkombination anzusehen wie ein Raumfahrer, und leuchtete uns mit der Taschenlampe.

„Gott sei Dank!" dröhnte er. „Noch alle an Bord! Ich habe schon befürchtet, daß der eine oder die andere weggespült worden ist. Keine Chance, bei dem Wetter jemanden wieder aufzufischen. Da unten hat sich das angehört, als wärt ihr ins Kreuzfeuer mehrerer Küstenbatterien geraten und jedes Stück Rigg würde uns einzeln abgeschossen." Er leuchtete den Frauen ins Gesicht. „Die sehen schlimm aus. Entweder erfroren oder total geschockt. Sie müssen unter Deck. Helft mir!"

Auch zu dritt war das nicht so einfach. Inzwischen hatte die Bora eine derart kurze und steile See aufgerührt, daß die STRAWANZER wie ein Geländewagen beim Querfeldeinrennen bockte, schwankte und hüpfte. Alle Augenblicke bohrte sich der Bug im Rücken einer Welle fest, und das schüttelte uns von den Handläufen ab wie Tropfen von einem geschwungenen Kochlöffel. Als die beiden Frauen endlich am Kajütboden lagen, gab es nicht mehr viele Stellen an mir, die nicht gequetscht oder angeschlagen waren.

„Ich möchte dich am Ruder haben, Karl!" schrie mir B. A. ins Ohr. „Ich brauche Arnolds medizinische Kenntnisse jetzt hier unten."

Das Umziehen war noch ein Mordspaß. Das gibt lustspielreife Situationen, wenn einen das Schiff schüttelt wie einen Würfel im Becher, während man feuchte Hosen von den Beinen streift oder mit Kopf und Armen in einem Pullover steckt und krampfhaft nach Halsausschnitt und Ärmeln sucht. Endlich hatte ich mein Ölzeug an und tappte an Deck. Der Professor schnatterte unkontrolliert mit den Zähnen und war sehr froh, abgelöst zu werden. Kurz danach kamen Barawitzka und Simon wieder an Deck und piekten ihre Sicherheitsleinen an der Steuersäule ein.

„Nichts gebrochen!" rief B. A. durch das Toben. „Nur unterkühlt und seekrank. Was sagt der Wetterbericht?"

Unter meinem Südwester brannten mir beschämt die Ohren. Ich hatte keinen Wetterbericht, hatte sogar vergessen, das Barometer zu beobachten. Das war keine Glanzleistung für einen langgedienten

Navigator! Ich sagte das dem Kapitän. Er zuckte mit den Schultern. „Der Teufel soll dich holen, Karl! Wie lange können wir noch in dieser Richtung dahinjagen?"

„Nicht mehr lange. Dann sind wir wieder in Italien. Die flachen Häfen dort würde ich aber bei dem auflandigen Wind meiden. Wir müssen zurück an die istrische Küste."

Barawitzka fluchte in seinen Bart, ließ eine Rumflasche zum Anfeuern der Lebensgeister kreisen und arbeitete sich dann mit Simon nach vorn, um Segel zu wechseln. Erst nach einer vollen Stunde kamen sie zurückgekrochen und fielen restlos erschöpft auf die Bänke. Aber wir kreuzten jetzt hart am Wind, unter Sturmfock und dreifach gerefftem Großsegel, zum jugoslawischen Adria-Ufer zurück. Die Bora hatte sich eingeweht und fauchte uns konstant mit vierzig Knoten in die Nasenlöcher. Wäre die kurze, harte See nicht gewesen, hätte man beinahe sagen können, daß die STRAWANZER den Starkwind auf die leichte Schulter nahm; so aber hämmerte sie trotz ihres V-förmigen Unterwasserschiffs wie eine Dampframme in die Brecher, und wir wurden durchgerüttelt wie Bustouristen auf kretischen Schotterstraßen. Dazu prasselte fliegender Gischt, hart wie Hagel, waagrecht übers Deck. Angenehmes Segeln war das nicht. Eine ganze Weile konnte ich meine Brille mit einer Rolle Klosettpapier halbwegs durchsichtig halten, dann war Schluß. Sie versalzte und verschmierte, bis sie undurchsichtig wie Milchglas war. Ich steckte sie weg. Wenn man so viele Brillen auf See zerbrochen hat wie ich, vergißt man nicht mehr, vorbeugend Stahlfutterale in alle Kleider zu stecken. Den Kompaß vor meinen Augen konnte ich auch so ablesen, und die Fernaufklärung mußte eben Simon übernehmen, der war weitsichtig.

Es begann zu grauen, aber der kommende Tag enthüllte keinen besonders erhebenden Anblick: eine bleierne, niedrige Wolkendecke über der grauweiß kochenden See, ein nasses Deck, drei salzverkrustete Seebären mit rotentzündeten Augen und einige leblose Besatzungsmitglieder in bunten Ölzeugoveralls, die nacheinander in der Nacht an Deck gekrochen kamen, um sich an der Leereling zu übergeben. Dort lagen sie noch, krank oder bewußtlos, wo Simon sie mit den Gurten gegen das Überbordgehen gesichert hatte. Einer dieser Seeleichen hing ein Schweif roter Haare aus der Kapuze und flatterte im Wind. Simon fragte, ob das wohl das blutrote Banner der Revolution sei, aber niemand lachte. Dazu waren wir zu müde.

Georg erholte sich später und schob uns durch das Luk daumen-

dicke Doppelbrote zu, zwischen die er mit Butter und Senf finger-
dicke Wurstscheiben geklebt hatte. Etwas später brachte er sogar
eine Thermoskanne mit starkem Kaffee. Nach den hektischen Stunden der Nacht kehrten ein gewisser Komfort und das Gefühl, alles
unter Kontrolle zu haben, zurück.

Um 8 Uhr 30 saß ich pünktlich am Kurzwellenempfänger und
schrieb den Wetterbericht mit. Südlich von Genua lag ein stationä-
res Tief, und ein Randtief davon zog über Italien zur nördlichen
Adria. Das war es also, was diese überfallartige Bora ausgelöst hatte.
Ich informierte den Kapitän und legte mich in die Koje, da es ohne
Küste und Sonne ohnehin nicht viel zu navigieren gab. Außerdem
blieben meine Augen nur noch offen, wenn ich sie mit Daumen und
Zeigefinger spreizte.

Munter wurde ich durch ein splitterndes Bersten und lautes Gebrüll, das gleich darauf vom Rauschen einströmenden Wassers übertönt wurde. Es gibt keine Geräuschkombination, die einen Seemann
schneller aus der Koje bringt. „Schiffbruch! Jetzt sind wir aufge-
laufen und sinken!" schoß es mir durch den Kopf. Ich schlängelte
mich aus der Hundekoje und stürzte in die Kajüte (für Landratten:
in dieser Koje schlafen keine Hunde, sondern so wird ein kindersarg-
ähnliches Schubfach genannt, in dem Navigatoren aufgehoben werden, bis man sie braucht).

Erst tappte ich mit bloßen Füßen durch eiskaltes Wasser, dann
geriet ich unter einen reißenden Sturzbach, der erstaunlicherweise
von oben kam und mich davonschwemmte. An der Herdklappe
konnte ich mich festhalten und wieder aufrappeln. Jetzt reichte es
mir langsam! Noch nie war ich innerhalb von 24 Stunden so oft in
Salzwasser gebadet worden.

In der Kajüte sah es aus wie in einem überschwemmten Keller.
Kleider, Dosen, Flaschen und Stiefel schwammen lustig umher und
schwappten mit dem Seegang einmal dorthin, einmal hierhin. Beim
Henker! Wo war das Leck? Da rauschte es schon wieder gewaltig,
und eine grüne Flut ergoß sich durch den offenen Niedergang. Jetzt
stieg mir das Wasser schon bis zu den halben Waden.

Eine Gestalt verdunkelte das helle Rechteck.

„Das Luk ist gebrochen! Gib was her zum Abdecken!" brüllte
B. A. wie ein Nebelhorn. „Wir sinken sonst!"

Meine Beine verwickelten sich in dem aufschwimmenden Boden-
teppich. Ohne lange nachzudenken, reichte ich B. A. den einen Zip-
fel und stopfte den Rest nach oben, so hastig ich konnte. Das Luk

102

wurde dunkel. Wieder rauschte ein Brecher heran, aber diesmal stürzte schon viel weniger Wasser die Treppe herab. Dann wollte B.A. noch Nägel, einen Hammer und Bretter. In dem Moment sprang die Maschine an, und die Lampen brannten wieder.

Was ich so alles in dem halb abgesoffenen Schiff trieb, ist mir heute noch nicht klar. Aber irgendwie schaffte ich es, das Benötigte zusammenzusuchen und an Deck zu reichen. Dann stürzte ich an die Bilgepumpe und pumpte wie ein Verrückter. Oben bebte die Kajütdecke unter den Hammerschlägen. Sie nagelten das Luk zu. Erst jetzt bemerkte ich Renates bleiches Gesicht, das aus der Koje guckte.

Ich schrie sie an, sofort herzukommen und mir pumpen zu helfen. Einen Moment fürchtete ich, sie würde durchdrehen, weil sie verzweifelt versuchte, den Niedergang hochzuklettern, aber dann beruhigte sie sich und nahm meinen Posten im WC-Raum an der Pumpe ein. Jetzt konnte ich an die elektrische Bilgenpumpe und schließlich an die Kühlwasserpumpe der Maschine denken. Ich riß die Motorverkleidung weg und pries die spartanische Einrichtung. Im Gegensatz zu anderen Yachten, wo die Maschine meist unerreichbar hinter engen Schotten eingebaut ist, stand der Motor der STRAWANZER von allen Seiten frei zugänglich unter dem Kajüttisch. Ich drehte das Seewassereinlaßventil zu und pumpte durch den losgerissenen Kühlwasserschlauch einen Großteil der Überschwemmung weg.

Stolz war ich auf eine Zusatzerfindung: Mit einem Teesieb filterte ich die mit Treibgut jeder Art durchsetzte Flut. Denn einen Damenstrumpf, herumschwimmende Gewürzgurken oder Reiskörner konnten wir jetzt im Pumpenimpeller überhaupt nicht gebrauchen.

Renate und ich verloren jedes Zeitgefühl, aber als das Schiff allmählich wieder wasserfrei geworden war, hatten wir beide keine Haut mehr auf den Handflächen, waren reif für eine mittlere Lungenentzündung und konnten das steifgewordene Rückgrat nicht mehr strecken. Später haben wir sehr gelacht, weil wir ein herrliches Bild abgegeben haben müssen da unten in dem Tohuwabohu, frierend und zähneklappernd in klitschnasser Unterwäsche. Ich klaubte mir aufgeweichtes Brot aus den Zehen und gab Renate neue Anweisungen: „Zieh dich aus! Und abfrottieren! Zieh was Trockenes an, egal von wem. Nimm, was du findest."

Sie gehorchte wie ein Roboter. Meine Seestiefel, Socken und der Wärmeanzug waren zum Glück noch trocken. Zu oft hatten früher

Mitsegler meine Stiefel als Spucktüten mißbraucht oder ihre öligen Hände an meinen blütenweißen Hemden abgewischt. Auch wenn ich mit angezogenen Knien schlafen muß – ich stopfe immer alles in meine Koje und lasse auf keinem Schiff mehr etwas herumliegen.

Das Sprachrohr hatte öfter geheult, aber ich konnte weder den Schlauch noch das Teesieb loslassen, also waren alle Anrufe von Deck unbeantwortet geblieben. Jetzt versuchte ich, B.A. zu erreichen. Ich meldete ihm die erfolgreiche Lenzung und wollte dann wissen, was sie da oben angestellt hatten, um uns beinahe zu ertränken. Im Geiste hatte ich schon mit den verschiedensten Erklärungen für das eingeschlagene Luk gespielt, von Steinschlag an einer hohen Steilküste bis zu Meteoritentreffern oder einem massiven Angriff durch Hitchcocks Vögel. Der tatsächliche Hergang war aber in seiner Art ebenso abenteuerlich. B.A. hatte einem offensichtlich blind durch die See stampfenden Riesenfrachter ausweichen und ihm dabei das flache, offene Heck der STRAWANZER zuwenden müssen; wie es der Teufel wollte, kreuzten sich die Heckwellen des Dampfers so mit der Boradünung, daß sie sich zu Monsterbrechern addierten, die tonnenschwer ins Cockpit krachten. Alle klammerten sich auf Befehl fest, nur die dicke Berta wollte just in diesem Moment aufstehen und sich ein wenig Bewegung machen. Die Welle packte sie wie einen Rammbock und schmetterte mit ihrer Fülle das Niedergangsluk in tausend Trümmer. Dann rauschte sie voll in die Kajüte hinunter, und ebenso die nächste und übernächste. Bis der Rudergänger den Killerwellen den Bug zudrehen konnte, waren wir schon am Sinken gewesen.

„Ausgezeichnete Arbeit habt ihr da unten geleistet", plärrte der Kapitän durchs Sprachrohr. „Wenn der dumme Teppich nicht dazwischen wäre, ich würde euch abküssen."

„Wir machen das halt inzwischen in Eigenregie. Was sind eure nächsten Pläne?"

„Wir stehen in der Einfahrt nach Novigrad. Ich gedenke, dort Zuflucht zu nehmen und die Schäden zu reparieren. Du mußt mich bei der Landung von unten mit navigatorischen Informationen unterstützen. Die See tobt aber noch so, daß ich den Teppich nicht wegreißen lassen möchte."

„Okay, Käptn."

Ich ging zu Renate, gab ihr Barawitzkas Belobigungskuß, einen kräftigen Schluck aus einer Treibgut-Kognakflasche und nahm sie mit in die Navigationsecke. Denn wenn einem kalt ist, rückt man am besten enger zusammen, dann addiert sich die animalische Wärme. Das ist ein alter Bergsteigertrick, der fast immer funktioniert, auch wenn ihn einige Fachleute ablehnen, weil bei zu engem Zusammenrücken als Spätfolge manchmal ungeplanter Bergsteigernachwuchs auftreten kann. Bei mir und Renate war aber diese Gefahr nicht gegeben, weil wir laut Seemannsgesetz ohnehin nicht so dicht zusammenrücken durften.

Es wurde ganz gemütlich da in der Kartentischecke. Renate erzählte mir von ihrem Job in der Tankstelle und wie leid es ihr tat, daß ihr Mann nicht mitsegeln konnte, weil ihn eine so abenteuerliche Fahrt vielleicht wieder aufgemöbelt hätte.

Nein, krank wäre er nicht, er leide momentan nur an einem schweren Anfall von *Midlife crisis*, da er mit seinen vierzig Jahren trotz bester Konservatoriumsausbildung immer noch mit kleinen, unbekannten Disco-Bands durch die Kaffeehäuser Österreichs tingle; seine Symphonien und sogar eine Oper lägen ungespielt in der Schublade, während Renate den Großteil des Familienbudgets verdienen müsse.

Um sie zu trösten, schilderte ich ihr, wie meine sehnsüchtig angestrebte Schauspielerkarriere schon an der Aufnahmeprüfung ins Reinhardt-Seminar gescheitert war. Dann fiel mir etwas ein.

„Sprich mal mit dem Käptn", schlug ich ihr vor. „Frag ihn, ob er sich vorstellen könnte, daß sein Trick mit der Wiedergeburt auch bei einem Musiker funktioniert. B. A. kennt eine Unmenge wichtiger Leute in aller Welt. Es sollte mich wundern, wenn er nicht auch Nachwuchs-Symphoniker promoten könnte."

Renate versprach, das bei Gelegenheit zu tun.

Von B. A. kamen noch ein paar Rückfragen über die voraussichtliche Wassertiefe an den Kaimauern und an welcher Seite eine undefinierbare, rostige Boje zu passieren sei; dann änderte die Maschine öfter ihre Drehzahl, oben trampelten Nilpferde auf und ab, es wurde schrecklich herumgebrüllt, und der Motor verblubberte. Wir waren anscheinend im Hafen.

„Manöverschluck", sagte ich zu Renate und reichte ihr die Flasche. Sie hatte sich tapfer gehalten.

Wir rissen den Teppich vom Niedergang und öffneten alle Luken, um das Schiffsinnere zu lüften. Barawitzka besah sich die Bescherung unter Deck und entschied dann, erst einmal alles liegen und stehen zu lassen und irgendwohin essen zu gehen. Die Seekranken erholten sich erstaunlich schnell, aber man konnte die allgemeine

105

Stimmung nicht gerade als ausgelassen bezeichnen. Wortkarg löffelte jeder seine serbische Bohnensuppe, stopfte sich den Mund voll Weißbrot und kaute lustlos an den Fleischstückchen des Hirtenspießes.

B. A. stand irgendwann auf, um nach dem Wetter zu sehen, und ich trat mit ihm vor die Gostiona. Der Wind war eingeschlafen, das Geräusch der Brandung am Wellenbrecher verstummt, und der westliche Himmel färbte sich in der Abenddämmerung schwachrosa.

„Dieser Wochenendausflug nach Istrien steht unter keinem günstigen Stern", sagte B. A. nachdenklich. „Eigentlich müßten wir jetzt das ganze Schiff ausräumen, reinigen, alles trocknen, das nasse Werkzeug putzen, frisch fetten und was es dergleichen Konservierungsarbeiten mehr gibt. Die Hälfte der Mannschaft kann aber schon jetzt die Augen nicht mehr offen halten. Sogar der Professor ist total erledigt, er schwankt beim Gehen wie ein Betrunkener. Doch wenn ich die Leute hier erst mal ausschlafen lasse, dann versäumen wir den Kran-Termin morgen früh in San Giorgio. Vom Wirt habe ich erfahren, daß heute, am Sonntag, natürlich kein Tischler aufzutreiben ist, der uns das Luk repariert. Ich werde euch deshalb gar nicht erst mit Überlegungen und Plänen konfrontieren, ihr seid ohnehin viel zu apathisch dafür, sondern – wie es so schön heißt – eine einsame Entscheidung treffen. Eine Hand könnte ich natürlich ganz gut brauchen. Wie sieht's mit dir aus? Kannst du noch auf den Beinen stehen?"

„Sagen wir, sitzen kann ich noch recht gut."

„Ausgezeichnet", brummte er in seinen Bart und klopfte mir wohlwollend auf die Schulter. „Wir flößen der Bagage noch einen Schlaftrunk ein, und wenn alles in die Kojen geklettert ist, bereiten wir ein Milos-Manöver vor. Einverstanden?"

Der gewitzte Fuchs! Auf diese Weise ersparte er sich alle Erklärungen. Das „Milos-Manöver" hatte Giselher Westermayer im Vorjahr im Hafen Adamas auf der Kykladeninsel Milos erfunden; damit war die ganze Mannschaft der HIPPODACKL gerettet worden. Eine schöne Kneipenwirtin hatte damals der Crew den Kopf verdreht und die Sinne verwirrt wie einst Circe den Gefährten des Odysseus; keiner wollte die Insel verlassen. Nachdem schon viele Tage vergangen waren und niemand Anstalten traf, die Leinen zu lösen, ermannte sich eines nachts Westermayer, zählte die Häupter in den Kojen, stellte fest, daß sich zufällig alle an Bord befanden, löste

106

heimlich die Taue, stieß die HIPPODACKL mit Berserkerkraft vom Kai ab, setzte lautlos ganz allein die Segel und navigierte das verwunschene Schiff aus dem Bannkreis der Kneipenhexe. Seitdem hieß das heimliche Ablegen und Entführen der schlafenden Besatzung bei uns „Milos-Manöver".

„Ich helfe dir, B. A.", sagte ich einfach. „Auch Simon macht bestimmt mit. Wir lösen uns am Ruder ab. Es wird wahrscheinlich eine Motorpartie werden, weil der Wind vollends eingeschlafen ist. Aber du hast recht, das ist die beste Methode, um morgen rechtzeitig in der Marina San Giorgio zu sein. Bestell eine Falsche *proschek*, diese Trockenbeerenauslese schmeckt auch den Weibern, und nach zwei Gläsern sind sie bewußtlos."

„Ausgezeichnet mitgedacht!" lobte B. A. Wir gingen zurück in die Gaststube.

Das Milos-Manöver klappte wie am Schnürchen. Der *proschek* ist ein heimtückischer Trank. Der erste Schluck wirkt ausgesprochen belebend. Unsere Mädels bekamen rote Wangen und blitzende Augen. Beim zweiten Gläschen fingen sie zu kichern an, aber nach dem dritten wurden sie schlapp und gähnten wie die Alligatoren auf den Sandbänken des Brahmaputra. Um neun Uhr lag alles in den Kojen und träumte von einem erholsamen Wochenende.

Ich fuhr mit B. A. los, Kurs 330° nach Porto Buso.

Mit Putzlappen und Polierwolle

Aus B. A.s Trickkiste · Wie man dem Käptn ein Schnippchen schlägt · Die Streikbrecher · Rebitscheks Super-Farb-Kodierungs-System für Laufendes Gut · Die besten Steaks gibt's in Cäsars gemütlicher Stube · Ich weiß, ich weiß ein Gasthaus, das du nicht weißt! · Der Pate winkt mit dem Finger

Dieses Thema wäre nicht vollständig ohne die Erwähnung eines Gesprächs, das ich lange nach dem STRAWANZER-Törn mit Freund Barawitzka führte. Thema: „Crew-Management".

Anlaß dazu war ein im Herbst dieses Jahres von Ingenieur Westermayer angestimmtes Klagelied über die miserable Mannschaft bei den Schulschiffwochen in Cannes. Er jammerte über den Mangel an Interesse, Fleiß und Initiative, den die meisten Mitsegler an den Tag gelegt hätten.

„Man sollte meinen, wenn sie schon Gelegenheit hatten, mit so ausgezeichneten Lehrern in See zu stechen, daß sie begierig sein würden, etwas zu lernen. Aber ohne Ausnahme benahm sich die ganze Mannschaft so, als hätte sie eine Luxuskreuzfahrt gebucht und erwartete nun Service, Lustbarkeiten und Unterhaltung als Gegenwert. Niemand beschäftigte sich mit Tauwerksarbeiten oder Segelflicken, alle wollten in der Sonne bräunen und Bier trinken. Keiner nahm die Navigation ernst, Hauptsache, im Hafen gab es Kneipen und Discos, wo sie Weiber aufreißen konnten. Zwang ich sie mal, einen Handgriff fürs Schiff zu machen, das Deck zu schrubben, die Leinen aufzuklaren, dann taten sie's mit verdrossenen Gesichtern unter meuterischem Gemurmel. Die Frage, ob sie ihren Hummer Thermidor oder ihre Muscheln Saint Jacques mit weißem Chablis oder mit Rosé du Côte hinunterspülen sollten, erschien ihnen wichtiger als ein korrektes Ankermanöver. Ehrlich, Freunde! Ich frage mich, wo das hinführen soll, wenn nur mehr solches Gesindel als Nachwuchs zur See geht?"

B. A. meinte schmunzelnd zu mir: „Unser lieber Westermayer glaubt offensichtlich, ein Schiffsführer braucht nicht mehr als ein

Zertifikat, eine goldbestickte Mütze und ein Megaphon, um die Crew herumzukommandieren. Er wird noch bitteres Lehrgeld zahlen. Matrosen, die lieber saufen, tanzen oder auf der faulen Haut liegen, statt sich für den Schiffseigner abzurackern, sind das Rohmaterial für jede Mannschaft. Es ist Aufgabe des Kapitäns, aus diesem ,Gesindel' eine einsatzfreudige Crew zu formen."

Ich hatte an B. A. schon immer bewundert, wie er ohne sichtbare Anstrengung seine Besatzungsmitglieder stets zu Höchstleistungen motivieren konnte und auch in ausweglos scheinenden Situationen nie an Autorität verlor. Ich fragte ihn offen nach seinem Erfolgsrezept, und er öffnete gutgelaunt den Deckel seiner Trickkiste, zeigte mir seine gezinkten Karten und erläuterte an Hand der STRAWANZER-Fahrt, was er unter Motivation der Mannschaft verstand.

Ich fand sie so bemerkenswert, daß ich bei der Schilderung der Ereignisse in der Marina San Giorgio B. A.s Hinweise an den entsprechenden Stellen in Klammern einflechten möchte. Ich habe viel daraus gelernt, und vielleicht gibt es den einen oder anderen Skipper-Aspiranten, der davon profitieren kann.

(Eine stechende Karte aus B. A.s Trickkiste: „Gute Schachspieler und Skipper denken immer einige Züge voraus und haben deshalb alternative Strategien ausführungsreif in der Tasche.")

Die STRAWANZER erreichte die Ansteuerungsboje Porto Buso in den frühen Morgenstunden. Der fahle Schatten der Insel St. Andrea blieb an Steuerbord, und wir folgten den Baken über die Laguna di Marano nach Norden. Meer und Land wirkten im Morgendunst wie plane Scheiben, aus helleren und dunkleren Gläsern zusammengesetzt. Der kirchturmhohe Mast der STRAWANZER war die einzige dritte Dimension in dieser flachen Welt.

Unser aller Gedanken beschäftigten sich mit der Marina, reichten bis zum Vertäuen am Hebelift, maximal bis zum ersten kalten Bier in der Cafeteria. B. A. aber hatte in den langen Stunden am Steuer ein paar Tage vorausgeplant und sich überlegt, wie er die fürs Regattatraining verlorene Zeit der Unterwasserschiffreparatur dennoch zur Ausbildung verwenden könnte.

(B. A.s Geistesblitze dazu: „Laß sie doch das ganze Schiff komplett ausräumen, dann wissen sie, was alles an Bord ist. Laß sie jedes Ausrüstungsstück überprüfen, reinigen und nach einem selbst ausgetüf-

telten Plan verstauen, dann fragt keiner mehr gedankenlos, wo die Schwimmwesten stecken oder der Bootsmannstuhl. Wenn Dr. Lullinger schon bereit ist, jede Menge farbigen Tauwerks nachzukaufen, dann soll sich die Crew die Köpfe über ein neues Fallensystem zerbrechen. Laß der Mannschaft die Lorbeeren dafür, den Kapitän schmückt das erreichte Ziel!")

Wir tuckerten zwischen den grünen Ufern des Fiume Corno dahin. Einmal kam uns – sozusagen quer über die Wiese – ein großer Frachter entgegen. Das war ein ungewöhnlicher Anblick für jemanden, der nicht wußte, daß weiter landeinwärts ein großer Industriehafen ausgebaggert worden war.

In der Marina wartete man bereits auf uns. Der auf Stelzen fahrende Kran war schon auf die Seitenmauer des Slipkanals gerollt und lauerte wie eine gigantische Spinne auf ihr Opfer. B. A. manövrierte die Yacht nach den Zeichen des Kranführers exakt auf den richtigen Platz, dann schwebten die breiten Hebegurte herunter.

„Molto geniale!" rief der Kranführer begeistert, als wir ihm die Markierungen an der Decksleiste zeigten, wo die Liftgurte gefahrlos angesetzt werden konnten, ohne zerbrechliche Unterwasserinstrumente wie Echolot- oder Speedometergeber zu beschädigen.

„Ich habe mir die günstigsten Stellen gleich von der Werft anzeichnen lassen", erklärte der Professor nicht ohne Stolz auf seine Umsicht. „Denn ich war mal zufällig dabei, als eine Yacht aus den Liftschlaufen rutschte, weil der vordere Gurt falsch plaziert war. Durch den Aufprall brachen im Schiff alle Schotten, und das Deck platzte der Länge nach auf. Gegen so eine Katastrophe bin ich gewappnet."

B. A. nickte anerkennend, während die STRAWANZER unter dem Surren der Kranmotoren langsam ihrem angestammten Element entschwebte. Zwanzig Minuten danach stand sie tadellos aufgebockt vor einer riesigen Bootshalle.

„Am Rumpf wird schon fleißig geschabt und gekratzt", berichtete Barawitzka beim Frühstück in der Cafeteria. „Aber ein paar Arbeiten müssen wir doch selber erledigen, bevor wir gemeinsam zum Ausflug nach Venedig starten. Innen im Schiff ist alles salznaß, wir müssen es völlig ausräumen. Die Werft hat eine Druckwaschanlage, die borgen wir uns. Damit geht auch die Innenreinigung ruck-zuck."

So präzise, als läse er sie von einem vorgedruckten Formular ab, verteilte er die verschiedenen Aufgaben an alle B. M. s.

Ich sollte mich um die überschwemmten Werkzeugkisten kümmern und die Navigationsecke aufräumen. Das hörte sich komplizierter an, als es tatsächlich war. Das Werkzeug war schnell über Bord gehievt, ich suchte mir ein Stück sonniger Betonmauer und breitete dort meine Schätze zum Trocknen aus, von der Abkantfeile bis zum Wantenschneider, von den Inbus-Schlüsseln bis zu den Schraubenziehern. Dann spazierte ich zu dem kleinen Schiffsausrüster in der Marina, kaufte Vaseline, Kriechöl und Schmirgelpapier und setzte mich auf die Terrasse der Cafeteria, um zu warten, bis Wind und Sonne das Werkzeug ordentlich getrocknet hatten.

Ich löffelte meine Fruchteisbombe, da schlenderte der Professor heran. Die Hände auf dem Rücken verschränkt, betrachtete er interessiert die in der Marina vertäuten Schiffe. Ich winkte ihm.

Er erzählte, daß er zur Überprüfung des Proviantvorrats eingesetzt worden sei. Angesichts der in den Schapps vorgefundenen Schweinerei habe er die Reste in zwei Kategorien aufgeteilt. Alle in Plastik oder Alufolie verschweißten, in wasserdichte Tupperware-Schachteln verpackten, sowie in Gläsern und Flaschen abgefüllten Lebensmittel habe er nach einer kräftigen Frischwasserwäsche auf dem Kai zum Trocknen aufgestellt. Ebenso die Konserven. Alle aufgeweichten und durch Salzwasser verdorbenen Nudel-, Kaffee-, Zucker-, Reis-, Cornflakes-, Mehl-, Brösel- und Haferflockenpakkungen wären sofort in den Abfallcontainer gewandert. Gegen geplatzte, ausgelaufene und zerbrochene Vorräte habe er nicht viel tun können, die befänden sich größtenteils auf den Bodenbrettern und in der Bilge, die jemand anderem zum Reinigen anvertraut worden sei.

„Anita tut mir leid", meinte er. „Denn die Bodenbretter und auch die Stauräume darunter sehen schauerlich aus und kleben vor Eigelb, Waschpulver, Honig und Olivenöl. Außerdem waren da die meisten Konserven gestaut. Von denen sind die Papieretiketten abgegangen, die nun alles verstopfen. Deshalb habe ich natürlich Schwierigkeiten, die nackten Konserven wieder einer bestimmten Lebensmittelgattung zuzuordnen. Mit dem Schütteltest bin ich nicht weit gekommen. Stichproben ergaben, daß geschütteltes Kirschenkompott genauso gluckert wie Pfahlmuscheln in Natursauce. Und Vanillepudding gibt denselben dumpfen Ton wie Blutwurst." Der Professor seufzte. „Wir werden bei der Zusammenstellung der Menüs gewisse Schwierigkeiten bekommen, fürchte ich. Jetzt, viel zu spät, fällt mir erst ein, daß man Konservendosen immer mit einem wasserfesten Filzstift beschriften soll, ehe man sie in die Bilge packt. Aber klug wird der Mensch erst aus Schaden. Ich glaube, ich kann mir ein Glas Wein leisten, bis der Wind alles getrocknet hat."

Es dauerte nicht lange, da tauchte Simon auf, zog sich einen Stuhl herbei und nahm Platz.

„Alles läuft hervorragend", meldete er. „Die Mädels arbeiten wie die Verrückten, weil sie sich schon auf Venedig freuen. Ich habe alle Segel und Persennings aus dem Vorschiff entfernt und dort drüben auf der Wiese zum Trocknen ausgelegt. Arnold, du bist gut betucht, das muß man schon sagen. Mit deinen vielen Segeln könnte Verpakkungskünstler Christo ohne weiteres die ganze Ortschaft San Giorgio di Nogaro einwickeln. Bei allen irischen Leinenwebern! Das kann man ohne Übertreibung ,Große Regattawäsche' nennen." Er grinste listig. „Der Käptn hat wohl geglaubt, er hat mir ein Tagespensum aufgehalst, weil ich daneben stehen und aufpassen muß, daß mir der Wind kein Segel ins Hafenbecken weht. Aber ich hab' mir im Laden gegen Kaution ein Sortiment Zeltheringe geborgt und alles bestens im Boden verankert, wie der gute alte Baden-Powell persönlich."

Rebitschek winkte der Kellnerin. „Eigentlich finde ich es ja toll, wie sich unsere Mädels erholt haben. Gestern wollte Esther nur noch sterben, und heute saust sie fröhlich mit einem Handwagen zwischen Schiff und Waschsalon hin und her, wo Georg emsig wie ein Chinese die verdreckten und versalzenen Bettücher und Kleider wieder schrankfertig macht. Apropos Schrank! Wißt ihr, ob jemand losgezogen ist, das zertrümmerte Luk reparieren zu lassen?"

„Damit ist Oberschwester Cleo in die Tischlerei gegangen", erinnerte sich der Professor.

Bis gegen Mittag trudelten in der Cafeteria immer mehr STRAWANZER-Leute ein, die ihre Aufträge entweder schon ausgeführt hatten oder auf irgend etwas warten mußten. Simon pfiff durch die Zähne, als die Amazonen paarweise erschienen. Sie dufteten nach Haarspray, und ihre neu ondulierten Locken, Dauerwellen und frisch eingefärbten Strähnen leuchteten in der Sonne.

„Wenn der Käptn merkt, daß sich alle während der Arbeitszeit weggeschlichen haben, in die Kneipe oder zum Friseur, wird er stocksauer", befürchtete Simon. „Komm, Karl! Wir zwei tigern lieber wieder zu unseren Trockenlagern. Wir können ja eine Flasche Bier mitnehmen."

(Natürlich hatte B.A. vorausgesehen, daß sich alle vor der Arbeit drücken würden. Ja, er hatte das sogar eingeplant, wie er später erläuterte: „Seit dem Altertum ist bekannt, daß Seereisen Körper und Geist anregen. Die verjüngende Wirkung von Salzluft ist erwiesen. Offensichtlich ist aber noch niemandem aufgefallen, daß Seereisen den Geist nicht nur verjüngen, sondern oft sogar verkindlichen! Denk an unseren letzten Segeltörn. Ist das ein erwachsenes Benehmen, wenn der Hofrat nur so zum Spaß an der Maschine herumschraubt – je öliger, desto fröhlicher? Oder wenn er heimlich die Kondensmilch aus der Tube saugt? Wenn Laszlo alle Socken klaut? Wenn der Ministerialbeamte Rebitschek, mit einem Bajonett bewaffnet, an Deck herumstolziert und den grimmen Seeräuber mimt? Wenn wir alle wie eine Horde Affen lachen, weil einer sich im Seegang die Suppe übers Hemd schüttet? Das ist einwandfrei ein Verkindlichungsprozeß! Und ich habe den einzig richtigen Schluß daraus gezogen: Behandle B.M.s nie wie Erwachsene, sondern wie Kinder! Glaube mir, das funktioniert einwandfrei. Die Stellung eines Kapitäns bringt es mit sich, daß er für Yacht und Fracht verantwortlich ist. Und da lassen sich die anderen gehen; trotz der Vollbärte, grauen Schläfen und akademischen Titel hast du nur kleine Fratzen mit Matrosenmützen vor dir. Darum merke dir: ‚Erfolgreiches Crew-Management beginnt mit angewandter Kinderpsychologie!'

Den nächsten Trick habe ich von Professor Ringelreier, dem berühmten Wiener Kinderpsychologen: Kinder – und Freizeitmatrosen – sind nicht von Natur aus faul; sie werden es erst, wenn man ihnen nur Arbeiten aufträgt, die einem selber lästig sind. Matrosen/Kinder sind keine Laufburschen für Kapitän/Vater/Mutter. Wenn du deinen Tabaksbeutel im Schapp oder die Geldbörse im Milchgeschäft liegen gelassen hast – lauf selber! Bewegung tut gut. Kinder/Matrosen setzen ihre ganze Kraft, Mühe und Intelligenz nur für eine Tätigkeit ein, die ihnen Spaß macht. Entscheidend ist der Lustgewinn. All die verlogenen Motivationen der Vergangenheit wie Pflicht, Ehrgeiz, Schuldigkeit, Königstreue, Vaterlandsehre, Rassenbewußtsein, Standesdünkel, Klubzugehörigkeit, Traditionsliebe sind Kazunga! Wenn man etwas tun muß, das nur Geld, Ehre oder Orden bringt und keinen Spaß macht, bekommt man Magengeschwüre. Sicher ist es schwierig für einen Kapitän/Mutter/Vater, herauszufinden, was jedem seiner Kinder/Matrosen Spaß bringt. Aber das ist eben seine Aufgabe. Eltern/Kapitäne, die das nicht können oder wollen, sind ungeeignet und sollten lieber Tiere dressieren als Kinder/Mannschaften. Dazu ein hilfreicher Tip: Schnippchen schlagen macht großen Spaß! Also laß dir doch von deinen Matrosen/Kindern kleine

113

Schnippchen schlagen! Der Lustgewinn für sie ist enorm, wenn du so tust, als hätten sie dich mit harmlosen Kleinigkeiten hereingelegt!")

Aber damals in San Giorgio wußten wir noch nicht, daß heimliches Biertrinken oder Davonschleichen zum Friseur von B. A. stillschweigend als Schnippchen toleriert wurden; dafür arbeiteten wir wirklich wie die Idioten in der Werft, ohne auf den Gedanken zu kommen, daß wir eigentlich zum Segeln angeheuert hatten und nicht zum Schiffüberholen. Laut § 29 des Seemannsgesetzes waren wir nur verpflichtet, Schiffsdienste zu leisten, und durften nicht zu Instandsetzungsarbeiten, Be- oder Entladearbeiten herangezogen werden. Laut § 86 durfte seemännisches Personal während der Hafenliegezeiten höchstens Wachdienst schieben. Außerdem hatten wir nach § 61 Anspruch auf Landgang und Abgeltung der auf See geleisteten Überstunden.

Ich gestehe, im nachhinein war ich platt, wie wirkungsvoll Dr. Ringelreiers psychologische Ratschläge waren.

Wir *vergaßen* das Seemannsgesetz!

So lief ich also mit Simon zum Schiff zurück, um nachzusehen, wie weit der Wind uns die Arbeit schon abgenommen hatte. Doch die STRAWANZER stand einsam und verlassen da. Nur ein Stückchen blauer Bordwand war von Muscheln und Tang befreit.

„Nanu?" wunderte sich Simon. „Wo sind denn die bienenfleißigen Schiffskratzer? Das ist aber eine schwache Leistung für einen ganzen Vormittag."

Ein dicker Mann mit Schirmmütze und einem großen, weißpelzigen Hund an der Leine watschelte herbei, offenbar der Werftaufseher.

Ich zeigte auf meine Uhr und fragte: *„E hora di pranzo, eh? Siesta?* Mittagspause?"

Der Mann machte ein trauriges Froschgesicht und schüttelte den Kopf. *„Abbiamo sciopero"*, sagte er.

Das war uns nicht geläufig; Simon blätterte in seinem Wörterbuch. Etwas ungläubig zeigte er mir die Übersetzung: *„Il sciopero –* der Streik".

Da stimmte etwas nicht. Wir fragten nochmals, zeigten die Stelle im Buch. Das Froschgesicht blieb dabei: Es wäre Streik, alle Arbeiter wären nach Hause gegangen.

Simon marschierte zu den Hallen und guckte in die Büroräume.

„Menschenleer!" meldete er. „Kein Schwanz mehr da. Na, da

wird B. A. aber den Veitstanz kriegen! Wenn du mich fragst, stehen die Chancen für seine Wette nicht sonderlich gut."

B. A. ging nicht sofort in die Luft, er sah uns nur ungehalten an und bellte: „Macht keine geschmacklosen Witze!"

„Wenn du uns nicht glaubst, dann frag doch Froschmaul!"

B. A. schloß eine Minute lang die Augen, aber jetzt roch man schon deutlich den Brandgeruch seiner kurzen Geduld-Zündschnur. Wie ein Gummiball sprang er dann von seinem Sessel in der Cafeteria auf und verschwand im Marinabüro. Wir hörten die Unterhaltung bis ins Freie, denn B. A. war nicht gerade leise, als er nähere Details über den angeblichen Streik wissen wollte.

„Streik? Welcher Streik?" fragte die Sekretärin naiv.

B. A. drehte seinen Tenor um einige Dezibel auf. Dazu deutete er anklagend auf die Werfthallen.

Die Sekretärin stöckelte indigniert zu einem Schwarzen Brett und blätterte in den dort angehefteten Notizen.

„Ach ja!" rief sie dann. „Die Werftarbeiter streiken ab 10 Uhr. Da hängt ja das Rundschreiben. Die Meldung muß hereingekommen sein, ohne daß ich es bemerkt habe."

„Wie zuvorkommend", grollte B. A. „Wenn Sie mir das vorher gesagt hätten..." Er röchelte unartikuliert, ehe er fortfuhr: „Steht da vielleicht auch, wann die *signori* ihre Arbeit wieder aufzunehmen gedenken? Nach dem Essen? Heute nachmittag?"

„Voraussichtliche Streikdauer bis 4. Juni, 11 Uhr", las die Sekretärin vor.

Jetzt explodierte Barawitzka. Er brüllte, daß die Glastüren des Büros klirrten. „Bis zum 4. Juni? Das ist ja mehr als eine Woche! Das geht nicht! Wo ist der Werftingenieur? Ich breche ihm alle Knochen! Er hat mir zugesagt, daß wir in zwei Tagen wieder schwimmen. Ihr Italiener mit euren verdammten Streiks! Weshalb, zur Hölle, streiken diese Satansknaben ausgerechnet jetzt?"

„*Che peccato, signore!* Wie schade für Sie, mein Herr. Aber warum die Arbeit niedergelegt werden muß, weiß man doch nie. Der Aufruf kommt von der Gewerkschaft, da kann man nichts machen."

„So! Da kann man nichts machen?" B. A. würgte mit seinen Fäusten unsichtbare Kehlen. „Wo ist der Betriebsrat? Wo ist der Werftchef? Denen werde ich gleich zeigen, was ich machen kann! Und wenn ich die ganze faule Bande einzeln an den Haaren herbeischleppen muß, die werden mir das Schiff streichen. Ich bin ja nicht zum Vergnügen hier. Ich muß eine Regatta gewinnen."

Die Sekretärin versuchte zu erklären, daß vom Werftchef abwärts sicherlich jeder sogleich einen einwöchigen Urlaub angetreten hätte. Aber B.A. wollte nicht hören. Er rannte quer über das Gelände, um jemanden zu suchen, den er ans Kreuz nageln konnte.

Esther sagte, sie wäre selber mal Betriebsrätin gewesen; irgend einen Grund müsse der Streik doch haben. Die Sekretärin setzte sich kurz an unseren Tisch. Sie könne doch nichts dafür, meinte sie entschuldigend. Die Marina leide natürlich darunter, aber die Werft sei ein selbständiger Betrieb, dem könne niemand Vorschriften machen. Außerdem sei jetzt Streiksaison. Vorige Woche wäre es die Fluglinie gewesen, dann die Fischerei, am Wochenende die Müllabfuhr, jetzt ... Sie zuckte mit den Schultern. Jetzt sei wahrscheinlich die Schiffsindustrie an der Reihe. Sie stellte die Vermutung auf, daß in der Gewerkschaftszentrale in Roma die gelben Seiten aus dem Branchenbuch in einen Kalabreserhut geschnipselt würden, woraus der Direktor dann jede Woche einige Schnitzelchen ziehe. Nur so könne sie sich erklären, wieso der Streik wahllos einmal die und dann wieder die anderen Gewerbezweige träfe.

Das war zwar eine nette, phantasievolle Erklärung, aber uns half sie nicht viel.

„Wir sollten B.A. nicht allein da drüben herumlaufen lassen", meinte Simon. „Wir haben nichts davon, wenn er den Nachtwächter samt Hund ertränkt oder Feuer an die Hallen legt."

Also trabten wir hinüber zur STRAWANZER. Da stand Barawitzka und starrte den Rumpf so wütend an, als könne er damit den Bewuchs zum Abspringen bringen.

„Eine Woche", raunte mir Simon schadenfroh zu. „Da kann er sich aber den Regattapokal in den Sand zeichnen. Was meinst du, ob er jetzt das Handtuch wirft?"

Ich überlegte, wie ich wohl an B.A.s Stelle entscheiden würde. Simon hatte völlig recht. Bis die STRAWANZER wieder ins Wasser kam, begannen die ersten Dreiecks-Regatten. Mit der untrainierten Mannschaft konnte er sich dabei höchstens lächerlich machen. Das Vernünftigste war es, die ganze Sache abzublasen, heimzufahren und den Professor mit seinem verschlampten Wrack in San Giorgio sitzen zu lassen.

Es war Renate Zeck, die Barawitzkas Niederlage abwendete. Sie beugte sich über den Kompressor der Druckwaschanlage und startete ihn mit einer Selbstverständlichkeit, als wäre es ihr Küchenmixer. Dann packte sie den Düsenstab und richtete ihn auf den Kiel;

das Ding fauchte auf wie eine startende Rakete, und in einer Wolke von Wasserstaub und Dampf flogen Algen und Muscheln weg. Mit einigen geschickten Strichen scherte sie die Kruste vom Schiff, pustete die steinhart angewachsenen Seepocken davon. Zuletzt drehte sie ein Ventil, der zischende Strahl verstummte, und Renate wandte sich an B. A.

„Können wir die Reinigung nicht selber machen? Diese Waschanlage ist kräftig genug. Ich arbeite in der Tankstelle jeden Tag mit einem solchen Ding, putze lehmverschmierte Traktoren sauber und die Lastwagen von den Baustellen. Und einen Pinsel wird doch jeder von uns halten können. Können wir das Schiff nicht in Eigenregie streichen?"

„He, natürlich!" Georg klatschte in die Hände. „Die Gewerkschaft soll uns den Hobel blasen! Bevor wir hier wie angemalte Türken herumstehen, nehmen wir doch die Sache in unsere bewährten Hände. Selbst ist der Mann!"

„Ihr Männer müßt immer nur von euch reden", sagte Anita scharf. „Selbst sind auch wir Frauen!"

Ich warf einen schnellen Blick auf Barawitzka. Man sah deutlich, wie sich die Rädchen in seinem Kopf drehten. Er sortierte schon wieder Alternativpläne.

„Halt, langsam!" rief Simon, beunruhigt über den plötzlichen Eifer in den Augen der Mannschaft. „Was meint ihr, was das für eine Sauarbeit ist . . ."

Aber B. A. hatte seine Chance schon erkannt. Er packte einen Schrubber und attackierte den Kiel, wo Renates Druckstrahl große Fetzen Bewuchs gelöst hatte. Sein Beispiel wirkte anfeuernd. Jeder schnappte sich herumliegendes Werkzeug und klopfte, kratzte und schrappte hektisch drauflos.

Signore Coniglio, der Streikposten, hatte der Unterhaltung bisher verständnislos zugehört. Als jetzt die Anlage wieder zu fauchen begann und die Arbeit am Schiffsrumpf weiterging, als wäre nichts geschehen, begann er mit den Händen zu fuchteln und zu protestieren.

„Was will er?" fragte Georg.

Berta übersetzte empört: „Da hört sich doch alles auf! Der Kerl verbietet uns, an unserem eigenen Schiff zu arbeiten. Er verlangt, daß wir das Werftgelände sofort räumen, und droht mit der Polizei, den Carabinieri und der *forza rossa.*"

Das war der Moment, in dem die Mannschaft der STRAWANZER

von Solidarität und Nationalgefühl gepackt wurde. Der Streikposten sah sich plötzlich von einem Haufen Gestalten mit grimmen Mienen und drohenden Gebärden umzingelt.

„Wir freien Frauen lassen uns nichts verbieten!" Das war Anitas Schlachtruf.

Signore Coniglio wich mit aufgerissenen Froschaugen zurück, sein Hund begann zu knurren. Renate Zeck fauchte ihn kurz mit einem Dampfstrahl an, da verkroch er sich winselnd zwischen den Beinen seines Herrn.

Barawitzka und Berta nahmen sich nun den Ärmsten vor und redeten ihm ins Gewissen. Nach einer Weile sah er unsere Zwangslage ein, fürchtete sich aber vor Repressalien der Gewerkschaft, wenn er uns ungehindert die Werft überließ. Darauf bot Georg an, ihm die Ohren wegzuhobeln, dann könne er nichts gehört haben. Berta zeigte ihm ihre kräftigen Daumen und schilderte, wie sie ihm die Augen ausdrücken werde, damit jeder ihm schlechte Sicht zubilligte.

Das beeindruckte den Streikposten sehr.

Der Professor knisterte schließlich mit Geldscheinen und schlug Signore Coniglio vor, doch erst einmal in Ruhe irgendwo gut essen zu gehen und die ganze Angelegenheit zu überdenken.

Das gab den Ausschlag. Um einen Packen Liranoten reicher, verschwanden Herr und Hund.

„Los, Renate!" schrie Georg gut aufgelegt. „Schöne Kompressorenbändigerin, wirf das Spritzding an! Jetzt wird Ratzeputz gemacht!"

„Wir brauchen allerdings Schutzbrillen", meinte unsere Tankstellenwärterin. „Da können nämlich scharfkantige Splitter wegfliegen."

Der Kapitän übernahm sofort wieder den Oberbefehl. „Simon, schau in der Halle nach, da muß es Schutzhelme und Sicherheitsbrillen geben. Arnold, verteile bitte die Schlosseranzüge, die wir für Schmutzarbeiten mitgenommen haben . . ." Anweisungen strömten von seinen Lippen, als hätte er sein ganzes Leben als Werftchef verbracht.

„Kazunga!" lachte Simon, als wir beide in den Werkstätten herumstöberten. „Jetzt kommt Spannung ins Spiel. Vielleicht gibt's noch eine Keilerei mit der Gewerkschaft, oder die Carabinieri verhaften uns alle. Dann heißt es endgültig ‚arrivederci' für die blöde Regatta. Ich bin jedenfalls optimistisch."

(Eine Trumpfkarte aus B.A.s Trickkiste: „Wut und Zorn auf einen äußeren Feind ist der Leim, mit dem Mannschaften zusammengeklebt werden! Noch ein bombensicherer Stich: Gehe unangenehme und dreckige Arbeiten auf die General-Blücher-Methode an: Säbel (Schrubber) raus und ran an den Feind (Dreck)! Die Crew folgt dir mit Hurra!

Die Hochdruckanlage war eine hervorragende Hilfe. Natürlich blieben noch Reste von hartnäckigen Seepocken und Kalk, die mit dem Spachtel weggekratzt oder mit dem Meisel abgeschlagen werden mußten. Ohne Kupferdrahtbürste und Winkelschleifer hätte Berta den Faltpropeller und den Kiel gar nicht sauber bekommen. Wir riggten zwei lange Leitern, um leichter an Deck zu kommen, eine Leitung für Beleuchtung und Kraftstrom, und ich half Renate, die Batterien auszubauen und ans Ladegerät anzuschließen.

Gegen 20 Uhr war der Rumpf für den ersten Grundanstrich fertig geschliffen, die Bilge war ausgewaschen und von Schmutz, Ölresten und der Patina vieler Jahre saubergeblasen.

Hundemüde und stinkend wie die Arbeitsschicht einer Fischfabrik stellte sich die STRAWANZER-Crew dann mit Handtüchern und Seife vor den zwei Duschen der Werft an. B.A. sperrte das Werkzeug im Schuppen ein, das erste Tagewerk war geleistet. Er machte sich noch erbötig, die Crew zu einem fürstlichen Galadiner auszuführen, aber der Vorschlag wurde dankend abgelehnt, niemand wollte sich noch umziehen und ausgehen. Wir setzten uns in den Arbeitsmonturen zu einem kleinen Imbiß in die Cafeteria und krochen dann bald in die Kojen, diesmal auf nicht schwankendem Kiel.

Die nächsten zwei Tage verbrachten wir auf ähnlich amüsante Weise. Vom Venedigausflug wurde nicht mehr gesprochen. Jetzt war es Ehrensache geworden, die Yacht in Rekordzeit zu überholen.

Den ersten Unterwasseranstrich brachte B.A. eigenhändig auf, weil er niemandem den nötigen geübten Pinselstrich zutraute. Arnold und Berta durften ihm assistieren, Farbe anrühren, Pinsel oder Lammfellwalze reichen, Leitern umstellen und ihm den Schweiß von der Stirn oder Farbe aus den Augen wischen.

Simon riggte aus Spibaum, Toppnanten und Geien einen behelfsmäßigen Ladebaum auf, und wir räumten das Schiff restlos leer. Alles, was nicht niet- und nagelfest war, wurde in sicherer Entfernung ausgebreitet. Anita und Esther stenographierten auf Notizblöcken mit, was wir wo gefunden hatten, damit es beim Einräumen keine großen Stauprobleme gab.

Eine Menge völlig unbrauchbarer oder verrotteter Gegenstände tauchte aus den Abgründen des Schiffes auf. Anfangs befragten wir jedesmal den Professor, bevor wir den Schrott in den Müllcontainer warfen. Aber es stellte sich heraus, daß auch er keine Ahnung hatte, wie grünspanige Revolverpatronen, ein verschimmelter Boxhandschuh, zerbrochene Schallplatten, ein Paar Schischuhe, ein Baseballschläger, Autoschneeketten, ein Hirschgeweih, ein alter Stahlhelm, eine Emailtafel mit der Aufschrift: *Caduta massi* und eine Kukkucksuhr ohne Kuckuck an Bord gekommen waren. Ebensowenig wußte er, was wir mit zwei Dutzend Sonnenbrillen, 37 meist leeren Sonnenölflaschen, 24 Korkenziehern, 66 kaputten Feuerzeugen, 17 Dosenöffnern, 41 Körpersprays, einer Auswahl Damenunterwäsche und einem dicken Stapel uralter Pornomagazine anfangen sollten.

Also machten wir mit dem Krempel kurzen Prozeß.

Je weiter wir uns in den Schapps und Backskisten nach unten wühlten, um so seltsamer und prähistorischer wurden die Funde. Sicherlich handelte es sich dabei noch um Ersatzteile oder Werkzeug, das schon seinerzeit beim Bau von der Werft vergessen worden war.

Simon steigerte sich geradezu in eine hysterische Wegwerfwut hinein.

Dabei war die STRAWANZER kein besonders typisches Trödel- und Altwarenschiff. Auf jeder Yacht sammelt sich im Lauf der Jahre allerhand Krimskrams an. Besucher bringen viele Dinge mit, die sie dann vergessen oder auch in guter Absicht zurücklassen, damit nachfolgende Gäste davon Gebrauch machen. Das erklärt die vielen Korkenzieher, Feuerzeuge und halbleeren Intimsprays auf Schiffen. Bei Charterbooten muß jede Crew erst einmal alles ausräumen, um festzustellen, welche Dinge wo gestaut sind, und ob überhaupt die ganze Ausrüstung an Bord ist, für die man später laut Inventarliste haftbar gemacht wird. Danach wird der ganze Plunder natürlich ungesiebt wieder verstaut, denn wer weiß, ob die folgende Crew nicht froh darüber ist, weil sie ihre Feuerzeuge, Korkenzieher und alles Sonnenöl zu Hause vergessen hat.

Über dieses sinnlose Hin- und Herschichten unbrauchbarer Gegenstände hatte sich Simon schon immer aufgeregt. Diesmal aber war das noch viel schlimmer. Die STRAWANZER wurde schließlich für eine Regatta vorbereitet, da zählte jedes Gramm unnötigen Ballastes. Jetzt konnte Simon sich richtig austoben. Er entrümpelte so gründlich, wie er sich das schon immer gewünscht hatte. Alles, was

Die Entrümpelung der Strawanzer

nicht unmittelbar der Bedienung des Schiffes oder der Navigation diente, flog in den Container, samt Hirschgeweih, Sexhefte und Kuckucksuhr.

Dann durften sich Renate, Georg und Cleo mit Druckdüse, Schrubber, Putzlappen, Bilgecleaner und Silikon-Möbelpflege in der Kajüte austoben. Ein Umstand erleichterte die Generalreinigung: Der Innenraum der STRAWANZER war ja nicht wie auf anderen Fahrtenyachten durch Schottwände unterteilt, mit Schapps und Kästen verbaut und möbliert.

Ich fettete das ganze Werkzeug ein, behandelte die beweglichen Teile mit Kriechöl, verpackte wieder alles in die trockenen Kisten und half dann Simon, die Segel zu überprüfen. Schadhafte Stellen wurden gleich markiert und vom Professor in eine nahegelegene Segelnäherei zur Reparatur gebracht.

Als sich herausstellte, daß wir vielleicht doch nicht alle notwendigen Ersatzteile in der Marina bekommen würden, fuhr Georg in einem Taxi los, um seinen Bus aus Grado zu holen. Darin sauste er jetzt mit Arnold und Cleo durch die Gegend und kaufte ein.

Von einem solchen Ausflug brachten sie die Musterkarte eines Tauwerk-Erzeugers mit und sogar schon einen Vorschlag der Fachleute zur Farb-Kodierung. Das *Super colore sistema per manovre correnti* – das Super-Farbsystem für Laufendes Gut – schlug folgende Auswahl vor:

Weiß = Großsegelfall, Großschot, Liekstrecker, Dirk und Baumniederholer

Blau = Fock- und Genuafallen und -schoten

Rot = Spinnakerfall und -schoten

Gold = Toppnanten, Geien oder Niederholer.

„Also, wenn wir uns nach diesem System richten", hakte Berta gleich eifrig ein, „dann kommen wir durcheinander. Weil wir doch schon rote Schoten an Backbord und grüne an . . ."

„Moment! Nicht so hitzig, Tante Berta!" Simon raffte die Farbmusterkarte an sich. „Rote und grüne Schoten mögen auf einer Anfängerjolle ganz lustig sein, aber diese beiden Farben können wir für andere Markierungen besser gebrauchen. Ich hoffe doch, daß keiner von euch mehr Backbord und Steuerbord verwechselt?"

„Hm!" räusperte sich der Professor. „Ich hatte eigentlich vorgehabt, diese beiden Aufkleber am Großbaum anzubringen." Er zeigte zwei große Selbstklebeschilder her. Auf dem einen stand in dicken Buchstaben: „Backbordbug – Vorrang!", auf dem anderen: „Steuerbordbug – Nachrang!"

„Ich wollte das Backbordbugschild steuerbords ans Baumprofil kleben und umgekehrt. In der Hitze der Regatta muß man dann nicht lange überlegen, auf welchem Bug man fährt. Denn wenn der Großbaum noch backbords zeigt, liest man automatisch ‚Vorrang!'"

„Eine ausgezeichnete Idee!" dröhnte Barawitzka. „Diese Schilder bringen wir an. Je weniger man über Kleinigkeiten nachdenken muß, desto mehr Zeit bleibt für taktische Überlegungen. Ich bin auch der Meinung, daß wir uns eine farbliche Trennung der Vorsegelschoten sparen können, weil die ja sowieso auf beide Schiffsseiten aufgeteilt sind und paarig an den Schothörnern angeschlagen werden. Da scheint mir eine Beschriftung der Vorsegelecken gerechtfertigter. Die große Genua ist ein derartiger Tuchballen, daß es unverhältnismäßig lange dauert, bis man alle Lieks sauber ausgerichtet hat. Mit wasserfestem Stift markiert, sind Kopf, Hals und Schothorn schneller identifiziert, auch von Ungeübten."

122

„Ich habe nichts gegen Beschriftung einzuwenden", sagte der Professor. „Segel sind Arbeitsgeräte, auch wenn vielleicht Zuschauer darüber lächeln. Wollen wir also jetzt alles Laufende Gut am Großsegel weiß lassen?"

Die Amazonen wollten, aber Simon Rebitschek, der beste Takelmeister zwischen Le Havre und Hollabrunn, war nicht ganz einverstanden.

„Für das Großfall brauchen wir kein farbiges Tau, das ist aus Draht und unverkennbar. Eine weiße Großschot ist vorhanden und ebenfalls eindeutig plaziert. Auch der Baumniederholer bleibt weiß, man kann ihn nicht verwechseln. Aber wir haben noch die Dirk, drei Reffgeitaue, dazu Unterliek- und Vorliekstrecker, das sind sechs weiße Leinen, die alle fächerförmig aus den Umlenkrollen des Mastes kommen. Da müssen wir uns was anderes einfallen lassen. Aber fangen wir beim Bug an, dann sehen wir, welche Farben uns bleiben. Blaue Vorsegelschoten und -fallen finde ich prima. ‚Siehst du Blau am Mast, du's Fockfall hast!'. Da wir zwei davon haben, passend zum Doppel-Profilvorstag, scheren wir je eines back- und steuerbords ein und markieren auch die dafür vorgesehenen Klampen mit blauem Lack. Dann gibt es keine Frage und keine Verwechslung mehr. Ganz super!"

„Das sagst du so leicht", beschwerte sich Georg. „Am Vorschiff gibt's ja auch noch das dumme Babystagfall. Das kommt mir dauernd in die Quere..."

Jetzt protestierte Arnold heftig. Dieses Zwischenstag sei kein Babystag, sondern ein Kutterstag. Auf seinem Schiff dulde er keine Babysachen. B. A. griff ein und schlichtete den Streit, das Babystag wurde von nun ab „Kutterstag" genannt.

„Ist ja auch egal, wie wir's nennen", meinte Simon, „solange nur jeder weiß, wovon die Rede ist. Wenn die anderen Fallen jetzt blau oder rot werden, dann können wir das Kutterstagfall ruhig weiß lassen. Auch die Schoten dazu. Einverstanden, meine Damen?"

Anita akzeptierte im Namen der S. U. F. F.-Halbcrew. „Sorge macht mir nur der ganze Spinnaker-Wirrwarr. Damit haben wir so gut wie keine Erfahrung."

Simon grinste breit. „Da bin ich Spezialist. Wenn ich das erkläre, kapiert's sogar..." Er brach schnell ab, da Anita sofort die Hände hob und die Nägel spielerisch schnappen ließ wie ein Halbstarker sein Springmesser. „Das wird alles die Praxis bringen. Das Spigeschirr sollte meiner Meinung nach sowieso modernisiert werden.

123

Sei nicht böse, Arnold, aber auf einem Schiff dieser Größe sind einfache Spischoten Selbstmord!"

„Ich weiß, Simon. Die italienischen Tauwerklieferanten haben mir ein neues Kevlarmaterial angeboten. Das Zeug soll viel leichter sein als Stahldraht-Achterholer und sogar noch fester. Das besorgen wir."

„Traumhaft! Dann bleiben wir doch dabei: was mit dem Spinnaker zu tun hat, wird rot eingeschert oder eingefärbt. Und goldene Toppnanten finde ich wunderschön. Ein Änderungsvorschlag: Ziehen wir doch die Spinnakerniederholer oder Geien in einer anderen Farbe ein, in Braun oder Schwarz! Laut Musterkarte gibt's beides. Dann wird das *Super colore sistema* zum STRAWANZER-System, nämlich absolut deppensicher und watscheneinfach."

Sein Vorschlag klang vernünftig; als B. A., der erfahrene Dialektiker, „deppensicher" und „watscheneinfach" durch „regattasicher" und „logisch" ersetzt hatte, waren alle dafür. Die Crew wählte dann noch andere Farben für das von Simon beanstandete Großsegelgut:

- weißes Tau mit eingewirkten schwarzen Fäden für die Dirk
- weißes Tau mit eingewirkten blauen Fäden für das Vorliek
- weißes Tau mit gelben Fäden für das Unterliek
- Gelb für die 1. Reffleine
- Grün für die 2. Reffleine
- Blau für die 3. Reffleine, die sich wie ihre Kolleginnen schon durch geringeren Durchmesser von gleichfarbigen Fallen unterschied.

„Ausgezeichnete Gemeinschaftsarbeit!" lobte der Kapitän. „Jetzt sagt mir nur noch, welche Farbe das Tau haben soll, mit dem ich alle an die Saling knüpfen lasse, die jetzt beim Einscheren des neuen Taumaterials Mist machen und die alten Enden in den Mast schlüpfen lassen, bevor Hilfsleinen angenäht sind. Für diese heikle Arbeit muß ein Fachmann die Verantwortung tragen."

Einstimmig wurde Simon zum Ober-Takelmeister ernannt. Er strich sich selbstgefällig den Bart.

Am Nachmittag sah ich ihm zu, wie er Anita, Berta und Esther, auf umgedrehten Bierkisten im Schatten der Uferbäume sitzend, eine Einführung in die hohe Kunst des Spleißens gab.

Er breitete den Inhalt seines Takelbeutels aus und fragte die Amazonen nach dem Stand ihrer Taklingkünste. Die drei Frauen griffen zu, Berta eroberte Simons Segelmacherhandschuh, diesen ledernen Daumenballenschutz, den Segler statt eines Fingerhuts verwenden,

124

um dicke Nadeln durch noch dickeres Segelmaterial zu drücken. Aber die beiden anderen konnten auch ohne Handschutz mit der Nadel umgehen, und im Nu waren drei einwandfrei genähte Taklinge an abgeschnittenen Probeenden fertig.

„Ihr seht mich tief ergriffen, Mädels", staunte Simon. „Das können nur wenige Segler. Diesen ‚Wickel-wickel-wickel hin und her, unten durch, das ist nicht schwer'-Takling beherrschen die meisten, aber daß der auf synthetischem Material einen Kazunga hält, weil es sich unter Last dehnt und den Durchmesser verändert, das weiß kaum einer. Vergeßt bitte alle gewickelten, der einzige Takling, der zählt, ist der genähte; *surlier avec aiguille et fil'* heißt er bei den Franzosen und *‚palm and needle whipping'* bei den Briten. Aber bevor wir jetzt die neuen Längen für die Schoten abschneiden, muß ich eine Gretchenfrage stellen: Wer kann den Teleskopspleiß?"

Große Augen bei den Amazonen. Sie zählten den Spanischen Takling oder Rückspleiß auf, den Augspleiß, den Segelmacherspleiß und den Kurzspleiß und versicherten, mit ein wenig Unterstützung würden sie vielleicht auch den komplizierten Langspleiß zusammenbringen. „Aber von einem Teleskopspleiß haben wir noch nie gehört", sagte Berta.

Der große Takelmeister seufzte und sah vorwurfsvoll zu mir auf. „Kannst du mir sagen, was man heutzutage in Segelschulen lehrt? Mir ist das ein Rätsel. All diese traditionellen Spleiße funktionieren doch nur bei drei- oder vierkardeelig geschlagenem Tauwerk. Das aber gibt es nur mehr im Marinemuseum. Alles moderne Laufende Gut ist heutzutage geflochten. Mit dem Kurzspleiß steht man dann da wie jemand, der sich mit einem kohlegeheizten Bügeleisen an Nylonhemden versucht. Also, paßt auf! Ich mache euch einen Teleskop-Augspleiß vor."

Er richtete seine Patent-Spleißnadel her, dazu Filzstifte, Messer, Klebeband, Plastikkausch und ein gut verschraubtes, geheimnisvolles Fläschchen.

„Was ist denn das?" fragte Berta.

Simon hob wichtigtuerisch die Augenbrauen. „Eine Tauchtaklingflüssigkeit. Für einen sauberen Spleiß kann ich kein aufgedrüseltes Tauende brauchen. Und überall einen genähten Takling aufzusetzen, der doch nur wieder abgeschnitten wird, wäre Zeitverschwendung. Also tauche ich die zurechtgeschnittenen Enden kurz in diesen Plastiksirup. An der Luft trocknet er sofort zu einem beinharten glatten Takling, wobei er sich zusammenzieht, so daß ich ein schönes Endstück wie an Schuhbändern bekomme. Damit wird Spleißen zum Vergnügen. Also, paßt auf!"

Für die Frauen mußte es ein wenig wie Taschenspielerei aussehen, als er Punkte auf der Schot markierte, irgendwo im Taugewirr einen Slipstek einknotete, die Seele aus ihrer Umhüllung fischte, weitere Markierungspunkte anbrachte, die herausgeholte Seele durch einen Teil der Umhüllung zog, dann diese durch die Seele; wie er verjüngte Taklinge abschnippselte, dann den zurückgeschobenen Tauwerksteil in seine ursprüngliche Lage würgte und melkte, die Kausch einlegte und auf einmal ein prächtig gespleißtes Auge vorzeigte, dem man äußerlich nicht ansah, wie es entstanden war.

Anita drehte den Spleiß hin und her und zerrte daran.

„Der Teleskopspleiß hat eine Bruchfestigkeit von 85% des ungespleißten Tauwerks. Der geht nie wieder auf, Anita", sagte Simon stolz.

„Das ist phantastisch!" Echte Bewunderung klang aus Anitas Stimme. Sie sah den Ober-Takelmeister mit großem Augenaufschlag an. „Das mußt du mir unbedingt beibringen, Simon. Das will ich lernen."

„Ich auch, Rebitschekchen!" Berta rückte gleichermaßen interessiert näher.

Simon griff nach dem nächsten Tau. „Noch wichtiger ist natürlich der ,Tauwerk-in-Stahldraht-Teleskopspleiß'. Den brauchen wir für alle neuen Fallen bis auf den Spinnaker. Da gibt es überall stählerne Vorläufer aus sechs oder acht Millimeter starkem Nirodraht. Dieser Spleiß muß schön verlaufend und absolut sicher gemacht werden. Er gehört natürlich schon zu den akademischen Riggarbeiten, aber in mir, meine Damen, sehen Sie einen der letzten großen Künstler dieses Fachs. Also . . ."

Eine zufriedenstellendere Arbeit hätte B. A. Simon gar nicht auftragen können.

Unser Kapitän war überhaupt ein Genie im Austüfteln neuer Aufgaben. Warum er allerdings ausgerechnet Georg und Cleo die großen Coffeegrinder-Winschen zerlegen ließ, weiß ich wirklich nicht. Zugegeben, einige davon waren schon so schwergängig, daß sie nur mehr unter Aufbietung aller Kräfte gedreht werden konnten, aber ein Tischler und eine Krankenschwester sind doch keine Feinmechaniker. Als die ersten Zahnräder, Sprengringe und Kugellager lustig im Werfthof herumkollerten und von Deck oben ständig weitere nachrieselten, da war es schon zu spät. Wir sammelten drei

Eimer voll mechanischer Puzzleteile auf, nur um zu erfahren, daß Arnold die Zusammenbauanleitung in Wien vergessen hatte.

Ich versprach B. A., mich am nächsten Tag damit zu beschäftigen, und wir suchten ein sehr empfohlenes Fischrestaurant auf, um den Streß bei *Frutti di mare* ab- und unsere Intelligenz durch phosphorhaltiges Fischeiweiß aufzubauen.

Signore Coniglio störte uns nicht mehr. Er kam jeden Morgen, machte seine Runde, erhielt von Arnold Geld fürs Mittagessen und ließ uns sofort wieder allein, weil er noch zu keinem endgültigen Entschluß gekommen war.

Mittwoch abend war die STRAWANZER so gut wie seefertig. Die Ausrüstung war verstaut, Arnolds neue Taue waren nach dem STRAWANZER-Super-Farbsystem eingeschoren, das Unterwasserschiff trug einen dreifachen Hardracing-Anstrich und die Kajüte glänzte, wie eine hohle Röhre nur glänzen kann. Wir brauchten nur noch einen Kran und konnten lossegeln.

Ganz ohne Unfälle war es allerdings nicht abgegangen.

Beim Arbeiten mit dem Tauchtakling gelang es Anita, einen Teil des schnell härtenden und schrumpfenden Plastiksirups in Simons Bart zu spritzen. Der Professor mußte daraufhin den verschweißten Bart mit dem Skalpell wegoperieren, weil Simon seine Spaghetti sonst durch die Nase hätte aufschnupfen müssen, so zugeklebt war sein Mund. Der Rest seiner Seemannszierde mißfiel ihm derart, daß er alles wegrasierte und danach erst recht entsetzt war. Er sah aus wie Simons jüngerer Bruder. Darauf beschloß er, sein Lebensende im Waschraum der Werft abzuwarten. Erst als eine Abteilung Amazonen dort eindrang, den sich Sträubenden ans Tageslicht zerrte und ihm versicherte, daß er ein ausgesprochen fescher Junge sei, beruhigte er sich wieder.

Auch Arnold wollte unbedingt an seinem Schiff herumpinseln, und B. A. stellte ihm das Heck für seine Malversuche zur Verfügung. Als Arnold den Farbkübel an der Leiter befestigt hatte und sich nach dem Farbroller bückte, drehte oben im Cockpit ein bis heute unbekannter Saboteur am Steuerrad, das Ruder schwenkte, die Leiter fiel, und der Professor bekam den Farbkübel über den Kopf. Es gelang Cleo zwar, mit scharfen chemischen Lösungsmitteln einen Großteil der Farbe aus seiner Kopfhaut zu waschen, aber er behielt trotzdem einen leicht kupfervitriolblauen Stich in Haar und Gesicht. Mit spitzeren Ohren hätte er sich ohne weiteres als entfernter Verwandter Mr. Spocks vom Raumschiff Enterprise ausgeben können.

Einmal mußten wir alles liegen und stehen lassen und Signore Coniglio aus dem Hafenbecken retten. Der hatte anscheinend jeden Liraschein durch die Gurgel gejagt, bis er glaubte, wie Christus über die Wasser wandeln und sich den Umweg über die Fähre sparen zu können. Der Professor pumpte ihm den Magen aus, wir legten ihn im Olivenhain in eine Hängematte und ließen ihn dort unter der Obhut seines Köters weiterschlummern.

„Morgen laufen wir aus!" versprach B. A. abends lautstark unter der Brause. „Wir bestellen den Kran, und dann geht's ab nach Jugoslawien. Deshalb findet heute abend ein Käptns Dinner statt." Für die neuen Besatzungsmitglieder erklärte er, daß er aus alter Tradition am Vorabend des Ankerlichtens stets seine Crew zu einem festlichen Essen einlade. „Wir fahren in ein Restaurant, wo ich gut bekannt bin. Deshalb möchte ich euch ersuchen, die Arbeitsklamotten gegen normale Seglerkluft zu wechseln. Ihr werdet es nicht bereuen."

Mehr verriet er nicht.

Wir schlichteten uns wie Heringe in den Bus, B. A. setzte sich ans Steuer und raste mit uns durch die Nacht ins Binnenland. Die Stimmung war ausgelassen. Jeder war mit Recht stolz auf sich und die Crew. Außerdem saß jeder halb auf seinem Nachbarn oder hatte eine Nachbarin halb auf seinem Schoß, und das verursachte enorme Heiterkeit. Barawitzka fuhr wie ein italienischer Rallyepilot. Nie gesehene Ortsschilder flogen im Scheinwerferlicht vorbei, dann passierten wir ein altertümliches Stadttor und irgendwelche Befestigungsanlagen und waren in einer kleinen Stadt. Auf einem Platz mit einer Kirche raste B. A. einige Male im Kreis, bevor er in eine Seitengasse einbog. Dort hielt er gegenüber einem hellbeleuchteten Hotelportal.

„Hotel Roma", las Simon die Neonreklame vor, und schon starteten die ersten über die Straße auf das gepriesene Feinschmeckerlokal zu.

„He! Halt! Wo wollt ihr hin?" rief der Kapitän. „*Da* sind wir zu Hause!" Er deutete auf eine unscheinbare Kneipentür, die niemand weiter beachtet hatte, obwohl der Bus genau davor stand.

„Wohin führst du uns?" fragte Anita und blähte die Nasenflügel mißtrauisch. „Das sieht geschlossen aus."

Barawitzka stieß schmunzelnd die Tür auf. „Kommt nur!"

In dem nüchternen Schankraum saßen ein paar Soldaten mit ihren Mädchen. B. A. strebte einer Tür im Hintergrund zu. Dahinter

Der Farbkübel traf den Professor

gab es einen halbdunklen Raum mit einem riesigen Holzkohlengrill. Das sah schon gemütlicher aus. An den Wänden hockten an kleinen Zweipersonentischen wieder Liebespärchen. Abermals war Militär stark vertreten, aber hier herrschten Winkel an den Ärmeln, Sterne und Streifen auf den Kragenspiegeln und farbige Flechtschnüre auf der Brust vor.

B. A. ging weiter.

„Wetten, da hinten sitzt der gesamte Generalstab?" witzelte Simon.

Aber wir standen in der Guten Stube des Wirts. Zumindest sah es so aus: Plüschvorhänge an den Fenstern, geblümte Tapeten, ein Pianino, auf dem Hunderte von Familienfotos standen. In der einen Ecke ein geschnitzter Christus am Kreuz, in der anderen eine Porzellanmadonna mit Kind, in einer Vitrine altertümliches Sammelservice und Gläser mit Königsbildern. Ein Papagei hüpfte auf seiner Stange herum. Ein paar Gäste, aber in Zivil, saßen an Tischen. Für uns war eine Tafel gedeckt. Wir nahmen Platz. Ein rührend altmodisch gekleidetes Mädchen erschien in hochgeschlossenem Kleid mit züchtig gesenktem Blick und weißem Schürzchen und Häubchen. Sie reichte Barawitzka wie selbstverständlich die Weinkarte, die dieser bedächtig öffnete.

Die Runde explodierte immer wieder in kindisches Gelächter, wenn jemand auf die bläulichen Haare des Professors aufmerksam machte oder wenn Simon einen Bart streichen wollte, der gar nicht mehr da war, und verlegen an seinen glatten Wangen fingerte.

Das Mädchen brachte Eiskübel und einige schlank gebauchte grüne Flaschen mit Goldstanniolköpfchen. Beinahe andächtig entkorkte sie die erste, und B. A. kostete. Er schloß die Augen, rollte das Schlückchen auf der Zunge herum, ließ dann die Augenbrauen tanzen und nickte befriedigt.

„Der wird euch schmecken."

Arnold beugte sich vor und las das Etikett: *„Casa Vinicola, Fazi Battaglia, Verdiccio dei Castelli di Jesi Classico.* Das klingt vielversprechend. Sieht aus, als ob du hier Stammgast wärst, B. A. . . . "

Er brauchte nicht weiterzufragen. Ein kleiner, aber imposant wirkender Glatzkopf mit Cäsarenprofil schritt auf unseren Kapitän zu. Das war unverkennbar der *Padrone* dieser *locanda.*

„*Capitano* Barawitzka! *Mio caro amico!"* Cäsar zupfte B. A. am Ohrläppchen, eine unvergleichliche, altrömische Begrüßungsgeste. So hatte angeblich Cäsar die verdienten Centurionen seiner berühmten Zehnten Legion geehrt.

B. A. stand auf, verbeugte sich und stellte dem Chef unsere Runde vor. Cäsar umfaßte uns alle mit wohlwollendem Blick, hob die abgewinkelten Arme bis in Schulterhöhe, Handrücken nach außen, und segnete uns wie ein Imperator sein jubelndes Volk.

„Salute, salute! Molto piacere!"

Cäsar und Barawitzka entfernten sich ein paar Schritte, wir Plebejer mußten ja nicht alles hören, und dann winkte B. A. Professor Lullinger und Anita heran.

„Aha! Die vornehmeren Mitglieder werden jetzt gesondert vorgestellt", flüsterte Simon in mein linkes Ohr. „Koste den Wein, der ist hoffähig. An den könnte ich mich gewöhnen. Das ist wahrlich ein Tropfen für Fürsten und Kaiser."

„Beim Holzbein meines Großvaters!" murmelte Georg in mein anderes Ohr. „Dieser kahlgedrechselte Pockholzknacker hat aber den rechten Dreh mit den Weibern heraus. Hast du das gesehen? Diese eiskalte emanzipierte Dragonerin ist bis hinter die Ohren rot geworden, als er ihr die Hand gab und ihr dabei in die Augen schaute. So ein Meister möchte ich in dem Alter auch noch sein, daß den Weibern die Verleimung aufgeht, wenn ich sie nur ansehe."

B. A. kam an den Tisch zurück. „Der Chef wird sich persönlich um unsere *fiorentinos* kümmern. So heißen hier die Spezialsteaks. Ich habe schon bestellt. Es sind doch hoffentlich alle für mittel durchgebraten?"

„Für mich bitte ganz durch", verlangte Esther. „Ich kann kein blutiges Fleisch essen."

B. A. seufzte. „Hier gibt es kein zähes, blutiges Fleisch. Die Stücke sind alle so hoch . . ." Er zeigte mit Daumen und Zeigefinger gut vier Zentimeter an. „Saftig, butterweich und zart rosa . . ."

Aber Frau Nemluvil blieb bei „ganz durch".

Wir mußten ziemlich lange auf unsere Bestellung warten. Vor Verzweiflung aßen wir den zeitig aufgetragenen *insalata raperonzolo* – den köstlichen Rapunzelsalat – zweimal auf. Als ich mir die versammelte Runde jetzt so ansah, da wußte ich plötzlich, was bei dieser Crew nicht stimmte, was seit Tagen als vages Gefühl am Rand meiner Aufmerksamkeit genagt hatte. Es war eine ständige Ahnung, daß irgendetwas nicht so lief, wie es hätte laufen sollen. Aber erst in Cäsars Guter Stube begriff ich plötzlich, was mit der STRAWANZER-Crew los war: Sie hatte sich nicht wie von mir erwartet benommen.

Und was hatte ich erwartet? Nach einer Weile kristallisierte ich meine vorgefaßte Meinung über diesen Segeltörn mit Amazonen ungefähr so heraus: Ich hatte erwartet, daß sich an Bord eine Art Großraumbüro-Atmosphäre entwickeln würde, mit ständigem albernem Geplänkel zwischen Männlein und Weiblein, mit versteckten Anspielungen, falschen Komplimenten, spitzen Bemerkungen, mit Tratsch, Flüstern und Getuschel. Ich hatte maximal die Stimmung eines Betriebsausflugs erwartet; hatte als selbstverständlich angenommen, daß wir Männer uns zu wirklich interessanten Gesprächen irgendwo in eine Ecke zurückziehen mußten, während die Weiber ihr Bla-bla über Wäsche, Schmuck, teure Parfüms, Familienangelegenheiten und Liebesgeschichten hoffentlich in einer anderen Ecke durchhechelten. Das einzige Ergebnis dieses Törns konnte doch nur sein, daß wir Segler unser Mißtrauen gegenüber Seefahrerinnen verstärkt und unsere pessimistischen Erwartungen bestätigt bekamen; wogegen auch die S. U. F. F.-Emanzen nur ein

131

Ziel haben konnten: unsere maskulinen Fehler anzuprangern, uns Schwächen vorzuwerfen und sich darüber lustig zu machen.

Aber nichts dergleichen war eingetroffen!

Unser Zusammenleben an Bord und im Hafen funktionierte so reibungslos wie bei einer guteingespielten Mannschaft von alten Freunden. Es hatte keine Tratschereien gegeben, keinen Krieg der Geschlechter. Georgs irrtümliche Attacke auf Esther war bisher die einzige Logbucheintragung ihrer Art geblieben. Aber ich war mir ziemlich sicher, daß sich zwischen ihm und Cleo noch nichts Wesentliches abgespielt hatte. Dazu starrte er noch viel zu gierig in ihren Ausschnitt, versuchte noch viel zu eifrig, in ihrer Nähe zu sitzen und Knie- oder Handkontakt herzustellen.

Das waren typische Annäherungsplänkeleien. Ein erfolgreicher Casanova wäre dagegen ängstlich bemüht gewesen, seine erotischen Beziehungen zur insgeheim Geliebten vor aller Welt verborgen zu halten.

Aber das konnte doch nicht nur auf § 6/2 des Seemannsgesetzes zurückzuführen sein! Daß fünf ausgewachsene Mannsbilder und ebenso viele gut gewachsene Weibsbilder im trauten Kreis zusammensaßen, einträchtig wie Brüder und Schwestern, daß sie Schulter an Schulter arbeiteten und schliefen, ohne es zu dem üblichen Mißtrauen und den biologischen Zwischenfällen kommen zu lassen?

Das war ja direkt unnatürlich!

Oder hielt dieser paradiesische Zustand wie vor dem Sündenfall vielleicht nur deshalb an, weil wir vom ersten Tag an alle in ständigem Streß gelebt hatten? Wenn ich an die vergangenen Tage zurückdachte, war eigentlich nie Zeit gewesen, einander auf die übliche Art auf die Nerven zu gehen. Wir hatten gar keine Chance gehabt, uns so gründlich kennenzulernen, daß früher gemachte schlechte Erfahrungen mit dem anderen Geschlecht wieder in den Vordergrund rücken und unser Verhalten dirigieren konnten. Die ständigen Katastrophen hatten uns nur die Möglichkeit gelassen, uns wie ein in unwirtliches Niemandsland verschlagener Nomadenstamm um den Häuptling zu scharen. Bewirkte eine Art „Exodus-Effekt" dieses harmonische Zusammenrücken und Verständnis? (B. A. behauptete später, daß wir uns bei einer von Anfang an problemlosen Jausensegelei von Badebucht zu Badebucht sicherlich schon in den ersten Tagen völlig zerkracht hätten).

Um es gleich vorwegzunehmen, ich konnte diese Frage bei Cäsar

132

nicht restlos klären. Aber ganz sicher verdankten wir es der dreitägigen Sklavenarbeit, daß wir jetzt eine verschworene Mannschaft bildeten. Daraus kann man wahrscheinlich kein allgemein anwendbares Rezept ableiten, aber gemeinsame Schwerarbeit ist bestimmt ein nicht zu unterschätzender Nährboden für gutes Verständnis.

Außerdem wußte jetzt jeder, wo die Schwimmwesten verstaut waren, die Schraubenzieher, die Notraketen und die Pistole, und wie die Winschen und Bilgenpumpen funktionierten. Das war die Mühe wert gewesen.

B. A. hatte schon eine ganze Weile die Ohren gespitzt und dem Gespräch dreier eleganter Signori am Nebentisch gelauscht. Die drei *Nobili* trugen Giorgio-Armani-Hemden, Valentino-Krawatten, Maßschuhe von Rossetti oder Gianni Versace, Maßanzüge nach dem letzten Schnitt von Battistoni oder Salvatore Ferragamo und rochen dezent nach Pino Silvestre. Wenn sie bei der Unterhaltung die Hände sprechen ließen, flirrte ab und zu ein blendender Lichtreflex von Brillanten durchs Gastzimmer.

Sie zwinkerten Cleo schon die ganze Zeit zu und tuschelten untereinander; der eine, der wie Vittorio de Sicas Cousin aussah, sprach dann länger mit der Kellnerin. Die brachte kurz darauf fünf üppige Sträuße roter Rosen und überreichte sie mit tiefem Knicks unseren Amazonen.

Die drei Signori verneigten sich galant.

B. A. erhob sich und trat an ihren Tisch.

Simon begann sofort, sich die Hemdsärmel hochzurollen. „Jetzt gibt's Dresche für die *papagalli*", knurrte er. „Mich geht's zwar nichts an, aber B. A. hätte doch ruhig mit dem Stänkern bis nach dem Essen warten können."

Aber es kam nicht zum Kampf. Nach einem kurzen Gespräch schob einer der Herren einen Sessel zurecht, und B. A. nahm an dem fremden Tisch Platz. Er kam erst wieder zurück, als die Kellnerin neuen Salat und die ersten Steaks servierte.

„Sag mir, ob ich träume", stöhnte Georg. Auf Holzplatten wurden saftig braune Riesensteaks von der Stärke und Größe einer mittleren Sachertorte aufgetragen. Der Kapitän genoß die Ausrufe des Entzückens. So etwas hatten die wenigsten bisher gesehen. Berta, die Vielgereiste, erzählte von Argentinien, war aber ebenso entgeistert wie alle anderen, solch exotisch große Steaks in Italien, dem Land der kleinen zähen *bistecca* vorgesetzt zu bekommen.

Bestimmte Geschmacksvarianten lassen sich mit den kargen Wor-

133

ten der deutschen Sprache gar nicht beschreiben. Cäsars *fiorentinos* waren *das Steak* schlechthin. Wir genossen mit geschlossenen Augen, ließen nur Zunge und Gaumen sprechen, und Esther sah uns zu. Eine gute Viertelstunde dauerte es, ehe Cäsar persönlich auftauchte. Mit einem verächtlichen: *„Ecco! Ben cotto!"* schleuderte er ihr ein verschrumpeltes, dunkles, flaches Stück Schuhsohle auf den Tisch.

„Grazie!" sagte Esther, hatte aber schon beim Anschneiden Probleme.

„Ich habe dich gewarnt", meinte B. A. „Durchgebratene Steaks sind nicht gut. Für Rostbraten muß man eine andere Sorte Rindfleisch nehmen."

„Genauso wollte ich es", beharrte Esther. Aber sie kaute erschreckend lange an jedem Stückchen.

Sonst war der Abend sehr gelungen. Die seltsame Atmosphäre des versteckten Lokals, der altrömische Wirt, das herrliche Fleisch und der gute Wein, alles paßte vortrefflich zusammen.

Barawitzka verteilte reihum Segelklappmesser mit rostfreier Klinge, Marlspiekerdorn, geschlitztem Schäkelöffner und geflochtenem Fangriemen.

„Damit es keine Verwechslungen gibt, sind eure Namen in die Holzgriffe gebrannt", sagte er. Man sah es ihm an, daß er sich über die Überraschung freute, die ihm damit gelungen war.

Die drei Herren vom Nebentisch verließen das Lokal, und B. A. gab eine kurze Erklärung ab. Die drei hatten sich über den Streik unterhalten, auch der Name der Werft war gefallen. Deshalb hatte er die Signori angesprochen.

„Sie haben mir zwar nicht auf die Nase gebunden, wer oder was sie sind", berichtete er, „aber sie hörten sich meine Geschichte an und versicherten mir, daß der Streik morgen früh beendet sein werde. Sie hätten entsprechende Informationen. So wie die angezogen waren, halte ich sie nicht nur für drei lustige Schneidergesellen, die sich einen Jux machen wollten. Komischerweise rückt auch Cäsar nicht mit der Sprache heraus. Also wird es für mich immer glaubhafter."

Das war ein würdiger Abschluß des Dinners. Cäsar spendierte noch eine Runde *Grappa vecchio* für die Verdauung, und wir machten uns auf den Rückweg.

Irgendwo auf der Autobahn wollte der Professor die Adresse dieses phantastischen Lokals haben.

„Die gebe ich keinem", kicherte B. A. „Was glaubst du, warum ich die ganze Zeit Umwege fahre? Ihr könnt alles von mir haben, aber dieses Restaurant bleibt mein Geheimnis. Nutzlos, mich deshalb anzubohren, ich werde es ebensowenig verraten wie der Graf von Monte Christo die Lage seiner Schatzhöhle. Freut mich, daß es euch geschmeckt hat. Aber ich will nicht, daß mein Freund Cäsar von Touristenscharen überfallen wird. Es gibt genug andere Restaurants. Dieses gehört mir allein!"

„Glaubst du, wir kommen nicht darauf?" rief Simon. „Ha! Du bist dreimal durch Cervignano gefahren und dann wieder auf den Hauptplatz zurück. Wir müssen also nur die Kirche suchen, dann in die zweite Straße links abbiegen, und schon sitzen wir bei den Steaks. Mit mir spielst du keine Pfadfinderspiele. Ha ha!"

„Falsch!" mischte sich Anita ein. „Wir waren in Aquileja. Ich kenne dieses Stadttor im römischen Stil. Dort ist es dann die dritte Straße rechts nach der Kirche."

„Also wenn's um Orientierung geht, seid ihr alle miteinander verloren", lachte Berta. „Wir waren in dem Dorf, in dem der Film ‚Don Camillo und Peppone' gedreht worden ist. Ich kriege schon noch heraus, wo das war."

„Unsinn! Ich habe deutlisch das Straßenschild gesehen", behauptete ein anderer. „Puzzuolo stand darauf. Und das Lokal befand sich in der Straße mit dem Hotel Roma, gleich nach dem Park. Das ist ganz einfach zu finden."

Barawitzka hopste boshaft auf seinem Sitz auf und ab und sagte nichts.

Auch ich schwieg. Denn ich wußte, wo wir gewesen waren. Der Mond hatte am Himmel gestanden, als B. A. seine Kreise und Umwege fuhr. Das ist für einen alten Navigator so gut wie ein Fahrtenschreiber. Die Straßenkarte hatte ich ja ungefähr im Kopf, auch die hellbeleuchteten Autobahnbrücken kurz vor unserem Ziel waren ein wertvoller Hinweis gewesen. Im Bereich des Autobahndreiecks Udine-Triest-Venedig gibt es nur eine einzige mittelalterliche Stadt mit intakten Befestigungen und Stadttoren, die gleichzeitig auch Garnisonsstadt ist: Palmanova. Auch die mehrmalige Umrundung des Hauptplatzes änderte nichts an der Tatsache, daß B. A. die erste Straße steuerbords von der Kirche genommen und vor dem zweiten Häuserblock gehalten hatte. Obwohl es in Oberitalien viele Hotels mit dem Namen Roma gibt, können es in einer Seitenstraße unweit der Kirche nicht so viele sein. Und über der Tür des Geheimlokals

135

stand ganz klein *A la buona vita*. Ich finde dort wieder hin, werde aber natürlich kein Wort verraten. Denn auch ich hätte etwas dagegen, bei meinem nächsten Besuch einen Autobus des Segelvereins der Union Freier Frauen vor der kleinen Tür zu entdecken.

Außerdem hatte ich an der Bar einen Rechnungszettel mit Anschrift und Telefonnummer geklaut. Navigatoren machen so etwas immer. Doppelt gepeilt ist doppelte Sicherheit.

Aber von mir wird niemand Cäsars Adresse erfahren.

Am Donnerstag vormittag sah es zunächst nicht so aus, als würden wir ohne weiteres auslaufen können. Wir fanden die Hallentore versperrt und Büro und Kran von einer Postenkette umstellt.

B. A. und Berta verhandelten eine Weile mit dem grimmigen *Capo* der Gewerkschaftstruppe, erreichten aber so gut wie nichts, außer daß der Kordon noch verstärkt wurde. Wir lungerten bei unserer Yacht herum und berieten. Barawitzka ging nervös auf und ab und wartete sichtlich auf etwas. Ich war jetzt überzeugt, daß sich die drei Filmschauspieler in der *locanda* einen Spaß mit unserem Käptn gemacht hatten.

Simon rührte verschiedene Chemikalien, Waschpulver, Aspirin und Staubzucker zu einer Pulvermischung zusammen und versuchte, aus der Thermosflasche eine Bombe zu basteln.

Da tat sich etwas.

Ein großer schwarzer Wagen mit dunkel getönten Scheiben rollte lautlos bis zur Hallenecke; ein Fenster glitt auf, eine Hand erschien, krümmte den Zeigefinger und winkte damit. Lichtreflexe wie von Brillanten blitzten in der Sonne.

Zögernd ging der *Capo* der Streikposten hinüber, trabte zum Auto, zog ehrerbietig die Mütze und beugte sich über die Hand, als wäre der Papst auf Stippvisite gekommen.

„Meine Bombe ist fertig", verkündete Simon und betrachtete stolz die Zündschnur am Flaschenhals. „Eine Halle können wir schon in Trümmer legen. Womit soll ich anfangen? Mit dem Werftbüro?"

„Warte noch ein wenig", brummte der Kapitän und starrte angestrengt durch sein Fernglas. „Ich glaube, die festgefahrene Situation kommt in Fluß."

Der Anführer der Streikposten entfernte sich mit Rückwärtsschritten und zahllosen Verbeugungen von dem großen Auto, die Mütze an die Brust gepreßt.

Die getönte Scheibe glitt wieder hoch, und der Wagen verschwand ebenso lautlos, wie er gekommen war.

Der *Capo* drehte sich auf den Fersen um, und die Postenkette löste sich auf, als hätte er: „Jausenzeit!" gerufen.

Minuten darauf rollte der Travelliftwagen auf die STRAWANZER zu. Der Kranführer winkte fröhlich grinsend aus seiner Kabine.

Wir erfuhren auch später nie, wer unsere Gönner gewesen waren. Regionale Spitzenpolitiker? Einflußreiche Geschäftsleute? Die Gewerkschaftsbosse persönlich? Simon war sauer, weil er seine schöne Bombe wieder entschärfen mußte. Vielleicht bezeichnete er deshalb die ganze Vorgangsweise als illegal und verdammt nach den Methoden gewisser sizilianischer Familienklans riechend.

Jedenfalls tauchte der Kiel der STRAWANZER zwanzig Minuten später wieder in das grüne Hafenwasser. Anita setzte den S.U.F.F.-Wimpel – weißer Ring mit nach unten gerichtetem Kreuz auf blauem Grund – unter der Backbordsaling, dann war alles fertig zum Auslaufen.

(Kapitänsgebot aus B.A.s Kiste: „Gesundes, kräftiges Selbstvertrauen und eine gehörige Portion Optimismus machen schon 90% des Erfolges aus. Die fehlenden 10% Glück oder Zufall kommen dann von allein!")

Regattaregeln und Tricks

*Im Damenklo lauert ein Mörder! · B. A. Barawitzka erklärt die
Wettsegelbestimmungen · Wie man unliebsame „grüne" Politiker
abserviert · Schon wieder Ärger mit Dr. Krobatschek
Der „Wickelspi" · Barawitzkas neue Segelmütze · Das traurige Ende
eines alten Freundes · Das Rovinjer Ankermanöver*

Die italienische Küste war im Dunst des Vormittags eine langweilige
Linie zwischen grünem Meer und blassem Himmel: schnurgerade
hinter den Lagunen, ein wenig geometrisch gezackt, wo in Badeorten die Gebäude infolge Platzmangels kräftig nach oben gewachsen
waren.

Berta fand einen passenden Vergleich: „Diese Küste entlangzufahren ist so langweilig wie das Säumen von Leintüchern: Monotonie pur."

Da ließ ein gellender weiblicher Entsetzensschrei die Wache an
Deck zusammenfahren. Das schrille Kreischen kam aus der Kajüte
und hatte die gänsehauterzeugende Tonqualität guter Dracula-
Filme.

Esther krabbelte mit ängstlich aufgerissenen Augen in wahnsinniger Hast aus dem Niedergang und stammelte etwas von einem unheimlichen Frauenmörder in der Damentoilette.

Wenn es etwas gibt, das Männer aus ihrer gewohnten Gelassenheit reißt und schlagartig in tollkühne Berserker verwandelt, dann ist
es der Ruf: „Im Damenklo lauert ein Irrer!"

Da erwacht auch im gutmütigsten Spießbürger löwengleicher
Mut, und er springt herbei, um den Unhold zu erschlagen. Georg,
Simon und ich wollten gleichzeitig durch den Niedergang, ohne
auch nur eine Sekunde zu überlegen, daß wir erstens gar keine
Damentoilette hatten und daß zweitens auf einem so kleinen Schiff
keine unbekannten Psychopathen herumschleichen konnten.

Ich stolperte über den Travellerbalken und kam zu spät. Die
beiden anderen aber zerrten einen wild um sich schlagenden kleinen Mann an Deck, den ich tatsächlich noch nie gesehen hatte.

Der „Frauenmörder vom Damenklo"

Der offensichtlich Wahnsinnige hatte rollende Glotzaugen und Schaum vorm Mund; Simon hielt mit aller Kraft sein Handgelenk mit dem Rasiermesser gepackt. Georg verbesserte den Griff, nahm ihn in einen Doppelnelson, und das glitzernde Mordinstrument fiel endlich ins Cockpit.

„Hol mich der Teufel!" brüllte Barawitzka verblüfft. „Wie kommt dieser Kerl an Bord?"

„Na wie?" keuchte Simon und stieß das Messer mit dem Fuß weg. „So wie sich Ameisen, Kakerlaken, Ratten und Mörder in den Häfen an Bord schleichen: heimlich. Aber da hat er sich das falsche Boot ausgesucht. Wir fackeln nicht lange. Der hängt gleich an der Saling!" Schon machte er in die nächste Schot einen tadellosen Henkerknoten.

„Moment, Moment!" schrie Berta dazwischen. „Die blauen Haare kommen mir bekannt vor. Dreht ihn mal herum!"

„Seid ihr denn alle übergeschnappt!" krächzte der blinde Passagier jetzt mit durchaus vertrauter Stimme: der Stimme des Professors.

Überrascht lockerte Georg seinen Griff, der kleine Mann rutschte ihm nach unten aus den Armen und sank nach Atem ringend auf die Bank.

„Seid ihr alle wahnsinnig geworden? Was soll denn das?" keuchte er.

„Er hat sich rasiert", vermutete Simon und kratzte sich den fehlenden Bart. „Wer kann das ahnen? Ohne Vollbart und dunkler Brille kennt ihn ja keiner."

„Bist du's wirklich, Arnold?" fragte B.A.

„Wer denn sonst? Dieser Grobian hat mir beinahe das Genick gebrochen!" Der Professor massierte sich den Hals und drehte den Kopf, als wolle er testen, ob er noch festsaß.

Vorwurfsvoll blickten wir Esther an.

„Ich bin so erschrocken", stotterte diese. „Als ich die Tür zum Torpedoraum aufmache, steht wie aus dem Boden gewachsen ein wildfremder, häßlicher Kerl vor mir und schwingt ein Rasiermesser."

Simon grinste plötzlich. „Deine Schuld, Arnold! So benehmen sich die Frauenmörder im Kino. Dabei hast du noch großes Glück gehabt, daß dich Georg gleich umklammerte, als du aus der Tür kamst, denn ich hatte schon ausgeholt, um meinen Dolch zu werfen. Auf diese Entfernung treffe ich neun von zehn Malen. Aber der Tischler war mir im Weg, sonst hätte ich dich an die Klotür genagelt."

„Himmel!" Dem armen Professor brach nachträglich der Schweiß aus. Er wischte sich den Rest des Rasierschaums vom Mund und sank an die Bordwand zurück.

„Auf diesem Schiff ist die Rasierwut ausgebrochen", konstatierte B.A. „Bald laufen hier nur noch glattwangige Jünglinge herum. Erst fiel Simons Manneszier, jetzt deine, Arnold. Wem willst du imponieren?"

Bei B.As. Worten fiel mir ein, daß ich seit Piran schon die halbe Flasche Rasierwasser verbraucht hatte, und ich kam mir ein wenig seltsam vor.

„Ich möchte alle ersuchen", fuhr Barawitzka fort, „in Zukunft drastische Veränderungen ihres Äußeren vorher anzukündigen, damit wir uns ähnliche Hexenjagden ersparen. So was kann mal ins Auge gehen. Und wer weiß, was euch noch alles einfällt? Eine schwarzhaarige Anita würde nicht mal ich erkennen." Er grinste und sah zu den Segeln hoch. „Kommt jetzt, ich möchte euch den Ablauf einer Regatta erklären. Wie der Start abläuft und so . . ."

Vor der an Miami Beach erinnernden Küste von Lignano Pineta herrschte reger Verkehr. Bäderdampfer, Autofähren, Fischtrawler und Sportboote kamen aus der blassen Weite der Adria hier so konzentrisch zusammen wie in einem gigantischen Trichter mit sehr dünnem Abfluß. Schuld daran war das flache Meer und der schmale, ausgebaggerte Kanal in die Lagune.

Doch genau diese stark frequentierte Strecke suchte sich Barawitzka für seine erste Einführung in die Praxis des Regattasegelns aus.

Unter Genua und Großsegel kreuzten wir hektisch zwischen Berufsschiffahrt, Ausflugsbooten, Yachten, Tretbooten und bemannten Luftmatratzen.

„Der Startplatz für die Wettfahrten nächste Woche wird irgendwo zwischen zwei Bojen liegen. Und es wird ähnlich verwirrender Verkehr herrschen. Also dürfen wir guten Gewissens zwei dieser Fahrwassertonnen auswählen, um uns einen Regattastart zu veranschaulichen. Stellt euch bitte vor, diese zwei grünen Steuerbordtonnen zeigen die Startlinie an. Das weiße Motorboot mit dem fischenden Opa am Heck ist dann unser Startschiff. Normalerweise stellt der Klubkommodore seinen Luxuskreuzer als Startschiff zur Verfügung, damit jeder sieht, welch teures Schiff er sich leisten kann, während er andererseits in vornehmer Atmosphäre mit dem Klubvorstand an kühlen Getränken nippt. Der dichte Verkehr ist wie gesagt sehr realistisch."

Er spähte scharf nach anderen Schiffen aus.

„Du hast recht", bestätigte Arnold. „So ähnlich geht es wirklich . . . Achtung! Da ist ein Tretboot dicht vor uns!"

„Klar zur Wende!" brüllte der Kapitän. „Reeeeeeee!"

Die STRAWANZER drehte auf dem Teller, die Genua schlug wie verrückt, und das Pärchen im Tretboot starrte verduzt auf den scharfen Bug, der dicht vor ihm vorbeirauschte.

„Das verstehe ich nicht", warf Anita ein. „Im Startraum eines Autorennens kurven doch auch nicht Radfahrer, Omnibusse und Taxen herum. Das ist doch Sache der Rennleitung, für so ein sportliches Ereignis entsprechend Platz zu schaffen."

B.A. lachte auf. „Liebste Anita, ich habe auch nicht behauptet, daß der Startraum einer Regatta von Ruderbooten oder Stehgeigern auf Surfbrettern blockiert wird. Nein! Es sind die anderen startenden Yachten, die einem den Weg versperren. Und weil du gerade von Autorennen sprichst: Die werden anders gestartet. Eine große Uhr tickt, die Rennfahrer jagen ihre Motoren im Leerlauf hoch, dann fällt der Startschuß. Niki Lauda, Clay Regazzoni und wie sie alle heißen lösen die Bremsen, lassen die Kupplung schnalzen und treten das Gaspedal unten beim Chassis heraus. Aber Segelyachten verfügen leider weder über Bremsen noch Kupplung noch Gaspedal. Sie müssen in einem fliegenden Start über die Linie. Das bedeutet, daß sie vor dem Start schon Fahrt im Schiff halten müssen. Auf dem relativ kleinen Platz vor den Bojen sausen also jetzt alle Teilnehmer wie die Verrückten hin und her und drehen Kreise, Kurven, Achter. Da geht's zu wie auf einem Eislaufplatz ohne Platzwart. Natürlich möchte jeder so nahe wie möglich an der Startlinie sein. Da heißt es also aufpassen wie die Haftelmacher! Ihr habt doch in eurem Segelkurs sicher von den Wettsegelbestimmungen gehört?"

Die Amazonen nickten, wenn auch nicht sonderlich begeistert.

B A. fuhr fort: „Sehr gut. Dann kann ich mich ja auf die Praxis beschränken. Georg, den Kapselrevolver! Feuer!"

„Peng!" Ein Rauchwölkchen verpuffte an der Mündung der Spielzeugwaffe, mit der Georg in die Luft geschossen hatte.

„So klingt das Ankündigungssignal", erklärte B.A. „Gleichzeitig wird auf dem Motorboot des Kommodore eine Flagge oder ein Ball vorgeheißt, was besagt: ‚Aufgepaßt, ihr Knaben! In zehn Minuten erfolgt der Start!' Nun drängen sich alle Teilnehmer noch näher an die Startlinie und versenken einander reihenweise. Es gibt zwar einige Regeln, die Zusammenstöße vor dem Start verhindern sollen, aber die sind so orakelhaft, daß sie noch niemand richtig deuten konnte. Im Grunde besagen sie nämlich nur, daß bei erfolgter Kollision vorher ausgewichen hätte werden müssen. Die dabei versenkten Yachten werden eingeteilt in a) totalgeschädigte, das sind die unversicherten, und in b) teilgeschädigte, das sind die mit Kaskoversicherung und Selbstbeteiligung. Streng geahndet werden Kratzer oder Lackschäden am Startschiff des Klubkommodore, da droht sofort der Ausschluß. Und bei Versenkung des Startschiffs wird man nicht nur sofort aus dem Rennen ausgeschlossen sondern auch aus dem Klub, der Mitgliedsausweis wird öffentlich verbrannt und der Waschraumschlüssel unbarmherzig konfisziert. So... Höööö! Blitzschnell klar zur Wende!"

Wir tauchten unter dem Bug einer lautlos herangleitenden Fähre durch, und Simon schüttelte die Fäuste drohend zu dem von der Brücke grinsenden Kapitän hinauf.

Berta empörte sich: „Das ist doch der Gipfel der Frechheit! Der hätte uns ohne mit der Wimper zu zucken überrannt. Wie ist denn das? Wir haben doch gelernt, Segel geht vor Dampf. Hätte er nicht ausweichen müssen?"

B. A. lachte sarkastisch. „Segel geht vor Dampf! Das gilt zwar angeblich weltweit, aber im Klartext heißt es nicht mehr, als daß du nachher Protest einreichen kannst, wenn dich ein Berufsschiffer über den Haufen gefahren hat. Falls deine Mitsegler bei der Ramming ersaufen, dann fallen sie als Zeugen bei der Seegerichtsverhandlung aus, und du stehst schön dumm da. So ist das! Ähnlich verhält es sich mit den Regeln vor dem Startsignal. Georg, fünf Minuten!"

„Peng!"

„Dieser Schuß besagt, daß die Regatta in fünf Minuten losgeht und es klüger wäre, sich noch ein wenig näher an die Startlinie heranzuschleichen. Auf besagtem Kommodoredampfer flattert jetzt der berühmte Blaue Peter. Georg, zeig die Flagge her! Das ist die mit dem blauen Rand ums weiße Feld."

B. A. machte es wirklich sehr gut. Obwohl wir nur im Hauptfahrwasser herumkurvten, entstand doch die an den Nerven zerrende Spannung eines richtigen Starts. Zumindest wirkten die Amazonen sehr beeindruckt. Sie blickten nervös um sich und schienen von einer leichten Hysterie angesteckt.

„Ab jetzt gelten zusätzliche Ausweichregeln. Die sind aber auch nicht klarer. Sie dienen in erster Linie dazu, die halbe Flotte der Unerfahrenen zu versenken, damit mehr Platz für die wenigen Auserwählten entsteht, die bis dahin noch ohne Kratzer oder ärgere Havarien davongekommen sind. Noch zwei Minuten . . . Jetzt wird's spannend . . . Eine Minute . . . Georg!"

„Peng! Start!"

„Dicht die Schoten!" brüllte B. A.

Die STRAWANZER jagte auf die Bojen los. In einer eleganten Kurve ein, zwei Meter darüber . . .

„Klar zur Halse! Aber fix, sonst sitzen wir im Schlamm!"

Alle zogen die Köpfe ein, der Baum fegte übers Deck, und die Yacht zischte beängstigend schnell auf einen Fischtrawler zu, der plötzlich aufgetaucht war.

„Wende! Beim Henker, flink!"

Der italienische *Capitano* drohte uns mit den Fäusten, und die von der STRAWANZER aufgerührten Wellen klatschten über seine niedrige Bordwand.

Berta kurbelte die Genuaschot dicht und wischte sich theatralisch imaginären Schweiß von der Stirn.

„Ich habe immer gedacht, Russisches Roulett mit einer Kugel in der Trommel ist das Nonplusultra an Nervenkitzel. Aber da hab' ich noch nichts von Yachtrennen gewußt. Das ist ja kein Sport, das ist Selbstmord auf Raten. Wen fahren wir denn jetzt über den Haufen oder erschrecken ihn wenigstens zu Tode? Wie wär's da vorn mit der treibenden Versammlung von Anglern?"

„Das wäre ein eklatanter Verstoß gegen die Seestraßenverordnung", lachte B. A. „Die besagt ausdrücklich, daß ein Segelfahrzeug fischenden oder treibenden Fahrzeugen ausweichen muß. Das ist eindeutig. Wir dürfen nur Stärkere hetzen oder Gleichberechtigte."

Der Professor mischte sich ein. „Willst du jetzt tatsächlich bis Grado hochsegeln? Wir haben heute keinen Luvkurs, wegen der Windverhältnisse."

B. A. prüfte den Wind erst mit Stirn und Nase, dann blickte er auf die Windmeßgeräte und schüttelte den Kopf. „Wir versuchen nur so zum Spaß, bis Porto Buso hochzulaufen. Halber Wind. Du hast mir doch Wunderdinge von dem neuen Gennaker erzählt, Arnold, den wollen wir mal ausprobieren. Simon, reiß die Genua herunter und setz den Gennaker!"

Ich war froh, daß er nach dem geheimnisvollen Segel gefragt hatte, denn ich konnte mit diesem Segelnamen auch nichts anfangen.

Der Professor erklärte: „Das ist ein Spezialsegel für Raumschotskurse, eine Art halber Spinnaker, ein Blister, ein Mittelding zwischen Genua und Spi. Er wird mit Hals und Kopf am Vorstag angeschlagen, braucht keinen Baum und ist flacher geschnitten als ein Spinnaker. So bringt er auch weniger Abwind ins Großsegel und vor allem, man kann mit ihm wenden. Das Segel wird euch gefallen. Es ist schön bunt."

Arnold hatte nicht übertrieben. Das riesige Ding stand wie ein halber flacher Spinnaker seitlich vom Vorschiff und zog an wie ein Büffel. Seine bunten Streifen belebten die einfallslose Kombination von schlammgrauer See und dunstblassem Himmel.

„Wir haben die Regattaregeln im Kurs durchgenommen", sagte Anita, „aber ich muß zugeben, die klangen so unlogisch, daß mir

144

keine im Gedächtnis geblieben ist. Warum hat man denn für Schiffe so komplizierte Regeln erfunden? Es hätte doch sicher genügt, die Straßenverkehrsordnung sinngemäß auf Regatten anzuwenden?"

Simon beugte sich spöttisch lächelnd vor. „Diesen genialen Vorschlag haben auch die alten Seelords schon erwogen. Leider sind sie an der Aufstellung entsprechender Verkehrsampeln auf hoher See gescheitert."

Anita schnitt ihm eine Grimasse. „Sei bitte nicht kindisch, Simon! Mein ... Ich meine, ich hatte mal einen Bekannten, der Motorbootrennen fuhr. Da gab es einen normalen Rechtsvorrang und andere leicht verständliche Regeln, ganz wie beim Autofahren. Aber mir ist schon aufgefallen, daß Segler in allem und jedem eine Ausnahme bilden müssen."

Barawitzka ersuchte die B. M. s der Backschaft, eine Runde kalter Getränke zu servieren, und erzählte dann interessante Details aus der Geschichte der Wettsegelbestimmungen:

„Die ersten Regatten werden sich wohl zwischen beladenen Kauffahrtei- und Seeräuberschiffen abgespielt haben, zwischen spanischen Silbergaleonen und schnellsegelnden Flibustiern, ganz ohne besondere Regeln und Wettfahrtkomitees. Über den Sieg entschied in erster Linie Schnelligkeit, gute Artillerie und der Entersäbel. Das Rennen wurde mit einem Kanonenschuß gestartet, und einem ungeschriebenen Gesetz zufolge war die Ladung des Verlierers gleichzeitig die Siegestrophäe.

Seeräuberei war in jenen fernen Tagen der Sport der Könige, Admiräle und Fürsten. Im 19. Jahrhundert rüsteten aber an englischen und französischen Küsten schneidige Kaufleute und der kleine Landadel bewaffnete Schnellsegler aus. Schmuggel und Korsarenfahrten waren fashionabel geworden. Als Mann von Welt mußte man ein wenig von zerschossenen Flaggen, blutigen Gefechten und reicher Beute berichten können. Man schenkte als Liebespfand einen einfachen Goldring, eigenhändig vor Martinique erbeutet, und wenn man der Geliebten auch die dabei erhaltenen Wunden vorweisen konnte, dünkte den Damen so ein Präsent wertvoller als das teuerste Geschmeide aus dem Juwelierladen. Die Mädchen umschwärmten die Helden mit dem sonnenverbrannten Gesicht, dem Goldring im Ohr, der blutroten Schärpe um die Hüften, weil sie viel romantischer aussahen als die dicken, kurzatmigen Reeder und Baumwollhändler, die sonst ihre Aufwartung in den Salons machten.

Dann gingen die napoleonischen Kriege zu Ende. Gigantische Flotten wurden arbeitslos. Man schickte sie mangels besserer Verwendung erst einmal los, mit dem rapide um sich greifenden Seeräuber- und Schmugglerunwesen aufzuräumen.

Seeraub war von heute auf morgen verpönt. Ja, man hängte Korsaren – auch wenn sie aus Adelsfamilien stammten – am Galgen wie gewöhnliche Straßenräuber auf. Zwischen den Staaten Europas wurden Friedensverträge vereinbart, und auf einmal gab es keine feindlichen Schiffe mehr, die man ungestraft aussegeln und ausplündern konnte. Die Marine hielt ein scharfes Auge auf die schnittigen Schnellsegler, die unbeschäftigt in den Häfen lagen. Für die Frachtfahrt waren sie nicht geeignet, viel zu scharf waren ihre Rümpfe gebaut, viel zu viele Segel trug ihr Rigg. Kein Handelsreeder wollte sie haben.

Da saßen sie nun in den Hinterzimmern der Kneipen, vor den Kaminen ihrer Landhäuser, die ehemaligen Korsaren, und träumten von vergangenen Heldentaten, als sie noch auf jagenden Kielen dem Teufel ein Ohr absegelten. Aber wen sollten sie jetzt jagen, da draußen auf dem Meer?

Irgendein Gentleman wird die Antwort gefunden haben, sein Name ist leider nicht überliefert: Sie konnten *einander* jagen!

Das war die Geburtsstunde des Regattasports.

Die ersten Regatten waren natürlich nicht so aufwendig organisiert wie heute. Es gab keine Wettfahrtleitung, keine Startbojen, keine Regeln. Bei einem Glas Whiskey werden die Schiffseigner vereinbart haben, am nächsten Wochenende ihre Rennschiffe in der Fishermen's Bay zu versammeln und auf einen Kanonenschuß hin mit allen Fetzen loszusegeln. Wer als erster Hell's Devils Rock vor der Isle of Wight erreichte, der durfte die anderen Schiffe plündern. Später einigte man sich der Einfachheit halber, daß der Gewinner nur die kostbaren Trinkpokale der Verlierer einpacken und bis zum nächsten Rennen daheim am Kaminsims aufstellen durfte.

Bei diesen frühen Regatten gab es aber viel Bruch, die Skipper konnten ihre rauhe Vergangenheit nicht ganz verleugnen, so daß bald klar wurde: ohne Regeln würde aus diesem Sport nicht viel werden. So entstanden die ersten Seeverkehrsregeln. Der frühere Grundsatz: ‚Der kräftigste Bug hat Vorrang'! mußte nach einer alarmierenden Häufung von Karambolagen abgeändert werden.

Es entstand die leicht merkbare Grundregel: ‚Steuerbord-Halsen vor Backbord-Halsen!'"

Berta hatte in der Segelschule gut aufgepaßt und widersprach
B.A. sofort: „Moment! Wir haben gelernt, Backbordbug..."
„Das ist dasselbe", schmunzelte der Kapitän. „Damals waren Rah-
segel üblich. In Luv hatten die Halsen, die das Schothorn im Wind
hielten. Ein über Backbordbug segelnder Rahsegler führte deshalb
Backbordschoten und Steuerbordhalsen. Das ist damit gemeint.
Jetzt hat man sich auf die einfachere Backbordbugregel geeinigt.
Das ist also unsere erste Regatta-Regel und auch die wichtigste."
    B.A. zeigte auf den Großbaum. „Da kleben Arnolds Schilder.
Eindeutig bestätigen sie uns jetzt Backbordbug und Vorfahrtsrecht.
Auf diesem Bug könnten wir in einer Regatta eigentlich die Augen
schließen und blind nach Gehör segeln. Alle anderen müßten uns
Platz machen. Wenn sie uns nur hauchzart ankratzen oder behin-
dern, haben sie den ‚Schwarzen Peter', werden disqualifiziert und
können leise weinend heimsegeln. Das ist also eine prächtige Regel.
Und jetzt zur zweiten Grundregel: Wenn sie auf dem gleichen Bug
segeln, muß sich die Luv-Yacht von der Lee-Yacht freihalten! Das
ist ebenso eindeutig. Lee ist immer dort, wo der Großbaum hin-
zeigt. Hier kommt's aber bereits zur ersten tückischen Feinheit.
Segelt einer vor dem Wind übergeit mit Bullenstander, dann zeigt
sein Großbaum eigentlich nach Luv, und trotzdem gilt dieser See-
raum regattarechtlich als Lee."
    „Kazunga! Jetzt wird's kompliziert!" rief Georg.
    Ich staunte über B.A. Er mußte sich in der Einöde des Schlamm-
bads wirklich intensiv mit der Regattatechnik befaßt haben.
    „Das ist gar nicht so schwer, wie es klingt", dröhnte Barawitzka gut
aufgelegt. „Man muß nur immer von der historischen Entwicklung
der Regeln ausgehen. Dann erkennt man den logischen Aufbau
dieser Bestimmung. In den Büchern ist leider alles falsch numeriert,
durcheinandergerührt und in so unverständliche Schachtelsätze verpackt, daß der sportliche Laie kein Wort davon begreift. Was soll
man zum Beispiel mit einer Bestimmung anfangen, die so lautet:
‚Im Falle einer Überlappung muß mit Ausnahme der in den Regeln
Umzig (c), (d) und (e) vorgesehenen Fälle jeweils unter Berücksich-
tigung der Berufungsentscheidungen der IYRU vom 16. August
1867 und vom 1. April 1910 – aber nur bei Zutreffen der Regeln
Dingalingzig, Unterabschnitt 4 (a), (b) und (f) – geluvt, gerammt
oder disqualifiziert werden.' Kein Witz, so ähnlich hören sich manche dieser Regeln an."
    Der Professor nickte wissend.

„Aber da gibt es doch diese Erklärungen mit den vielen Zeichnungen", warf Anita ein. „Die braucht man sich in entsprechenden Situationen nur ins Gedächtnis zu rufen und weiß, wer recht hat und wer nicht."

B. A. hob abwehrend die Hände. „Hör mir auf mit diesen Zeichnungen! Die haben sich leider nur zu viele Segler eingeprägt. Wenn es jetzt irgendwo eine Massenkarambolage gibt, zeigen alle anklagend auf das nächste rot bemalte Boot und beteuern, sie wären das schwarze Boot und damit im Recht, genau wie auf den Zeichnungen. Nein, so klappt das nicht!

Damit es auf den Regattabahnen nicht so brutal zugeht wie im Straßenverkehr, gibt's ein paar Hinweise, die wir beachten müssen. Es gilt als ausgesprochen unseriös, nach Belieben die Fahrspur – ich meine natürlich das Kielwasser – zu wechseln, überholte Fahrzeuge zu schneiden, auszubremsen oder an den Fahrbahnrand – also ans Ufer, ans Startschiff oder an die Bojen – zu drängen; dicht vor anderen Regattateilnehmern überraschend nach links oder rechts abzubiegen; selber zum Überholen anzusetzen, wenn man die folgende Yacht schon im Rückspiegel heranschäumen sieht, na, oder gar vor dem Bug anderer zu reversieren, rückwärts zu fahren, umzudrehen, zu halsen oder zu wenden. Dafür bekommt man völlig zu Recht von der Wettfahrtleitung die rote Karte gezeigt. Beim Segeln geht es eben noch ein wenig fairer zu als im Straßenverkehr. Wildes Protestgehupe, Scheinwerferblinken und den berühmten Vogel zeigen ersparen wir Segler uns durch ein nonchalantes: ‚Mast querab, old boy!' Der andere wird sich dann brav in Luv überholen lassen, ohne uns die geballte Faust oder noch obszönere Gebärden zu zeigen."

„B. A., deine Betrachtungsweise der Wettsegelbestimmungen hat etwas erfrischend Neues an sich", erklärte Arnold. „Du solltest auch so ein Büchlein herausgeben, mit dem Titel: ‚Barawitzka erklärt die IYRU-Regeln'."

Das nackte Gesicht Arnolds wirkte noch immer so fremd, daß ich immer zweimal hinsehen mußte, wenn er etwas sagte.

Von Luv näherte sich uns jetzt eine italienische Yacht unter Spinnaker, ganz klar auf Steuerbordbug und Kollisionskurs.

Der Italiener schickte einen Mann in den Bug, der mit den Armen winkte, unverständliches Zeug brüllte und uns deutete, wir sollten ausweichen.

„Was jetzt?" fragte Anita.

Der Kapitän grinste. „Das werden wir gleich sehen. Natürlich machen wir uns fertig zum Manöver des letzten Augenblicks, aber vorher wollen wir doch sehen, ob wir den Kerl nicht zum Abdrehen zwingen können. Ich rufe ihm etwas hinüber, und ihr brüllt und tobt dazu protestierend. Das macht sich immer gut."

Er ließ sich von Georg das Megaphon mit Verstärker reichen, sah kurz auf einen Zettel aus seiner Windblusentasche und donnerte: *„Mure a dritta! Mure a dritta!"* zu dem Spinnakersegler hinüber.

Wir alle heulten dazu so empört auf wie ein Stadion voller Fußballfans bei einem Foul an ihrem Lieblingsstürmer.

Zu meinem Erstaunen wurde die Mannschaft des Italieners prompt von biblischer Verwirrung ergriffen. Der Mast stürzte zwar nicht gleich um, aber sie drehten eine enge Halse, wobei sich der Spinnaker um Vorstag und Wanten wickelte, und dann trieben sie hilflos ab.

„Ausgezeichnet!" bemerkte B. A. zufrieden. „Das hat ja prächtig funktioniert!"

„Darf man erfahren, großer Meister, was Ihr den Welschen zugerufen habt?" fragte Berta.

„Mure a dritta heißt nichts anderes als Backbordbug auf italienisch. Ich habe natürlich immer eine Karte mit den notwendigsten Zurufen, in mehrere Sprachen übersetzt, in der Westentasche."

„Du bist mir schon ein gerissenes Schlitzohr, Kapitänchen!" lobte Berta.

„Das muß auch so sein." B. A. litt nicht an Bescheidenheit. „Dumme Schlitzohren werden nie eine Regatta gewinnen."

Dann wurde es wieder so langweilig wie das Säumen von Leintüchern, um mit Berta zu sprechen. Bis zur Dwarstonne in Porto Buso war es noch weit.

Wer das Thema von Arnolds Bart anschnitt, weiß ich nicht mehr. Berta erklärte jedenfalls, ein Bart müsse oft geschnitten werden und dürfe nur langsam wachsen, sonst sähe er eben so aus wie der Gelübdebart des Professors, wie eine Verkleidung . . .

„Es war auch eine Verkleidung", ließ sich der Professor vernehmen. „Ich bin froh, daß dieser unangenehme Filz jetzt weg ist. Inzwischen ist über die Geschichte so viel Gras gewachsen, daß ich darüber sprechen kann. Diesen häßlichen Bart habe ich mir im Exil wachsen lassen. Zusammen mit der dunklen Brille sollte er mein Gesicht verbergen. Ich bin mir zwar lächerlich damit vorgekommen, aber in meiner Not ist mir nichts besseres eingefallen. Es ist ein schreckliches Gefühl, wenn man von allen mit Abscheu angestarrt wird, wenn man die ausgestreckten Zeigefinger sieht, das Tuscheln hört, die Blicke spürt... Ja, ich bin geflohen und habe mich im Moorbad versteckt. Ich würde vielleicht heute noch dort im Schlamm sitzen, hätte ich nicht das Glück gehabt, unseren Boris zu treffen."

Nach dieser geheimnisvollen Einleitung des Professors sahen wir uns etwas unbehaglich an. Simon war es, der in seiner groben Art ausdrückte, was sicherlich alle dachten: „Sieh mal einer an! Unser lieber Professor ist in Wirklichkeit ein langgesuchter Verbrecher und Mörder. Deshalb ist Esther auch so erschrocken, als sie zum ersten Mal sein wahres Gesicht erblickte. Mußt du dich beim Landgang verkleiden, oder wirst du in Italien noch nicht gesucht?"

„Bremse deine wuchernde Phantasie", lachte B.A. „Arnold hat weder jemanden beraubt oder umgebracht, noch wird er wegen eines anderen kriminellen Delikts gesucht. Er wurde auf ungeheuerliche Art öffentlich verleumdet... Aber erzähl das doch selber, Arnold!"

Wir rückten näher an den Professor heran, und er erzählte seine unglaubliche Geschichte.

„Habt ihr vielleicht bei den Nationalrats- und Gemeindewahlen die Wahlkampagne der Vereinigten Grünen Umweltschutzpartei verfolgt?" begann er.

„Das habe ich", sagte Berta. „Sehr genau sogar, weil ich schon fest entschlossen war, diese neue Partei zu wählen, damit endlich fraktionsfreie und umweltbewußte Leute ins Parlament und die Gemeinderäte kommen und es die traditionellen Großparteien mit ihren Lobbies nicht so leicht haben, die letzten Alpenwildwässer, Wälder und Auen machtpolitischen Interessen zu opfern. Ich war damals sehr enttäuscht, das muß ich schon sagen, als sich dann herausstellte, daß die meisten politischen Zugpferde dieser Partei in schlimme Skandale verwickelt waren, die ein ganz anderes Licht auf ihre scheinbar so lauteren Absichten warfen."

„Hast du zufällig auch die Artikel über Sexorgien in einer bestimmten Klinik gelesen?" Der Professor lächelte schief.

„Oh! Davon waren ja alle Blätter voll. Daß sich so etwas vor den Augen der Öffentlichkeit abspielen kann ohne..."

„Das war meine Klinik", sagte der Professor.

Berta riß die Augen auf. „Das war... Himmel! Du... Du bist *dieser* Lullinger?"

150

„Ganz recht, meine Liebe. Ich bin dieser Sexprofessor, dieser Nudistenpapst, dieser Porno-Primarius, dieser Unhold im weißen Unschuldskittel, dieser Frauenverführer, dieser Voyeur hinter dem Ambulanzvorhang und was man mir sonst noch an schmückenden Beinamen gegeben hat."

Berta sank sprachlos an die Bordwand zurück.

Dr. Lullinger erzählte dann seine Version des Wahlkampfes vom Frühjahr. Ein Komitee, gebildet aus verschiedenen politischen Splittergruppen, war an ihn wie auch an verschiedene andere prominente Wissenschaftler, Künstler, Schriftsteller, Schauspieler und Geschäftsleute mit dem Aufruf herangetreten, sich zum Schutz der schönen Heimat und zur Sicherung einer heilen Umwelt für kommende Generationen in den Dienst der guten Sache zu stellen und für die Vereinigten Grünen in den Wahlkampf zu ziehen. Gegen Waldsterben, Luftvergiftung, industrielle Ausbeutung der Natur, egoistisches Profitdenken, Protektion, Korruption und vernagelte Politokraten.

Arnold schilderte, wie er damals den Ruf des Vaterlandes zu hören glaubte und dem Appell an seine patriotische Pflicht Folge leistete. Wie er, naiv wie der Heilige Georg, losgeritten war, um die scheußlichen Drachen zu töten, die am rot-weiß-roten Herz Österreichs nagten. Wie erste Anfangserfolge sein Sendungsbewußtsein gestärkt hatten, welch erhebendes Gefühl es gewesen war, vor Versammlungen zu sprechen, die Begeisterung der Leute zu spüren, die auch ohne Wahlgeschenke und Versprechungen aus ihrer politischen Lethargie erwachten, weil sie merkten, daß da einer aus ihren Reihen die Mißstände wirklich bekämpfen wollte und sich nicht nur auf Kosten seiner Wähler ein gutes Auskommen schaffen.

Arnold berichtete von Wahlreisen, Veranstaltungen, von den Reden namhafter Naturwissenschaftler, von Interviews in Firmen, Unternehmen und Betrieben; wie plötzlich mehrere Meinungsforschungsinstitute unabhängig voneinander den Vereinigten Grünen echte Chancen auf einige Mandate einräumten und die winzige Partei mit einem Schlag aus dem Schatten der Bedeutungslosigkeit in das Licht der Öffentlichkeit getreten war; wie Journalisten zum ersten Mal mit Interesse anklopften und um Interviews ersuchten.

Ein bitterer Zug lag um Arnolds Mundwinkel, als er dann vom Ende der Partei sprach.

„Als die Zeitungen verkündeten, es wäre so gut wie sicher, daß wir Grünen auf Kosten der großen Parteien Gewinne zu verzeichnen

151

hätten, glaubten wir, gewonnen zu haben. Politisch unerfahren, wie wir alle waren, dachte natürlich niemand daran, daß die etablierten Parteien den drohenden Einzug unerwünschter Grüner ins Parlament übereinstimmend als unangenehme Einmischung in ihr ausbalanciertes System betrachten, sich über alle Ideologiegrenzen hinweg die Hände zu einem Kriegsbündnis reichen und ihren Wahlkampfstrategen einen Exekutionsbefehl für Umweltschützer geben würden.

Ich war erfreut, als sich wenige Tage nach der Veröffentlichung der Meinungsumfrage Redakteure eines mir nicht bekannten Magazins meldeten und meine Mitarbeit für eine Artikelserie mit dem Titel: ‚Wer steht hinter den Grünen?‘ wünschten. Ich sagte natürlich zu, denn das war eine unerwartete und willkommene Unterstützung für unsere Kampagne. Sie kamen mehrere Mann hoch, und ich führte sie einen Tag lang in meiner Klinik herum.“ Der Professor verzog das Gesicht, als schmerze die Erinnerung noch immer. „Eine Woche später erschien der Bericht, und ich war politisch und gesellschaftlich ein toter Mann. Die Partei ließ mich fallen wie eine heiße Kastanie, die meisten Bekannten wollten mit mir nichts mehr zu tun haben, die Ärztekammer erwog meinen Ausschluß. Aber ich war nicht der einzige, der abgeschossen wurde. Einigen meiner neuen Parteifreunde ging es ähnlich. Sie wurden in unsaubere Dinge verwickelt, verleumdet, man legte ihnen Worte in den Mund, die sie nie gesagt hatten, aber sie waren erledigt. Der Rest der Partei zerbrach, und die Wähler wandten sich so enttäuscht ab, wie Berta es vorhin schilderte.“

„Aber wie kamen diese Reporter zu den Pornoaufnahmen?“ Berta war empört.

„Ganz einfach. Wir arbeiteten damals an der Isolierung eines neu aufgetretenen Herpes-Erregers. Bei Hautkrankheiten gehören großflächige Farbaufnahmen zu den wichtigsten Forschungsunterlagen. Es liegt leider in der Natur der Sache, daß Geschlechtskrankheiten hauptsächlich an Geschlechtsorganen auftreten. Als die Herren von der Presse ausgiebig in unserem Fotolabor herumblitzten, dachte ich mir nichts Böses dabei. Ich ließ sie auch Aufnahmen in der Turnhalle machen, wo Psoriasis-Patienten unter UV-Bestrahlung nackt turnen. Das ist eine neue Heilmethode, auf die ich stolz bin, weil sie in unserer Klinik entwickelt wurde und besonders gute Heilerfolge brachte. Frage mich nicht, Berta, wie das Magazin an die Fotos vom Nudistenkongreß in Vrsar herangekommen ist, wo ich vor zwei Jahren einen Vortrag über ‚Vitamin D und die Einwirkung von Sonnenbestrahlung auf die menschliche Haut' hielt. Ich weiß es nicht. Natürlich war ich unbekleidet, wie alle Teilnehmer an diesem Sommer-Symposium.

Ich habe euch das alles nicht erzählt, um mich zu rechtfertigen oder politische Untergrundarbeit anzuprangern, sondern ich wollte damit nur meine Handlungsweise erklären. Für mich war es eine deftige Lehre. Gerüchte sind gefährlicher als AIDS-Viren und können ebenso tödlich sein. Um in der Politik zu bestehen, muß man mehr aufweisen als nur Begeisterung und guten Willen. Es ist ein harter Beruf mit mörderischer Konkurrenz, weil es dabei um gigantische Summen geht, um Einfluß auf Wirtschaft und Industrie. Inzwischen ist mir klar, daß man in der Politik zwar stets von Fortschritt und neuen Wegen spricht, daß dort aber eine Neuerung noch erbitterter bekämpft wird als beispielsweise in fanatischen Religionsgemeinschaften. Das ist eine Erkenntnis, die man als Laie erst verdauen muß, weil sie in krassem Gegensatz zu all den wunderschönen Parolen und Zitaten steht, die man uns in der Schule beigebracht hat.“

„Da hätt' ich aber ein paar über die Klinge springen lassen!“ Simon Rebitschek stieß das mit derart zornerfüllter Stimme hervor, daß wir ihn alle überrascht anblickten. Tatsächlich, seine Augen funkelten gehässiger, und seine Kinnbacken mahlten ergrimmter als die des Professors, dem man ja das alles angetan hatte.

Rebitschek war wirklich ein Hitzkopf. Der Professor sagte nichts, schien aber im nachhinein froh zu sein, daß der messerwerfende Ministerialbeamte nicht zu seinen Parteigängern gehört hatte.

Aber auch Barawitzka saß nachdenklich am Steuer. Entwarf er vielleicht neue politische Strategien? Spielte er mit dem Gedanken, sich als Wahlkampfleiter zu versuchen, nur um seine Gerissenheit und seine Gewitztheit an neuen Gegnern zu messen?

Von achtern war während der Erzählung des Professors eine schnittige Yacht aufgekommen. Ein großer Leichtwetter-Spiballon zog sie rasch näher. In etwa einer halben Meile Abstand flatterte dann auch noch ein bunter Big Boy in Lee hoch.

B. A. drehte sich einige Male um, nahm aber das heranrauschende Schiff gelassen zur Kenntnis. Er schüttelte den Kopf, als sich Simon erbot, auch auf der STRAWANZER den Spinnaker zu setzen. Er hielte das für verfrüht, meinte er, erst sollten die einfacheren Segelmanöver wie am Schnürchen klappen.

153

Entspannt saß er am Steuer und genoß den Sonnenschein und ein kühles Bier, während die schnelle Yacht, eine First 42 mit überkompletter Mannschaft, an uns vorbeizog.

Ich wollte gerade ein Dankgebet zu den Altocumulus-Wölkchen schicken, denn normalerweise läßt sich Barawitzka nur ungern überholen – da geschah das Unvorhergesehene!

Eins gegen eine Million mögen die Chancen stehen, daß man in einer bestimmten Ecke der Adria, zu einer bestimmten Minute, ein bestimmtes Schiff mit einem bestimmten Bekannten an Bord trifft. Aber genau um 12.08 Uhr am Donnerstag traf das Unmögliche ein.

„He! Barawitzka!" winkte der Steuermann herüber. „Wohin des Wegs mit dieser lahmen Ente? Wohl auf Kaffeefahrt mit den reizenden Damen, wie? Geben Sie uns doch mehr Raum, Kollege, hier wird für eine Regatta trainiert. Ha, ha, ha!"

Beim Klang der leicht näselnden, blechernen Stimme zuckte B. A. zusammen, als hätte ihm jemand einen glühenden Bratspieß durch beide Trommelfelle gebohrt.

Auch ich erschrak bis ins Mark.

„Krobatschek!" stieß der Kapitän mit abgrundtiefem Grimm hervor. Binnen einer Sekunde verwandelte er sich von einem gemütlichen Skipper in einen sich nur mit Mühe beherrschenden Zornbinkel. Er knirschte mit den Zähnen, krallte sich am Steuerrad fest, sein Bier fiel um und plätscherte unbeachtet ins Cockpit.

Simon, noch immer gereizt wegen Arnolds Geschichte, plärrte sofort zu dem anderen Boot hinüber: „Wir halten Kurs! Wir sind auch im Training, ihr Nudelaugen!"

Dr. Krobatschek grinste breit. „So? Dann paßt mal auf, ihr Jausensegler!"

Die Crew auf dem anderen Boot sprang durcheinander, blitzschnell schifteten sie das Großsegel, nahmen es sofort wieder zurück, und dann kurbelte B. A.s Erzfeind höhnisch lachend am Rad.

„Achtung! Regel 38.2. Ich luve!"

Der fremde Bug drehte angriffslustig auf uns zu.

Aus den Augenwinkeln sah ich Simon an die Gennakerschot springen und packte beim Großsegel zu. Barawitzka wirbelte unartikuliert schimpfend das Rad herum, und die STRAWANZER schoß mit killenden Segeln in den Wind.

Tohuwabohu!

Unter wogenden und flatternden Segeln sahen wir nur mehr die Schaumspur der anderen und hörten das vielstimmige Gelächter.

Das tat weh! Da fuhr uns allen das Adrenalin in die Adern, da heulten wir auf vor Rachedurst! Alles kluge Gerede über konzertierte Manöver und schrittweises Training verdampfte in der heißen Wut über diesen sinnlosen, heimtückischen Anschlag des DDSG-Vizekommodore.

In fünf Minuten war der große Allroundspinnaker an Deck gezerrt, angeschlagen – von wem und wie, das wußte später niemand mehr – dann flog die lange Tuchwurst zum Mast hoch, während Simon noch mit dem losen Spibaum übers Vorschiff torkelte.

„Tuchwurst" war wirklich die beste Beschreibung für den STRAWANZER-Spinnaker. Ich sah zum ersten Mal einen Spistrumpf in Aktion. In San Giorgio hatte ich Simon noch geholfen, den Spinnaker sauber an den Lieken auszurichten und dann wie einen zusammengeklappten Regenschirm mit der langen dünnen Nylonhaut zu überziehen. Das ging flott von der Hand, der Überzug war aus elastischem, dünnem Material, und man konnte ihn wie einen Damennylonstrumpf mit zwei Händen zusammenraffen, statt der Zehen den Wirbelschäkel des Spinnakerkopfes durchstecken und ihn dann sozusagen „anziehen". Das ging sagenhaft einfach und um vieles schneller als unser früherer Trick mit dem Kübel ohne Boden und den Gummiringen, mit dem wir auf der HIPPODACKL die großen Vorwindsegel gebändigt hatten.

Diese Spiwurst hatte beinahe keinen Windwiderstand und konnte deshalb mit einer Hand gesetzt werden, sie verwickelte sich nirgends, und das Segel wurde entfaltet, indem ein Hochholer einen Karbonfaserring zurückzog wie eine Strumpfpasse; alles blieb oben am Fall, bis der Überzug wieder gebraucht wurde, um den Spinnaker zu bergen. So konnte ihn angeblich ein Kleinkind gefahrlos wegräumen, hatte der Professor erklärt.

Aber wir hatten das noch nie ausprobiert.

Setzen und Entfalten ging glatt wie Palatschinkenteigrühren. Alle B.M.s drehten an irgendwelchen Winschen und brüllten einander an, von Barawitzka mit Befehlssalven übertönt.

Dann dehnten sich die neuen Achterholer und die Spinnakerschoten zum ersten Mal unter Zug, und wir jagten dem Feind nach.

Ich verstaute mit Georg den geborgenen Gennaker, dann wollte B.A. auch unseren Big Boy gesetzt haben, und das ganze Manöver begann mir zu mißfallen. Mit einer untrainierten Mannschaft und dem ohnehin schon riskant großen Allround-Spi noch ein gewaltiges Leesegel zu setzen, das erschien mir nun doch zu verwegen.

Ich kletterte zu B. A. ans Steuer. Aber er hörte mir gar nicht zu, sondern plärrte in der Gegend herum; dazwischen kochte er über vor Haßtiraden auf den verwünschten Dr. Krobatschek und sprang ungeduldig auf und ab wie ein kleines Kind.

Da versuchte ich den Professor zur Vernunft zu bringen. Aber der war genauso vom Affen gebissen.

„‚Lahme Ente' hat er gesagt!" knurrte er und starrte durch sein Fernglas. „Lahme Ente! Dem fahre ich aber jetzt über den Rücken, daß er sich nur so wundert." Er setzte sein Glas ab und rief dem Käptn zu: „SIGISMONDO nennt sich die üble Kiste, Heimathafen Lignano. Italienische Nationale. An der Backbordsaling der DDSG-Wimpel. Wenn du mich fragst, hat er sie gechartert. Wir holen auf! Heißa! Drauf!"

Ich schaute auf meinen Nabel, ob ich vielleicht unsichtbar geworden war. Dann spitzte ich die Lippen und pfiff ein paar Töne, nur um zu überprüfen, daß ich auch noch Laute von mir geben konnte. Doch die beiden Schiffsführer hatten mich weder gesehen noch gehört, als wäre ich durchsichtig und stumm. Sie lebten in einer anderen Welt. Sie wollten die SIGISMONDO ausluven, überrennen, rammen, entern, die Crew niedermachen, den Skipper an den Mast nageln, das Schiff plündern und dann in Brand stecken. Das sah ich ihren grimmigen Mienen deutlich an. So blickten keine Sportler drein, so verbissen starrten nur die Befehlshaber der sarazenischen Piratenflotte auf ein fliehendes christliches Kauffahrteischiff, das ihnen nichtsahnend vor den Bug gesegelt war.

„Prost Mahlzeit!" sagte ich und schlüpfte unter Deck, um mir einen nervenstärkenden Schluck aus der Rumflasche zu genehmigen. „Hoffentlich gibt das keinen Bruch!"

Die wilde Jagd fand ein frühzeitiges Ende an der Porto-Buso-Tonne. Bis auf zwei Schiffslängen hatten wir die SIGISMONDO eingeholt, aber überholen ließ sie sich nicht, weder in Luv noch in Lee. Obwohl die STRAWANZER ihrer größeren Länge und Segelfläche wegen schneller lief, entkam Dr. Krobatschek immer wieder unserer Windabdeckung durch exakte und flinke Manöver. Er konnte mit seiner Crew innerhalb weniger Sekunden halsen, während Barawitzka nach einem völlig danebengegangenen Schiftmanöver jetzt lieber geradeaus fuhr.

Ich war ein paarmal unter Deck gewesen (nicht nur um mich geistig zu stärken, sondern um Positionen in die Seekarte einzutragen) und hatte angenommen, daß B. A. oder der Professor inzwi-

... schon war die „Sanduhr" fertig

schen das Manöver zum Runden der Tonne mit der Mannschaft besprochen hatten. Um so erstaunter war ich, als wir dann im schäumenden Kielwasser der SIGISMONDO auf die Tonne zurasten und die Wende ohne weitere Vorbereitungen mit der inzwischen wieder angeschlagenen Genua einleiteten.

Auf der SIGISMONDO ratschten die Winschen, flatterte der losgeworfene Spinnaker und fiel in sich zusammen; da drehte auch B. A. auf Kreuzkurs. Einfach so!

„Spi runter – Genua rauf!" donnerte Barawitzka noch, dann stürzte die Welt ein. Zumindest auf der STRAWANZER.

Mit einem hallenden Knall kam der Spinnaker back und wickelte sich blitzartig wie eine geworfene Bola ums Vorstag; die Genua blieb dadurch auf halber Höhe stecken. Alles flog und ballerte, wie Knackwürste abgebundene Segelblasen waberten im Wind, und die STRAWANZER trieb hilflos in Richtung der nahegelegenen Sandbank.

Ein homerisches Gelächter verklang in der Ferne.

Die Amazonen starrten hilflos das Chaos an, Arnold eilte aufs Vorschiff und zerrte mit Simon an den schlagenden Segeln. B.A. ließ das Steuer los, hob die geballten Fäuste zum Himmel und deklamierte irgendein lateinisches Gedicht.

„Wir müssen den Spi wegschneiden", schrie Simon vom Bug. „Er klemmt wie doppelt angenäht."

Jetzt erwachte ich schlagartig. Um das Vorstag gewickelte Spinnaker-Sanduhren auszudrehen, das war einer der wenigen Tricks, die ich auf der letzten Transatlantikfahrt gelernt hatte.

„Großsegel schiften!" kommandierte ich. „Aber pronto! Bullenstander auf der anderen Seite fest! He, Geoooooorg! Höllenhund! Pack zu! Wir treiben ans Ufer!"

„Laß mich!" herrschte ich den Kapitän an, der jetzt aus seiner Wahnwelt in die Realität zurückkehrte. „Ich mach' das!"

Endlich hatte Georg begriffen. Das Großsegel zeigte nach Luv. Ich ließ die STRAWANZER weiter abfallen, bis die Sanduhr am Vorstag im Windschatten des Großsegels zusammenfiel. Jetzt drehte ich schnell wieder in den Wind, fuhr einen Moment übergeit, bis ein Windstoß vor dem Segel herum in den Spiwickel blasen konnte, und fiel gleich wieder ab.

Vorne bewegte sich etwas: Eine Spiblase schwang in Gegenrichtung ums Stag. Jetzt mußte ich blitzartig das ganze Manöver wiederholen.

„Es funktioniert", heulte Simon begeistert. „Einmal hat er sich schon ausgedreht, weiter so!"

Ich hoffte nur, daß sich das mit der noch zur Verfügung stehenden Entfernung von der Sandbank vereinbaren ließ. In wilden Schlangenlinien geigte ich vor dem Wind herum: abfallen, anluven, übergeigt fahren, sofort wieder abfallen, und das ganze noch mal.

B.A. hockte jetzt vor der Echolotanzeige. „Zwei-fünfzig... Zwei-fünfzig! Das Kielschwert ist oben, mach weiter! Zwei-fünfzig."

Die STRAWANZER tanzte wie ein irrer Derwisch, dessen Turbantuch lockergeworden ist, aber nach jedem Manöver schlenkerte sich eine Spipartie los. Endlich rief Simon: „Er ist frei! Wirf das Fall los, Berta!"

Eine Minute später lag Georg als lebender Briefbeschwerer auf den zusammengeknüllten Tuchbergen, und Simon riß die Genua hoch.

„Zwei Meter... Eins-achtzig... Jetzt wird's seicht", meldete B.A.

158

Gurgelnd schoß die Yacht in die Wende. Einmal, zweimal rumpelte es dumpf unter dem Kiel, dann hörte man nur mehr das Plätschern der Wellen und das Keuchen der erschöpften Crew.

Berta fächelte mit der Hand, als hätte sie etwas Heißes angegriffen. „Also, wenn das jetzt eine gestellte Szene war, damit wir uns das muntere Regattatreiben besser vorstellen können, dann frage ich mich, was uns wohl bei einem realistischen Start erwartet? Huiii! Da kommt das Blut aber in Wallung."

„Ich muß mich bei euch allen entschuldigen", erklärte B.A. und nahm seine Mütze ab. „Es tut mir leid. Ich habe die Nerven verloren. Das war ein unverzeihliches, gefährliches Manöver. So etwas darf einem Skipper einfach nicht passieren. Ihr könnt mir gern jeder eine herunterhauen, ich . . ."

„Mach kein Melodrama draus, B.A.!" Der Professor klopfte dem Kapitän im Vorbeigehen auf die Schulter. „Ich bin ja auch übergekocht wie Gifttopf. Das ist ein widerlicher Mensch da auf diesem Boot. Jetzt muß ich eine Flasche Champagner aufmachen. Wer leistet mir Gesellschaft bei einem Umtrunk?"

„Wohin richten wir unseren Kiel?" fragte ich.

B.A. zündete sich eine Zigarre an. „Kurs Istrien oder kornatische Inseln. Wir verschwinden von hier. Drüben im Exil üben wir erst mal Regattamanöver und ruhiges Blut. Kazunga! Das war aber knapp!"

Wir klarten das Deck auf, holten Gläser, und bei einem Champagnercocktail erzählte Arnold, wie er mit B.A. im Moorbad in Kontakt gekommen war. Schuld daran war Barawitzkas Tegetthoffmütze gewesen. Bei einem Spaziergang im Grenzwald war Dr. Lullinger der bärtige Patient mit der altmodischen Marinemütze aufgefallen. Zwei Tage danach hatte er den Kapitän bei einer gemeinsamen Schlammsitzung angesprochen, und nachdem ihm B.A. bereitwillig die Mützengeschichte erzählt hatte, begann ihre nähere Bekanntschaft.

Da wir nichts weiter zu tun hatten, als Richtung Jugoslawien zu segeln, wollte auch die Crew diese Mützengeschichte hören.

Begonnen hatte sie im letzten Herbst, und zwar so:

Seit ich B.A. Barawitzka kannte, trug er auf See und auch bei maritimen Veranstaltungen an Land – wie Bootsmessen und Hochseeseglertreffen – eine salzwasserfleckige Prinz-Heinrich-Mütze, eine jener schwarzblauen Tuchkappen mit gleichdunkler Stickbordüre an Kappenrand und Stoffschirm. Doch ein unbedeutender

159

GRIECHISCHER ARGONAUT
(1000 v. Ch.)

RÖMISCHER KAPITÄN
(50 v. Ch.)

Zwischenfall am Parkplatz der Austro-Bootausstellung letzten Jahres zerstörte seine Freude an der altgedienten Kopfbedeckung. In der Diskussion nach einer kleinen Karambolage mit einem Surferauto wurde B. A. von der ein Stirnband tragenden Bügelbrett-Zecke: „Du nachgemachter Chichester mit deiner blöden Helmut-Schmidt-Mütze" genannt.

Barawitzka ist im Normalfall nicht leicht aus der Fassung zu bringen, aber wie dereinst Held Siegfried hat er eine verwundbare Stelle – seine Seemannsehre. Wird die verletzt, reagiert er so wild wie ein Bulle, dem man Pfeffer unter den Schwanz gepustet hat. Ich war damals froh, daß eine vorbeikommende Funkstreife mit sachlicher Routine die Schadensfeststellung übernahm, sonst hätte es womöglich noch ein Blutbad gegeben.

Der Blechschaden an Barawitzkas BMW war geringfügig – ein anderer Schaden aber irreparabel. Plötzlich wollte er seine Mütze nicht mehr aufsetzen, schenkte sie seinem jugoslawischen Hausmeister und machte sich auf die Suche nach einer Seglerkopfbedeckung, mit der man ihn nicht für einen Parteigänger des ehemaligen deutschen Bundeskanzlers halten konnte.

Damit begann der ganze Verdruß um die neue Segelmütze. Barawitzka beklagte sich beim nächsten Seglerstammtisch über das mangelhafte Angebot am Kappenmarkt. „Komisch", meinte er, „es gibt inzwischen in Österreich bestimmt ein paar tausend B-Schein-Kapitäne, da sollte man doch denken, daß sich der Handel darauf einstellen würde. In den Segelzubehörgeschäften gibt es aber überall nur die gleiche Importware: den flachen, hamburgischen Elbsegler, dann diese mir verleidete Prinz-Irgendwas-Mütze, und jede Menge komischer Charly-Brown-Kappen, wie sie amerikanische Baseballspieler, Comicfiguren, Astronauten, Schuhputzer, Tankwarte, Touristen und Autorennfahrer tragen, noch dazu mit Reklame. Ich laufe doch nicht als ‚Coca-Cola-Commander' herum." Barawitzka schnaufte durch die Nase. „Gibt es denn nicht Bodenständiges, Österreichisches?"

Der zufällig anwesende Janos Gludowatz wußte Rat. Von der letzten Wahl her verfüge er noch über ein Dutzend netter, rot-weiß-roter Käppchen mit Reißverschlußtäschchen und dem Aufdruck „I mog'n Sinowatz"; davon könne er gern viele ...

Kapitän Barawitzka ging in die Höhe wie eine Tellermine und hielt der versammelten Runde einen bissigen Vortrag über richtige Seglerkleidung.

„Ich bin beileibe kein Etikettfanatiker, Traditionsmeier oder Uniformnarr!" polterte er. „Ihr wißt alle, daß ich betreßte Marineuniformen, Admiralstreifen, goldene Borten und ähnlichen militärischen Schnickschnack an Bord kleiner Segelschiffe lachhaft finde; aber genauso einfältig kommt mir das überbetonte Gegenteil vor: wenn sich Segler so anziehen, als wären sie bei einer Altkleidersammlung ausgestattet worden. Der unmodern gewordene karierte Sakko, der alte Jägerrock, der champagnerfleckige Smoking der letzten Ballsaison, der geblümte Morgenrock aus Istanbul, der Schladminger Bergsteigerhut, Fez, Turban, Tropenhelm und der Strohcalabreser aus Capri haben an Bord nichts verloren. Es ist geschmacklos, auf See nur altes Gewand aufzutragen. Unsere Schiffe führen immerhin eine Nationalflagge, und wir Yachties sind ohnehin schon dabei, unseren guten Ruf zu verlieren, seit wir in Scharen auftreten wie die Nesselquallen. Für jede Sportart hat sich im Lauf der Jahre eine

CAPTAIN HOOK der Pirat (1600)   JAMES COOK (1770)

bestimmte Kleidung als passend erwiesen, davon sollte man nur in extremen Situationen abgehen. Ich laufe ja auch nicht in Südwester und Ölzeug Ski, nur weil ich mir kein passendes Gewand kaufen will."

B.A. brummte. „Aber ich möchte eine Kopfbedeckung, mit der ich weder lachhaft auffalle noch für irgendetwas oder jemand Reklame mache, die nicht aus einer anderen Sportart entlehnt ist oder blödsinnig exotisch wirkt. Wenn möglich, etwas Österreichisches, denn ich betrachte Seesegeln als legitimen österreichischen Sport. Ich will nicht wie ein Angeber mit einer Donaudampfschiffahrtsgesellschaftskapitänskappe herumlaufen, aber auch nicht wie der alte Joe mit einem abgebundenen Damenstrumpf am Steuer sitzen. Ich wünsche mir eine ganz einfache, schlichte Mütze!"

Von allen Seiten hagelte es Vorschläge, die B.A. aber samt und sonders als geschmacklos verwarf.

Jetzt verbiß er sich in das Problem. Er wurde Mützenfachmann.

„Die österreichische Kappenindustrie", empörte er sich eine Woche später, „arbeitet mit demselben Schwindel wie die Schokoladefabriken, die kaltblütig Schoko-Osterhasen in andersfarbiges Stanniol wickeln und als Krampusse und Nikoläuse und zum Jahresende als Glückschweinchen verkaufen oder umgekehrt. Ich habe die renommiertesten Hutgeschäfte besucht, nur um zu erfahren, daß man überall gern bereit wäre, mir durch Aufnähen eines Ankers jede Art von Bademeister-, Straßenbahnschaffner-, Stationsvorstands-, Gaskassierer-, Zöllner- und Nachtwächterkappe zu einer Segelmütze umzufunktionieren. So geht das doch nicht!" B.A. bleckte vor Grimm die Zähne. „Ich will eine Mütze, die mit der Seefahrt traditionsverbunden ist, nicht irgendein Beamtenkappl!"

In den kommenden Wochen wurde er zur Landplage. Wenn er in der Seglerrunde auftauchte, verabschiedeten sich immer mehr Freunde mit auffälliger Hast. Barawitzka studierte jetzt historische maritime Kopfbedeckungen, referierte ausschließlich über dieses Thema und erstickte jede andere Unterhaltung. So brachte er Bilder von griechischen Matrosen auf Vasen, und wir erfuhren interessante Details über die phrygische Mütze, jenes gefilzte Hütchen, das den Kopf angeblich so ideal vor Sonne, Kälte und Zusammenstoß mit niedrigen Decksbalken schützte und sich auch bestens als Unterlage eines eisernen Helmes – der üblichen Landgangstracht jener unsicheren Zeiten – eignete. Wir mußten hören, daß die Phrygenmütze sich auch bei den Phöniziern und anderen seefahrenden

162

ADMIRAL TEGETTHOFF (1866)

U-BOOT-KOMMANDANT (1942)

Völkern jener Epoche eingebürgert hatte und daß die Baskenmütze, neueren Untersuchungen zufolge, ein direkter Nachfahre dieser klassischen Matrosenmütze war. Ob wir wollten oder nicht, wir mußten uns mit Barawitzka wundern, wie die Römer es fertiggebracht hatten, die eisernen Helme ihrer Kapitäne vor Salzwasserkorrosion zu schützen.

„Vielleicht war die römische Marine mit vergoldeten Helmen ausgerüstet?" witzelte Simon. „Das muß prächtig ausgesehen haben bei Sonnenuntergang."

„Im Gegenteil!" brüllte B. A., hingerissen von seinen Erkenntnissen. „Professor McIntosh, der bekannte schottische Mützenforscher, hat das Rätsel gelöst. Auf alten keltischen Ziegenlederzeichnungen waren die Rüstungen der römischen Flottenchefs immer in rostbrauner Erdfarbe angelegt. Und zu Recht – denn man ließ sie absichtlich verrosten! Bei den Triumphzügen der Marine in Rom galt:

HELMUT-SCHMIDT-KAPPE

ELBSEGLER

POPEYES Seemannsmütze   OLD JOES STRUMPF

Viel Rost – viel Ehr! Je korrodierter ein Kapitän zurückkam, einen um so größeren Ruf als weitgereister Seemann genoß er. Ist das nicht unheimlich interessant?"

„Grandios", murmelte Simon, der gewisse chemische Grundkenntnisse besaß. „Damals konnte man also mit einem Liter Salzsäure in wenigen Minuten aus einer blanken Landratte einen wetterzerfressenen Fahrensmann herstellen. Schade, daß das heute nicht mehr gilt. Ich würde sofort eine chemische Segelschule aufmachen und am laufenden Band römische B-Scheine zurechtrosten."

Georg wollte wissen, wie das wohl bei den Lateinern gewesen wäre bei „Mann über Bord"? So schwere Beinschienen, Helme und Kürasse hatten doch sicher nicht viel Auftrieb geboten.

„Das entsprechende Kommando hieß damals ja auch R.I.P.", erklärte Simon ungerührt. „*Requiescat in pace.* Damit nicht erst unnötige Manöver gestartet wurden. Ausgeschäumte Rüstungen gab es erst viel später."

Aber Barawitzka war schon dabei, den Einzug der breitrandigen Schlapphüte an Bord der Segelschiffe des 16. Jahrhunderts zu erklären.

„Sie sahen prächtig aus, diese Kapitäne mit ihren Stulpenstiefeln, geschlitzten Wämsen, Schärpen, Pluderhosen, Degen und Musketierhüten mit Reiherfedern. Ihr kennt diese Tracht aus den alten Seeräuberfilmen oder von den Bildern der holländischen Meister. Aber ihr könnt euch sicherlich vorstellen, was solche Schlapphüte aufführten, wenn es einmal aufbriste? In den unpassendsten Momenten legte sich dann die Krempe über Augen oder Ohren. Ein gefährlicher Unfug. Was machte man also?"

Wir wußten es nicht. B. A. dröhnte: „Man bog die Krempe an ein paar Stellen hoch, nähte sie fest – und *voilà*, der Dreispitz war erfunden, meine Herren!"

Georg applaudierte. „Du mußt dir unbedingt so einen Dreispitz machen lassen, Kapitän! Dann würdest du richtig schiffig aussehen."

B. A. knurrte: „Blödsinn! Etwas Unpraktischeres als einen Hut mit drei Ecken gibt's gar nicht. Nach jeder Bö muß das Meer rund um die alten Linienschiffe bedeckt gewesen sein mit Dreispitzen. Die englische Flotte verbrauchte mehr Hüte als Kanonenkugeln, das geht eindeutig aus der Korrespondenz der Flottenbuchhaltung mit den obersten Seelords hervor. Aber hört! In den napoleonischen Kriegen machte eine neue Hutform Furore – der Tschako. Ungarische Husaren – alte Galoppreiter – hatten ihn erfunden, weil auch ihnen der Dreispitz dauernd davonflog. Sie schnitten die Hutkrempe kurzerhand ab, ließen nur ein Stück zum Beschatten der Augen stehen, banden den Tschako mit einem Strick unters Kinn – und konnten ab sofort beidhändig reiten und fechten wie die Teufel. Französische Grenadiere nähten Bärenpelze und Blechkokarden dran und marschierten damit quer durch ganz Europa. Die britischen Seelords hörten von diesem neuen Wunderhut, und mit den Einsparungen nach Waterloo und den ersten Dampfschiffen wurde der leicht veränderte Tschako auch bei der Marine eingeführt, jetzt aus Tuch genäht, mit Schirm und Sturmriemen. Als ‚englische Kappe' wurde diese neue Mode gegen Mitte des vorigen Jahrhunderts von allen Marinen der Welt übernommen." Barawitzka sah uns gespannt an.

„Fürwahr, ein weiter Weg von der Phrygenmütze zur englischen Kappe", lachte Simon. „Höre, B. A.! Ich habe was für dich. Meine Frau hat ihren alten dunkelblauen Schlapphut ausrangiert. Den kannst du haben. Du schneidest die Krempe an drei Seiten weg, bindest einen Strick daran, nähst einen Anker auf, und – zack! – schon hast du einen Original-Seetschako. Eine Seglermütze von größerer historischer Echtheit und vornehmerer Schlichtheit gibt es auf allen sieben Meeren nicht."

B. A. verlor kurzfristig das Interesse an diesem Thema. Damit war aber das Problem seiner Mütze noch nicht gelöst.

Am nächsten Sonntag erblickte er „seine" Mütze. Leider lag sie in einer Vitrine der Marineabteilung des Heeresgeschichtlichen Museums im Arsenal, und der Museumsdirektor weigerte sich hartnäk-

165

kig, das Prunkstück seiner Sammlung an Barawitzka zu verkaufen. Es handelte sich immerhin um Admiral Tegetthoffs Dienstmütze aus dem Jahre 1866, die er am stolzen Tag seines Seesieges bei Lissa getragen hatte.

„Die und keine andere will ich!" schwor B.A. „Wenn ein österreichischer Hobbykapitän eine Mütze aufsetzt, dann muß sie selbstverständlich österreichische Tradition haben. Und welche Kappe erfüllt diese Forderung besser als Tegetthoffs Mütze?"

Jetzt wurde B.A. ausgesprochen lästig. Er bemühte den Fundus der Bundestheater, er lauerte dem Unterrichtsminister auf offener Straße auf, annoncierte im *Torpedo*, dem Mitteilungsblatt des Marine-Kameradschaftsbundes, er wurde Stammgast bei Antiquitätenhändlern. Er beleidigte eine Reihe angesehener Hut- und Kappenerzeuger, weil sie die kaiserlich-königliche Marinedienstmütze von 1860 nicht mehr auf Lager hatten. Er erhielt einen Dreispitz vom Rosenkavalier, eine U-Boot-Mütze, einen Sarazenerhelm, eine Flurwächterkappe der Gemeinde Wolkersdorf aus dem Jahre 1802 und jede Menge Matrosenmützen von den Wiener Sängerknaben. Aber keine altösterreichische Kapitänsmütze.

Jetzt packte ihn heiliger Eifer. „Wenn Heinrich Schliemann Troja gefunden hat, werde ich doch diese vermaledeite Kappe irgendwo ausgraben!" rief er und ging in die Nationalbibliothek. Dort saß er wochenlang im Lesesaal, später im Kriegsarchiv, und ließ sich die ältesten und verstaubtesten Wälzer geben. Die Archivare sahen einander schon vielsagend an und tippten sich heimlich an die Stirn, wenn B.A. in die ehrwürdigen Hallen stürmte, auf der Suche nach dem Schnittmuster für Tegetthoffs Mütze. Seine Hartnäckigkeit hatte im Februar Erfolg. Er stieß auf die ärarische Bekleidungsvorschrift aus dem Jahre 1860 für die kaiserliche Marine. Sauber in Kurrent geschrieben, fand er hier alle Maßangaben in Wiener Zoll und Linien, genaueste Materialbeschreibung und vorschriftsmäßige Adjustierung. Seine Großmutter übersetzte das historische Dokument – von Kaiser Franz Josef als eines der ersten Dekrete nach seiner Thronbesteigung persönlich bewilligt und unterschrieben:

„MARINEURKAPPE: Von dunkelblauem Tuch. Der über die Stirne tief wölbende schwarz lakierte Lederschirm mißt in seiner größten Breite 1²/₃ Zoll. Ein schwarz lakiertes, einen halben Zoll breites Sturmband, welches an zwei kleinen Marineknöpfen befestigt ist, liegt, wenn es nicht gebraucht wird, vor der Naht, die das Tuch mit dem Schirm verbindet.

166

CHARLY-BROWN-KAPPE BARAWITZKA-MÜTZE
(1980) (1985)

Der cilindrische oben und unten mit einem Passepoil von dem gleichen Tuch versehene Theil der Kappe ist mit einem 1½ Zoll breiten, genau bis an die Passepoils reichenden goldenen Bande besetzt. Der Kappenteller ist kreisförmig und durch einen zollbreiten Ansatz mit dem cilindrischen Theil der Kappe verbunden. Die Verbindungsnaht ist passepoiliert. An der vorderen Naht, 4 Linien unter dem Kappenteller, ist eine Rosette von Gold angebracht."

Barawitzka sammelte Zeichnungen, ließ Gemälde fotokopieren, fand genaue Beschreibungen der Knöpfe und Rosetten und begab sich dann auf die Suche nach einem geschickten Kappenmacher, der das Prachtstück originalgetreu anfertigen konnte.

Ich erinnere mich noch an sein triumphierendes Gesicht, als er zum ersten Mal mit seiner Tegetthoffmütze in der Seglerrunde auftauchte. Man sah ihr die Tradition schon von weitem an. B. A. hatte keine Kosten gescheut, um auch Accessoires wie schwarz lackiertes Lederband und Lederschirm sowie die schwarz-goldene Rosette aufzutreiben. Mit billigem Plastikschirm, Eisenbahner-Pfeiferl-Schnur und aufgenähtem Allerweltsanker wollte er nichts zu tun haben. Seltsamerweise hatte das altmodische Ding aber einen unwahrscheinlichen Charme und Schick, so daß sogar Janos die Mütze aufprobierte und sich wohlgefällig so lange im Waschraumspiegel betrachtete, daß wir ihn besorgt suchen gingen.

„Ich werde sie einfach ‚Barawitzka-Mütze' nennen", meinte unser Kapitän in seiner bekannt selbstlosen Art, „weil ich ja Tegetthoffs eineinhalbzölligen Goldstreifen nicht habe anbringen lassen und sie auf meinen Wunsch auch nicht von dunkelblauem Tuch ist, sondern aus leichterem Material, wie es sich für eine Mittelmeermütze geziemt."

Als Barawitzka mit seiner Schilderung zu Ende war, leuchteten die Augen der Zuhörer wie die von Kindern, die soeben das Märchen von Sindbad dem Seefahrer und seiner abenteuerlichen Suche nach dem verlorenen Turban des Kalifen gehört haben.

B.A.s Mütze ging von Hand zu Hand. Berta probierte sie auf und fragte, ob wohl auch sie von B.A.s Kappenmacher ein Maßmodell genäht bekommen könnte. Barawitzka versprach ihr eine Intervention und wandte sich dann an Georg, der an dem Tag die Backschaft innehatte.

„Da sind irgendwo so zwei hohe Dosen mit köstlicher Minestrone, Georg", trug er diesem auf. „Die machst du warm. Dann gibt es noch diese breiten Dosen mit Parmaschinken in Pilzsauce. Die brauchst du nur im Backrohr warmzustellen. Dazu kochst du Tagliatelli verde. Das gibt ein rasches, sehr schmackhaftes Menü. Als Nachspeise könntest du Dosenpfirsiche mit Schlagschaum servieren. Was hältst du davon?"

„Aye, aye, Sir!" Georg salutierte wie ein Bootsmann der kaiserlichen Marine und verschwand in der Kombüse.

Als er eine halbe Stunde später zu Tisch bat, erklärte er bekümmert: „Da gab's ein kleines Problem, Käptn: die unbeschrifteten Dosen. So ganz nach deinem Vorschlag ist es nicht geworden, aber es war das Beste, was ich aus den vielen geöffneten Dosen herstellen konnte. Dort in der Abwasch steht noch Material für das Abendessen. Ich hoffe, daß jemand Phantasie genug hat, aus 250 Gramm Linsen, einem halben Liter Fischsuppe, Apfelkompott und schwarzen Oliven etwas Schmackhaftes zuzubereiten. Ich konnte das Zeug nicht mehr verwenden."

Er servierte uns die sogenannte Freitags-Kantinen-Suppe. Sie setzte sich zwar nicht wie echte Wochenendsuppe aus lauter Resten zusammen, schmeckte aber ziemlich ähnlich, weil sie aus lauter verschiedenen Halbliter-Suppen komponiert war: ein Gemisch aus Buchstaben-, Leberreis-, Erbsen-, Frühlings- und Spargelcremesuppe.

Das Hauptgericht bestand aus einer Riesenschüssel Maispolenta, mit Cocktailwürstchen garniert, und anschließend offerierte Georg Kaffee und Salzletten oder grüne Feigen in Sirup, weil die Dosenpfirsiche unauffindbar geblieben waren.

B.A. war sichtlich erschüttert. Er hatte seine Magennerven auf

Minestrone und Parmaschinken eingestellt, durfte aber nicht öffentlich meutern, da ein gerechter Kapitän versuchen soll, vom gleichen Fraß zu leben wie die Crew. Auch konnte er nicht verlangen, daß auf der Stelle alle Dosen geöffnet wurden, das wäre Verschwendung gewesen. So langte er tapfer zu.

Doch an der Art, wie er überall nur ein, zwei Löffelchen probierte, merkte man, daß er keinen großen Appetit entwickelte. B. A. konnte 48 Stunden ununterbrochen am Steuer stehen, er wurde nie seekrank, er scheute sich nicht, bei Segelmanövern jeden Handgriff selber zu tun; aber eintönige oder geschmacklose Kost zermürbte ihn in ganz kurzer Zeit.

Erst unsere ETA, die vorausberechnete Ankunftszeit in Rovinj, ließ ihn wieder aufleben. Blieb der Wind bis zum Abend stehen, mußten wir die goldene Figur der Heiligen Euphemia auf dem Kirchturm über dem Hafen schon gegen sechs Uhr ausmachen können. Der Kapitän schwärmte deshalb ausgiebig von gegrilltem Fisch in Knoblauch und Petersilie, von gebackenen Tintenfischen, dalmatinischem Rohschinken, Schafskäse, Slivovitz, von grünen und schwarzen Oliven und eingelegten Pfefferonis, die er in einem bestimmten Restaurant in Rovinj zu bestellen gedachte.

Natürlich hielt der Wind nicht durch, es wäre auch ein Wunder gewesen. Er starb, und wir motorten eine Weile. Dann kam Rückenwind auf. Arnold setzte den Spinnaker, worauf die Brise aus unerfindlichen Gründen sofort beleidigt einschlief. Dann prasselte unversehens ein Platzregen herunter. Bis wir völlig durchnäßt in Ölzeug verpackt an Deck erschienen, riß ein frischer Magistrale die Wolken auseinander, die Sonne strahlte vom heiteren Himmel, und wir begannen in den schweren Kombinationen zu dampfen wie Soufflés im Wasserbad. Doch als wir Gummistiefel und Brustlatzhosen abgestreift hatten, setzte Nieselregen ein.

Aber so ist das eben in der Adria.

Renate Zeck führte später ein küchentechnisches Gespräch mit B. A., und dabei stellte sich heraus, daß sie Spezialistin für *Spaghetti carbonara* war.

„Das ist aber interessant!" rief Barawitzka. „Ich liebe echte Köhlerspaghetti. Aber irgendwie bekomme ich das mit den Eiern nie so richtig hin. Die werden mir immer zu flockig oder zu hart. Die cremige italienische Sauce, das Geheimnis an diesem köstlichen Gericht, ist mir noch nie gelungen."

Renate lachte. „Das ist überhaupt nicht schwer. Hier das Rezept:"

169

SPAGHETTI CARBONARA (Köhlerspaghetti)

Mengenangabe für einen hungrigen Segler. Läßt sich leicht für überfüllte Yachten multiplizieren.

1 EL Öl oder Butter
1 Ei
50 g geräucherter oder gepökelter Speck
1 EL geriebener Schafskäse *(Peccorino)*
1 EL geriebener Parmesankäse
1 geschälte Knoblauchzehe
Salz + Pfeffer
50 bis 100 g Spaghetti (je nach Hunger)

Das Geheimnis der *Spaghetti Carbonara* ist das „Timing". Also bitte aufpassen, sonst gelingt das köstliche Gericht nicht.

Pro 100 g Spaghetti 1 Liter Wasser und 2 gestrichene Teelöffel Salz (10 g) aufkochen. In tiefer Pfanne gewürfelten Speck und Knoblauchzehe in Öl goldbraun braten. Gleichzeitig Spaghetti in sprudelnd kochendem Wasser genau nach Vorschrift *al dente* kochen (meistens genügen 7 Minuten, Nudeln müssen noch bei der Kostprobe den Zähnen einen deutlichen Widerstand entgegensetzen, sonst sind sie schon zerkocht und zu weich). Wird der Speck zu schnell braun, vom Feuer nehmen und erst wieder aufsetzen, wenn die Nudeln im Sieb abtropfen. Ebenfalls in der Zwischenzeit Eier mit dem Schafskäse versprudeln. Nun die abgetropften Spaghetti, ohne sie kalt abzuspülen oder auskühlen zu lassen, sehr heiß in die Speckpfanne werfen, vorsichtig umrühren und sofort alles vom Feuer nehmen. Die gesprudelten Eier vorsichtig unterrühren, mit Parmesan bestreuen und sofort servieren.

Barawitzka gab keine Ruhe, bis Renate sich bereiterklärte, statt einer Kaffeejause eine Kostprobe *Spaghetti carbonara* zuzubereiten.

So schnell, wie B.A. gehofft hatte, erhielt er sein Leibgericht allerdings nicht. Denn erst jetzt stellte sich heraus, daß Georg am Herd eine entsetzliche Schweinerei angerichtet hatte. Suppe, Polenta, Senf und eine Menge undefinierbarer, unappetitlicher Dinge verkrusteten die Herdplatte wie geschmolzene Schlacken einen alten Hochofen. Renate mußte sich erst an eine größere Säuberungsaktion machen.

Ich setzte mich in die Navigationsecke, um wieder nach Wetterberichten zu lauschen.

Kurz darauf explodierte der Petroleumkocher, und in der Kombüse entstand ein Flächenbrand. Ich sah den hellen Feuerschein und stürzte herbei. Am Herd brannte etwas unter gewaltiger Rußentwicklung, und gelb zuckende Flammenbänder rannten überall auf dem Fußboden und den Kästchen herum. Renate schwang eine Decke oder etwas Ähnliches, schlug auf die Flammen ein und versuchte, den Brand zu ersticken. Ich riß den Feuerlöscher von der Wand, brauchte aber viel zu lange, um ohne Lesebrille die Gebrauchsanweisung zu entziffern. In der Zwischenzeit gelang es Renate wirklich, alle Flammen mit der Primitiv-Methode zu löschen. Sie leerte Wasser über glimmende Fetzen und rauchende Reste.

„Feuer aus!" brüllte ich zum Niedergang, durch den es jetzt Rettungsmannschaften regnete wie Fallschirmjäger bei einer Luftlandeübung. „Laßt um Gottes willen die Schaumlöscher in Ruhe! Alles unter Kontrolle!" Ich hatte schon einmal auf der HIPPODACKL erlebt, welch schreckliche Schweinerei übereifrige Helfershelfer mit Feuerlöschern anstellen können.

Es stank entsetzlich nach Petroleum und Verbranntem; Renate und ich husteten in dem Qualm herum, bis Georg auf die glorreiche Idee kam, uns an die frische Luft an Deck zu zerren.

„Was war das jetzt?" wollte B.A. wissen.

„Speckwürfel für *Spaghetti carbonara!*" weinte Renate und rieb sich die tränenden Augen mit den rußigen Fingern, bis sie aussah wie ein Kumpel aus dem Kohlenpott.

„Nein, ich meine, was war mit dem Kocher?"

Das konnte sie nicht erklären. Sie hatte Spiritus in die Brennerpfannen gegossen, ihn angezündet und dann den Tank aufgepumpt. Dabei fing der ganze Herd Feuer. „Ich dumme Gans!" heulte sie.

Ich sagte ihr, daß ich ihre Kaltblütigkeit und Geistesgegenwart bewunderte, aber sie heulte weiter. Georg, der mit Frauen besser umgehen konnte, nahm sie in die Arme und sprach ihr tröstend zu.

„Wie sieht's da unten aus?" wollte B.A. von mir wissen. „Sind noch genügend Zutaten für einen neuerlichen Versuch mit *Spaghetti carbonara* vorhanden?"

Ich lebte auf. Unser Kapitän war wieder der alte. Das Schiff war

171

zur Hälfte abgebrannt, aber ihn interessierte nur, ob das Abendessen durch die Katastrophe nicht verzögert wurde.

„Ich geh' nachsehen", versprach ich. „Die Brandursache interessiert mich nämlich auch."

Mit stinkenden, verbrannten Fetzen wischte ich den Ruß vom Herd. Alle Brennerhähne waren geschlossen. Ich griff zum Pumpenhebel, aber kaum hatte ich ihn spielerisch ein wenig hin und her geschoben, als Petroleum von den Brennern tropfte. Das war befremdlich. Eine kurze Kontrolle ergab, daß der Tank drucklos war; doch auch im Backrohr schwamm alles in Petroleum. Ich drehte an den Hähnen, sie ließen sich nicht öffnen, aber – Himmel, Kazunga und Heizungstechniker – die Drehgriffe steckten verkehrt drauf! Wahrscheinlich waren sie bei der Reinigung abgezogen und danach falsch angebracht worden. Die Brennerhähne waren offen gewesen, als Renate Druck in den Tank pumpte. Deshalb floß Petroleum aus, rann über, entzündete sich am brennenden Spiritus – Flächenbrand!

Schon wollte ich den verbrannten Fetzen wegwerfen, da fiel mein Blick auf eine halbwegs unversehrte Stelle, die mir seltsam bekannt vorkam. Ich sah näher hin. Komisch! Dieser alte, verbrannte Stoff hatte ein Muster, das mich an das Futter meines Seerocks erinnerte. Ich hätte geschworen, daß es dieses Muster nur einmal auf der Welt gab. Ich drehte das stinkende, löchrige Ding in der Hand. Das mußte einmal eine Jacke gewesen sein. Aber . . . Ganz plötzlich wurde mir sehr seltsam zumute. Eine schlimme Vorahnung stieg in mir auf, ich murmelte: „Nein, nein! Das ist nicht möglich." Ich hielt das Stück ans Licht – und jetzt blieb mir beinahe das Herz stehen.

Der hellblaue, verschossene Lodenstoff, die grünspanigen Messingknöpfe waren zu einmalig, als daß es noch Zweifel hätte geben können. Meine Finger ertasteten einen kleinen Metallgegenstand, den ich nur zu gut kannte: eine Anstecknadel mit einem Wappen, dem Hamburger Wappen. 1958 hatte ich sie an die Jacke gesteckt, damals vor dem kleinen Souvenirladen an den Landungsbrücken in St. Pauli. Ich spürte, wie es mich links und rechts von der Nasenwurzel zu beißen begann und mir die Augen feucht wurden. Der Anblick tat weh. Es war, als hätte ich zufällig einen fremden Toten umgedreht und müsse nun in das zerstörte Gesicht eines alten Freundes starren.

Es war tatsächlich mein alter blauer Seejanker, den Renate erwischt hatte, um das Feuer zu ersticken. Und er war dabei umgekommen. Verkohlt, verbrannt, der Kragen löchrig gesengt, die frü-

172

her blaue Außenseite unkenntlich, an mehreren Stellen bis auf die Wattierung durchgeschmort. Da half kein Putzen mehr, kein noch so geschickter Schneider.

„Ich fürchte, das war deine letzte Fahrt, alter Freund", murmelte ich, und jetzt rannen mir wahrhaftig die Tränen über die Wangen.

Der alte blaue Janker war kein Kleidungsstück gewesen, sondern ein treuer Freund, der mich dreißig Jahre lang auf allen Reisen begleitet hatte. Abgeschabt, sonnengebleicht, salzwasserfleckig und unansehlich war er dabei geworden, genau wie ich. Aber ich hätte mich nie von ihm getrennt, ihn nie gegen eine noch so schöne neue Jacke eingetauscht. Wir hatten zuviel miteinander durchgestanden, er war ein Teil meines Lebens geworden. Und jetzt war er am Ende aller Reisen.

Irgendwelche Leute polterten in die Kajüte. Ich ging weg und setzte mich mit den Resten des Jankers ganz vorn in den Bug, wo ich allein war.

Aus einem Rest Mantelstoff hatte ihn vor dreißig Jahren mein Bruder, damals noch Schneiderlehrling, genäht, mit hohem Aufstellkragen, vier Taschen außen und vier Taschen innen, dick gefüttert und doppelt geknöpft. Auf allen Donaufahrten hatte ich ihn angehabt, in der Adria, in der Ägäis, in der Ostsee, im Nordatlantik, in Grönland und in Schweden. In kalten Saharanächten hatte er mich genauso gewärmt wie bei Biwaks in den Alpen. Auf einsamen Nachtwachen bargen seine vielen Taschen alles, was ein Seemann bei der Hand haben muß: eine kleine Schnapsflasche, Handschuhe, Zigaretten, Feuerzeug, Notizbuch, Taschenlampe und die Mundharmonika. Aus seinem filzigen Stoff hatte ich kanadische Kletten geklaubt und mexikanische Hochlanddornen gezogen. Jetzt lagen dreißig Jahre Erinnerung als verbrannter Fetzen vor mir auf dem Deck.

Ich riß mich zusammen, bevor die Trauer über mir zusammenschlug.

„Du bekommst ein Seemannsbegräbnis", sagte ich. „Du sollst nicht in einem Abfallkübel enden." Zuerst wollte ich noch die kleine Anstecknadel abmachen und die Aufnähflaggen vom Ärmel abtrennen, dann aber ließ ich alles dran. Man schneidet toten Kameraden keine Abzeichen ab. Beim Reinigen des Werkzeugs war mir ein kurzes Stück Ankerkette aufgefallen. Das holte ich mir jetzt, stopfte es in die Taschen, knöpfte den Janker zu und ließ ihn über Bord gleiten. Ich sah ihm eine Weile nach, wie er davontrieb und dann langsam versank. Nur weil die anderen schon hersahen, rührte ich mich nicht. Sonst hätte ich salutiert.

Ich ging unter Deck, schenkte mir ein großes Glas Rum ein und verkroch mich in die Navigationsecke. Ich wollte allein sein.

„Karl!" B. A. tauchte unterm Vorhang auf. „Jetzt hab' ich aber die Schnauze voll. Kein Wind, keine *Spaghetti carbonara*, und das Petroleum ist über den ganzen Speck gelaufen. Das ist ein Katastrophen-Törn! Ich möchte in den nächsten Hafen dieseln, essen gehen und mich einmal richtig ausschlafen."

„Mir ist heute alles recht", versicherte ich ihm.

Um zwanzig Uhr schloß ich die Logbuchseite für diesen Unglückstag ab: „17.20 Uhr vor Buganker mit dem Heck zur Mole festgemacht. Crew an Land zum Essen. Navigator ist froh, das Schiff einmal für sich allein zu haben. Karl Vettermann."

Ich löffelte eine Dose Corned beef aus, trank dazu eine halbe Flasche Rotwein und legte mich dann mit dem Bewußtsein in die Koje, daß weder Feuer noch Wassereinbruch meinen Schlaf stören würden, weil wir sicher im Hafen lagen.

Die Zeit der Prüfungen war aber noch nicht vorbei. Des Schicksals dunkle Mächte hatten noch etwas auf Lager.

Ich wurde wach, weil etwas regelmäßig gegen den Rumpf schlug. Schlaftrunken kletterte ich an Deck. Von den Bergen pfiff ein kräftiger Wind und blies den vielen Yachten schräg auf die Nase. Die STRAWANZER lag in einem unguten Winkel zum Kai, und die nebenan verankerte bayrische Yacht schlug gegen unsere Bordwand. Das schwarze Hafenwasser klatschte zwischen den Rümpfen hoch. Dann legte der Wind noch um ein paar Halbtöne zu. Es war 22 Uhr, die anderen waren noch in der Stadt. Ich turnte zum Bug, holte unsere Ankerkette dichter und brachte noch ein paar Fender zwischen dem Bayern und unserem Schiff aus.

Ich war kaum in der Koje, da krachte es wieder. Also nochmals an Deck. Jetzt hatten sich die Nachbarboote auf den Bayern gelegt, und alle zusammen drückten uns gegen die italienische Riesenyacht an Backbord. Wieder holte ich unsere Ankerkette kürzer, aber es half nichts, die anderen drückten zu kräftig. Ich rief den Bayern an. Kein Licht, keine Antwort. Die waren sicher auch essen gegangen.

Ein häßliches, scharrendes Geräusch: Das bayrische Heck kratzte an der Kaimauer. Ich kletterte über die Reling und wollte den Nachbaranker dichtholen. Aber die Winsch drehte sich ganz leicht, und nachdem ich zehn Meter Kette hereingeholt hatte, ohne daß sich der Bug auch nur einen Millimeter rührte, war mir klar: Sein Anker slipte. Ich sprang auf die Nachbaryacht. Auch hier niemand. Ich ging an den Anker. Kruzitürken! Der slipte ebenfalls. Diese Hornochsen hatten alle ihre Anker nur zur Zierde ins Wasser geworfen, nicht in den Schlamm eingegraben. Keiner hielt! Der vierte in der Reihe, ein Franzose, warf seinen Motor an und machte, daß er wegkam.

Die Bora nahm immer weiter zu und stand voll in den überfüllten Hafen. Ein Boot drückte auf das andere, tanzende Masten begannen, sich mit ihren Salings zu verhaken. Die ersten Mannschaften wurden munter oder rannten am Kai herbei. Ich startete die Maschine der STRAWANZER und versuchte, unser Heck mit Motorkraft von der Kaimauer abzuhalten. Jetzt herrschte wilder Tumult im Hafen. Die bayrische Yacht donnerte alle Augenblicke gegen den Kai, ihr in den Davits hängendes Beiboot ging dabei in Splitter. Boote trieben vorbei, verhakten sich mit den noch nicht ganz aufgeholten Ankern, legten sich quer oder gegen andere Yachten ... Kazunga. Wo blieben unsere Leute?

Lautes Gebrüll auf den Nachbarschiffen, jeder beschimpfte jeden.

Ich entwarf gerade eine Rettungsmethode für das Dutzend schlampig verankerter Boote: mit einer langen festen Trosse konnte man ... Da kamen die Bayern.

„Zeit wird's!" schrie ich ihnen entgegen. „Euer Anker slipt!" Sie starrten auf ihr verwüstetes Heck und die Reste des in den Taljen baumelnden Dingis.

„Arschlöcher!" rief in diesem Moment ein geheimnisvoller Stimmenimitator in meinem Rücken; oder hallte ein verirrtes Echo von der Kaimauer zurück? Aber mehr brauchte es nicht.

Die weiß-blauen Segler wurden rabiat. Bevor ich wußte, wie mir geschah, war ich für den ganzen Schlamassel im Hafen verantwortlich.

„Was ist da los?" donnerte B. A. vom Kai herüber.

„Der Sauhund da –", ein Dutzend Hände zeigten anklagend auf mich, „– hat uns dös Beiboot zerschlagen. Dafür wer' ma ihm ..."

„Kommt nur her, ihr Großgoscherten!" ergriff Berta ohne zu zögern meine Partei. „Wenn ihr unseren Navigator beleidigt, zerreiß ich euch in der Luft!"

Jetzt wurde es erst so richtig spannend. Kein Mensch kümmerte sich mehr um die Bora. Wenn die Natur wirklich den Menschen fürs Überleben ausgerüstet hat, wie man behauptet, muß sie irgendwo fürchterlich gepfuscht haben. Denn ich kenne kein anderes in Her-

175

den lebendes Säugetier, das angesichts einer drohenden Naturkatastrophe immer erst mal untereinander zu streiten beginnt. Das bringt nur der Homo sapiens fertig. Die Fische in den Flüssen krepieren, die Wiesen vertrocknen, die Wälder sterben ab, und die Industrie schiebt die Schuld auf den Wissenschaftsminister, der macht die Autofahrer dafür verantwortlich und die wiederum den Finanzminister, der seinerseits davon überzeugt ist, daß der Innenminister den ersten Schritt tun müßte. Das passiert im großen in ganz Europa, und natürlich ist es im kleinen, im Hafen von Rovinj, nicht anders. Ohne Kooperation der Bayern war meine Rettungsaktion gescheitert. Jetzt galt nur mehr: „Rette sich, wer kann, und zur Hölle mit den anderen!"

Professor Lullinger drängte mich vom Ruder weg und griff zum Gashebel. „Alle Leinen los!" brüllte er. „Sofort ankerauf! Wir müssen uns auf die andere Hafenseite verholen."

„Kommando belegt!" übertönte ihn B.A. „Dort draußen, wo unser Anker liegt, haben sich bereits mehrere Yachten mit ihren Ketten verwickelt. Wir bleiben! Georg und Karl, Achterleinen fieren, Simon, hol die Ankerkette dicht!"

„Das führt zu nichts, Boris!" schrie der Professor aufgeregt. „Ich kenne den Hafen, bei Bora ist diese Seite gefährdet. Ich will weg hier! Schließlich ist es mein Schiff..."

B.A. drehte sich wortlos um und stieg zurück auf die Mole.

„Was ist, Boris? Komm schnell, wir legen ab."

Kapitän Barawitzka setzte sich auf einen Poller. „Es ist *dein* Schiff, wie du richtig sagst. Ich schaue von hier aus zu."

Die Bayern legten in einem chaotischen Manöver mit Vollgas ab. Der Professor zuckte die Schultern und ließ dann die Leinen einholen. Erst ging alles planmäßig, aber kaum glitt der lange Rumpf der STRAWANZER aus der Windabdeckung der Nachbaryachten, da drückte uns der Sturm mit ungeheurer Kraft seitlich weg; der Professor gab verzweifelt Vollgas, ich sah gerade noch mehrere gespannte Ketten und Trossen im trüben Hafenwasser unter unserem Heck, vor dem tiefgehenden Ruderblatt... Da war es auch schon zu spät!

Es rasselte und schepperte haarsträubend unter dem Achterschiff, dann wurde der Motor abgewürgt, und wir rührten uns nicht mehr.

Das war dann eigentlich schon das Ende des Manövers. Simon versuchte noch, uns mit der Ankerwinsch wegzuziehen, aber die Kette war bereits straff gespannt wie eine Klaviersaite; nach einigen

Versuchen wurde die Winsch heiß, es stank nach Ampere, und die Sicherungen flogen heraus. Wir lagen dreißig Meter vom Kai entfernt in der Mitte des Hafens fest, vor Buganker und mehreren Trossen und Ketten, die unser Propeller eingefangen und aufgewickelt hatte wie eine besonders tüchtige Unterwasserwinsch.

In diesem Moment erstarb der Wind so plötzlich, als hätte er die geplante Arbeit erledigt; es wurde still im Hafen.

Der Professor stocherte eine Weile mit dem Bootshaken unterm Heck herum, dann meinte er: „Da rührt sich nichts. Alles beinhart gespannt. Wer kann gut tauchen?"

„Na, wer schon?" knurrte Simon grantig und zog sich die Schuhe aus. „Wenn jetzt aber einer kommt und behauptet, Weiber an Bord bringen kein Unglück – weiß Gott! –, dann vergesse ich meine gute Erziehung!"

Simon richtete im nachtschwarzen, kalten Hafenwasser nichts aus, er holte sich nur eine blutige Schramme an der Stirn und eine Unterkühlung. Die STRAWANZER mußte mitten im Hafen liegend den Morgen abwarten.

Am nächsten Tag hatten wir die empörten Crewmitglieder aller jener Yachten an Bord, deren Ankerketten und Taue wir aufgewickelt hatten und die deshalb nicht auslaufen konnten. Aber alle geschäftige Arbeit mit Bootshaken, Hilfstaljen, Tauchgläsern und tausend guten Ratschlägen brachte uns nicht weiter. Es wurde immer später, und langsam rückte der Zeitpunkt näher, an dem nur ein letzter Ausweg übrig blieb: nämlich alles zu kappen oder zu zersägen. Die fremden Segler wurden langsam ungeduldig.

Da entdeckte Georg durch das Fernglas unseren Kapitän. Barawitzka saß gemütlich am Kai im Kaffeehaus und las Zeitung. Die Stimmung an Bord wurde immer aggressiver; endlich ließ sich der Professor im Beiboot an Land bringen und trat den Canossagang zu B. A. an.

Was die beiden da im Kaffeehaus besprachen oder aushandelten und wo unser Skipper die Nacht verbracht hatte, das wurde nie bekannt. Aber kaum war der Professor wieder an Bord, da dampfte eine Motorbarkasse heran. Neben dem Steuermann stand breitbeinig B. A. Barawitzka, eine neue Zigarre im Mundwinkel, die Kappe tief in die Stirn gezogen, und ein bereits komplett adjustierter Froschmann sprang mit Luftflaschen und Werkzeug ins aufklatschende Hafenwasser. Blasen sprudelten hoch, und fünf Minuten später war die Schraube frei; die vier Yachten, die wir an uns gefesselt hatten, konnten ihre Ketten unversehrt wieder aufholen.

Simon, der selber Tauchausbildung hatte, kam etwas an dieser Blitzaktion faul vor. „Ich freß einen Gummischnorchel, wenn B.A. diese Taucherbarkasse nicht schon längst angeheuert hatte. Taucher in Neoprenanzügen stehen doch nicht auf Abruf herum und lauern auf verheddderte Anker. Das heißt, unser schlauer Chef hat schon wieder mal damit gerechnet, daß wir uns letztes Endes an ihn wenden müssen."

Der Taucher steckte seinen armierten Kopf aus dem Wasser und zeigte das Taucherokay, den zum „o" gebogenen Daumen und Zeigefinger. Das hieß *nema problema* – alles in Ordnung! Dann verschwand er nochmals flossenschlagend in der Tiefe.

Der Barkassenführer erklärte: „Macht noch einen Anker los. Hängt sonst dort bis in alle Ewigkeit. Da unten liegt Kette von esterreichische ehemalige Panzerkreizer. Ha ha! Wenn Anker da hängt, dann *dovidjenja!* Dann mißt ihr abschneiden, wenn nix Taucher helfen, *Gospodin!*"

Jetzt dämmerte mir, daß B.A., der alte Fuchs, das wohl gewußt haben mußte, als er gegen ein überhastetes Auslaufen war.

„Warum du nicht machen Trippleine an Anker?" fragte der Barkassenführer. „Dann keent's eiren Anker kippen und alleine aushaken aus Borakette."

„Die war doch dran", rief der Professor mißmutig. „Eine feine Trippleine mit einem schönen Plastikschwimmer drauf. Aber irgendwer hat uns den anscheinend in der Nacht geklaut."

„Ha, ha, ha!" Der Rovinjer amüsierte sich gut auf unsere Kosten. „Darfst doch nicht scheene Boje dranhängen, *Gospodin!* Kann jeder Fischer gut brauchen. Auch ist ganze Fischerflotte drießbergefahren über Boje eiriges. Warum ihr nicht macht wie kluge Rovinjer Fischer?"

Jetzt mischte sich B.A. ein, das interessierte ihn. „Und wie machen das die klugen Fischer, Gospodin?"

„So! Paß auf, Käptn!" Er hob einen kleinen, an Deck liegenden Patentanker auf, band ein paar Meter Leine an die Öse am Ankerkreuz, sah sich kurz suchend um und hakte dann seinen Vorführhaken unter das Lukensüll. „Sehen her, *Gospodin!* Wenn ich zieh' an Ankertau wie Traktor, nix passiert, Ankerfluke hängt fest, fest unter Kante. Geht nix raus. Wenn ich aber zieh' an Trippleine –", er wechselte den Griff, „– dann kippt, und hahaha, da kommt er. So!

Damit niemand schneidet ab Leine – oder auch nicht kommt Leine in Propeller und reißt ab –, du nehmen dinne Bändsel und machen ganz zart Leine ein paarmal längs Ankerkette fest. Du missen machen Leine natierlich paar Meter länger als Wassertiefe, dazu du gucken auf Echoloter. Wenn du dann hängen in Borakette und kurbeln Anker kurzstag, du schon haben Ende von Trippleine an Bord. No! Dann ist Kinderspiel. Du gibst Leine auf Spillkopf von Ankerwinsch, wenn kommt Zug auf Leine, brechen zarte Bändsel, und *Zivio!* schon kommt Anker. Du haben kapiert?"

„Genial!" sagte B. A. bewundernd. „Man lernt nie aus. Das ist eine geradezu geniale Methode. Die Bowerleine liegt die ganze Zeit sicher an Kette oder Tau gebändselt, aber wenn man sie braucht, ist sie da. *Hvala cesto, Kapetan!* Vielen Dank, nehmen Sie doch eine Zigarre!" Er reichte ihm sein Blechetui und kletterte dann zu uns an Bord.

„Schiff aufklaren zum Auslaufen! Renate, hol eine Flasche Kognak aus dem Schapp und reich sie dem Taucher hinüber. Er hat sie verdient."

Die Philosophie der Hohen Kante

*Die Verschwörung auf der Hohen Kante · Feine Leute leiden
höchstens an Kinetose · Das Regatta-Symphonieorchester
Von Beruf Klagemauer · Die Kunst, mit Händen und Füßen zu reden
Gekentert! · Stammen wir von den Delphinen ab? · Pökelfleisch
macht durstig · Das Piratenfest und Rebitscheks Höllenpunsch*

„Alles klar zur Wende?"
„Alles klar, Käptn!"
„Reeeeee!"
Barawitzka ließ das Steuerrad durch die Hände zischen, die STRA-
WANZER luvte wendig an wie eine leichte Segeljolle und drehte durch
den Wind; in der Sekunde, als die große Genua back kam und sich
rauschend gegen Wanten und Babystag legte, erklang schon sein
nächstes Kommando: „Über die Genua!"
Esther warf die Schot los, Berta schnappte sich das Schothorn und
rannte damit wie eine Stafettenläuferin aufs Vordeck, um das „Kutterstag" herum und ließ erst los, als das große Segel rauschend auf
die andere Schiffseite glitt. Georg kurbelte die Schot mit einem so
verbissenen Eifer wieder dicht, als wolle er gleichzeitig den Weltre-
kord im Kaffeemahlen brechen.
Die etwas unorthodoxe Methode, die Genua von Hand auf den
anderen Bug zu bringen, hatte Berta erfunden. Um mit den großen
Vorsegeln einwandfrei wenden zu können, war das Kutterstag in
den ersten Tagen abgeschlagen geblieben und wurde nur eingeschä-
kelt und gespannt, wenn es angebracht schien, auf raumen Kursen
auch Stagsegel zu fahren. Das ging so lange, bis B. A. draufkam, daß
er mit dem Kutterstag den Mast im Mittelbereich wölben und dadurch den Bauch im Großsegel geringfügig ändern konnte. Gierig
darauf, jeden Viertelknoten Geschwindigkeit durch Trimmverbesse-
rungen herauszuholen, bestand er jetzt darauf, daß dieses Stag ständig angeschlagen blieb, und bei jeder Wende gab's Probleme. Besonders die Genua blieb jetzt beinahe immer hängen, wollte sich
einfach nicht durch den schmalen Schlitz zwischen Vor- und Kutter-

stag drücken. Jedesmal, wenn die STRAWANZER über Stag ging, gab es ein großes Geschrei, jemand mußte aufs Vorschiff laufen und nachhelfen. Wertvolle Sekunden gingen verloren, die Yacht rannte sich im Wind fest, B. A. schrie sich heiser und bekam blutunterlaufene Augen. Bis Berta das Problem löste, indem sie bei jeder Wende gleich von Anfang an mitlief und das Segel um das Kutterstag herumzerrte. Das verbesserte unsere Zeit enorm, und Berta wurde vom Kapitän mit einem verbalen Orden belohnt.

Dann legte sich die Yacht unter dem Winddruck bis zur Leedeckskante ins gurgelnde Wasser, und die Freiwache flüchtete aus Angst vor nassen Füßen wie aufgescheuchte Krabben über das schräge Deck zur hohen Luvkante. Dort fädelte sie die Beine wieder durch die Reling und hockte sich dicht nebeneinander nieder. Diese Parterre-Akrobatik übten wir nun bei jeder Wende.

B. A. nannte es: „Das Schiff richtig trimmen."

Da durfte keiner aus der Reihe tanzen und sich woanders hinsetzen oder unter Deck gehen, ein Bier trinken, sich ein Brot abschneiden oder gar den Torpedoraum aufsuchen. In B. A.s Augen waren wir jetzt nichts anderes als Schiffszubehör, und das brauchte weder zu trinken, zu essen, zu rauchen oder auszutreten. Wir waren ausschließlich dazu da, möglichst viel Lebendgewicht nach Luv zu bringen, um der Krängung entgegenzuwirken.

„Wenn ihr herumtanzt und Unruhe ins Schiff bringt", hatte uns B. A. erklärt, „dann reißt mir die laminare Strömung am Heck ab, und das kostet mich gut einen halben Knoten. Bleibt also gefälligst auf euren Stevenbacken sitzen, wo ich euch hinplaziere!"

Aller Bewegungsfreiheit und menschlicher Grundrechte beraubt, waren wir zu Reitgewichten degradiert, die B. A. wie auf einem Waagebalken hin- und herschob, um sein Schiff auszutarieren.

Den restlichen drei B. M.s der Steuerbordwache ging es aber nicht viel besser. Die mußten bei jedem Manöver ziehen, zerren und kurbeln, Schoten um Millimeter dichter holen, andere wieder um zwei Millimeter fieren, Fußblöcke verstellen und den Großschlittenwagen so lange verschieben, bis unser Tyrann zufrieden war.

Das nannte er dann: „Die Segel richtig trimmen."

Ein besonders bevorzugtes Besatzungsmitglied durfte bei ihm am Steuer bleiben und die Kaffeetasse halten, die anderen hetzte er erbarmungslos auf die hohe Luvkante.

Die rüde Behandlung, die allen ohne Ansehen der Person zuteil wurde, ließ im Exil der Luvkante eine gewisse Solidarität keimen.

„Zu einem tollwütigen Ajatollah hat er sich entwickelt, unser lieber Chef!" meinte Simon.

„Richtig eklig ist er geworden", sagte Esther.

„Ganz wie ein bösartiger Pavian", fügte Anita hinzu.

„Der Schlag soll ihn treffen!"

„Gibt's im Seemannsgesetz keinen Paragraphen gegen eine derartige Behandlung?"

Ich hatte schon nachgesehen. „Er kann sich leider auf § 88 berufen: ‚Der Kapitän kann eine Verlängerung der täglichen Arbeitszeit für Segelmanöver anordnen.' Damit sind alle Vorschriften über Freizeit und Beschäftigungsbeschränkungen aufgehoben. Leider!"

„Vielleicht sollten wir meutern und ihn im Schlauchboot aussetzen wie Captain Bligh von der BOUNTY?"

„So ein Aas!"

Eine Minute Schweigen und Wellenrauschen.

Dann sahen sich die wie Schwalben an der Reling aufgereihten B.M.s an wie Leute, die plötzlich entdecken, daß sie ein gemeinsamer Feind zu Brüdern und Schwestern macht. Diese Erkenntnis erzeugte ein warmes Gefühl der Verbundenheit. Simon grinste Anita an, Berta lächelte Arnold zu.

Wie an die Ruderbank geschmiedete Galeerensträflinge einhellig dem peitschenschwingenden Ruderknecht oben auf der Laufplanke blutige Vergeltung schwören, so entwickelte sich bei uns auf der Luvkante eine Art Galgenhumor und trotziger Widerstandswille.

„Wenn B.A. denkt, daß uns diese Behandlung zuviel wird und wir ihn noch selber darum bitten, die blöde Regatta aufzugeben", sagte Simon, „dann hat er sich geschnitten. Als ich noch ein junger, unerfahrener Bilgenputzer war und froh sein mußte, überhaupt auf einer Yacht mitgenommen zu werden, habe ich noch viel ärgere Kapitäne erlebt. Gemeingefährliche Sadisten, die sich nur auf See ausleben dürfen, weil man sie an Land sofort in geschlossene Anstalten sperren würde. Aber ich habe sie alle fertiggemacht. Es gibt da ein todsicheres Rezept: grinsend jeden noch so idiotischen Befehl ausführen und dabei übereifrig stets um neue Arbeiten bitten, die nicht nur Kleinkindersch... – ich meine Kleinkinder-Kazunga – sind, sondern wirkliche, echte Aufgaben für einen Mann. Das macht großköpfige Kapitäne auf die Dauer fertig, das sage ich euch."

„Du meinst wie beim Bundesheer, wenn man den Zugführer zum Platzen bringen will?" fragte Georg grinsend. „Indem man alles zu wörtlich nimmt? Meinen hat der Schlag getroffen, als ich mir befoh-

182

... an der Luvkante aufgefädelt wie die Schwalben

len hat: ‚Rekrut Hajduk! Wenn ich wiederkomme, dann glänzt dieser Panzer wie neu!' Ich habe den Panzer mit Zaponlack gestrichen, Raupen, Kanone, außen und innen, alles. Er glänzte traumhaft, wie aus der Fabrik, aber man konnte ihn eine Woche nicht angreifen, so hat er geklebt."

Unsere Amazonen waren zwar nie beim Bundesheer gewesen und wußten sicher auch nicht, wie langsam Zaponlack trocknet, aber sie fanden den Trick lustig.

„Was du da sagst, Simon, liebster aller Rebitscheks", mischte sich Berta ein, „erhärtet meinen Verdacht, daß Barawitzka uns etwas verekeln will. Vielleicht ist ihm klar geworden, daß er mit der Regatta den Mund zu voll genommen hat? Vielleicht fürchtet er sich, noch einmal gegen seinen Klubfreund, diesen Dr. Krobatschek, antreten zu müssen und sich erneut lächerlich zu machen? Da liegt er aber bei mir falsch. Dein Vorschlag mit der passiven Resistenz gefällt mir. Was meinst du dazu, Schwester der Gerechtigkeit?"

Anitas Stimme klang ein wenig gepreßt. „Ja! Aufgeben kommt nicht in Frage." Dann hustete sie so komisch.

„Ich bin ein Trottel!" rief der Professor plötzlich. „Unten habe ich eine Tasche voll Pillen gegen die Seekrankheit und . . ." Er rappelte sich auf und tappte über das schräge Deck. B. A. schaute ihn böse an, aber er kümmerte sich nicht darum. Bald kam er mit einer Schachtel zurück.

„Ich schlucke keine Pillen", stöhnte Anita. „Ich werde doch nie seekrank!"

Der Professor sah ihr ins Gesicht und musterte sie eine Weile. „Das stimmt", konstatierte er dann. „Du hast einen typischen Anfall von Kinetose. Das verrät die grünliche Färbung deiner Wangen, die spitze, weiße Nase und die krampfhaften Zuckungen deines Kehlkopfes. Dagegen habe ich etwas Spezielles: Scopolaminpflaster." Er öffnete eine kleine Plastikschatulle. „Diese runden Heftpflasterchen wurden für die Weltraumfahrt entwickelt, denn die Astronauten leiden oft unter Kinetose. Der Vorteil ist, man braucht nichts zu schlucken oder es sich in irgendwelche unpraktische Körperöffnungen zu schieben, man klebt diese Dinger nur hinters Ohr. Der darin enthaltene Wirkstoff Scopolamin ist ein pflanzliches Produkt aus Nachtschattengewächsen, er dringt langsam durch die Haut ein und beruhigt die Gleichgewichtsorgane ohne Nebenwirkungen. Wer möchte vorbeugend so ein Pflaster?"

Gut die Hälfte der Mannschaft entdeckte plötzlich ihr Herz für die Weltraumfahrt.

Der Professor machte vor, wie die winzigen Dinger verwendet werden sollten. „Der Aufkleber muß genau auf dem *Processus mastoideus* angebracht werden. Sonst erreicht der Wirkstoff den *Nervus vestibulocochlearis* nicht."

„Ist das was Unanständiges?" fragte Georg. „Ich habe bemerkt, daß Ärzte immer lateinisch reden, wenn sie auf Anrüchiges zu sprechen kommen."

Der Professor lachte und schilderte in allgemeinverständlicher Umgangssprache, wie man den kleinen Knubbel unter dem Ohrläppchen ertastete und wie das geheimnisvolle Pflaster wirkte.

Simon sah skeptisch zu. „Na, da bin ich aber neugierig. Ich habe noch nie erlebt, daß eines der vielen Mittel etwas taugt. Vor Jahren haben wir mal einen Familientörn unternommen, da lagen Kinder und Frauen wie in einem Auswandererschiff krank in den Kojen und kotzten.

Sonja hat eine ganze Schachtel gelber Pillen geschluckt, war high wie eine Fixerin, hatte Alpträume und seltsame Zustände; trotzdem würgte sie Galle und jedes Stückchen Zwieback heraus."

„Habt ihr denn die Dosierung auf den Beipackzetteln nicht beachtet?" fragte der Professor entsetzt. „Einige Antihistaminpräparate enthalten Wirkstoffe und Substanzen, die in höheren Konzentrationen schwere Vergiftungen hervorrufen können. Medikamente kann man doch nicht wie Bonbons säckchenweise lutschen! Außerdem bleiben sie natürlich wirkungslos, wenn der Patient schon die Phase der Brechanfälle erreicht hat. Dann muß man Zäpfchen verabreichen."

„Hoho! Verabreichen – wie einfach das klingt! Wenn jemand mehr tot als lebendig ist und seinen Spuckeimer nicht ums Verrekken ausläßt, dann knöpf' du ihm mal das ganze Ölzeug auf, dreh' ihn herum, wühl' dich durch Kleider und Unterwäsche und sieh zu, wo du dein Zäpfchen unterbringst. Ha! Seekrank werden Leute ja nicht bei Flaute und spiegelglatter See, sondern wenn's kachelt. Ich hab' Sonja mit diesen fettigen Patronen geladen wie das Magazin einer Winchester, aber was war der Erfolg? Luft hat sie keine mehr bekommen, dafür Durchfall, rasende Kopfschmerzen, Unterleibskrämpfe, sie konnte kein Wasser mehr lassen und ist im Gesicht ganz blau angelaufen . . ."

„Eine Zyanose! Simon, du Narr! Du hättest deine Frau umbringen können!" Der Professor regte sich ganz schrecklich auf. „Was hat dich auf die mörderische Idee gebracht, die Dosierung selbstherrlich zu vervielfachen?"

Simon zuckte mit den Schultern. „Na, Mitleid natürlich."

Ich mischte mich ein. „Also, ich habe auch keine besonders guten Erfahrungen mit diesen Mitteln gemacht. Bei ganz leichter Beeinträchtigung helfen sie vielleicht noch. Aber meine Frau hat im Ernstfall alles ausprobiert, in niedriger Dosierung halfen sie überhaupt nichts, und bei höherer Konzentration lag sie bewußtlos in der Koje und hat von der Seereise nichts mehr mitbekommen. Es gibt eben drei Kinetose-Typen: erstens die Eisenharten, die können auch noch bei vollem Sturm, kopfunter hängend, die Bilgepumpe zerlegen und sich dann gemütlich zu einem englischen Steak setzen, egal wie es unter Deck riecht. Die haben einen sehr stumpfen Gleichgewichtsinn, hab' ich irgendwo gelesen, deshalb macht es ihnen nichts aus, wenn die Welt nie zur Ruhe kommt, sondern immer schaukelt. Dazu gehören zum Beispiel Simon und auch B.A.

Dann gibt es die Seeleute, die sich, wie sie sagen, vor dem Auslaufen im Hafen mit einer Wurst oder Muscheln den Magen verdorben haben und die erste Zeit auf See etwas müde und lustlos wirken, sehr ungern unter Deck gehen, keinen Schnaps trinken und sich auch beim Essen sehr zurückhalten, bis sie ihre „Lebensmittelvergiftung" auskuriert haben. Danach geht es ihnen prächtig, egal welches Wetter herrscht. Bei denen mögen so Pülverchen noch helfen.

Dann kenne ich noch die ‚Drei-Tage-Kotzer'. Die fallen sofort um, wenn wir den Hafen verlassen, müssen irgendwo an der Reling angelascht werden und bleiben nun drei Tage lang Wind, Wellen und Wetter ausgesetzt. Das wirkt wie eine Kneippkur. Am dritten Tag stehen sie auf und verlangen Speck mit Ei und einen kräftigen Kaffee.

Leider gibt es aber noch eine vierte Sorte: Unglückliche, bei denen die Krankheit bis zum nächsten Hafen dauert. Sie genesen erst wieder in einem Kaffeehausvorgarten. Für sie wurde noch kein Mittel erfunden."

Der Professor nickte nachdenklich. „Das deckt sich mit meinen Erfahrungen. Allerdings spielt Einbildung bei der Kinetose eine große Rolle. Simons Frau wird nach ihren Erfahrungen wohl schwerlich überredet werden können, neue Rezepte auszuprobieren. Aber dieses Scopolamin ist beinahe eine Wunderwaffe, leider bekommt man die Pflaster weder in Österreich noch in Deutschland. Ich lasse mir Nachschub aus der Schweiz mitbringen. Aber vor kurzem wurde ein altes Hausmittel wiederentdeckt, das man bei jedem Gewürzkrämer bekommt. Ein reines Naturprodukt."

Er zog ein Schraubglas mit einem grauweißen Pulver aus der Tasche. „Ein uraltes Mittel: *Zingiber officinale.* Gemahlener Ingwer, wie ihn die Hausfrau für Lebkuchen, Glühwein oder Chutneysaucen verwendet. Das hat der Leibarzt der Zeitschrift *YACHT,* Dr. Egbert Zylmann, wiederentdeckt. Ein Teelöffelchen davon, mit einer kräftigen Flüssigkeit hinuntergespült, soll ganz hervorragend wirken und ist sicherlich gesünder als manches chemische Mittel."

„Sehr interessant." Simon griff nach dem Glas. „Besonders deine Andeutung mit dem kräftigen Schluck gefällt mir. Was könnte man dazu nehmen?"

Der Professor grinste. „Egal: Bier, Wein, Schnaps, Wasser, Tee. Denn Ingwer schmeckt konzentriert ein wenig scharf."

Simon warf einen Blick zum Achterschiff und rückte näher an die

Arzttasche. „Hast du so ein kräftiges Spülmittel da, o Medizinmann? Dann würde ich mich für die Wissenschaft zur Verfügung stellen."

„Einen Schluck *Carum-carvi-Absud* könnte ich offerieren", lächelte Arnold. „Auf deutsch Kümmellikör ..." Simon griff schon danach.

Der Professor kam dann noch auf Akupressur zu sprechen, mit der er sich selber half, wenn ihn die Kinetose packte.

„Akupressur ist leicht einhändig durchzuführen, weil die wichtigsten Punkte am Ohr liegen. Einen findet man, wenn man vom Ohrläppchen an der Ohrrückseite nach oben tastet, bis man eine senkrecht verlaufende Rinne spürt. Die nimmt man dann zwischen Daumen und Zeigefinger und massiert sie kräftig ein paar Minuten von unten nach oben. Ein zweiter Punkt liegt an der Helixwurzel auf der Ohrvorderseite, wo sich die Ohrleiste aus der Ohrmuschelmulde oberhalb des Gehörgangs erhebt, um in den Ohrrand überzugehen. Dort ertastet man ein winziges Grübchen, eine Art Kerbe, die man kräftig im Uhrzeigersinn massieren muß. Fünf bis zehn Minuten lang, vor dem Aufstehen und vor jeder Mahlzeit."

Natürlich mußte jetzt jedes Besatzungsmitglied die Rinne und die Kerbe im Ohr suchen, bis Barawitzka vom Steuer her brüllte: „Was ist denn bei euch ausgebrochen? Zieht ihr euch jetzt schon selber die Ohren lang für eure langsamen Manöver? Achtung! Alles klar zur Wende?"

Arnolds kleine Pflaster wurden zum Symbol der Luvkantenverschwörung auf der STRAWANZER. Zwischen Schiffsführung und Mannschaft begann sich ein verhältnismäßig stabiles Gleichgewicht einzupendeln. Barawitzka und seine jeweiligen Helfershelfer schlugen ihr Hauptquartier im Cockpit auf. Die von ihnen unterdrückte und geknechtete Crew bezog im Mittelschiff Logis. Wie Meuterer hockten wir entweder auf der hohen Kante oder im Kreis um den Mast und steckten die Köpfe zusammen. Auch die Versorgungswege trennten sich. Das Achterschiff wurde nach wie vor von der Backschaft normal durch den Niedergang aus Kombüse und Eisschrank versorgt, das Mannschaftsasyl, das Versammlungslogis der Freidenker und Revolutionäre, bekam sein notwendiges Bier, seine Sandwiches und Kekse direkt vom Smutje durch die Lüftungsklappen an Deck gereicht.

Diese seltsame Konstellation an Bord hatte folgende Vorgeschichte:

„Im Suhl des warmen Moorschlamms entwarf ich mein Regatta-

187

trainingsprogramm", so hatte uns B. A. nach Rovinj auseinandergesetzt. „Mein Plan sah zwei Ausbildungsabschnitte für die beiden Übungswochen vor. In der ersten Woche an der istrischen Küste wollte ich allgemeine seemännische Ausbildung betreiben. In einer Art Blockunterricht und getrennten Wachen sollte jedes Besatzungsmitglied alles von der Pike auf lernen: Rudergehen, Segelmanöver kommandieren, Anlegen, Ablegen, Hafenmanöver fahren . . . Na, eben die ganze Küstensegelpraxis. In der zweiten Woche wollte ich dann speziell Segeltrimm, Spinnakerhandhabung und Regattatechnik mit verteilten Rollen üben. Dieser Trainingsplan war ein Meisterwerk – leider kann ich ihn jetzt vergessen. Wir haben keine zwei Wochen mehr. Knappe sieben Tage sind uns nach den anfänglichen Startschwierigkeiten geblieben. Da gibt es nur zwei Alternativen: entweder wir machen ein gerafftes Training der allgemeinen Seemannschaft und vergessen die Teilnahme am Rennen, oder wir konzentrieren uns auf Regattatechnik und versuchen doch noch, einen ehrenvollen Platz herauszusegeln. Ihr müßt das entscheiden."

Die Entscheidung der Crew fiel so aus, wie es B. A. wahrscheinlich erwartet hatte. Beim kurzen Geplänkel mit der Sigismondo hatten alle Blut geleckt. Jeder wollte noch einmal den Nervenkitzel des Rennfiebers spüren, die animalische Lust an der Hatz und Jagd auf den Konkurrenten, den köstlichen Triumph eigener Schlauheit.

So gaben wir uns freiwillig in Barawitzkas sadistische Hand.

Vorbei war es mit der Gleichberechtigung, vorbei mit dem Grundsatz wechselnder Tätigkeit an wechselnden Stellen. Die beiden Wachen lösten einander nur mehr bei der Backschaft, beim Deckwaschen und bei allgemeinen Aufräumarbeiten ab. B. A. stellte sich hinter die Ruderräder und ging vom Instrumentenbrett nicht mehr weg. Er ernannte sich zum alleinigen Steuermann, wir durften ihm das Ruder nur stellvertretend halten, wenn er unter Deck schlüpfte, um sich umzuziehen oder den Torpedoraum aufzusuchen.

Alle anderen B. M.s teilte er nach Gutdünken zu bestimmten Sklavenarbeiten ein. Dort verübten sie immer gleiche Handgriffe, bis zur totalen Erschöpfung.

Mir war es ein Rätsel, wie er sich die vielen Spezialaufträge merkte, die er vergab. Aber wenn bei einem Manöver etwas schiefging, wenn auch nur eine Kleinigkeit nicht wie am Schnürchen klappte, überschüttete er den oder die Schuldige kübelweise mit ätzendem Hohn. Er wußte immer, wer wann wo vergessen hatte, sein Fall zu fieren, seine Winsch zu drehen.

Jetzt war er der unbarmherzige Dirigent des Creworchesters, von dem er vor Tagen gesprochen hatte. Wir mußten sozusagen vom Blatt spielen, er zählte den Takt mit, gab das Zeichen zum Einsatz, sein Metronom war der Sekundenzeiger seiner Stoppuhr, sein Notenblatt die Digitalanzeige des Speedometers. Wehe, wenn einer der Manövermusiker aus dem Takt kam, mit seiner Winschmelodie nachhinkte oder verfrüht eine Schot sausen ließ! Dann klopfte er wütend die Probe ab und ließ den Patzer oder die Patzerin so lange ihren Part solo vorspielen, bis er zufrieden dem ganzen Chor wieder einzufallen befahl.

Damit sich keiner der Laienmusiker auf sein schlechtes Gehör ausreden konnte, schrieb der große Meister sogar eine umfangreiche Partitur für Schiffsmanöver, die wirklich alles umfaßte: von der Serenade für Leichtwettergenua, pianissimo in Windstärke flau-moll, über ein Mezzoforte-Ständchen für Gennaker und gemischten Kutterstagsegelchor bis hin zum großen Symphoniekonzert in Bora-Dur, sforzando und crescendo für volles Starkwindorchester, mit Pauken und Trompeten und fliegendem Vorsegelwechsel nach jedem Satz.

Maestro „Barajans" Violinschlüssel waren unzählige wasserfeste Aufkleber entlang der Genualeitschienen, am Großbaumschlitten oder am Spinnakerbaumrack; darauf schrieb er seine Trimm-Noten mit Spiritus-Filzschreibern. Seine Viertel-, Achtel-, Sechzehntel- und Zweiunddreißigstel-Punktierungen waren bunte Wollfäden an Schoten, Fallen, Toppnanten und Niederholern. Diese Noten pfiff er uns vor, und danach mußten die Segelmusiker die Vortriebsinstrumente der STRAWANZER spielen.

„Wenn wir in der Regatta stecken, dürfen wir nicht mehr mit dem Segeltrimm herumprobieren!" sagte Barawitzka. „Bis wir die günstigste Einstellung gefunden haben, sind die anderen am Horizont verschwunden. Jetzt haben wir Zeit, den besten Trimm mit dem Beschleunigungsmesser festzustellen, und diese Ergebnisse zeichnen wir uns für je zehn Grad Windeinfall an. Vielleicht haben wir noch das Glück, all diese Einstellungen bei verschiedenen Windstärken segeln zu können. Das schreiben wir dann auch an!"

Nach kurzer Zeit war das Deck der STRAWANZER mit primitiven Zeichnungen und Inschriften so verkritzelt wie die Wände der Toiletten am Hauptbahnhof in Venedig. Der Professor hatte offenbar nichts dagegen, und nach einer Weile fand sogar der skeptische Simon diese Methode gar nicht so schlecht, weil eine einmal gefundene optimale Einstellung der Segel durch die Markierungen problemlos wiederholt werden konnte.

B. A. pflegte dann zu sagen: „Methodische Vorplanung kann mangelnde Erfahrung teilweise ersetzen."

Eigenartig war, daß es nie zum offenen Streit zwischen den zwei verschiedenen Lagern kam. Nicht einmal der Kapitän hatte Schwierigkeiten, zwischen den beiden Gruppen hin und her zu wechseln. Genauso wie sich der Schiffsadel (Navigatoren, Maschinisten, Windtabellenschreiberinnen, Takelmeister und andere) mit dem Skipper über das faule Gesindel auf der hohen Kante unterhielt, konnte sich der Käptn zur Mastverschwörung setzen und der allerärgste Hetzer gegen Tyrannen und Wachführer werden. Dieser Rollentausch fiel, wie gesagt, keinem oder keiner schwer.

Mit dem Training brach eine für mich neue Art von adriatischer Seefahrt an. So ziellos wie mit der STRAWANZER waren wir früher mit der HIPPODACKL nie unterwegs gewesen. Obwohl vor der Reise jedesmal abgesprochen wurde, daß diesmal der Wind den Vorrang bei der Kurswahl haben sollte, waren wir doch immer wie ein Postdampfer von Hafen zu Hafen geschippert, von Kneipe zu Kneipe. Mit oder gegen den Wind.

Damit war's jetzt vorbei. Wir segelten wirklich Schule. Mit dem Wind. Land war ein unvermeidbares Übel, das unsere Manöver behinderte, so daß wir neue Seegebiete aufsuchen mußten, um unsere Kreise zu ziehen. Die ganze Woche über fragte keiner nach dem Hafenhandbuch, guckte in die Karte oder wollte wissen, wann wir endlich irgendwo anlegten. Obwohl in der Ferne stets Inseln zu sehen waren, kümmerte sich die STRAWANZER nicht darum; auch bei den Nachtfahrten konnten uns die Lichter eines Hafens nicht verlocken. Wir wollten Segelmanöver üben, auf allen Kursen, mit allen Tricks – so lange, bis wir die Yacht durch alle Reifen springen lassen konnten, ähnlich der Crew der SIGISMONDO. Wir waren von einer grimmigen Verbissenheit befallen, die schon an Irrsinn grenzte. Erst wenn der Wind vollkommen starb oder die Mannschaft vor Müdigkeit kein Auge mehr offenhalten konnte, ankerten wir in einer namenlosen Bucht für eine kurze Ruhepause. Ich zeichnete die Kurse natürlich auf der Karte mit, trug Positionen, Segelwechsel und Tagesetmale ins Logbuch ein, aber ich glaube nicht, daß immer alle B. M.s wußten, wo wir uns zu einer gegebenen Stunde befanden, um welche Inseln wir unsere Kreise zogen.

Wenn wir nicht gerade an den Schoten zerrten, Fallen belegten,

Segel anschlugen oder wieder in ihren Säcken verstauten, aßen oder
uns in die Kojen rollten, hockten wir in den zwei Gruppen bei-
sammen, und komischerweise ging uns der Gesprächsfaden nie aus.
Mich erinnerte dieser Törn stark an eine Transatlantiküberque-
rung. Nur auf dieser langen Reise hatte ich es erlebt, daß auch bei
modernen Städtern durch die gemeinsame Isolation eine freiherzige
Mitteilungssucht ausbrach. Abgeschnitten von Radionachrichten,
Fernsehern und Tageszeitungen, mußten sich auf einmal alle selber
bemühen, etwas zum Zeitvertreib beizutragen. Die gängigen Witze
waren nach ein paar Stunden verbraucht. Oberflächliches Geplauder
über Wetter, Politik, Autoverkehr und Strafmandate erschöpfte sich
bald. Dann erzählte plötzlich einer eine wahre Begebenheit aus
seinem Leben, eine Geschichte oder ein erfundenes Märchen, eine
interessante Tatsache oder eine Lüge, wie einer der Verbannten aus
dem *Decamerone.*

Ich fand es sehr erfrischend, wenn ein Mitsegler seine anerzogene
Zurückhaltung abwarf wie einen nicht mehr benötigten Harnisch
und frei von der Leber weg von seinen Träumen, von seinen privaten Wünschen sprach.

Bei früheren Segeltörns hatte es solche „Märchenstunden" höchstens während der Hundewache in den finstersten Stunden einer
Nachtfahrt gegeben, wenn wir uns mit Erzählungen gegenseitig
wachzuhalten versuchten. Auf der STRAWANZER fand sich die Dis-
kussionsrunde erstaunlich rasch auch untertags zusammen.

Eines der ersten Märchen war Bertas Geschichte.

„Deine markanten Aussagen sind oft mit typischen Schneideraus-
drücken verbrämt", bemerkte ich irgendwann zu Berta. „Arbeitest
du wirklich in der bügeleisenschwingenden Haute couture?"

Sie lächelte. „Ich war Damenschneidermeisterin und habe lange
in einem großen Wiener Modellsalon gearbeitet. Eigentlich würde
ich mich auch heute noch mit Röcken, Kleidern, Mänteln und Blu-
sen befassen, hätte man mir nicht zweimal einen Zuschneider vor
die Nase gesetzt, nur weil man einer Frau die Abteilungsleitung
nicht zutraute. Ich versuchte dann, mich selbständig zu machen. Ein
eigener, ganz exklusiver Salon für teure Maßkleider schwebte mir
vor, in einer guten Gegend. Aber ich konnte nicht genügend Geld
auftreiben. Obwohl ich Kredite aufnahm, reichte es nur für einen
winzigen Laden in einem ausgesprochenen Pensionistenviertel.
Statt teure Roben zu kreieren, änderte ich billige Kleider von der
Stange, nähte unmoderne Mäntel um, schnitt aus alten Kleidern

191

Kinderanzüge zu – kurz, es dauerte nicht lange, und ich war auf der Stufe einer Flickschneiderin angelangt und sehr unzufrieden mit mir und der Welt. Eines Tages rappelte ich mich auf, hängte Schere und Nadel an den Nagel und wurde professionelle Zuhörerin. Ich bin also eine Umsteigerin und keine Schneiderin mehr."

„Was machst du da? Hab' ich mich verhört? Was ist eine professionelle Zuhörerin?"

„Habt ihr noch nie von Tante Berta gehört?" wieherte Renate.

Ich mußte verneinen. Georg und Arnold rückten näher, und die ehemalige Schneiderin erzählte uns ihre Geschichte, wie sie Klagemauer von Beruf geworden war:

„Es war auf einer Gruppenreise nach Israel", begann Berta. „Unter den vielen Sehenswürdigkeiten hat mich die Andacht der Leute vor der Klagemauer in Jerusalem am meisten beeindruckt.

Da standen orthodoxe Juden in schwarzen Kleidern, moderne Geschäftsleute, Soldaten in Uniform, Schulkinder, alt und jung. ‚Was machen die alle hier, beten?' fragte ich den Reiseleiter.

‚Zum Teil sagen sie traditionell vorgeschriebene Gebete', erklärte mir der Reiseleiter. ‚Aber sie unterhalten sich auch mit der Mauer. Sie reden sich alles von der Seele, erzählen von ihren Freuden und Sorgen. So werden sie alles los, was sie bedrückt. Wenn jemand eine heilige Mauer hat, die gern zuhört, dann sehen die Schwierigkeiten der Welt nicht mehr so bedrohlich aus.'

An diese Worte mußte ich sehr oft denken und hatte dabei immer das ergreifende Bild der Mauer mit den Andächtigen vor Augen. Mir fiel etwas ein: Seit meiner Schulzeit trug ich den Spitznamen ‚Kummerstein' oder ‚Weinstein'. Zu mir kamen alle, um sich auszuweinen. Mir taten meine Mitschülerinnen so leid, daß ich mit ihnen heulte. So kamen sie immer zu mir mit ihrem Kummer. Ich selbst war schon als Kind ein Dickerchen und darüber sehr unglücklich, aber mir wollte natürlich niemand zuhören. Es tröstete mich auch nicht, wenn mir mein Vater immer wieder versicherte, daß es auch Männer gäbe, die nicht nur auf eine hübsche Larve und Äußerlichkeiten sähen. Ich wollte keinen braven Mann, der Tugend über Schönheit stellte; ich wäre gern schlank gewesen, aber mit *so* einem Busen, daß die Männer vor Atembeschwerden umgefallen wären. Und ich wollte natürlich den feschesten Kaffeehaustiger des Bezirks als Freund und nicht den langweiligen Buchhalter, den mein Vater immer an den Wochenenden zum DKT-Spielen einlud." Berta grinste in der Erinnerung. „Auch wenn ich im Lauf der Jahre von

ihm mehr über doppelte Buchführung, Finanzgebarung, Devisenge-
schäfte und Wertpapierspekulation lernte, als ich je wissen wollte,
wurde er doch nie der Schwarm meiner einsamen Nächte. Aber, wie
gesagt, ich kam damals darauf, daß ich schon immer so eine Art
Klagemauer für meine Freundinnen gewesen war.

Später änderte sich da nicht viel. Als ich mein eigenes Geld als
Gesellin verdiente, trieb ich mich in allen Lokalen herum, die damals von einer gewissen Künstlerclique und der Hautevolee des
Bezirks frequentiert wurden. Aber auch im Zwielicht dieser
schummrigen Keller gelang es mir nicht, einen Vorstadt-Casanova
in mein Bettchen zu locken. Jetzt als reife Mittvierzigerin glaube
ich, daß mein verdammtes Judotraining daran schuld war ..."

„Du hast einen Judokurs besucht?" fragte Simon neugierig. Ihn
interessierte alles, was mit Kraftsport, Ringen, Boxen, Karate und
Messerwerfen zusammenhing, weil er einzig solche Sportarten als
zünftig und nautisch betrachtete.

„Nicht nur besucht", sagte Berta mit einem schiefen Lächeln. „Ich
war aktive Mittelgewichtsmeisterin im österreichischen Nationalka-
der und habe auf der Polizeischule unterrichtet. Ich traute mich in
die finstersten Kaschemmen, weil ich jeden lästigen Kerl ... Aber
das wollte ich nicht erzählen. Sondern daß meine neuen Bekannt-
schaften immer damit endeten, daß sich die wildesten Burschen
vertrauensvoll bei mir aussprachen und mir all ihre Weiberprobleme
anvertrauten.

Nach dieser Israelreise wurde mir klar: was für Israel die Klagemauer, das war die dicke Berta für ihre ganze Umgebung. Wer hat
denn heute noch Freunde, denen er sein Herz ausschütten kann,
ohne verspottet, verraten oder ausgenützt zu werden? Ich zählte die
Stellen zusammen, wo man beruflich zuhört. Dazu brauchte man
nur eine Hand, so wenige sind das. An wen kann sich ein Mensch in
seinem Kummer wenden? An den Pfarrer, an einen Psychologen,
einen Eheberater, an die Telefonseelsorge – oder an Tante Berta.

Ich erinnerte mich an Leute, die sich neue Dauerwellen nur machen lassen, damit sie während der Prozedur wenigstens mit den
Friseusen tratschen können. Kennt ihr sie nicht, die redseligen Mitmenschen in Eisenbahnabteilen, auf Autobus- und Parkbänken, die
nur darauf lauern, daß sich ein Ahnungsloser zu ihnen setzt? In
allen Kaffeehäusern und Konditoreien sitzen sie einsam an den
runden Marmortischen und haben wie auf Knopfdruck ein Dutzend
Tragödien parat.

193

Nun, das war der Beginn meiner neuen Karriere. Ich hatte eine geradezu perfekte Marktlücke gefunden: ein ungeheures Heer von Kunden und kaum Konkurrenz." Berta breitete die Arme aus wie der berühmte deutsche Quizmeister, wenn er ein besonders pfiffiges Bonmot ins Publikum geworfen hat.

Arnold runzelte die Stirn. „Das klingt sehr überzeugend, Berta, deine Schlußfolgerungen haben nahezu philosophische Gedankengröße. Aber was machst du jetzt? Betätigst du dich als Laienpsychologin? Als Eheberaterin?"

„Nichts von alldem, Professorchen! Keine Angst, ich bin keine Kurpfuscherin oder moderne Hexe mit Druidenbuch und Kristallkugel. Mein Gewerbe ist ordnungsgemäß angemeldet, ich bin notariell vereidigt und darf den Inhalt der Gespräche Dritten nicht zugänglich machen. Das habe ich schwarz auf weiß und zeige es auch meinen Kunden. Ich bin ganz schlicht Zuhörerin und berechne ein angemessenes Honorar, mit oder ohne Mehrwertsteuer, ganz nach Wunsch. Ich gebe auch keine guten Ratschläge, keine Tips, keine Ezzes, ich rede niemandem ins Gewissen. Ich höre nur zu und zeige Anteilnahme, sonst nichts."

„Das klingt wie ein Märchen", staunte Georg. „Und davon kann man leben?"

Berta lächelte. „Wenn man fleißig ist und einen guten Kundenstock aufgebaut hat, findet man schon sein Auskommen."

„Wie funktioniert das?" wollte der Professor wissen. „Kommen die Leute einfach zu dir in die Sprechstunde und erzählen ihre Geschichten, bis die Zeit abgelaufen ist, und zahlen dann?"

„So ähnlich spielt sich das ab. Aber ich habe kein Büro. Meine Kunden besuchen mich entweder daheim, oder wir treffen uns in einem Kaffeehaus; ich gehe auch zu manchen Menschen in ihre Wohnung, besonders wenn sie älter oder behindert sind. Die Nachfrage ist so enorm angewachsen – ein trauriges Symptom unserer kontaktarmen Zeit –, daß ich jetzt schon junge Mitarbeiter ausbilde, meist Werkstudentinnen; ich spiele auch schon mit dem Gedanken, in anderen Großstädten Filialen aufzumachen."

„Unglaublich!" Arnold schüttelte verwundert den Kopf. „Sind deine Kunden in der Hauptsache ältere Leute, oder gibt es auch Jugend darunter? Ich könnte mir nämlich durchaus vorstellen, daß viele junge Leute sich lieber mit einer verständigen Fremden unterhalten als mit ihren eigenen Eltern."

„Das ist ein wichtiger Punkt. Über die Jugendarbeit bin ich eigent-

194

lich zum Bund Freier Frauen gekommen, denn von dort erhalte ich dafür Unterstützung. Wir wollen ein ganzes Team von Zuhör-Tanten schulen. Das soll unser Beitrag zur mangelnden Familienfürsorge sein und vielleicht helfen, Verwahrlosung, falsche Erziehung und fehlerhafte Aufklärung ein wenig auszugleichen."

„Schade, daß ich die Wahl nicht gewonnen habe", sinnierte der Professor. „Ich hätte dir aus dem Familienministerium eine großzügige Subvention zukommen lassen. Wir müssen uns weiter darüber unterhalten, aber in zwei Minuten beginnt meine Wache."

„Das ist ein patentes Weib, diese Berta", meinte Simon und zeigte mit gekrümmtem Zeigefinger und Daumen die Geste für „okay".

Dieses Handzeichen erinnerte mich daran, daß ich mich schon öfter gefragt hatte, was wohl Esther und Anita immer hinter B. A.s Rücken so wahnsinnig Lustiges gestikulierten und sich dann kugelten, als hätten sie Lachgas eingeatmet. War es der verjüngende Effekt der Seeluft, daß sie sich wie Schulmädchen benahmen?"

„Sag, was fuchtelt ihr denn da immer", fragte ich deshalb Esther, als sie sich wieder einmal kaiserlich über die Gebärden zu amüsieren schien, die Anita, am Heckkorb hinter B. A. sitzend, machte. „Kann man mitlachen? Oder ist das eine geheime Zeichensprache?"

Esther wischte sich die Lachtränen von den Wangen. „Das ist nicht geheim, sondern ganz normales internationales Gestuno."

Das sagte mir zwar überhaupt nichts, aber ich wollte nicht als ungebildet gelten und schlug mir daher gegen die Stirn, als erinnerte ich mich plötzlich. „Natürlich! Wo hatte ich denn nur meine Augen! Das ist die Sprache, in der das französische Gummigesicht, dieser Louis de Funès, seine Filme für den Export in Esperantoländer synchronisiert. Gestuno, die internationale Gaunersprache. Das heißt: ‚Dem Kerl schneiden wir noch die Gurgel durch' . . ." Ich fuhr mir mit dem Daumen quer über die Kehle. „Und das bedeutet: ‚Er hat einen Vogel'." Ich tippte mir mit der bekannten Autofahrergeste an die Stirn.

Esther lachte. „Da wäre Schwester Ursula aber entsetzt gewesen, wenn sie das jetzt gehört hätte. Nein, Karl. Gestuno ist keine Gauner-Zeichensprache, sondern die von den Vereinten Nationen weltweit anerkannte Gebärdensprache, wie sie zum Beispiel für den Unterricht mit Gehörlosen angewandt wird."

Jetzt horchte auch Simon auf und rückte näher. „He! Kann man sich damit sogar Witze erzählen? Nicht nur ‚Trottel' deuten und ‚leck mich!' oder so ähnlich?"

„Nein, damit kann man sich richtig unterhalten. Anita und ich, wir haben das in der Klosterschule von einer Schwester gelernt. Wir konnten uns sogar während des Unterrichts und auch in der Kirche unterhalten, ohne daß jemand etwas hörte."

Simon hob erstaunt die Augenbrauen. „Ihr wart in der Klosterschule? Das hätte ich mir beinahe denken können. Auch meine Sonja war in einer Klosterschule, von dort kommen ohne Ausnahme die schlimmsten Fratzen. Aber wie funktioniert Gestuno? Ist das schwer zu lernen?"

„Die meisten Zeichen werden euch bekannt sein. Paßt mal auf, ich gebe euch eine Einführung . . ."

„Langsam, langsam!" Georg krabbelte herbei. „Ich möchte auch zuhören. Ihr kichert schon wieder so, wie heißt die neueste Geschichte?"

„Die handelt *VON DER KUNST, MIT HÄNDEN UND FÜSSEN ZU SPRECHEN.* Ratet mal, was das bedeutet?" Esther rieb Daumen und Zeigefinger aneinander.

„Das ist international", lachte Simon. „Es heißt: Ober zahlen!"

Esther füllte sich die Backen mit Luft, blies kräftig und machte dazu mit den Händen Bewegungen wie fliegender Staub.

„Ha, ha! Das soll wohl Wind bedeuten?"

Sie hielt sich mit beiden Händen die Ohren zu und verzog schmerzlich das Gesicht.

„Etwas ist dir zu laut. Das bedeutet Lärm. Jemand lärmt?"

Sie nickte fröhlich; sie drohte mit dem Zeigefinger, sie schlug die flachen Hände bittend zusammen, sie legte den Finger auf die geschlossenen Lippen, sie schüttelte sich selber die Hände, und Simon oder Georg errieten mühelos nacheinander die Begriffe: drohen, böse, bitten, etwas erbitten, leise, jemandem danken.

„Noch etwas!" verlangte Simon.

Sie zeigte müdes Gähnen mit der flachen Hand vor dem Mund für „langweilig"; die Gebärden für Zigarettenrauchen, Anzünden, Pfeifestopfen, Trinken, Essen, Boxen waren klar. Die Faust am Ohr mit dem weggestreckten Daumen und kleinen Finger war ein Telefonhörer, und so ging es eine ganze Weile weiter.

Simon schnitt ein Gesicht. „Hm! Ich habe mir das etwas intelligenter vorgestellt. Das ist doch keine Sprache, das ist Pantomine. Ich dachte, da gibt es auch knappe Zeichen für: ‚Bringen Sie mir einen Whisky, aber dalli!'"

„Ganz wie der Herr wünschen." Esthers Finger wiesen da und

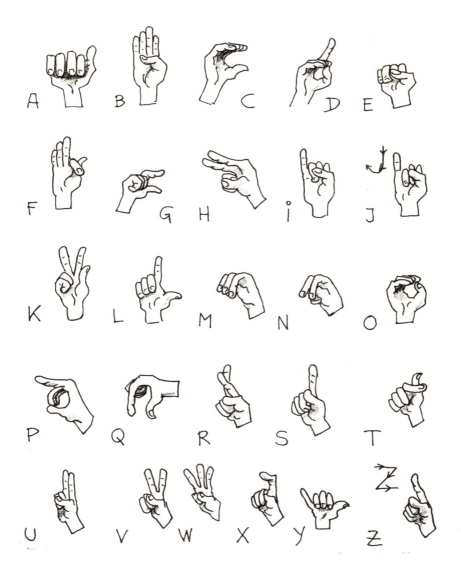

Das Zeichensprache-Alphabet

dort hin, ballten sich zur Faust, sie setzte die andere Faust mit ausgestrecktem kleinen und Zeigefinger darauf. „Das heißt: Mach schnell, du Kamel! Bring mit einen Whisky!"

In Simons Augen glomm die Neugier wieder auf. Er versuchte, ‚Whisky' nachzumachen.

Esther erklärte uns noch Fürwörter, Hilfsverben, Zeiten, und als Simon endlich zwar noch ein wenig eckig, aber für Esther schon lesbar: „Der Kapitän ist ein dummes Krokodil!" deuten konnte, waren wir alle drei als begeisterte Anhänger der neuen Zeichensprache gewonnen.

Die beiden Amazonen hatten anfangs noch größere Schwierigkeiten mit ihren Schülern, weil die Gebärden für: „Ich habe Hunger" und: „Ich bin geschlechtskrank" sich nur geringfügig unterschieden. Simons Lieblingsbeschimpfung in Gestuno wurde: „Er ist ein blödes Stück Klopapier."

Die Gesprächsrunden auf der Hohen Kante gewannen durch die stumme Unterhaltung ungemein an Komik. Jetzt war es überhaupt mit jedem ernsthaften Gespräch vorbei. Die Zeichensprache erlaubte allen, hinterrücks seinen Senf dazuzugeben. Es war, als müsse man sich mit Leuten unterhalten, von denen dauernd die dümmsten Sprechblasen aufstiegen.

Erschwerend wirkte sich aus, daß der neue Unsinn um sich griff wie eine ansteckende Krankheit. Bald war die gesamte Schiffsbesatzung wie von einem Fieber befallen, das die Finger zucken machte. Einer brachte dem anderen Gestuno bei.

Wenn ich in der Navigationsecke hockte, hörte ich überall an Bord die kleinen Unterrichtsklassen, die sich gebildet hatten.

„Für das ‚i' streckst du den kleinen Finger von der Faust in die Höhe", erklärte Simon Georg beim Kartoffelschälen in der Kombüse. „Für ‚j' zeichnest du mit diesem I-Finger ein kleines ‚Jot' in die Luft. Das ist wie beim ‚Zet', da machst du mit dem Zeigefinger eine Bewegung, als wärst du Zorro, der Rächer, und schneidest den Gegnern mit dem Degen ein ‚Z' in die Stirne. Das ‚v' kennst du, das hat Winston Churchill immer als Victory-Zeichen in die Höhe gereckt. Jetzt haben das arabische Flugzeugentführer zwar zweckentfremdet, aber es bedeutet immer noch ‚vau'."

„Kreuze zwei Finger wie bei einem falschen Schwur", klang es durchs Decksluk, „dann hast du das ‚r'. Die geballte Faust der Kommunisten ist das ‚s', und die gespreizten Finger der Hand bedeuten ‚sch' . . ."

198

„Diese Zeichensprache hat sicher etwas Gutes", dachte ich mir. „Es lenkt die Crew von den langweiligen, bis zum Überdruß eintrainierten Manövern ab. So kommen sie wenigstens nicht auf noch dümmere Gedanken." Mir fiel die Atlantiküberquerung ein, auf der die Buddelschiff-Epidemie ausgebrochen war. Irgendwer hatte damit angefangen, und nach zwei Tagen saß jeder in einer Ecke, schnitzte an Holzspänen, schnitt Segel aus Papier, klebte Masten zusammen, drückte Silikon-Isoliermasse in Flaschen, malte, pinselte und bastelte. Die Stimmung war gut, es konnten gar nicht genug Flaschen leergetrunken werden. Dann wurden die Bastelmaterialien knapp. Obwohl der Smutje wie ein Luchs aufpaßte, verschwanden die Zahnstocher, alle Strohhalme, seine Schneidbrettchen und sogar die Holzgriffe von den Küchenmessern. Der Skipper hatte seine liebe Not, kaum schlug er ein Navigationsbuch auf, waren aus den Deckblättern schon wieder winzige Segel geschnitten. In dunklen Nächten verschwanden sogar Paddel aus dem Schlauchboot und Bodenbretter aus dem Vorschiff. Bald war das Nähgarn alle, und mein Freund Smee zeigte mir voll Empörung seine Latzhose, die jemand heimlich aufgetrennt hatte, weil er die Fäden brauchte. Bald gab es keinen Tropfen Leim, Klebstoff, Dichtungsmasse oder Farbe mehr an Bord. Dafür wurden bereits mikroskopische Schiffchen in Haarwasserflakons oder Tablettenröhrchen eingebaut. Wir erreichten England als schwimmendes Buddelschiffmuseum. Hätte die Überfahrt auch nur eine Woche länger gedauert, unsere Yacht wäre bis zur Wasserlinie hinunter zerschnitzt gewesen.

Der Skipper sagte nachher dankbar: „Ein Glück, daß wenigstens das Rigg aus Aluminium war, sonst hätten wir Lizard Point nie mehr gesehen. Ich weiß jetzt, wie einem Käptn zumute sein muß, der erst zu spät merkt, daß er mit einer gefräßigen Termitenfamilie an Bord zur Ozeanüberquerung aufgebrochen ist."

Dagegen war die Spielerei mit der Zeichensprache ja noch eine relativ harmlose Verrücktheit.

Am Samstag schuf eine angenehme, gleichmäßige Brise aus Nordnordost und ein nur leicht geriffeltes Meer ohne störende Dünung endlich das richtige Ambiente für Maestro Barawitzka, uns seine Spinnaker-Partitur zu orchestrieren.

Wir begannen mit einem leichten Stück, Opus 1, adagio ma non troppo, im Dreivierteltakt, für einen Simon, einen Starcutspinnaker, fünf Flügelhörner und drei Bässe.

Simon bemühte sich gar nicht sonderlich, jede seiner Aktionen

199

des langen und breiten zu kommentieren, da unser Dirigent ohnehin schon angekündigt hatte, daß dieser Walzer so oft und so lange geübt werden müsse, bis jeder einzelne Toppnantbläser und Schotstreicher seinen Part auswendig könne.

Anita und ihre Amazonen gruppierten sich wie eine Damenkapelle um den Kapitän und stellten ihm mehr Fragen als eine neugierige Mutter ihrer Tochter nach der Hochzeitsnacht. Sie wollten alles über Spinnakern lernen.

Simon rannte einige Kilometer an Deck auf und ab, um alle Schoten und Achterholer zu klarieren. Die neuen Kevlar-Achterholer verwirrten sein gewohntes Konzept, weil die STRAWANZER nur mit einem Spibaum ausgerüstet war. Zu seiner Bedienung mußte das Kutterstag abgeschlagen werden (das war nicht weiter schlimm, denn eine patente Ruck-zuck-Mechanik spannte dieses hilfreiche Zusatzstag mit einem Hebeldruck, ließ es aber genauso schnell aus seiner Deckschiene hüpfen, so daß es weggenommen und am Mast angebändselt werden konnte), aber der Professor wollte unbedingt eine Patentlösung ausprobieren: Spibaum schiften ohne Mann auf dem Vorschiff.

Das war keine einfache Sache. Die Achterholer mußten viel länger sein als notwendig und sollten immer angeschlagen bleiben: vom Spinnakerhorn in Lee, quer über das Vorschiff innerhalb des Vorstags bis zur Baumnock und von dort locker bis zu den Umlenkrollen auf der Leeschiffseite zu den coffeegrindergetriebenen Achterholerwinschen am Heck. Auf der anderen Seite mußte das Geschirr natürlich spiegelbildlich angeschlagen werden.

„Das Schiften funktioniert dann so", erklärte der Professor. „In Luv wird der Achterholer entlastet und der Segeldruck von der dichtgeholten Luvschot vorübergehend aufgenommen. Dann wird der Luvachterholer voll gefiert, ebenso Spitoppnant, und der Leeachterholer wird schnell dichtgenommen. Dadurch schwingt der Spinnakerbaum hinunter zum Deck, unter dem Vorstag durch. Wenn die Stopperscheibe vom Leeachterholer am Baumnockbeschlag anliegt, kann man Kraft draufgeben und die Leeschot entlasten. Jetzt folgt die Halse. Ganz einfach!"

„Ganz einfach!" lachte Anita leicht hysterisch auf. „Der Professor ist gut. Als nächstes erklärt er uns eine Schnellmethode für Herztransplantationen zwischen den Wendebojen."

Dank des Spistrumpfes war das Setzen des Starcuts der einfachste Teil des Manövers, und unter einem ungeheuren blau-weißen Mercedesstern zog die STRAWANZER stolz wie ein Schwan nach Südosten.

Ich erhielt jetzt eine Extraaufgabe: Barawitzka wollte dauernd den wahren Wind berechnet haben.

„Danach muß ich die Stellung des Spibaumes markieren", teilte er mir mit. „Daß der Spibaum senkrecht zum Wind stehen muß, wissen viele, aber die meisten Skipper stellen ihn nur senkrecht zum scheinbaren Wind ein, den Windfahnen oder Wollfäden anzeigen. Das ist Kazunga! Berechne mir jetzt bitte aus Windanzeige, Schiffskurs und Logge den genauen wahren Wind!"

Da war ich aber froh über meine Entdeckung, daß der kleine Taschenrechner in der Navigation polare Koordinaten in rechtwinklige umrechnen konnte und umgekehrt. Damit kann man recht gut Vektorenaufgaben lösen, zum Beispiel für diese Windberechnungen. Hätte ich jedesmal eine Art Stromdreieck zeichnen müssen, wäre ich ganz schön überbeschäftigt gewesen.

Jetzt entstanden am Vorschiff strahlenförmig vom Mast ausgehende Klebestreifenmarkierungen. Für je zehn Grad Windeinfall schrieben wir alle Spinnakerstellungen (auf den wahren Wind bezogen) für die Windanzeige im Cockpit an.

Die Insel Olib war uns im Weg, aber die erste Halse unter Spinnaker funktionierte tadellos. Alles klappte so, wie Arnold es vorausgesagt hatte. Wir drehten nur an den Winschen, fierten mit Gefühl, holten dicht, und B.A. brachte das Heck durch den Wind.

„Eine ganz phantastische Methode" brüllte er begeistert. „Arnold, das ist einfach super! Wenn mir niemand am Vorschiff herumtrampelt, Unruhe ins Schiff bringt und den Bug ungut belastet, kann ich während des ganzen Manövers im Trimm bleiben und Höchstgeschwindigkeit laufen. Das ist hervorragend!"

Dann drehte der Wind, und wir liefen auf die Kornateninseln Ist und Molat zu. Der Wind legte innerhalb von zwanzig Minuten kräftig zu, und die STRAWANZER zischte durchs Wasser, daß es nur so eine Freude war.

Bei der Halse ging dann irgend etwas schief.

Das Schiff kam ins Geigen, und kaum hatten wir die Achterholer gefiert, da stieg der große Spinnaker in die Höhe wie ein von den Leinen befreiter Fesselballon; bevor jemand etwas tun oder schreien konnte, riß eine unheimliche Kraft die STRAWANZER quer ins Wasser, sie schlug um. Kreischende B.M.s stürzten über Bord, Gischt und Schaum schlug ins Cockpit, mir gelang es wenigstens, an der

Reling hängen zu bleiben. Die Augen voll Wasser, konnte ich nichts sehen, aber ich spürte an den Rucken, die sich vom Rigg auf den Schiffskörper übertrugen, daß der Spinnaker drauf und dran war, die Yacht in Stücke zu reißen.

„Reißt die Schot aus! Reißt die Schot aus!" donnerte B.A. irgendwo in der Gischt.

„Können vor Lachen!" heulte Simon vom Vorschiff.

Wamm! Wieder erschütterte ein schrecklicher Ruck das Deck.

Mit einem Klimmzug turnte ich durch die Reling nach oben. Jetzt sah ich Simon am Bug. Viele Meter über ihm tobte der Spinnaker wie ein wild gewordener Drache. Alle Schnappschäkel waren weit außerhalb seiner Reichweite.

Jetzt sprang er wie Tarzan zu und hing an einer Schot.

Wamm! Das Deck unter mir schleuderte, ich verlor den Halt, und wie bei einer Rutschpartie ging's über die glatte Bordwand. Ich flog an der Kielflosse vorbei, und dann schluckte ich Salzwasser.

„Tadelloses Manöver!" schoß es mir noch durch den Kopf. „Traumhafte Patentlösung. Ganz super!" Dann trieb entweder ich von der gekenterten STRAWANZER weg oder das Schiff von mir.

Hinter mir Stimmen in der schaumig aufgerührten See. Ein paar Köpfe schwammen herum: Renate und Anita. Ich kraulte auf die beiden zu, und dann versuchten wir, dem Schiff zu folgen, das sich wieder zögernd aufgerichtet hatte. Der Spinnaker flatterte wie eine Fahne nach Lee, Gebrüll und Geschrei an Bord.

Arnold klappte uns die Badeleiter herab, ich half den Mädels an Deck und trabte dann zum Mast, um Simon und B.A. beim Bergen des wildgewordenen Spinnakers zu helfen.

Eine halbe Stunde später saßen wir alle frisch umgezogen um die Steuerräder, das Boot glitt unter Großsegel und Fock I auf die ferne Silhouette von Silba zu.

„Der Teufel möge mich holen", knurrte B.A., „wenn ich draufkomme, was vorhin schiefgelaufen ist! Der Wurm muß bei der neuen Patentlösung liegen, aber ich verstehe einfach nicht, wieso es diesmal nicht so glatt funktionierte wie vorher."

„Es war der fehlende Niederholer", sagte Simon und kippte sich Rum in den Hals.

„Die Niederholer? Aber die waren doch angeschlagen."

„Ja, aber am Spibaum. Wie normalerweise üblich. Als ich da vorn hilflos herumtanzte, ist mir das eingefallen, B.A. Sobald wir die Achterholer fieren, wird der Spinnaker nur mehr von den Schoten gezügelt. Aber da ist nichts mehr, das sein Steigen verhindert. Der verdammte Niederholer hält nutzlos den leeren Spibaum nach unten. Bei wenig Wind macht das nicht viel aus. Aber bei einer Brise steigt die Spiblase, die Schoten sind bis über die Saling hochgerutscht, das habe ich noch gesehen. Dann ist es ja kein Wunder, daß der Kasten aus dem Ruder läuft, wenn die Windkraft plötzlich so hoch oben am Mast schräg zur Bugrichtung angreift. Das kann kein Ruder mehr ausgleichen. Ein wunderschönes Beispiel für ein vermurkstes Spinnakermanöver. Dazu kam, daß die Ausreißschäkel unerreichbar hoch herumgeflogen sind, so daß ich sie einfach nicht packen konnte. Wenn wir das neue Patentsystem weiter verwenden wollen, gibt es meiner Meinung nach nur eine Lösung: die bretonische. Dort schlagen sie die Niederholer nie an den Spibaum, sondern immer gleich an den Schotring des Segels. Dadurch können sie den Spi immer bändigen, auch wenn der Baum nicht angeschlagen ist. Dazu brauchen wir natürlich zwei Niederholer, und die Umlenkpunkte müssen günstig plaziert vorn am Vorschiff liegen."

B. A. überdachte den Vorschlag eine Weile und war dann einverstanden. „Wir haben in den letzten Tagen so viele Tabus der traditionellen Seglerei gebrochen, daß es darauf auch nicht mehr ankommt. Also gut, schlagen wir die Niederholer in Zukunft auf die bretonische Art an, direkt am Segel . . . Kruzitürken!" Er fuhr herum und fauchte Georg an. „Sag mal, was gibt es denn da dauernd zu kichern und zu feixen und mit den Fingern zu schnipsen?"

Renate prustete in die vor das Gesicht geschlagenen Hände. Georg blieb mit den Fingern mitten im Satz hängen. „Schiffs-Chef . . . aufgebläht wie Ochsenfrosch . . . spricht pompöse . . ." So weit war er gekommen. Jetzt sah er sich hilfesuchend um und entdeckte wirklich etwas, um B. A. abzulenken.

„Delphine, Delphine!" schrie er und zeigte auf das sonnenglitzernde Meer hinaus. Dort schossen tatsächlich zwei der eleganten Torpedos hoch in die Luft und klatschten in weitem Bogen wieder ins Wasser zurück. „Sie haben sogar hergesehen", behauptete Anita aufgeregt. „Der eine hat mir zugeblinzelt."

So schnell, daß das Auge kaum folgen konnte, sausten die Delphine dicht unter der Oberfläche auf die STRAWANZER zu und verschwanden unterm Kiel.

„Da kommen noch welche!"

Eine ganze Schule jumpte draußen in die Höhe und regnete wieder in die See zurück: fünf, sechs, sieben Stück.

203

Vor dem Bug schnaufte es jetzt laut, und wie abgesprochen flogen die beiden Tiere links und rechts neben dem Bugkorb hoch; es spritzte bis zum Mast.

Binnen kurzem war die gesamte Crew am Bug versammelt. Sogar B. A. holte seine Kamera. Mehr als ein Dutzend der zwei Meter großen Säuger schossen in enger Formation vor der STRAWANZER dahin, zogen ohne sichtbaren Flossenschlag scharfe Bögen, verwoben ihre Bahnen zu spiraligen Mustern und nahmen wieder von tief aus der Bläue Anlauf zu neuen Kapriolen und Luftsprüngen.

„Seht ihr, wie sie die Schnauzen etwas tiefer halten als die Bäuche?" fragte Simon. „Das ist die sogenannte sichere Gleitposition. Diese gescheiten Viecher nützen klug die Druckwelle unseres Bugs aus, wie Wellenreiter die Brandungsenergie. So lassen sie sich schieben und ersparen sich das Schwimmen."

Renate kniete an der Reling. „Beißen die?"

„Nie im Leben. Delphine sind zwar arge Fischräuber, aber ausgesprochene Menschenfreunde. Angeblich retten sie Schiffbrüchige, indem sie sie bis ans Ufer schieben. Du könntest ohne weiteres zu ihnen reinspringen, sie würden sich höchstens kranklachen über deine miserablen Schwimmkünste."

Allein schon das laute Schnaufen, mit dem die Delphine ab und zu Luft holten, machte einem diese Unterwasserclowns so sympathisch. Alles andere Leben im Meer wirkte kalt und fremd, hatte Kiemen. Der Delphin aber hörte sich an wie ein naher Verwandter, wenn er wie ein Langstreckenschwimmer schnaufte.

Wie in einem gut einstudierten Ballett glitten immer zwei Tiere aus dem Gruppenreigen und sprangen vor dem Bug mit einer eleganten Flanke in die Höhe, klatschten applaudierend mit den Flossen und schossen wie Torpedos nach unten davon, während schon wieder zwei andere Springer ihre Plätze einnahmen und das Kunststück wiederholten.

An Eleganz und Schnelligkeit der Bewegungen konnte der Delphinreigen nur mit einem Eiskunstlaufballett verglichen werden.

Wir merkten es nicht, daß wir über eine Stunde an der Reling knieten, wir spürten nicht, daß unsere Rücken krumm und steif wurden, die Planken unserer Knie wundscheuerten. Wir merkten auch nicht, daß der Wind langsam einschlief und die Geschwindigkeit stark sank. Die Delphine schwammen jetzt weit voraus, wir waren ihnen zu langsam geworden; sie drehten sich neben der Bordwand um und schienen heraufzublinzeln, als wollten sie fragen:

204

„Na, was ist? Warum bleibt ihr auf einmal zurück? Seid ihr müde geworden?"

Renate verstand das Blinzeln der Tiere anders. Niemand hatte bemerkt, daß sie ihren Badeanzug angezogen hatte. Plötzlich hechtete sie mit einem Anlauf über die Reling und tauchte wie ein rosa Pfeil in einem Strom silbrig perlender Luftblasen zwischen die Delphine. Einen Moment war es wie in einem uralten Traum vom Zusammenleben zwischen Mensch und Tier; vom Schwung getrieben, glitt sie mit angehaltenem Atem zwischen den Delphinen dahin, die sofort begeistert um die neue Spielgefährtin tollten und kurvten.

Dann ging ihr die Luft aus, und sie mußte den Kopf aus dem Wasser stecken. Jetzt schoß die STRAWANZER an ihr vorbei. Renate versuchte tapfer mitzukraulen, sie hatte sogar einen sehr sportlichen Handschlag, aber auch ein langsames Segelschiff ist kein Trainingspartner für eine Schwimmerin. Sie blieb rasch zurück.

„Frau über Bord!" rief Simon und rannte nach achtern. Das war der offizielle Höhepunkt und das grandiose Finale der Delphinvorstellung.

Alles rannte zu den Manöverstationen, um die STRAWANZER wieder auf Gegenkurs zu bringen.

„Dabei hat sie gar nicht betrunken ausgesehen", wunderte sich Simon. „Wie kommt dieses Weib auf die Schnapsidee, zu den rasanten grauen Burschen reinzuhüpfen?"

Ich sagte nichts. Aber ich wußte, warum Renate gesprungen war. Denn auch ich hatte jedesmal, wenn ich Delphinen beim Spielen zusah, den unwahrscheinlichen starken Drang verspürt, mich einfach zu diesen Unterwasserfreunden hineinzustürzen. Ich hatte mich bisher immer gerade noch bezähmt, Renate war dem Ruf ihres Herzens gefolgt.

Nachdem wir sie aufgefischt hatten, ließ B. A. wieder Spinnaker setzen, diesmal mit der von Simon vorgeschlagenen bretonischen Niederholeranordnung, und wir zogen wegen des schwachen Windes sehr gemütlich nach Südosten. Die Decksgespräche drehten sich natürlich um Delphine. All die alten Geschichten vom Knaben auf dem Delphin und von Flipper wurden aufgewärmt.

„Also, mich begeistern Delphine ganz enorm", schwärmte Renate. „Ich habe viel über diese intelligenten Meeressäuger gelesen. Angeblich ist man gerade dabei, im See-Aquarium von Florida ihre Pfeifsignale zu übersetzen. Diese Pfiffe sollen eine derartige Menge verschiedener Signale enthalten, daß man schon von einer Art Delphinsprache reden kann. Ob sich die Wissenschaftler bereits mit einem Delphin unterhalten können, weiß ich aber nicht."

„Na, wenn's soweit ist, hoffe ich, daß die dressierten Flipper als erstes meine Abstammungstheorie bestätigen", warf ich ein.

Der Professor sah mich neugierig an. „Was für eine Theorie ist das?"

„O je!" Simon hob in gespieltem Entsetzen die Hände anklagend zum Himmel. „Arnold, das war ein ganz schlechtes Stichwort. Jetzt tischt uns Karl sicherlich wieder seine blöden Argumente auf, um dir zu beweisen, daß wir Menschen nicht von den Affen, sondern von den Delphinen abstammen."

„Was auch stimmt", behauptete ich überzeugt. Wenn man als Laie eine eigene wissenschaftliche Theorie aufstellt, muß man sich dazu bekennen, ganz egal, ob sie richtig oder idiotisch ist. Weil mich alle bis auf Simon fragend ansahen, fuhr ich fort: „Ich bin eisern davon überzeugt, daß unsere Vorfahren einst wie Delphine in den warmen Meeren herumgeschwommen sind. Irgendwann dann wurde es ihnen im Wasser langweilig, und sie kletterten an Land. Deshalb haben wir Menschen auch als einziges Säugetier keinen Pelz, und unsere Hände und Füße sehen mehr wie Flossen aus als wie Hufe oder Tatzen. Auch baden wir gern, was Affen überhaupt nicht tun. Die können nicht mal schwimmen."

„Das ist eine absurde Idee", ärgerte sich Anita. „Wie könnten wir von Delphinen abstammen? Die haben weder Beine noch Arme."

So leicht ließ ich mir meine schöne Theorie nicht zerpflücken. „Seit Wissenschaftler bewußt in der Erde buddeln, suchen sie das fehlende Bindeglied, jenen frühen Vorfahren, der noch halb Affe, halb Neandertaler, die Entwicklung zum Homo sapiens einleitete. Alles mögliche hat man gefunden, aber nicht ein Knöchelchen von diesem Kerl. Und ich sage dir auch, warum. Weil man am falschen Platz sucht: an Land. Wenn wir aber aus dem Meer gekommen sind, dann müssen auch eventuelle Reste dieses Urahnen dort liegen. Außerdem haben die Meeressäuger alle Arme und Beine, wenn auch rückgebildet zu besonders wirkungsvollen Schwimmpropellern. Wenn man aber Seekühe eindeutig als zur schwimmenden Lebensweise zurückgekehrte, kuhähnliche Landtiere definiert und eine gleiche Entwicklung auch bei Walen, Robben und Delphinen voraussetzt, dann wäre es doch durchaus möglich, daß eines der fischfressenden Wassersäugetiere mit noch nicht so extrem ausgebildeten Flossen die Lust an der feuchten Biotope wieder verlor und zurück an die Sonne, an den Strand krabbelte. Vielleicht lebte dieser Adam ohnehin in seichten Ufergewässern und hatte seine Beine behalten, um auch ab und zu über den Strand laufen zu können. Vielleicht schlief er nie im Wasser, sondern im warmen Ufersand in den Dünen, so eine Art Menschenotter, nur ohne Pelz, weil es in Atlantis dafür zu warm war. Das kann doch durchaus so gewesen sein. Ich jedenfalls stamme lieber von Delphinen ab als von Affen."

Simon drohte Anita mit dem Finger: „Wenn du nochmals Pavian zu mir sagst, denn kleb' ich dir eine. Aber gegen passende Bezeichnungen wie See-Ochse, See-Esel, See-Geißbock habe ich nichts einzuwenden."

„Also gut, du See-Grizzly", lachte Anita, „aber unser Freund, Navigator und See-Uhu hier hat trotzdem unrecht, denn wie wir alle vorhin gesehen haben, zeichnen sich gerade Delphine durch völlig gleichartiges Aussehen der Geschlechter aus. Was sich wahrscheinlich auch auf völlige Gleichberechtigung beim Zusammenleben in der Herde auswirkt. Davon ist aber doch beim Menschen wahrlich nicht die Rede. So einen krassen Gegensatz wie zwischen Mann und Frau gibt es sonst kaum bei einer Tierart."

„Na, ist doch klar, daß See-Hennen nicht so schön sein können wie See-Hähne", trumpfte Simon auf.

„See-Pfau!"

„See-Ziege!"

„See-Dackel!"

„Meerkalb!"

So ging das eine ganze Weile weiter.

Mit dem letzten Windhauch erreichten wir gegen Abend die weite, einsame Bucht von Veli Rat am Nordzipfel der Kornateninsel Dugi Otok. Dort lag schon ein anderer Segler, auf dessen Deck sich ein halbes Dutzend nackter Nixen zeigte; Georg bekam Stielaugen.

Er fuhr wie ein Geier auf das Fernglas los, aber der Kapitän war schneller. „LA BELLE POULE", buchstabierte er, das Heck betrachend. „Aus Frankreich. Scheinen nur Damen an Bord zu sein. Interessant!"

Georg wartete vergebens. Bis wir unseren Ankerplatz erreicht hatten, beanspruchte B. A. das Glas, und dann war es zu dunkel, um noch etwas zu erkennen.

Der nächste Morgen war prachtvoll, aber absolut windstill. Die vom Dunst hellgrau lasierten Hügel, die einsamen Kiefernwälder und die beiden Yachten hingen mit ihren gestochen scharfen Spiegelbildern in einer unendlichen, blau-silbernen Kristallfläche. Ich war sehr früh an Deck und bemühte mich, meinen in der Nacht entworfenen Plan so lautlos wie möglich in die Tat umzusetzen.

Meine Navigationsecke hatte durch eine Luke direkte Hörverbindung mit dem Cockpit, und vor dem Einschlafen war ich Zeuge eines Damengesprächs geworden, das mich nachdenklich gemacht hatte.

Die STRAWANZER hatte als In-and-out-Regattaschiff nur einen sehr limitierten Trinkwasservorrat an Bord. Wasser ist schwer, Gewicht kostet Geschwindigkeit, und da nimmt man lieber ungewaschene B.M.s in kauf, als Schnelligkeit gegen Hygiene einzutauschen.

Der Kapitän hatte deshalb von Beginn der Reise an Duschorgien auf See untersagt, wenn wir nicht an einer Mole lagen, wo der Wasserschlauch im Tankeinfüllstutzen steckenbleiben durfte. Das war es, worüber die Damen in der Nacht leise Klage geführt hatten. Die normale Waschmethode für Segler, sich nackt mit ein paar Eimern voll Seewasser und Bilgencleaner am Heck abzuschrubben, hatte sich bei unserer weiblichen Mannschaft nicht durchgesetzt.

Deshalb baute ich an diesem Morgen ein vornehmes Duschbad. Das Reserve-Sonnensegel, von Unterwant zu Unterwant als Sichtschutz angebändselt, schottete das ganze Vorschiff vor neugierigen Blicken ab, und am Kutterstag montierte ich den Deckwaschschlauch mit einem Brausekopf, der, an die Salzwasser-Druckpumpe angeschlossen, genügend sauberes Wasser über den Seewasserfilter lieferte.

Enorm zufrieden testete ich die Anlage gleich und stieg mit um die Hüften gewickeltem Handtuch, Seewasserseife, Rückenbürste und Spezialshampoo für wenig und dünne Haare an Deck. Es war herrlich erfrischend, und ich sang Badewannenlieder, um den Rest der Mannschaft zum Duschen zu animieren.

„He!" hörte ich Simons Stimme. „Du bist aber ein feiner Pinkel. Sogar mit Rückenbürste. Laß sie da liegen, ich dusche auch gleich. Sonst macht es mir ja nichts aus, aber wenn Weiber an Bord sind, muß man ja nicht wie ein Iltis stinken."

Auch Georg war sehr früh auf, aber nicht um zu baden. Er spielte mit dem Fernglas herum und studierte aufmerksam die Blumen am Ufer hinter der BELLE POULE, deren Mädchen-Crew wieder im Evakostüm an Deck herumtollte und schwimmen ging. Bei einer unvor-

208

Beim Durchsehen bekam man Kopfweh

sichtigen Bewegung blieb er mit dem Feldstecher-Riemen an der Winsch hängen, und das riß ihm das Glas aus der Hand.
„Platsch!" machte es.
„Wer kann gut tauchen?" fragte Georg, aber da drückte ihm Simon schon Flossen, Glas und Schnorchel in die Hand und teilte ihm kurz mit, wieviel so ein Glas im nächsten Geschäft kosten konnte.
Georg sprang mit verbissenem Gesicht über die Reling.
Eine halbe Stunde später sah es um Georg aus wie beim Optiker. Er hatte das heraufgeholte Fernglas in alle Einzelteile zerlegt, die verschiedenen Linsen, Prismen, Metallringe und Schräubchen mit Spiritus gewaschen und versuchte nun, das feinmechanische Puzzle wieder in der richtigen Reihenfolge zusammenzubauen. Alle möglichen Lichtbrechungsgeräte konstruierte er, ein Brennglas, mit dem er sich ein Loch in die Hose brannte, als er versuchte, ein widerspenstiges Winzstiftchen wieder in seine Nut zu bekommen; ein Verkleinerungsglas, mit dem man Yachten auf Insektengröße schrumpfen lassen konnte, und zuletzt eine Art Schielhilfe, von der man nach kurzer Zeit vom Durchblicken Kopfweh bekam, weil ineinandergeschachtelte Horizonte entstanden.
Ich möchte an dieser Stelle gleich einfügen, daß wir alle, nacheinander, dieses Glas schon einmal zerlegt und wieder zusammengeschraubt hatten, aber das Schielen konnten wir ihm nicht abgewöhnen. Man dürfte eben nicht mehr mit beiden Augen durchsehen. Eines mußte man zugedrückt halten, sonst wurde man unweigerlich seekrank.

Würdevoll stiegen Arnold und Cleo splitternackt an Deck

Gerade als Georg bedauernd der aus der Bucht motorenden BELLE POULE nachsah, erschienen der Professor und Cleo an Bord, um zu duschen.

Georgs fahrigen Händen entfiel das Glas schon wieder, diesmal aber nur auf Simons Zehen im Cockpit.

Würdevoll, als hätte er des Kaisers unsichtbaren Bademantel an, stieg Arnold splitternackt an Deck, ein Badetuch über dem Arm, einen Schwamm in der Hand, gefolgt von einer Oberschwester in der gleichen Tracht; doch trug Cleo zusätzlich eine Duschhaube.

Georg quollen beinahe die Augen aus dem Kopf, er bekam Atembeschwerden.

„Wenn's dir vorhin nur um die nackten Mademoiselles gegangen ist, hättest du das hier billiger haben können", meinte Simon mit tadelndem Kopfschütteln. Ich fragte mich, wozu ich mir die Mühe gemacht hatte, einen quadratmetergroßen Sichtschutz anzubringen, wenn Minuten später die halbe Crew so ungeniert nackt herumrannte, als hätte sie nur auf eine Aufforderung gewartet, endlich aus den Kleidern zu fahren.

Ohne den leisesten Lufthauch wurde es nichts mit dem Regatta-training. Der Kapitän rieb seinen Bauch mit kostbaren Ölen ein und verkündete Sonnenbräunungs-Freizeit. Es war der erste wirklich arbeitsfreie Tag dieser Reise, und die B.M.s nützten ihn so richtig zum Faulenzen. Anita legte ihren Badeanzug nicht ab, deshalb konnte meine Wette mit Simon über Sommersprossen auf ihrem Busen nicht entschieden werden. Aber ihre Freundinnen nahmen auch zum Mittagessen oben ohne Platz, und das schuf eine lockere Atmosphäre an Bord. Mit einem Hauch von Luxus.

Am nächsten Tag ergänzten wir unsere Frischfleisch- und Ge-müse-Vorräte in Sali, dem Haupthafen von Dugi Otok. Simon schleppte einige Kilo ausgelöste Hammelkeulen herbei, schlichtete sie in einen Plastikkübel und verkündete, nun werde er Corned-mutton herstellen.

B.A. rümpfte die Nase. „Was soll denn das sein?"

„Na, Corned-beef ist gepökeltes Rindfleisch, und Corned-mutton ist dasselbe in der Hammelversion. Ich habe das einmal auf einem irischen Segler kosten dürfen. Es hat toll geschmeckt."

„Wenn wir jetzt irgendwo eine nette Robinson-Bucht finden, haben wir wenigstens Fleisch, das wir bei einem Piratenfest am Lagerfeuer grillen können", konstatierte Simon.

„Lagerfeuer, super!" rief Renate begeistert. „Machen wir eine richtige Strandparty?"

„Corned-mutton", murmelte der Kapitän. „Na, versuchen wir's mal. Aber dann brauchen wir auch Salate und einen ordentlichen Punsch."

„Für alles ist gesorgt." Simon wedelte nonchalant mit der Hand. „Wenn euer alter Rebitschek ein Inselfest veranstaltet, dann könnt ihr euch darauf verlassen, daß er auch Senf, Heftpflaster für Brand-wunden und Durststiller nicht vergißt."

Zwei Tage später fanden wir eine Traumbucht in den Kornaten, im Nordosten der unbewohnten Insel Mana. B.A. ließ die STRA-WANZER vermuren, Festmacher zu zwei verkrüppelten Bäumen am Ufer ausbringen und organisierte die Okkupation eines idyllischen Uferstreifens wie eine militärische Aktion. Treibholz war genug vorhanden, und Simon grillte seinen Pökelhammel in der Asche, in Aluminiumfolie gewickelt, kräftig mit Öl bepinselt, mit Knoblauch eingerieben und mit Heidekräutern bestreut. Dazu gedachte er, Bratkartoffeln in der Schale und eine Auswahl an Salaten und Jo-ghurtsaucen zu servieren.

PÖKELFLEISCH IRISCHE ART

(Corned-beef, Corned-mutton, Corned-pork und natürlich auch Corned-Huhn, -Ziege, -Fisch, -Schildkröte usw.)

Vorbereitung: Das Fleisch sollte in handliche, faustgroße Stücke zerlegt sein, in Koteletts oder Schnitzel. Die Knochen wenn möglich ausgelöst, die Haut abgezogen. Das Pökelgefäß muß groß genug sein, um Fleisch und Pökellake aufzunehmen, sollte aber kein Metalltopf sein (außer Nirosta), sondern aus Email, Porzellan, Steingut oder Plastik. Eine saubere Plastikpütz eignet sich hervorragend.

Das Fleisch probeweise einschlichten und mit Wasser bedecken. Das Wasser abgießen und die Menge messen oder schätzen, weil man ebensoviel Pökellake ansetzen muß. Abgekühlte Pökellake über das Fleisch gießen, mit einem Teller oder Holzbrettchen zudecken, mit einem Gewicht (Bleigürtel, Stein, Werkzeug usw.) beschweren und sicher am kühlsten Platz an Bord verstauen. Das Fleisch jeden Tag einmal wenden und wieder beschweren. Hält mindestens eine Woche. Soll ganz rosa werden.

Pökellake: 2 l Wasser
600 g Salz (am besten grobes Meersalz)
100 g Honig
50 g Salpeter (als Natrium- oder Kalisalpeter [$NaNO_3$ bzw. KNO_3] in allen Apotheken erhältlich) aufkochen und abkühlen lassen.

Bei Fleischern bekommt man vielerorts fertiges Pökelsalz, dem der Salpeter schon beigesetzt ist, dann muß man nur mehr Honig zusetzen. Beim Einsalzen von Fisch sollte man den Honig weglassen. Nach dem Pökeln muß das Fleisch gekocht werden.

Achtung: Das Fleisch vor dem Braten oder Grillen eine Zeitlang wässern, damit sich etwas von dem Salz wieder auflöst. Sonst gibt's einen phänomenalen Durst! Beim Kochen ist das nicht notwendig, dafür den Speisen kein Salz mehr zusetzen.

Das Piratenessen wurde ein großer Erfolg für ihn. Obwohl in Ermangelung von Brettern und Tischen Geschirr und Schüsseln auf dem Boden standen und der unvermeidliche Sand zwischen allen Zähnen knirschte, wurde die Zartheit und der gute Geschmack des Fleisches allgemein gelobt – aber wir bekamen darauf einen gigantischen Durst. Erst viel zu spät erinnerte sich Simon daran, daß er jenen Teil des irischen Rezeptes vergessen hatte, in dem vom Wässern des Salzfleisches vor der Weiterverarbeitung die Rede gewesen war. Salz und Salpeter verursachten in unseren Bäuchen jenes sehnsuchtsvolle Bohren, das nur mit Unmengen von Flüssigkeit gestillt werden kann. Simons Flibustierpunsch entsprach diesem Zweck prächtig. In großen Plastikkanistern hatte er eine Rotweinlimonade angesetzt, die, säuerlich und frisch, den entsetzlichen Durst herrlich stillte.

In der Dämmerung, im lauen, milden Licht des Abends, als die Venus wie das Topplicht eines ungeheuer großen Schiffes vom glasigen Himmel funkelte, während die östlichen Steinhügel noch einmal den Widerschein der versinkenden Sonne zurückwarfen, lag die Crew der STRAWANZER, satt und faul wie Alaskabären in der Heidelbeersaison, ums Lagerfeuer.

Simon schwebte in höheren Sphären, da sein Piratenmenü bis auf den letzten Happen vertilgt worden war und seinem Flibustierpunsch mit ähnlichem Eifer zugesprochen wurde. Mit einer von B.A.s Ehrenzigarren dirigierte er die Schlager mit, die unser kleiner Kassettenrekorder von einem Felsblock aus in den stillen Abend plärrte.

Plötzlich sprang er wie von einem Skorpion gebissen in die Höhe und hüpfte mit verzerrtem Gesicht im Sand auf und ab. Ich drehte mich um, aber Ungeziefer war nicht zu sehen.

In diesem Moment hörte ich ihn in die Hände klatschen und sogar eine Art unartikulierten Gesangs ausstoßen. Ungläubig sah ich ihm zu, wie er ganz verzückt weiterhüpfte.

Himmel! Rebitschek schwang das Tanzbein!

Das war starker Tobak und für mich so ungewohnt, als sähe ich einen Walfisch Schlittschuh laufen. Mein Freund Simon, der Schrecken der Meere, war zeit seines Lebens ein eingefleischter Antitänzer gewesen.

Aus dem Rekorder kam so etwas wie Bouzuki- oder Sirtaki-Musik, es klang jedenfalls sehr griechisch. Während ich noch staunte, tanzten auch schon Renate und Georg und die dicke Berta mit, sie hatten einander untergehakt und tänzelten griechisch durch den aufspritzenden Sand. Gerade als auch Esther und der Professor sich aufrappelten, um mitzumachen, wechselte der Rhythmus zu schweren, getragenen Melodien.

„He, Rechenschieber!" brüllte Simon gut aufgelegt. „Dreh das Band um. Such was Schnelles!"

Aber da kniete schon Renate vor dem Gerät. „Ich weiß noch so einen Tanz."

„Ist das deine Kassette?" fragte Arnold interessiert. „Das geht ja ölglatt ins Ohr. Hast du das von einem Griechenlandurlaub?"

Renate grinste ihn verlegen an. „Das ist eine Kassette, die mein Mann aufgenommen hat", sagte sie wie entschuldigend. „Ich habe sie nur dabei, weil mir die Musik so gut gefällt."

Jetzt mischte sich Berta ein, die Opernfreundin, und wir erfuhren von ihr, daß die flotten Klänge gar nicht von einer Bouzuki-Band stammten, sondern von Harry Zecks Oper mit dem geheimnisvollen Titel *Konstantin Kanaris, der Korsar von Psara*. Die Tragödie spiele während des griechischen Freiheitskrieges von 1821, erklärte Renate verlegen.

Dann ging's wieder los. Ich bin nicht gerade ein Nurejew auf dem Parkett, aber diesmal hüpfte auch ich mit, so fuhren diese flotten Weisen in die Beine.

Als das Band zu Ende war und unser Haufen sich atemlos um den Punschkanister versammelte, wollte Arnold unbedingt mehr über Renates Musikus wissen.

Ich freute mich sehr für meine Haflinger-Amazone, als der Professor allen Ernstes versprach, diese Oper seinem Freund, dem Intendanten der Bregenzer Seefestspiele, vorzuspielen. Obwohl ich sonst nur ungern in die Oper gehe, versprach ich Renate, zur Uraufführung zu kommen.

Es war inzwischen dunkel geworden, das Feuer und die zehn Meter Landschaft, von den Flammen der Nacht entrissen, waren der einzige Lichtfleck in der schwarzen Bucht.

Simon schrie um Nachschub beim Brennholz, und wir verteilten uns am Strand und in den Büschen. Ich brauchte keine Taschenlampe, denn ich hatte schon vor Jahren gelernt, wie man im Finsteren trockenes Holz sucht.

Kennen Sie diesen Trick auch?

Er ist ganz einfach. Man muß nur nach den Anweisungen Karl Mays lautlos durch den Wald schleichen. Was dann unter den Sohlen so schrecklich laut knackt und prasselt und die beschlichenen Indianer warnt, das ist trockenes Holz. Es läßt sich sehr gut aufheben, man braucht es nur unter den Schuhen hervorzuholen.

Toller Trick, nicht wahr?

Ich war noch nicht sehr weit im Gebüsch und hob gerade einen besonders morschen Holzprügel auf, da umfingen mich überraschend zwei kräftige Arme; ein Schnurrbart kitzelte meine Wange, jemand versuchte, mich in den Nacken zu beißen, und ich hörte Georgs Stimme tief und vibrierend flüstern: „Endlich, mein Schatz! Allein mit dir im Unterholz! Meine bronzene Göttin! Aaaaah ..."

„Kruzitürken, du Depp!" Ich schüttelte den liebestollen Tischler ab, als er wieder nach mir greifen wollte, und hieb ihm das Brennholz über den Schädel, daß es knackend in Trümmer ging. Georg fiel auf die Knie und schüttelte ungläubig den Kopf.

„Du bist mir der richtige Casanova!" schimpfte ich. „Kannst nicht einmal Navigatoren und Krankenschwestern im Dunkeln unterscheiden."

Ich ging in einer anderen Richtung weitersammeln.

Ans Feuer zurückgekehrt, fand ich Simon allein vor. Die Haare hingen ihm unordentlich in die Stirn, und er grölte ein mir unbekanntes Volkslied; der Text hörte sich usbekisch oder finnisch an. Rundherum in den Büschen kicherte, flüsterte und huschte es wie im *Sommernachtstraum*.

Da merkte ich, daß ich völlig unmotiviert idiotisch kichern mußte, obwohl mir gar nicht zum Kichern war. Ich wollte aufstehen, aber meine Knie gaben nach, und ich setzte mich neben den Punschkanister. Ein schrecklicher Verdacht stieg in mir auf.

„Sag mal, du elender Laborant, was hast du denn in dieses so harmlos schmeckende Gesöff gemischt? Das Zeug hat offensichtlich eine enorm anregende Wirkung."

Ich mußte Simon zweimal fragen, dann lallte er, überirdisch grinsend: „Nichts Besonderes. Maraschino-Likör, Mandarinenschalen, Zitronensaft, Zimtrinde – hick – Rotwein und Brandy fifty-fifty. Sonst nix Aufregendes ... Hupp!"

Die Nacht begann um mich herum zu schwingen. „Der Klabautermann sei uns gnädig", murmelte ich ergriffen. „Du verdammter Weinpanscher! Branntwein und Wein fifty-fifty, das wirft ja ein Mammut um!"

Renate schleppte ein sonderbar geformtes Holzstück herbei. „Das sieht aus wie ein geschnitztes Schweinchen", lachte sie und legte es in die Glut. „Da sind die vier Beine, da die Ohren, und hier ist die Schnauze." Sie wieherte wie Fury das Wildpferd, dann sank sie neben mir in den Sand und legte mir liebevoll die Arme um die Schultern.

Allmählich wurde ich nervös. Was sollte ich tun, wenn sie, vom Punsch angestiftet, jetzt auch noch versuchte, mich in den Nacken zu beißen? Ihr konnte ich doch schlecht einen Prügel über den hübschen Kopf schlagen. Zum Glück hatte jemand wieder die Start-taste des Musikrekorders gedrückt, Calypso-Rhythmen dröhnten durch die Nacht. Berta fuchtelte mit einem langen Ast herum und wollte einen Limbo-Wett-Tanz veranstalten.

„Sehen wir doch, wer am tiefsten unter dem Ast durchtanzen kann!"

Dann wurde es ausgelassen und wild. Bei einem Limbo-Rekord-versuch meinerseits ging etwas schief, aber ich erinnerte mich nur, daß mich viele Hände forttrugen und ins Gras legten, um meine Platzwunde am Hinterkopf zu behandeln.

Kaum konnte ich wieder stehen, verbreitete das Feuer gelben, bestialisch stinkenden Qualm.

„Kazunga! Hat jemand einen toten Fisch in die Glut geworfen?" brüllte B. A. „Der Gestank ist ja nicht auszuhalten!"

Mit Ästen rollten sie ein schwelendes Stück aus dem Feuer, und Simon leerte einen Eimer Wasser darüber.

„Pfui Teufel!" fluchte er nach einer kurzen Untersuchung. „Das sieht nicht nur aus wie ein geschnitztes Schweinchen. Renate, was du da angeschleppt hast, war ein vertrockneter Ferkelkadaver. Vom Meer gesalzen und von der Sonne gedörrt."

„Ins Meer damit! Ins Meer damit!" heulte der Chor.

„Unsinn!" Barawitzka deutete auf die mitgebrachte Schaufel. „Im Meer wollen wir vielleicht später noch baden. Grabt das stinkende Zeug ein."

„Baden, baden!" johlte der Chor.

Das ist so ziemlich das Letzte, woran ich mich an diesem Abend erinnern kann: Wie in der Nacht aufschwirrende Möwen flatterten Hemden, Hosen, Tennisschuhe und Trikotwäsche durch die Luft; dann tobten im flachen Wasser Hottentotten und Bacchantinnen, Lützows wilde verwegene Schar, die Apokalyptischen Reiter oder sonst so ein übermütiges und lautes Gesindel.

Ob ich es war, der die angesengte Schweinemumie vergrub, oder

216

ob ich bei der wilden Jagd mitkreischte – fragen Sie mich bitte nicht. Ich weiß es wirklich nicht mehr, so verpunscht war ich mittlerweile.

(Das Punschrezept wird deshalb auch nicht verraten. Die Seefahrt ist schon unsicher genug.)

Frauenräuber und Gendarm

Anita ist weg! · Die Suche nach der verschwundenen
Amazonenkönigin · Ein gestandener Tiroler Amateurfunker
Die Seebäcker · Eine traumhafte Nachtfahrt · Wiedersehensfest in
Skradin · Das Gefecht in der Diskothek

Nun schleppte ich mich schon stundenlang durch diese steinige Steppe. So weit das Auge reichte, nur nackte Felsen und dürres Gestrüpp. Kein grünes Blatt, keine Wiese, keinen Quell, nicht einmal einen winzigen Froschtümpel gab es in dieser Wüstenei. Die Zunge klebte mir am Gaumen, meine Lippen waren rissig wie altes Pergament. Ich war am Verdursten.

Hinter einer Düne stand plötzlich eine Neandertalerin und wakkelte einladend mit den Hüften. Sie sang mit kehliger Stimme: „Schöner fremder Affe, ich habe was für dich!"

„Ein Bier?" fragte ich hoffnungsfroh.

„Ist noch nicht erfunden. Spring mich an! Es ist Paarungszeit."

„Beim heiligen Mammut!" keuchte ich. „Dafür bin ich zu ausgetrocknet..."

Aber das Weib packte mich und versuchte, mir die letzten Haare auszureißen. Ich schlug in Panik um mich...

„Au! Verdammt noch mal!" Das Weib ließ schlagartig von mir ab. Ich sank erschöpft zurück und riskierte erst nach einer Weile ein Auge.

Nanu? Neben mir kroch Arnold im Sand herum, die Nase so dicht am Boden, als suche er Ameiseneier.

„Nicht bewegen!" brüllte er, als ich mich aufrappelte. „Um Gottes willen, nicht bewegen, sonst finden wir sie nie wieder."

„Wen denn? Was denn?"

„Na, Cleos Kontaktlinsen!" knurrte Arnold.

Das verstand ich nicht. „Wozu streust du Kontaktlinsen ums Lagerfeuer?"

„Sei bitte nicht auch noch komisch! Du hast sie mir doch aus der

218

Hand geschlagen. Wie konnte ich wissen, daß du wie ein nervöser Gaul um dich trittst, wenn man dich aus dem Schlaf rüttelt?"

Arnold sammelte etwas Unsichtbares auf und barg es in seiner Handfläche. „Jetzt sind sie sandig. Wo habt ihr das Wasser versteckt?"

Wasser! Ich erinnerte mich an meinen schrecklichen Durst. „Die Korbflasche muß da drüben stehen. Der verdammte Simon mit seinem Punschgift!" Ich krabbelte hoch und taumelte. Herrje! Mein Kopf mußte einen Meter Durchmesser haben, so schwer und unförmig fühlte er sich an.

Die Korbflasche lag leer am Boden, daneben schnarchte Simon mit nassem Haar und Kragen.

„Ich fürchte, unser Alchimist hat sich den Rest Wasser über den Kopf gegossen", murmelte ich heiser. „Aber vielleicht hat er eine Bierreserve in seinem Takelbeutel?"

„Unsinn!" brummte Arnold. „Mit Bier kann man nicht Kontaktlinsen spülen. Gewöhnliches Wasser ist schon schlecht genug, aber Bier..."

„Die Linsen sind mir jetzt egal, da schnitz' ich Cleo lieber einen Blindenstock, bevor ich einen Tropfen dafür opfere. Ich bin so ausgetrocknet wie die Kalahari." Ich durchstöberte den Sack, nichts. Ich wälzte Simon herum, vielleicht hatte er sich mit Bedacht draufgelegt, damit ihm niemand seine eiserne Reserve wegnahm. Auch nichts. Dafür wachte Simon auf und schrie: „Mir auch einen Schluck!"

Wir suchten alles ab. Der Lagerplatz bot im trüben Morgenlicht ein Bild des Grauens: Leere Dosen, Flaschen, bewußtlose B.M.s und Ausrüstung lagen verstreut um den geschwärzten Kreis des herabgebrannten Lagerfeuers. In weitem Umkreis war alles mit feiner weißer Flugasche bedeckt. Kurz, der Strand war eine Stätte der Verwüstung, in der stöhnend Katastrophenopfer herumirrten. So mußte es nach einem Piratenüberfall in gebrandschatzten Hafenstädten ausgesehen haben.

Aber es fand sich nicht ein Tropfen Trinkbares.

Ich stolperte zum Strand und rief den verzweifelten Kameraden zu, noch ein wenig auszuharren; ich würde sofort eine Bootsladung Bier, Kaffee, Mineralwasser, Kontaktlinsenreiniger und Fruchtsaft von der STRAWANZER bringen.

Leichter gesagt als getan. Es war nämlich kein Schlauchboot da.

„Kazunga, wer war denn beim letzten Transfer dabei? Jemand

muß den Gummidackel mit einem Mizzi-Langer-Kauba-Knoten vertäut haben. Er ist abgetrieben!"

Jetzt wurde B. A. munter und stelzte steifbeinig zum Strand. Aber so scharf wir auch das andere Ufer musterten, das dunkelgraue Gummiding mit den gelben Streifen war nirgends zu entdecken.

„Anita ist nicht da", meldete Esther. „Vielleicht ist sie noch in der Nacht zum Schiff gerudert und hat sich in die Koje gelegt?"

Ein heiserer Chor rief immer wieder ihren Namen, er hallte schaurig von den Hügeln zurück, aber kein roter Schopf zeigte sich.

„Sie muß das Schlauchboot an der uns abgewandten Bordseite angebunden haben. Toller Schlaf!"

„Uns schneidet sie durch ihre Eigenmächtigkeit von Eiskasten und Bar ab", ärgerte sich Simon. „Das ist rücksichtslos. Die kann was erleben! Die knöpf' ich mir jetzt vor!" Er hockte sich auf einen Felsblock und zog Schuhe und Socken aus. Ich schlüpfte ebenfalls aus meinen Kleidern, weil der Durst unerträglich zu werden begann. Nackt wateten wir in das kühle Wasser und kraulten los, als es uns endlich bis an die Brust ging. Das Schwimmen vertrieb einige böse Geister der Nacht, dafür hatte ich eine dicke, salzige Zunge, als wir die Badeleiter hochkletterten.

Ich schlüpfte schnell unter Deck und holte zwei Dosen eiskaltes Bier. Der erste lange, kühle, prickelnde, herrlich erfrischende Schluck hätte von mir aus viel länger dauern können. So schön war er. Aber in solchen Dosen ist nicht so viel drin, daß es für einen kompletten Bier-Orgasmus reicht.

Dann sahen wir uns um.

Auch an der unserem Lagerplatz abgewandten Bootsseite war kein Boot – und unter Deck keine Anita.

Simon suchte mit dem Feldstecher die Bucht ab.

„Heeee! Was iiiiist!" tönte es vom Ufer.

„Keine Anita, kein Schlaucher!" brüllte ich zurück.

„Kazunga! Bringt endlich was zum Saufen!"

„Suchen wir nicht das eine verlorene Schaf", sagte ich zu Simon, „und lassen darüber die ganze Herde verdursten. Anker auf! Ich gehe mit dem Bug bis dicht vor den Sandstrand heran. Bei der glatten See und der Windstille kann man das riskieren."

Eine halbe Stunde später waren unsere Abfälle umweltfreundlich vergraben, der häßliche Brandfleck war mit Sand zugeschaufelt, und nur die vielen Fußspuren im nassen Ufersand erinnerten an unser wildes Seeräuberfest und Simons verdammten Flibustierpunsch.

Trotzdem blieben Anita und das Schlauchboot verschwunden. Während Renate und Georg ein Rekonvaleszenten-Frühstück bereiteten, dieselte Barawitzka einmal langsam um die ganze Bucht, alle Ausgucksplätze besetzt, Esther mit umgehängtem Marineglas im Bootsmannstuhl zur Saling vorgeheißt.

„Seltsam, daß keiner gehört hat, wie sie losgefahren ist", wunderte sich B. A. „Der Außenborder macht doch ziemlichen Krach. Sie wird doch hoffentlich nicht so verrückt gewesen sein, den nächsten Bäkker zu suchen, um uns mit frischen Brötchen zu überraschen? Dazu müßte sie nämlich ganz schön weit fahren."

„Ich versteh' nicht, warum sie ihre Reisetasche und den Kosmetikkoffer mitgenommen hat. Die sind nämlich auch weg", sagte Berta kopfschüttelnd vom Niedergang her.

„Was?" B. A. fuhr herum wie gestochen. Er rasselte unter Deck und tauchte sehr finster wieder auf.

„Der Henker soll dieses verdrehte Weibsstück holen! Das ist wieder so eine typisch weibliche Hysterie. Ihr Paß ist auch weg. Sie muß ihn mir in der Nacht aus der Dokumentenmappe geklaut haben. Eure liebe Frau Reschberger ist weder zum Bäcker noch zum Friseur gefahren, sondern desertiert. Ausgerissen! Diese dumme Kuh!" B. A. mußte fuchsteufelswild sein, wenn er sich so gehen ließ.

„Fiert Esther herunter, die ist Anitas Busenfreundin. Vielleicht weiß sie was."

Aber obwohl sich Barawitzka aufführte wie ein Kommissar in einem letztklassigen Fernsehkrimi, Esther anbrüllte, an den Schultern packte und schüttelte, konnte sie ihm nicht weiterhelfen. Es schien, als hätte Anita wirklich ganz allein in der Nacht, von einem bösen Inseldämon gebissen, mit dem Schlauchboot das Weite gesucht.

„Wieviel Zweitaktgemisch war noch im Tank?" fragte B. A. grimmig.

„Der war voll. Den hab' ich noch bis obenhin gefüllt", antwortete Arnold. „Wo kann sie bloß hingefahren sein?"

„Was weiß denn ich?" brüllte B. A. „Wer ahnt schon, was in so einem Frauenhirn vor sich geht? Der volle Tank gibt ihr eine ganz schöne Reichweite. Zu dumm, daß wir nicht wissen, wieviel Vorsprung sie hat."

Wir umrundeten die Insel, aber Ufer und Meer waren leer bis auf einige lärmende Möwen.

221

„Karl! Seekarte, Zirkel und Taschenrechner an Deck!"

In der Navigationsecke entdeckte ich eine erste Spur von Anita. Nach der jugoslawischen Detailkarte Nr. 152 war ich in die Piraten-bucht gesegelt. Jetzt lag aber der Übersegler von Rijeka bis Biograd na Moru auf dem Tisch, auch fehlte der Handpeilkompaß aus der Wandhalterung. Mein Fund besserte Barawitzkas schlechte Laune keineswegs.

„Wo ist dieses Höllenweib?" brüllte er die inzwischen neugierig um Simon auf der Saling kreisenden Möwen an.

„Quiiiiii! Quiiiii!" antworteten diese höhnisch. B. A. schmiß ihnen seinen Zigarrenstummel nach. Einer der Vögel tauchte in elegantem Sturzflug nach dem braunen, rauchenden Stumpen und explodierte prompt in einer glutstiebenden Wolke; der Vogel ließ seinen stinkenden Fang mit protestierendem Kreischen fallen und segelte direkt auf den Kapitän los. Dicht vor B. A. zerspritzte seine gut gezielte Kotbombe auf dem Kugelkompaß. B. A. zog den Bauch ein und untersuchte sein Hemd auf Verschmutzung. Dann beugte er sich über den Kompaß und schwenkte schließlich grinsend seine Kappe hinter der Möwe her.

„Vielen Dank, *Larus ridibundus*", rief er. „Wir werden deine Emp-fehlung beherzigen und unsere entfleuchte Rotmöwe in südöstli-cher Richtung suchen." Er blickte in die ausgebreitete Seekarte. „Wenn wir nicht annehmen wollen, daß diese Hexe in ihrer Unver-nunft quer über die Adria in Richtung Italien aufgebrochen ist, dann kann sie nur nach Norden oder nach Süden gefahren sein. Nach Osten versperrt das Ufer der Insel Kornat jedes Weiterkommen. Folgen wir also dem Möwenorakel!"

Kam es mir nur so vor, oder hatte er sich vorhin unwillkürlich die Wange gehalten? Waren die beiden in der Nacht, im wahrsten Sinne des Wortes „aufgepunscht" aneinandergeraten, und waren wieder die Ohrfeigen geflogen? War Frau Anita deshalb ausgerissen?

Die STRAWANZER erzitterte bis zur letzten Niete unter den Vibra-tionen der mit Vollgas arbeitenden Maschine; wir zogen lange Wel-lenspuren über das glatte Wasser zwischen den kahlen Buckeln der kleinen Inseln.

Aus der Kombüse kam endlich Atzung. Georg turnte übers Deck und schenkte an die Ausguckposten Tomatensaft aus. Ich merkte, daß alle nach dem ersten Schluck erschrocken die Augen aufrissen und sich nach Atem ringend an Reling oder Wanten klammerten.

„Was is'n das?" fragte ich mißtrauisch.

„Ein ‚Augenöffner'. Mein Rezept", grinste Georg.
„Ah! Darum!"
Ich kostete, und dann trieb es auch mir die Augen aus dem Kopf.
„Herrgott! Was hast du denn da reingetan?"
„Cayennepfeffer, Senfpulver, Worcestersauce und Zitronensaft. Tut gut, nicht wahr?"
Ich konnte nur ergriffen nicken.

HAJDUKS AUGENÖFFNER
(Morgencocktail nach durchzechter Nacht)

Mengenangabe pro Glas, für die Mannschaft am besten in großem Krug anrühren:
1/10 l Tomatensaft aus der Dose oder frischgepreßt
1 Stamperl Wodka, Slibovitz, Gin oder ein anderer klarer Schnaps
1 Teelöffel Zitronensaft
1 Prise Salz, Pfeffer, Cayennepfeffer, Senf (scharf) oder Senfpulver, Selleriesalz,
ein paar Spritzer Worcestersauce, eventuell auch Maggi, Fondor, Knorrwürze, Hügli-Suppenwürze, wenn keine allzu anspruchsvollen Feinschmecker an Bord sind.
Im Bordgebrauch kann man natürlich nicht vorhandene Zutaten auch weglassen und den B.M.s vorlügen, daß alles nach Rezept drin ist und der sonderbare Geschmack von deren verdorbener Zunge herrühre. Ein paar Eiswürfel wären natürlich auch nicht schlecht. Aber damit sind ja bekanntlich Segelyachten nie besonders gesegnet.

„Rechenschieber!" rief der Kapitän. „Was ist das für eine neue Hafenanlage dort drüben? Die gab es vor zwei Jahren noch nicht."
Ich war jetzt froh über die Fleißarbeit, die ich in den ersten Tagen an Bord geleistet hatte, indem ich zwanzig Kilo Ersatz- und Austauschblätter in die Seehandbücher des Professors eingefügt hatte. Ich habe nämlich einen Grundsatz: Ein Seehandbuch ohne ständige genaue Berichtigung taugt höchstens zum Anzünden von Lagerfeuern. Leuchtfeuer, Hafeneinfahrten, Bojen und Häfen ändern sich schneller als Einbahnregulierungen in der Innenstadt.

So konnte ich dem Käptn schnell antworten: „Das muß die im Bau befindliche Marina Piškera sein. Da sollen an Schwimmstegen Plätze für 250 Yachten entstehen, ein Restaurant, Duschen, ein Takelladen und ein Duty-free-Geschäft."

„Hm! Ich sehe schon ein paar Masten drinnen." B. A. änderte Kurs auf den Wellenbrecher zu. „Wir fragen da einmal nach. Vielleicht hat jemand Anita gesehen? Sie ist ja zum Glück kein unauffälliges Mäuschen."

Eine gewisse Spannung bemächtigte sich der Mannschaft. War das Rätsel um das Verschwinden unserer Chefamazone schon aufregend genug, so kam jetzt der spielerische Reiz einer Fuchsjagd dazu. An der Reling stehend, verzehrten wir die Eierkuchen, die dauernd aus der Kombüse nachgeliefert wurden. Simons Flibustier-Punsch machte uns hungrig wie Wölfe.

Die STRAWANZER zog an frisch aufgeschütteten Steinwällen, halbfertigen Mauern und einigen bereits fertiggestellten Steganlagen vorbei. Bulldozer standen am Ufer, Betonmischer, aber kein Mensch war zu sehen. Zwei Yachten lagen verschlossen und verlassen an der hinteren Durchfahrt und eine große rote Ketsch am Mittelsteg . . .

„Unser Schlauchboot!" heulte Simon oben am Mast. „Da an dem roten Boot. Laßt mich herunter! Laßt mich herunter!"

Das vertraute, grau-gelbe Gummiding an der Reling einer fremden Yacht vertäut zu sehen, war ein Schock. B. A. drehte die STRAWANZER längseits, und wie eine Horde enternder Piraten hüpften Berta, Georg, Arnold und auch Esther an Deck des unbekannten Bootes. In Georgs Faust blinkte sogar eine Winschkurbel. Sie enterten wie Anfänger, zwar sehr ungestüm, aber ohne Leinen, und wir trieben wieder ab. Simon protestierte oben am Mast, er fürchtete, etwas zu versäumen.

B. A. drehte fluchend einen neuen Kreis, fuhr einen zweiten Anlauf, und diesmal hatte ich Zeit gehabt, Leinen vorzubereiten. Unsere B. M.s standen auf dem roten Schiff herum und guckten in die Kabine. Berta rief: „Es ist niemand an Bord. Keine Spur von Anita!"

„Laßt mich vorbei", verlangte der Kapitän und drängte sich durch die Crew. Ich fierte den tobenden Simon vom Mast. Dann untersuchten sie das fremde Boot nochmals genauer. Es hieß TIROLER ADLER, und als Heimathafen stand tatsächlich Innsbruck am Heck.

„Karl, du bleibst an Bord als Wache!" befahl B. A. „Wir suchen das Gelände ab. Alle mir nach; Arnold, teile drei Trupps ein!" Er eilte über den Steg ans Ufer. Von dort brüllte er mir nochmals zu,

224

die Tiroler ja nicht auslaufen zu lassen, sollten sie durch Zufall inzwischen zurückkommen. Dann verschwanden alle hinter Mauern und Baumaschinen.

Sehr gut, dachte ich mir. Da hatte ich wieder einmal den besten Job erwischt. Wie sollte ich denn die Tiroler mit bloßen Händen aufhalten? Dieses wichtige Detail fehlte in B. A.s Anordnung. Hoffentlich handelte es sich nur um zwergwüchsige Berggnomen, die sich von meinen imposanten 173 cm Lebendgröße und dem Bootshaken einschüchtern ließen. Was aber, wenn der unbekannte Frauenräuber so eine Art Andreas Hofer war, mit zwei Meter Brustumfang, begleitet von einer Garde baumlanger Gebirgsriesen?

Die Ungewißheit machte mich so nervös, daß ich erst einmal auf die STRAWANZER zurückkletterte, um mir eine geeignete Strategie auszudenken. Die Zeiten waren ja leider schon lange vorbei, in denen man bronzene Zehnpfünder laden und in Hornblower-Manier, lässig die Lunte schwingend, die Rückkehr der Tiroler abwarten konnte, um dann in kühler britischer Art die Herausgabe der rothaarigen Lady zu verlangen, anderenfalls würde man die Frauenräuber schon mit der ersten Breitseite zu „Katzengschroa" schießen (das ist eine Tiroler Spezialität aus geschnetzeltem Rindfleisch, gehackter Leber und feingeschnittenen anderen Innereien, mit Kräutern, Pfeffer und Rahm).

Auf den nackten Hügeln und leeren Mauern war niemand zu sehen. Ich holte mir seufzend Werkzeug, schraubte damit ein Pfand vom TIROLER ADLER und versteckte mich hinter einem Bulldozer.

Jetzt fiel mir ein, in welche Bredouille uns Anita stürzen konnte, wenn sie wirklich verschwand oder heimfuhr. Der Zoll und die Hafenbehörden würden B. A. unangenehme Fragen stellen und uns vielleicht gar nicht ausreisen lassen, solange das Schicksal der Verschwundenen nicht geklärt war.

Käptn Barawitzka kam mit der Suchmannschaft den Kai entlang. Zwischen ihnen marschierte ein kleiner, drahtiger Kerl mit schwarzem Vollbart. Er trug eine kurze Hose, Herrgottsandalen, ein rotes T-Shirt mit dem weißen Tiroler Adler auf der Brust und einen breitrandigen Strohhut. Ich verließ neugierig mein Versteck.

„Das ist Lukas", stellte mir B. A. den Vollbärtigen vor. „Der Skipper der TIROLER ADLER."

„Grüasch Gott!" sagte der Tiroler mit seiner tiefen, gutturalen Stimme und brach mir beinahe die Finger beim Händedruck. Er hatte Pranken wie Pflugscharen.

225

„Und? Wo ist Anita?"

B. A. brummte schlecht aufgelegt: „Das weiß niemand."

„Und das Schlauchboot? Hat das von allein hier Rast gemacht?"

„Lukas arbeitet seit sieben Uhr dahinten an der Baustelle, er hilft den Burschen, den Generator zu montieren. Irgendwann in der Zwischenzeit wurde das Dingi hier angebunden. Er hat es selber erst vor zwanzig Minuten entdeckt und ist zu der Bierbude hinterm Berg gelaufen, weil er dachte, einer der Arbeiter habe es festgemacht. Eine rothaarige Frau wurde jedenfalls hier auf der Baustelle nicht gesichtet. Allerdings hat ein Küstendampfer vormittags angelegt, drüben in Piškera . . ."

„Na, dann nichts wie hinterher!" rief ich voll Tatendrang. „Sicher ist Anita auf diesem Dampfer."

B. A. schnitt ein Gesicht. „Ich habe keine Freude, wenn meine Wachführer sinnloses Zeug plappern, weil sie den Mund öffnen, bevor das Gehirn eingeschaltet ist. Einem Motorschiff nachsegeln, das doppelt so schnell läuft? Dummkopf! Lukas wird uns helfen, er hat Amateurfunk an Bord. Wir fahren jetzt hinüber nach Piškera und fragen auf jeden Fall auch dort nach."

Bevor ich mich versah, stand ich schon wieder allein mit dem Tiroler am Kai, und B. A. sauste mit seinem Suchtrupp über die Bucht.

Dann hörte ich den Anlasser des Tirolers ratschen. Natürlich machte die Maschine keinen Mucks. Das war mir peinlich.

„Himmikreuzteifisackra!" schimpfte der bärtige Skipper. „Was springscht denn nit an, vafluacht's Luader!"

Ich beugte mich über die Reling. „Sie kann beim besten Willen nicht."

„Warum denn nit?"

„Weil ich das hier in der Tasche habe", murmelte ich mit brennenden Ohren und holte die abmontierten Einspritzdüsen hervor. „Tut mir leid. Aber ich war der Meinung, es handelt sich um Frauenraub, und da wollte ich sichergehen . . ."

Lukas kniff ein Auge zu und maß mich kritisch von oben bis unten.

„Du bischt mir a richtiger Heimtück'cker! Schaugst drein wie a Hammel, der was nit bis zwoa zöhl'n k'ckann, und hascht es faustdick'ck hinter den Löffeln!" Er sprach das „k" mit dem harten Knacklaut aus, wie er in den Tiroler Bergen gebräuchlich ist. Das hörte sich jedesmal an, als hiebe er mit einem Beil in einen Baum-

226

Lukas, der Skipper der ‚TIROLER ADLER'

stamm. „Gib her! Fürsch Senden brauch i volle Power. Da muasch d' Maschine mitlaufen, sonst werd' nix draus!"

Ich half ihm, die Metalldinger wieder zu montieren und die Treibstoffleitung zu entlüften; und als der Diesel wieder dröhnte und die Zeiger des Lade-Amperemeters zitterten, setzte er sich an sein Gerät, um unsere verschwundene Amazone über den Äther ausfindig zu machen. Ich stieg an Bord der STRAWANZER und fand Renate, die mit gerümpfter Nase verschiedene Brotreste begutachtete. „Sie sind entweder schimmlig oder steinhart", beschwerte sie sich. „Aber angeblich gibt's hier nirgendwo eine Bäckerei."

„Doch, doch, gibt es", behauptete ich.

„Wo denn?"

„Hier auf der STRAWANZER. Allerdings ist diese Backstube eher auf *bake-it-yourself* eingerichtet."

Renate sah mich so zweifelnd an, daß ich ihr die Geschichte unserer lustigen Seebäcker-Experimente vom Winter erzählte.

Die Idee, eigenes Schwarzbrot an Bord zu backen, war irgendwann während der Vorbereitungen zum Türkeitörn geboren worden. Max Casarolli, der Kochrezepte sammelte, meinte, wir sollten
auch auf See am Sonntag einen Gugelhupf mit Rosinen und Staubzucker haben, weil allein schon der Backduft die Schläfer in den
Kojen festtäglich stimmen würde. Der Aufwand sei beim heutigen
Stand der fertigen Teigmischungen äußerst gering.

„Wenn das so einfach ist", mischte sich B. A. lautstark ein, „dann
möchte ich wissen, warum wir uns seit Jahren im Mittelmeer mit
dem vertrackten Weißbrot abquälen, das backwarm zwar eine
schmackhafte Unterlage für Butter, Wurst und Käse ergibt, aber
schon nach wenigen Stunden in der Seeluft seinen Geschmack völlig verliert, die physikalische Konsistenz von Schaumgummi an-
nimmt und zu schimmeln beginnt, nachts eine neuerliche moleku-
lare Verwandlung durchmacht, plötzlich hart und spröde wie Bam-
bus wird und sich beim Aufschneiden explosionsartig in tausend
Brösel auflöst." Er donnerte mit der Faust auf den Tisch. „Warum
können wir nicht bekömmliches Vollkornbrot essen, das die Verdauung fördert und eine Woche lang saftig und genießbar bleibt? Das
frage ich euch, wenn das Backen angeblich so einfach ist."

Das löste eine erregte Diskussion aus. Wir Germanen können
ohne Schwarzbrot nicht leben. Was für die Chinesen der Reis, für
die Indianer der Mais, für die Mittelmeerländer der Weizen, das ist
für uns der Roggen: das Mark der Männer. Ich hatte in Übersee-
häfen oft gesehen, wie die germanischen Segler in ihren Beibooten
hastig herbeiruderten, wenn ein deutscher Frachter ankerte, den sie
dann um Schwarzbrot anbettelten. Was sind alle Köstlichkeiten exo-
tischer Küchen gegen eine Schnitte Schwarzbrot mit Schmalz und
Zwiebelringen darauf (wenn man sie schon lange entbehren
mußte)?

Daher gab es in der Seglerrunde den einstimmigen Beschluß, an
Bord der HIPPODACKL künftig die Seebäcker arbeiten zu lassen.

Die Bordkasse schaffte das Buch *Hausbackene Brottricks* an, und
ein eigens dafür gegründeter Arbeitsausschuß traf sich regelmäßig
zu Backübungen in der Wohnung eines Mitseglers. Natürlich über-
sprangen wir bei dem Backlehrgang die einfachen Grundübungen
wie Fladenbrot, ungesäuerte Matzes, Berliner Langbrot und Schweizer Mischwecken. Nein! Wenn schon, kam nur echtes Sauerteig-
Landbrot in Frage. Bei mir fand das erste Experiment statt. Ange-
rührt war der Ansatzteig schnell, nur die drei Tage Gärzeit bildeten

Sauerteig klebt

eine unwillkommene Unterbrechung der lustigen Arbeit. Wir leerten die Flasche, die wir für den Löffel Cognac angeschafft hatten, der laut Rezept den Teig zur richtigen alkoholischen Gärung anregen sollte, und gingen zufrieden auseinander. Zwei Tage rührte sich die grauweißliche Masse in der Plastikschüssel überhaupt nicht. Dann stellte ich sie über Nacht auf die Zentralheizung.

Morgens weckte mich meine Frau mit dem Ruf: „Schau dir bloß deinen Teig an! Wenn du solche Experimente noch mal in meiner Wohnung anstellst, lasse ich mich scheiden!"

Der Sauerteig war durch die Wärme viel stärker gequollen als kalkuliert. Der Radiator sah aus wie eine Tropfsteinhöhle. Fladen-, tropfen- und bandartige Teigornamente hingen ausgetrocknet zwischen seinen Rippen. Auch der Teppichboden und die daneben stehenden Blattpflanzen waren unter der zähen, säuerlich riechenden Masse unkenntlich geworden. Es kostete mich ein Wochenende, die Folgen dieses ersten Versuchs zu beseitigen.

Aber wir ließen uns durch solch kleine Rückschläge nicht entmutigen, sondern probierten in anderen Wohnungen weiter, diesmal mit fertig gekauftem Sauerteig. Nach Stunden zogen wir unser erstes selbstgebackenes Brot aus dem Gasrohr. Es war flach wie eine Pizza, außen schwarz verkohlt und innen feucht klebrig.

„Nein", sagte B. A. und spuckte den Testbissen aus. „So habe ich mir das nicht vorgestellt. Es sieht nicht mal aus wie Brot."

In den folgenden Wochen buken wir weiter Lehmziegel, weichere und härtere. Dann riß B. A. die Geduld. Er wickelte die Fehlgeburten ein und ging ins Labor der Wiener Bäckerinnung.

„Du lieber Himmel!" rief der diensthabende Fachchemiker, als wir ihm unsere Backprobe zeigten. „Wo habt ihr denn eure Gesellenprüfung abgelegt?"

Es dauerte eine Weile, bis er begriff, daß er mehlige Laien vor sich hatte und keine Innungsmitglieder. Dann wurde er störrisch.

„Du meine Güte! Hobbybäcker! Ihr erwartet doch nicht, daß ich euch helfe? Wozu gibt's das goldene Handwerk? Kauft euer Brot beim Fachmann. Solche Experimente gefährden nur Arbeitsplätze."

Erst B.A. schaffte es, dem Ingenieur beizubringen, daß wir unter rot-weiß-roter Flagge die Weltmeere befuhren und entsetzlich unter dem Mangel an gutem Brot litten. Als wir hoch und heilig schworen, unsere Kunst nur auf internationalen Gewässern auszuüben, wurde er zugänglicher. Der Rest war leicht. Einen Österreicher für die Seefahrt zu begeistern, ist nicht allzu schwer, weil er keine Küste und die damit verbundenen Probleme hat; wie es ja auch viel einfacher ist, jemanden, der weit weg vom Eisernen Vorhang wohnt – sagen wir, einen Südamerikaner –, vom Kommunismus zu überzeugen.

Diplomingenieur Vierkorn sah sich unsere Rezepte an, und als er draufkam, daß wir weder über Rührwerke noch über Steinöfen verfügten, sondern nur über kräftige Seemannshände und normale Küchenherde, seufzte er wieder; aber er gab uns die ersten brauchbaren Tips, änderte die Rezepturen und prüfte die Ergebnisse kritisch im Labor. Langsam wurden mit Hilfe seiner selbstlosen Beratung aus den klebrigen Dachziegeln richtige Brote mit gleichmäßigen kleinen Poren und einer schmackhaften Kruste, wie es sich gehört.

Einen schweren Rückschlag erlitten wir ausgerechnet bei B.A.s fröhlicher Backfeier, zu der er auch Gäste geladen hatte. Er gedachte, Faßbier auszuschenken, und hatte ein Brotbüffet aufgebaut, mit Köstlichkeiten wie Grammelschmalz, Liptauer, Sardellenbutter und Erdäpfelkas. Deshalb sollte das Brot besonders gut aussehen; er wollte sogar seine Initialen eingestochen haben und schwärmte von runden oder ovalen Bauernlaiben, die so eine sonderbare Musterung auf der Oberfläche trugen.

BELIEBTE STRAWANZER BROTAUFSTRICHE, die sehr gut schmecken und ganz einfach und preiswert anzurühren sind:

LIPTAUER

Eine Spezialität, die fast nur in Ostösterreich bekannt ist, dort allerdings jedem anderen Brot- oder Gebäckaufstrich vorgezogen wird. Das Originalrezept kommt aus dem ehemaligen k. u. k. Komitat Liptauen, aus der Tatra, den Westkarpaten. Der dort vielleicht auch heute noch erzeugte Liptauer Gebirgsschafbrimsen ist die Grundsubstanz (ein weicher Schafkäse).

Zutaten: 1/4 kg Brimsen (auch Topfen [Quark] oder jede Art von weißem Quarkkäse, am besten aus Schafsmilch)
1/8 kg Butter und – jetzt kommt's – je eine Messerspitze Paprika, Kümmel, Pfeffer, Salz, Sardellenpaste, 1 Löffel Kapern, 1 Löffel Senf und viel gehackter Schnittlauch

Butter mit einer Gabel in einer Schüssel schaumig rühren und dann ebenfalls mit der Gabel alle anderen Zutaten einrühren. Je mehr Paprika, desto schöner die appetitliche rosa Farbe des fertigen Liptauers, den man gekostet haben muß, um mitreden zu können.

ERDÄPFELKAS

(ein oberösterreichisches Armeleuteessen von hervorragend pikantem Geschmack)

Zutaten: 1/4 kg gekochte Erdäpfel, vorzugsweise von anderen Mahlzeiten übriggebliebene *Solanum-Tuberosum*-Knollen (Kartoffel)
4–6 geschälte und fein zerquetschte Knoblauchzehen (ganz nach Geschmack und Liebe)
1 Messerspitze Kümmel
Salz nach Geschmack
3 oder mehr Eßlöffel saurer Rahm (Sahne)

Erdäpfel schälen, mit Gabel oder Kartoffelstampfer in einer Schüssel pürieren, Knoblauch, Kümmel und Salz daruntermischen; dann so viel sauren Rahm zufügen, bis die Masse schön glatt und streichfähig wird, um ein Brot recht dick zu krönen. Das Rezept klingt banal, aber wenn Sie den Kartoffelkas erst gekostet haben, werden Sie ihn öfter servieren.

Janos Gludowatz erinnerte sich an das Hausbrot seiner Großmutter und an die Strohformen, sogenannte Simperln, von deren Flechtstroh die charakteristischen Riffelungen herrührten. Wir bekamen Simperln in einer Bauernboutique, und es ging los. Vier wurden mit Teig in den vorgeheizten Ofen eingeschossen, wie der Bäcker sagt.

„Ach, du lieber Himmel!" rief Renate, die bisher interessiert zugehört hatte. „Die Strohkörbe dürfen doch nicht in den Ofen! Darin soll der Teig nur gehen, bevor er in den Steinofen kommt! Das Stroh fängt sonst Feuer!"

Ich grinste. „Diese Einsicht kam uns zu spät. Uns war eingeschärft worden, den Backofen ja nicht aufzumachen, weil sonst der Schwaden entweicht, also hatten wir uns angewöhnt, nach dem Einschießen die Backstube eine Stunde lang völlig zu ignorieren. Wir gingen Bier trinken. Als ätzender Qualm unter der Küchentür durchkroch, war es schon zu spät. Zunächst konnten wir die Brandstelle nicht finden, so voller Rauch war alles. Erst bis alle Fenster aufgerissen und die Überlebenden im Hof gezählt waren, gelang es Simon, den Glutherd im Ofen mit einigen Kübeln Wasser zu löschen. Frag mich nicht, wie die Küche ausgesehen hat. Barbara sprach einen Monat lang kein Wort mit ihrem Mann."

„Und so etwas möchtest du heute an Bord veranstalten?"

Ich sah auf meine Uhr. „Daß Strohformen nicht in den Ofen gehören, haben wir inzwischen gelernt und sind reumütig zu unseren Blechformen zurückgekehrt. Wir haben luftdicht eingeschweißten Sauerteig in Mengen mit. Setzen wir doch Brot an, denn so schnell kommen wir hier wahrscheinlich nicht weg."

Renate war einverstanden. Ich legte Ringe, Uhr und alles ähnliche ab, bevor ich mit den Händen zu kneten begann. Roggenteig ist nämlich so schwer, daß man darin jeden Kochlöffel abbricht. Andererseits klebt er hartnäckiger als Teer oder Kiefernharz an haarigen Unterarmen. Trotzdem hatte es bei den Übungen nie an Freiwilligen gefehlt, wenn es galt, den Teig durchzukneten. Denn Kneten war eine richtig lustvolle Tätigkeit und beschwörte Erinnerungen an den Buddelkasten herauf. Renate streute Fenchelsamen darüber, und dann kam das Teigschaff in die Hundekoje zum Gehen.

STRAWANZER ROGGEN-BAUERNBROT,
im Yacht-Gasherd zu backen

Das Rezept ist eine schnelle Version unserer Sauerteigbrote, die auch dem Anfänger immer gelingt und frisches Schwarzbrot an Bord garantiert.
Benötigtes Zubehör:
3 Brotbackformen, etwa 30 × 10 × 10 cm, vierkantig, etwas konisch nach unten zulaufend, damit das Brot besser herausgeschüttelt werden kann.
1 großes Plastikschaff (wie zum Füßewaschen etwa)
1 Plastikmeßbecher mit Markierungen für Wasser und Mehl
1 leere, saubere Sardinenbüchse oder andere Dose
Rezept für 3 Brotlaibe (Füllung für die oben beschriebenen Formen, die nebeneinander in ein normales Gasbackrohr passen:
2,7 kg Roggenmehl Nr. 960
1,8 l Wasser
8 Säckchen Trockenhefe (Germ) à 7 g
50 g Salz (3 $\frac{1}{2}$ gestrichene Eßlöffel)
25 g Diarol, Citroback oder ein ähnliches Brotsäuermittel, das müssen Sie sich von einem Backzubehörgeschäft oder von Ihrem Hausbäcker geben lassen.

Das Mehl im Plastikschaff mit der Hefe (Germ) und dem Säuermittel vermengen, nach und nach das Wasser einrühren, dann salzen und am besten fest mit den Händen durchkneten. Der Teig ist sehr schwer. Dann das Schaff mit Geschirrtuch zudecken, an warmer, sicherer Stelle (Hundekoje) stauen und Teig ohne Windzug gehen lassen. Gehzeit etwa 1 $\frac{1}{2}$ Stunden, bis sich die Masse verdoppelt hat. Dann die Formen mit Butter oder Margarine ausstreichen, die Teigmasse einfüllen, glattstreichen (mit nassem Löffel) und wieder zudecken und abermals gehen lassen. Inzwischen Herd in höchster Stufe anheizen. Nach einer weiteren halben Stunde die mit Wasser gefüllte Sardinendose unten in den Herd stellen, den Teig in den Formen mit dem Marlspieker einige Male tief einstechen oder kreuzweise mit scharfem, nassem

233

Messer tief einschneiden und rein in den Ofen. Er darf vor einer Stunde keinesfalls geöffnet werden. Nach einer Stunde Backzeit (oder kürzer, wenn das Brot schon verbrennt) Gas abdrehen, die Oberfläche der Brote mit Wasser abpinseln, sie noch zehn Minuten im Rohr ruhen lassen, dann herausholen und verkehrt auf ein Tuch legen. Mit feuchtem Tuch abkühlen und mit Handschuhen Brot herausklopfen.

Später kam Lukas und berichtete, daß der Kapitän des Kümos JABLANAC in Piškera keine Passagiere an Bord genommen habe, weder weibliche, noch männliche, weder glatzköpfige noch rothaarige.
Verschwitzt und müde kehrte unser Suchtrupp zurück. Auch diese Aktion war negativ verlaufen. Niemand hatte das Schlauchboot in die Lagune einlaufen gesehen, niemand hatte Anita beobachtet.
Wir hockten unterm Sonnensegel und stellten schon die absurdesten Theorien für das Verschwinden unserer Amazonenkönigin auf. Sie reichten vom geheimnisvollen Riesenkraken aus der Tiefsee über Menschenfresser in den Hügeln bis zu den bekannten grünen Männchen in ihren fliegenden Untertassen.
„Hört auf mit dem Unsinn!" fuhr B.A. nach einer Weile dazwischen. „Das macht mich krank. Ich muß mir langsam überlegen, was wir den Behörden erzählen. Denn irgendwann muß ich Anitas Verschwinden ja melden. Und dann kommen wir unter Garantie in Teufels Küche."
Inzwischen war das Brot schon im Backrohr und begann herrlich zu duften. Lukas kam an Bord, um den langentbehrten Geruch zu genießen. Aber noch jemanden lockte der Roggenkrustenduft an.
„Grüß Gott!" ertönte draußen eine Stimme. „Wird bei euch an Bord so gutes Brot gebacken? Das duftet ja über die ganze Bucht."
Wir schauten überrascht über die Reling. In einem Faltboot saß ein dürrer, sonnenverbrannter Mann und hielt sich an einem Fender fest. Auf dem Kopf trug er ein Taschentuch, in das er der besseren Tragform wegen vier Knoten gebunden hatte; um seinen Hals hing ein übergroßes Fernglas. Er stellte sich als pensionierter Bäckermeister aus Salzburg vor, der hier seinen Urlaub verbrachte.
B.A. lud ihn auf eine Kostprobe und einen Schluck Bier ein. Man kann Brothungrige schlecht von der Reling aus zusehen lassen.
Der Bäcker erzählte, daß er sich auf Vogelbeobachtungen speziali-

siert habe und an einem Buch über die Familie *Charadriinae* – die Regenpfeifer – schreibe.

Das Brot war beinahe fertig. Simon streifte sich die Segelhandschuhe über, riß das Backrohr auf, zog die Brotformen halb heraus, und ich strich sie hastig mit einem Wasserpinsel ab, daß es zischte. Dann schoben wir alles für weitere zehn Minuten in den abgedrehten Ofen.

„Ein guter Trick", lobte der Bäckermeister. „Durch die Resthitze und die Feuchtigkeit entsteht an der Brotoberfläche aus Stärke Dextrose, und das gibt dann diesen appetitlichen Glanz. Was werden Sie jetzt wegen Ihrer verschwundenen Freundin unternehmen?" Wir hatten ihm angedeutet, welches Problem uns beschäftigte.

„Ich klammere mich noch an einen dünnen Strohhalm", sagte B.A. „Bevor ich die Polizei verständige, möchte ich keine Möglichkeit außer acht lassen. Fischer haben erzählt, daß gestern in der Dämmerung mehrere Motorboote bei der Marina anlegten. Der Nachtwächter könnte mehr darüber wissen, aber der ist nach Zirje gefahren und kommt erst abends zurück. So lange müssen wir uns gedulden."

„Die Motorboote von gestern?" fragte der Bäcker. „Die habe ich gesehen. Ich lag dort drüben mit meinem Glas im Anstand vor einer Regenpfeiferkolonie."

Das schlug ein wie der Blitz. Wir fuhren alle elektrisiert zusammen.

„Ich war auch frühmorgens wieder in der Bucht, so daß ich gesehen habe, wie diese Motorboote ausgelaufen sind. Mit dem ersten Licht."

Jetzt tat mir der arme Bäcker leid. Elf Kriminalkommissare und Miß Marples stürzten sich auf ihn, zupften an seinen Hemdsärmeln, schüttelten seine Schultern und schleuderten ihm Fragen an den Kopf, daß der Ärmste ganz verwirrt wurde.

B.A. setzte sich aber schnell als Chef der Untersuchungskommission durch, brachte die anderen zum Schweigen und entlockte dem Salzburger eine Spur von Anita.

Er hatte im ersten Morgenlicht einen schwachen Motor auf See brummen gehört, als er mit seinem Faltboot wieder zur Vogelkolonie gerudert war. Wie ein Beiboot, das vom nächtlichen Fischfang zurückkehrte. Er bestätigte, daß er beim Überqueren der Bucht noch kein Schlauchboot an der roten Yacht gesehen hatte, daß aber später eines da war. Als er um den Wellenbrecher paddelte, brachen

235

die Motorboote gerade auf. Ein Mann schwamm vom Kai zu einem der Kajütkreuzer.

„Damit sind wir einen gewaltigen Schritt weiter", rief B. A. aufgeregt. „Das klingt ganz so, als könnten die Motorboote Anita zum letzten Mal lebend gesehen haben ..."

„Also, Kapitänchen!" empörte sich Berta. „Jetzt malst du aber den Teufel an die Wand! Du sprichst von Anita, als – als ..."

„Das sind Fakten. Wir müssen diese Motorboote aufspüren, das ist unsere einzige Chance. Mit unserem Segler können wir ihnen nicht nachjagen, wir brauchen unbedingt ein schnelleres Transportmittel!"

„Ich schtelle euch das schnellschte zur Verfügung, was es im Universum gibt", erklärte Lukas großspurig. „Die Lichtwellen. Die legen 300 000 k'ckm in der Sekunde zurück'ck. Und damit schick'k-ken wir jetzt ein Funksignal los!"

„Ob die alle Funk an Bord haben?" zweifelte B. A.

Lukas lachte gutmütig. „Hascht du eine Ahnung, K'ckäptn, wieviele Funck'ckamateure esch hier herum gibt? Hunderte. Das sind viele hundert Augen, die für unsch auschschauen k'ckönnen. Ich brauche nur eine gute Beschreibung der Boote."

Ich riß das Brot aus dem Ofen, und trotz der Warnung des Professors schnitten wir es sofort an; kaum daß die Schnitten auf Lippentemperatur abgekühlt waren, aßen – nein, fraßen – wir den Laib gierig mit schmelzender Butter.

Der Bäcker verdiente sich sein Brot redlich. Als Vogelkundler war er gewohnt, winzige Einzelheiten zu bemerken, feine Farbnuancierungen, Federformen und Schnabellängen. Er lieferte eine Beschreibung der drei Motorkreuzer, daß ich danach Zeichnungen anfertigen und nachher bemalen hätte können. Und wir bekamen auch die Namen: eine große CARRASCO mit hoher Flybridge und langen Antennen, ein FLINKER WILLI unter deutscher Flagge und ein österreichisches Gleitboot namens CHUMPI oder SCAMPI.

Lukas sah auf die Uhr und ging an seinen Sendeempfänger, um die Gemeinschaft aller Funker dieser Welt zur Mitarbeit aufzurufen.

„Sollten wir nicht doch die Polizei einschalten?" sorgte sich Esther. „Wenn Anita wirklich entführt wurde ..."

B. A. erklärte ihr den Sachverhalt: „Solange wir Anita allein suchen, bleibt alles eine Privatangelegenheit unter Touristen; das interessiert die Milizionäre nicht. Wenn wir aber als Segler ein verschwundenes B. M. melden, ist der Spaß vorbei. Da mischt sich sofort der Zoll ein. Im *Ododrenje*, im Transitlog, habe ich sozusagen unter Zollverschluß eine Yacht mit zehnköpfiger Crew nach Jugoslawien eingeführt. Das alles ist in dem Dokument mit Baunummern, Paßnummern, Namen und so weiter genau eingetragen. Ich bin für alle diese Personen und Gegenstände verantwortlich und muß sie bei der Ausreise wieder exportieren oder Zoll bezahlen. Wenn ich erkläre, ein Crewmitglied sei mir abhanden gekommen, muß sich die Polizei einmischen und Fragen stellen. Die wird sagen: ,Gospodin, man verliert doch nicht einfach Seeleute. Geben Sie doch zu, Sie haben die Frau umgebracht und irgendwo versenkt, nicht wahr? Gestehen Sie endlich. Oder bringen Sie uns diese Anita! Vielleicht gehören Sie auch zur CIA, *Gospodin*? Und wollen eine Spionin nach Jugoslawien schmuggeln? *Hvala*, Kapitän Barawitzka, nehmen Sie bitte einstweilen Platz in Gefängnis, bis Ihnen einfällt, wo Sie haben hingetan *Gospodja* Reschberger!'"

Bertas Gesicht hatte währenddessen einen erschrockenen Ausdruck angenommen. „Ui, ui, ui!" rief sie. „Das hört sich aber gar nicht gut an. Wir sind also richtig in Schwierigkeiten, wenn wir Anita nicht finden?"

„Das kann man wohl sagen", bestätigte Arnold. „Unsere Ausreise würde sich damit stark verzögern, und die Regatta können wir sicher vergessen."

Erst jetzt erfaßten die meisten B. M.s den Ernst der Lage. Unsere einzige Hoffnung war also Lukas und sein Funkgerät. Am Abend bekam er Kontakt mit der CARRASCO. Der Skipper erinnerte sich, daß am fraglichen Morgen ein Schlauchboot mit einer rothaarigen Frau bei seinem Nachbarschiff CHAMPI angelegt hatte. Lukas konzentrierte die Fahndung sofort auf diese Motoryacht. Es wurde eine unruhige und schlaflose Nacht, erstens wegen der Aufregung und zweitens, weil die Mannschaften beider Schiffe stark unter Blähungen und Bauchweh litten, verursacht durch warm gegessenes Brot.

Ich saß lange neben Lukas und hörte ihm fasziniert zu. Seine Ausrüstung war eigentlich gar nicht so großartig. Der Sendeempfänger war nicht viel größer als ein besseres Stereogerät. Aber ich merkte doch, daß Funker in einer eigenen Welt leben, die für Außenstehende weitgehend unverständlich ist.

Das begann schon mit den vielen Blechboxen rund um den Sender. Lukas fummelte nicht nur dauernd an den Einstellungen herum, sondern drehte wieselflink auch an allen Knöpfen dieser Zusatzgeräte, die so sonderbare Namen wie Pusher, Treiber, Booster, Shunter, Cutter, Quetscher und Decoder trugen. Von seinen Gesprächen verstand ich nichts. Ich hatte mir immer eingebildet, Amateurfunker unterhielten sich mit Hilfe der Morsetaste, aber Lukas ratschte ein schreckliches Kauderwelsch in sein Mikrophon. Das ging so ähnlich:

„CQ, CQ, CQ, Delta, Echo, Oscar, Emil, Victor, Charly . . .“ Was weiß ich, wen er sonst noch rief, aber es mußte eine ganze Fußballmannschaft gewesen sein. Dann verfiel er wieder auf das Hersagen von Telefon- oder Autonummern, unterbrochen von Aufzählungen verschiedener Tänze wie Tango, Rumba, Foxtrott, Samba, Polka und Calypso. Zwischendurch verlangte er Whisky, Cognac und Wodka. Sein eigener Code muß „Mickymaus“ gewesen sein, denn jedesmal, wenn er mit diesem Zauberwort seine Litanei abschloß, meldete sich Donald Duck und quakte zurück.

Auch wenn man trotz des entsetzlichen Rauschens und der Pfeiftöne, trotz des irren Stakkatos von Maschinengewehrsalven (Lukas behauptete, daß sie von Sonnenprotuberanzen herrührten), alles verstand, blieben die Sätze rätselhaft:

Lukas: „Hallo! Wie ist dein QRA?“

D. Duck: „Was hältst du von meinem QSA?“

Lukas: „Pantafive, pantafive (was das auch immer für eine französische Automarke war), QSL?“

D. Duck: „Machen wir, alter Freund, und QRX.“

Einmal glaubte ich, den Bogen raus zu haben, und bevor sich Lukas wieder in seine Mickymaus-Formeln stürzte, hielt ich ihn auf. „Richte bitte auch von mir ein herzliches QYZ aus“, ersuchte ich ihn.

Aber er starrte mich nur betroffen an und fragte, was das bedeuten solle. Ich zuckte mit den Schultern. Was wußte ich denn? Ich wollte ja nur freundlich sein. Wer war hier der Funker, er oder ich?

Am nächsten Morgen brachte Lukas schon viele Informationen und blieb gleich zum Frühstück, als er sah, daß es schon wieder frisches Brot und Speck mit Ei gab. Nach ordentlicher Funkermanier hatte er alle erhaltenen Funksprüche niedergeschrieben – natürlich ohne den QUA-QUA- und Donald-Duck-Teil. Der Käptn rührte in seinem Kaffee, zerschnitt die Notizen mit der chirurgischen Schere Arnolds und schob sie wie die Teile eines Puzzles so lange hin und her, bis sie seiner Meinung nach den wahrscheinlichsten Sinn ergaben:

FLINKER WILLI aus Passau ergänzte die Meldung der CARRASCO.

Auch er habe bemerkt, daß am Morgen eine Person mehr an Bord der CHAMPI gewesen sei als am Abend zuvor. Er meinte, es müsse sich um eine weibliche Person gehandelt haben, weil am Vortag der blondgelockte Skipper noch ganz allein seine Socken wusch und an die Reling hängte, während morgens eine auffällige Frau mit einem Kopftuch Damenstrümpfe danebenhängte.

Ein Amateur aus dem Hafen von Murter (siehe Seekarte Nr. 100–21) meldete, daß er CHAMPI beim Auftanken in der Marina gesehen habe. An Bord wäre ein sehr fesches Weib gewesen. Die Haarfarbe konnte dieser Funkamateur nicht angeben, da sie ebenfalls ein Kopftuch trug. Aber er erinnerte sich, daß die Frau mit dem Skipper sehr bissig umsprang.

„Das ist Anita", sagte B.A. „Eindeutig!"

Von einem Wiener Funker stammte die wichtigste Meldung. Der hatte im Yachtregister nachgesehen und gab den Namen des CHAMPI-Eigners durch. Der blondgelockte Verdächtige hieß angeblich Fredi Baumann, war 42 Jahre alt, Textilkaufmann und Mitglied des Danubia-Motorbootsportvereins. Als Esther das hörte, wurde sie ganz aufgeregt, denn ein Fredi Baumann hatte einmal zu Anitas Bekannten gezählt: ein Autorennfahrer und Liebhaber schneller Dinge.

„Da wir nicht darauf hoffen dürfen, daß der schnelle Fredi unsere Anita von alleine wieder zurückbringt, müssen wir ihn suchen. Ein Ruderbootbesitzer wäre mir lieber gewesen. Lukas, wie stehen die Chancen?"

Der Tiroler warf wieder seinen Motor an und verbreitete die Fahndung nach der rothaarigen Julia und dem schnellen Romeo auf CHAMPI über seine Antenne.

Dann wurde es langweilig. Wir rührten Teig, beobachteten Regenpfeifer, aber eigentlich waren wir ja zum Regattatraining hergekommen. B.A. wurde von Stunde zu Stunde nervöser und ungehaltener. Als wir uns hinter seinem Rücken wieder in Gebärdensprache über seine Kettenraucherei lustig machten, explodierte er.

„Sapperment! Was ist denn das für eine verdammte Fingerschnalzerei die ganze Zeit?" brüllte er los. „Was habt ihr dauernd zu kichern? Ich komme mir schon vor wie in einer Hilfsschule für debile Schwachköpfe. Was soll der Kazunga?"

„Wir üben eine Zeichensprache", witzelte Simon. „Wenn wir Anita nicht rechtzeitig finden und eingekerkert werden, können wir wenigstens unbemerkt einen Ausbruchplan besprechen . . ."

„Unsinn! So was gibt's nur im Kino."

„Nein, es stimmt", verteidigte Esther ihr Gestuno. „Das ist die Taubstummensprache. Simon drückt sich schon ganz gut aus."

„Bindet mir keinen Bären auf!"

Georg deutete „Bär", „Hemdkragen", „anbinden" und „Schiffsdirektor", weil es keine Geste für Kapitän gab. Die Luvkantenrunde fing wieder zu kichern an.

„Bei allen guten Geistern . . ." hub der Kapitän an, brach aber plötzlich ab und starrte seine Hände an, als hätte er dort etwas ungemein Interessantes entdeckt.

„He!" sagte er nach ein paar Sekunden mit ganz veränderter Stimme. „Wenn das funktioniert, eröffnet es ja enorme Möglichkeiten. Ich zerbreche mir seit Tagen über Kommando-Kodierungen den Kopf . . . Ha! Und ihr Kindsköpfe spielt schon die ganze Zeit mit dem wichtigsten Regattatrick seit Erfindung der Scheinwende. Sag noch was, Simon! Aber etwas Längeres und nicht nur stupiden Unsinn!"

Simon überlegte kurz und ließ dann seine Hände sprechen. Esther übersetzte stockend, wo Simon Eigennamen buchstabierte, und recht fließend den übrigen Text: „Zu D . . . y . . . o . . . n . . . i . . . s . . . o . . . s, dem Heizkörper, schlich / M . . . ö . . . r . . . o . . . s, ein Messer im Gewande / ihn schlugen die Polizisten in Bande / Was willst du mit dem Messer, sprich . . ."

„Prächtig", freute sich B. A. „Das geht ja wie geschmiert. Aber was sucht ein Heizkörper bei Schiller?"

„Das war ein Schlampigkeitsfehler von Simon. ‚Tyrann' geht so ähnlich, aber man darf den Daumen nicht verwenden."

B. A. fing plötzlich Feuer, fragte Esther nach nautischen Ausdrücken aus und rief dann alle B. M.s zu sich.

„Vielleicht können wir die verdammte Warterei doch noch gewinnbringend nützen. Wie ihr beim Zwischenspiel mit Krobatschek gesehen habt, sind schnelle Manöver, und vor allem überraschende Manöver, das A und O eines Regattasieges. Bestens aufeinander eingespielte Regattacrews verständigen sich oft schon durch Blicke, Nicken oder Kodeworte; denn es leuchtet doch jedem ein, daß ein mit viel Gebrüll und lauter Kommandosprache angesagtes Spinnakermanöver für die nebenan hersegelnde Konkurrenz keine Überraschung mehr bedeutet. Ich kenne einen Skipper, der ist wahnsinnig stolz auf seine Rebuskommandos, er dreht die Worte um und ruft: ‚Neztes Rekannips!', wenn er Spi setzen will. Ich habe auch schon

240

von Crews gehört, die ihre Kommandos in Latein, Alt-Assyrisch oder in unverständlichem Schwyzerdütsch bekommen. Aber eine lautlose Zeichensprache ist natürlich das Nonplusultra! Ganz super!"

Simon schlug sich klatschend an die Stirn. „Natürlich! Jetzt kapiere ich. Esther, schule sofort unseren Käptn ein, der große Barawitzka-Orden mit Band und Brillantfingern ist dir so gut wie gewiß!"

Wir gingen mit Feuereifer daran, ein STRAWANZER-Gestunoprogramm auszuarbeiten. Einige Ausdrücke mußten im übertragenen Sinn verwendet werden, aber sehr viele Gesten gab es schon gebrauchsfertig, wie Segel, Baum, Groß, Ballon, Schlitten, Tau, holen, fieren, stoppen, fest, locker und so weiter. Die Namen der Segel wollte Esther erst mit Fingerbuchstaben in Klarschrift weitergeben, bis Berta vorschlug, doch einfach die schon bekannten Farben des Super-color-Systems als Codebezeichnungen für alle dazugehörigen Segel, Fallen, Schoten und Niederholer zu verwenden.

„Schwarz", erklärte Esther und fuhr sich mit der Faust am Hals vom Ohr zum Kinn.

„Da hat der Herr Gestuno wohl an Simons immer schwarzen Hals gedacht", lachte Georg und duckte sich unter Rebitscheks sofort angedeutetem Fausthieb.

„Weiß", sagte Esther und führte die eben gezeigte Geste mit dem Zeigefinger aus. „Rot" - Zeigefinger an der Lippe. „Blau" - kurzes Winken hinauf zum Himmelsblau. „Grün" - mit den Fingern Gras hinterm Ellbogen andeuten. „Gelb" - Faust ballen, als wolle man eine Zitrone auspressen. „Gold" - Esther streckte Daumen und kleinen Finger von der Faust weg und drehte sie einige Male kurz hin und her.

„Das ist ja zum Heulen einfach!" rief B.A. begeistert. „So kann man ja wirklich reden. Kurt Tucholsky macht sich irgendwo lustig über ein Stelle in einem Buch, wo es heißt: ... und die Fischer gaben durch Gesten zu erkennen, daß sie Portugiesen seien... Tucholsky kommt mit den skurrilsten Vorschlägen, wie man etwas so Abstraktes wie eine Nationalität durch Gesten andeuten könnte; ich habe damals bei der Lektüre noch recht gelacht. Aber vielleicht kann man tatsächlich Flaggen mit Zeichen erklären..."

„Noch viel einfacher", lächelte Esther und fuhr sich mit dem Zeigefinger von der Stirn über die Nase zum Kinn. „Das heißt international ‚Portugal' oder: ‚Ich (wir) sind Portugiesen'."

241

„Was? Es gibt auch Nationalitätengesten?" rief der Professor überrascht.

Esther verschränkte die Arme vor der Brust und hielt die gewinkelten Zeigefinger steif. „Bitte, das ist Österreich. Die Finger sollen vielleicht die Hirschgeweihe auf unseren Försterhäusern andeuten." Sie legte die Zeigefinger an die Schläfen und drehte sie in einem kleinen Halbkreis nach außen: „Tschechoslowakei."

„Deutschland." Alle lachten, denn die geballte Faust mit dem steif nach oben gerichteten Zeigefinger auf dem Kopf sah wirklich wie eine Pickelhaube aus. Noch größere Heiterkeit erregte Esthers Geste für „Frankreich", weil eine elegante und schnelle Handbewegung an der Brusttasche stark an flinken Taschendiebstahl erinnerte.

„Super!" brüllte B. A. und zog seine Augenwinkel mit den Fingern schräg. „Heißt das China?"

„Nein, ganz so einfach ist es nicht. China geht so." Esther fuhr sich mit dem Zeigefinger vom Herz quer über die Brust und dann ein Stück abwärts Richtung Blinddarm. Den mit dem Daumen auf die Stirne geklebten Punkt erkannten wir alle als eindeutig indisch. Auch das Schweizerkreuz, mit zwei Fingern über dem Herzen gemalt, war einfach. Ein Jugoslawe zeigte mit der flachen Hand den Brustriemen der Milizionäre an, und Russe wurde man ganz schnell durch den unter die Lippen quer gelegten Zeigefinger.

Lukas wollte wissen, wie man sich als Tiroler zu erkennen gibt, und als ihm Esther die flachen Hände in der biblischen Geste: „Frag mich nicht, ich weiß von nichts!" zeigte, erfand er sich selber mit zwei untereinandergelegten Fäusten am Kinn für Vollbart ein eigenes Gestuno-Zeichen.

Auf diese recht amüsante Art vertrieben wir uns den aufgezwungenen Aufenthalt in Piškera bis zum Abendessen, für das Lukas Tirolerknödel kochte.

TIROLERKNÖDEL

Mengenangabe für einen hungrigen Tiroler, kann für Schiffscrew multipliziert werden, die Masse ergibt zwei große Knödel.
Zutaten:
3 hartgewordene alte Semmeln, Brötchen oder ein gleich großes Stück altes Weißbrot in 1 cm große Würfel schneiden

1 EL Butter oder Fett (20 g, kein Öl)
1 Ei
1/16 l Milch
3 EL Mehl (= 30 g. Wenn man sich's aussuchen kann,
griffiges Mehl)
2 EL feingeschnittene Zwiebeln
1 EL gehackte Petersilie, Salz, 50 bis 100 g gewürfeltes,
gekochtes Selchfleisch oder Rauchwurst, Speckwurst,
Selchspeck, Pökelfleisch, Bratenreste (aber bitte nur vom
Schwein, mit Hühnerfleisch oder gar Fisch wird das nix!
Wichtig ist der Rauchfleischgeschmack).

Butter (Fett) in tiefer Pfanne bis zum Aufschäumen erhitzen und darin die Zwiebel anbräunen, Selchfleisch
mitrösten, Petersilie kurz anbraten und alles über die
Semmelwürfel in einer großen Schüssel schütten, gut
durchmischen. Milch, Eier und Salz versprudeln, ebenfalls über die Brotwürfel gießen, durchrühren und die
Masse zehn Minuten rasten lassen. Dann das Mehl
unterrühren. Wird die Masse zu trocken – bröselt sie –,
tropfenweise Wasser zugeben.

Reichlich Salzwasser in großem Topf aufsetzen und zum
Kochen bringen, bis es sprudelt, dann mit wasserbenetz-
ten Händen (ohne Ringe) große Knödel aus der Masse
formen, so groß, daß man sie mit den Händen schön fest
zusammendrücken kann, bis sie glatt und kugelrund sind
– etwa wie Schneeballen –, und zwölf Minuten lang sanft
kochen, ab und zu vorsichtig mit dem Kochlöffel wenden. Nach Ablauf der Kochzeit kann man einen Knödel
herausfischen (mit Sieblöffel) und probeweise zerteilen,
er darf innen nicht mehr klebrig sein; dann sind alle
richtig und müssen sofort serviert werden. Knödel sind
keine Speise, die man warmstellen oder aufheben kann.
Sie müssen sofort aus dem Kochwasser auf den Tisch,
dann bleibt der herrliche Geschmack und die Flaumig-
keit erhalten.

Also muß der Smutje die Beilagen schon während der
Kochzeit herstellen. Zu Tirolerknödeln passen bestens
jede Art von grünen Salaten. Eine Sauce dazu empfindet
der Tiroler als gräßliche Barbarei, Sauerkraut läßt er gerade noch gelten.

Mitten in der Nacht schmetterten plötzlich die Posaunen des Jüngsten Gerichts los. Es hörte sich jedenfalls so an. Schlaftrunkene, jäh aufgeschreckte Pyjamamänner und Nachthemdenmädchen purzelten nur so aus den Kojen.

Lukas, bewaffnet mit Taschenlampe und einem Alphorn, kauerte am Niedergang. „Nachricht von Anita!" plärrte er. „Wir haben sie gefunden!"

Ich schlief stets in Handreichweite vom Hauptschaltbrett und schaltete erst einmal Festbeleuchtung ein. Cleo stieg soeben ohne Hemd, wie eine bronzene griechische Göttinnenstatue, aus ihren Decken, und Lukas entfielen Lampe und Horn. Offensichtlich war er Schiffe mit gemischter Crew nicht gewöhnt. B. A. mußte ihm den Notizzettel aus der verkrampften Faust winden, konnte aber mit dem unleserlichen Geschreibsel nichts anfangen.

„Cleo! Wirf dir bitte was über", herrschte er die Oberschwester an. „Tiroler Bergkapitäne haben anscheinend schwache Nerven. Georg, bring den medizinischen Cognac!"

Wir trugen den steifgeschockten Lukas zum Tisch und gruppierten uns locker um ihn. Nach einem kräftigen Glas Weinbrand konnte der Funker wieder sprechen. „Die Nachricht ist soeben in der Mitternachts-Gesprächsrunde durchgekommen", erklärte er. „Von Vulko Rabić aus Skradin. Das ist eine kleine Ortschaft am Krka-Fluß, dort wo die Wasserfälle . . ."

„Ja doch!" rief B. A. ungeduldig. „Komm zur Hauptsache, die Geographie interessiert uns jetzt weniger. Wo steckt Anita?"

„Na, eben dort. Vulko hat meine Suchmeldung über einige Relaisstationen bekommen und sich erinnert, daß es am Nachmittag in Skradin eine beträchtliche Aufregung um eine rothaarige Touristin gegeben hat. Also hat er mich angerufen. Er sagt, von einem ausländischen Schiff sei eine Frau geflüchtet und habe im Restaurant um Asyl vor ihrem Verfolger gebeten. Vulko sagt, daß es für Kroaten Ehrensache und heilige Pflicht ist, schöne Frauen zu beschützen, deshalb haben sich die Männer bewaffnet und . . ."

„Kazunga! Lukas, kannst du nicht beim Thema bleiben? Ist es Anita oder nicht?"

Der Tiroler machte ein beleidigtes Gesicht. „Ich darf ja nicht ausreden, du unterbrichst mich dauernd. Also, er hat gesagt, da halten alle Kroaten eisern zusammen. Sie haben ihre Schrotflinten geholt, die Frau im Weinkeller versteckt, das ausländische Boot vom Kai verjagt und ihm ein paar Salven nachgefeuert."

B.A. platzte beinahe vor Ungeduld. „Prächtig!" murmelte er. „Tapfere Burschen, diese Skradiner. Kommt noch etwas, oder war das die ganze Nachricht?"

„Vulko meint, er käme sicher nicht wieder ..."

B.A. barg aufschluchzend das Gesicht in den Händen. „Arnold, bitte führe die Verhandlung weiter! Ich gehe lieber an Deck, bevor ich diesen netten Funker erschlage."

„Ah, ich weiß schon, was du willst", rief Lukas. „Aber auch Vulko wußte nicht, wie die Frau heißt. Sie ist jedenfalls noch in Skradin, und er hat nur rückgerufen, weil er sich an die roten Haare erinnert hat. Jetzt geht er hin, um sie zu fragen, sie wohnt im Restaurant."

Esther jubelte und umarmte den Tiroler, der sofort wieder sprachlos und steif wurde. B.A. stieß die angehaltene Luft aus, daß es gewaltig zischte.

„Wer wettet mit mir, daß wir unsere Amazonenkönigin gefunden haben?" rief er. „Das sieht mir verdammt nach Anita aus. Flucht, Asyl und die Idee, gleich ein ganzes Partisanendorf zu den Waffen zu rufen, weil der Fredi vielleicht versucht hat, sie zu küssen – das kann nur Anita sein. Wo dieses Katastrophenweib auftaucht, ist sofort der Teufel los. Lukas, kann Esther über Funk mit Anita sprechen? Sie kennt sie am besten und kann ihr vielleicht ein wenig Vernunft einreden. Wer weiß, was diese Furie sonst noch alles anstellt? Das letzte, was wir jetzt brauchen können, ist ein kroatisch-österreichischer Frauenkrieg. Geh bitte mit ihm, Esther. Aber faß ihn nicht an, sonst bekommt er wieder Gliederlähmung und kann den Sender nicht betätigen!"

Die beiden verschwanden, und Georg grinste: „Das war aber keine lange Romanze mit diesem Fredi."

„Halt bitte dein Lästermaul!" fuhr ihn B.A. an. „Wir wissen ja noch nicht, was wirklich dahintersteckt. Rechenschieber! Liegt dieses Skradin nicht irgendwo da hinten hinter Šibenik?"

Wir zogen Seekarte und Hafenhandbuch zu Rate. Skradin war wirklich der letzte kleine Ort, den man im Krka-Fjord noch mit einem Kielboot erreichen konnte. Was dieser Fredi und Anita dort gewollt hatten, war unklar. Aber wenigstens hatten wir eine konkrete Spur.

B.A. ließ auf alle Fälle die STRAWANZER seeklar machen und hetzte Renate und Georg an den Herd, starken Kaffee und Appetithappen vorzubereiten.

Ich saß etwas unglücklich vor der Seekarte. Denn zwischen Šibenik und der Piškera-Marina lag das schlimmste Inselgewirr der ganzen Küste: ein halbes Hundert zumeist unbefeuerter Felsbrocken und Riffe. Wenn es schnell gehen mußte, würde mich B.A. sicher nicht den westlichen Umweg nehmen lassen. Seufzend versuchte ich, einen halbwegs risikolosen Mäanderkurs vorzubereiten, berechnete Mondaufgang, Dämmerung und suchte mir die wenigen Leuchtfeuer der Gegend.

„Ich hab' mit ihr gesprochen! Ich hab' sie am Apparat gehabt!" jubelte Esther. „Anita ist wohlauf, man ist sehr freundlich zu ihr . . ."

B.A. knirschte mit den Zähnen und knurrte: „Wenn auch du jetzt erst ein Hohelied auf die mutigen, ritterlichen Kroaten anstimmen willst, dann, beim Henker . . ." Er ließ die nicht ausgesprochene Drohung unter der Kajütdecke schweben.

„Ich habe nicht alles verstanden", berichtete Esther. „Es hat schrecklich gerauscht und gequäkt im Lautsprecher. Aber Anita war sehr froh, von mir zu hören, sie bittet, daß wir ihr verzeihen und sie so schnell es geht abholen."

„Also los!" brüllte der Kapitän. „An die Leinen! Wir laufen sofort aus!"

„K'ckann ich mitk'ckommen, K'ckäptn?" fragte Lukas und stellte einen kleinen Seesack ab. „Ihr k'ckönnt mich ja am Rückweg wieder auf meiner Tiroler Adler absetzen. Ich möchte mich bei Vulk'cko selbscht bedank'cken."

B.A. winkte großzügig. „Herzlich willkommen an Bord! Du bist schon angeheuert! Karl, bist du soweit?"

Ich steckte den Kopf durch die Luke. „Du kannst ablegen. Ich brauche aber den zuverlässigsten Steuermann am Ruder, der nach meinen Anweisungen auf den Millimeter genau Mäander fahren kann, und einen erstklassigen Ausguck, am liebsten wäre mir ein Eulen-Mutant mit Infrarotaugen. Erlasse bitte absolutes Licht- und Rauchverbot an Deck. Wir fahren ohne Seitenlichter, nimm dir den Kapselrevolver und knalle jeden kaltblütig nieder, der mit Taschenlampen herumfuchtelt oder Feuerzeugen. Der Mond geht erst in einer Stunde auf, und bis dahin müssen wir das Land riechen oder erahnen. Alles klar!"

Eine Minute später dröhnten wir verdunkelt wie ein Schmugglerschiff aus der Bucht, in die Schwärze der Nacht hinein. Nach kurzer Zeit gewöhnten sich die Augen an den absoluten Lichtmangel, und es zeigte sich, daß wir wieder verschiedene Abstufungen von Tiefschwarz unterscheiden konnten. Der prachtvolle Sternenhimmel spiegelte sich im Meer, und während ich den Piškera westlich vorgelagerten Felsbrocken Mali Panitula an Steuerbord ließ, meldete Simon, daß er sogar den etwas lichteren Uferstreifen ausmachen könne. Auch die Umrisse der Inseln waren zu erkennen, sie löschten die Sterne aus. Ich verwarf sofort meinen ganzen Navigationsplan. Auch bei peinlichster Steuergenauigkeit waren Koppelkurse etwas, dem ich von ganzem Herzen mißtraute. Es hört sich ganz schön an, wenn man dem Rudergänger zuruft: „Jetzt halte genau 150° Kompaßkurs auf vier Kabellängen, denn gehe für eine Meile auf 32°, danach fahren wir noch eine Kabellänge genau nach Süden, und dann kann Georg schon über die Reling springen; er sollte auf dem Kai landen. Aber Achtung auf die Poller, die sieht man im Finstern so schlecht. Daß er nicht stolpert!"

Auf der Karte kann man solche Zickzack-Kurse wunderschön einzeichnen, wenn sich aber in der Praxis auch nur eine ganz sanfte Strömung dazuschwindelt, dann kann das bei mangelhafter Sicht zu einem haarsträubenden Abenteuer werden. Ich beschloß, nach der alten Boxerregel immer Kontakt mit dem Gegner zu halten, und der war in meinem Fall das Ufer. Solange ich so hart wie möglich dranblieb, konnte es weder verlorengehen, unerwartet vor- oder zurückspringen oder mit einem ganz anderen Ufer einer ganz anderen Insel den Platz tauschen.

Also setzte ich Cleo wieder unten in der Navigation ans Echolot und trug ihr auf, die Tiefen laufend auszusingen. So folgte ich dem Piškera-Ufer mühelos auf der 10m-Isobathe.

„Sag, was treibst du?" fragte Simon, als wir zwischen immer bedrohlichere Hügel hineinfuhren.

„Da vorn ist ein schmaler Schlitz zwischen Piškera und der Insel Lavsa. Auf der 5m-Tiefenlinie gibt es beim Durchfahren keine Probleme."

B. A. mischte sich ein: „Du schau nach deinen Uferstreifen, Simon, und kümmere dich nicht um die Navigation. Die ist Karls Angelegenheit. Wenn er wo dagegenfährt, muß er uns allen eine Runde zahlen. Basta!"

B. A. legte immer sehr viel Wert auf klar abgegrenzte Kompetenzen an Bord.

Die Ufer rückten näher und näher, schließlich hallte das Tuckern des Diesels und das Klatschen der Wellen von den Felsen schon sehr laut zurück.

247

„Da vorn sieht's so aus, als ob ein Walfisch im Wasser liegt", meldete Georg.

Ich nickte zufrieden. „Der Felsen Veseljuh. Kurs 60° und halten, bis wir wieder vor einer dunklen Wand stehen!"

Das war die hohe Mauer der langgestreckten Insel Kornat. Wenn ich ihr auf der ganz dicht am Ufer verlaufenden 10m-Isobathe nach Südosten folgte, konnte nicht mehr viel schiefgehen.

„Von mir aus könntest du Segel setzen lassen", sagte ich zu B. A. „Aber nur, wenn du meinst, daß deine Schüler es nur mit dem Tastsinn schaffen."

Jetzt zeigte sich, wieviel die Crew durch die bis zum Erbrechen wiederholten Manöver gelernt hatte. Ohne Salingbeleuchtung und Taschenlampen, beinahe ohne Gebrüll und Geschrei, sausten Großsegel und Genua hoch, der Motor verblubberte, und wir zogen lautlos auf dem schwarzen Wasser dahin wie ein Geisterschiff.

Nach einer Stunde blitzte das Leuchtfeuer von Smokvica voraus an Backbord, und der Mond ging hinter den Kornatibergen auf. Bald leuchteten die kahlen Hänge der westlichen Inseln wie unter Scheinwerferlicht auf. Sie erinnerten an ein in Reih' und Glied dahinziehendes Linienschiffgeschwader. Am Südkap Opat ließ ich nochmals nach Nordost drehen, wir durchbrachen das Inselgewirr und gewannen die mondglitzernde Freiheit des Murtesko-Meeres.

„Käptn, Sir!" meldete ich. „Du kannst das Rauchverbot aufheben und die Navigationslichter einschalten. Auf Kurs 120° hast du jetzt gut 15 Meilen tiefes, felsenfreies Wasser, bis zum roten Blitz des Leuchtturms Hrbosnjak. Eine Tasse Kaffee und ein Käse- oder Wurstbrot wären jetzt nicht zu verachten."

Es wurde eine herrliche Nachtfahrt, wie im Märchen. Unser Bug schliff eine tiefe Furche in das kristallene Meer, daß glitzernde Funken wie Silberflocken aufstoben und sich manchmal im Sprühwasser an Steuerbord leuchtende Regenbogen hochschwangen; Mondregenbogen, versteht sich. Wir schossen mit vollen neun Knoten im frischen Nachtwind dahin.

Es war sicher diese einmalige Nachtfahrt, die uns Anita vergessen ließ, Fredi und all die Unbill, die wir auf dieser Reise schon erduldet hatten.

Die STRAWANZER war jetzt ein Zauberschiff, das uns alle zu den Feeninseln hinter der Milchstraße entführte. Wir unterhielten uns nicht wie sonst, jedes B. M. hockte oder lag irgendwo an Deck und schickte seine Phantasie auf große Fahrt.

Als es viel später dämmerte und der Wind einschlief, war keiner mehr daran interessiert, noch an Deck zu bleiben; die Freiwache rollte sich in die Kojen, um weiter von der Märchenfahrt übers Kristallmeer zu träumen.

Wir passierten die Insel Zlarin, die alten Befestigungsanlagen in der Sibenikeinfahrt, und konnten mit dem letzten Windhauch noch bis zur hochgeschwungenen Straßenbrücke von Malinica segeln. Der immer enger und pittoresker werdende Fjord zwang uns dann, die Segel zu bergen und die restlichen zwölf Meilen bis Skradin unter Maschine zurückzulegen.

B. A. schickte jeden entbehrlichen Mann ins Bett, die Wache hatte rote Augen und versuchte, sich mit starkem Kaffee wachzuhalten.

Um 10.30 Uhr fiel der Buganker, und unser Heck drehte in einen Schlitz zwischen zwei anderen Yachten am Kai. Georg sprang mit der Heckleine hinüber, aber viel zu kurz und klatschte ins Hafenwasser.

B. A. schüttelte Lukas und mir die Hand. Die Augenlider hingen ihm wie dicke Regenwürmer halb über die Pupillen, trotzdem rüttelte er Esther wach und empfahl ihr, Anita im Triumphzug heimzuholen. Lukas würde ihr zeigen, wo.

Ich half Simon, die Sonnenpersenning übers Cockpit zu spannen, und dann machten wir uns mit einem letzten kalten Bier frisch für den Empfang unserer entführten Jungfrau.

Irgendwann rüttelte mich B. A. aus dem Halbschlaf und wollte wissen, was denn diese Weiber, beim Henker, so lange trieben? Ob es sein könne, daß sie erst einmal zum Friseur gegangen wären?

Ich wußte keine Antwort.

Schließlich nahte wie bei einem spannenden Fernsehkrimi der Höhepunkt, die Täterin kletterte reumütig an Bord, die Lösung des Rätsels, die Aufklärung der geheimnisvollen Affäre stand unmittelbar bevor – und wie jedesmal beim Fernsehen verschlief ich sie genüßlich schnarchend.

Also ließ ich mir den historischen Moment später von Simon erzählen.

Es war nicht so toll, sagte er. Anita sei wirklich frisch vom Friseur gekommen, habe eine Weile verlegen herumgestanden und mit dem Handgriff ihrer Reisetasche gespielt.

B. A. hatte eine Weile schweigend seine Zigarre geraucht und dann Anita informiert, daß sie für die letzten drei Tage keine Heuer erwarten dürfe und auch eine entsprechende Logbucheintragung und Verwarnung laut Seemannsgesetz unumgänglich sei. Nur über die Formulierung sei er sich noch nicht ganz schlüssig und werde sie sich nochmals überlegen. Das war alles.

Kein Wort sei gefallen über das Wie und Warum.

„Ein recht müdes Ende für ein so verworrenes Abenteuer", meinte Simon.

„Na und?" fragte ich neugierig. „Habt ihr sie gefragt, was sie sich dabei gedacht hat, so einfach auszureißen?"

Simon schüttelte den Kopf. „Alle haben zwar so enttäuscht dreingeblickt wie kleine Kinder, wenn der Fernseher vor der Gute-Nacht-Sendung kaputtgeht, aber das war auch alles. Dann haben wir uns hingelegt und ordentlich ausgeschlafen. Mir tat es nur wahnsinnig leid, daß der Fredi nicht mehr da war. Für den hatte ich mir schon einige prächtige Quetschwunden und Hämatome ausgedacht. Nicht daß ich wegen Anita eifersüchtig wäre. Aber ich fühle mich wie ein großer Bruder, der den Knilchen, die seine Schwester belästigen, die Nase einhaut."

Gegen Abend kam Barawitzka zurück an Bord und rief: „Los, Kinder! Putzt euch die Zähne, wascht euch den Hals, beschmiert euch die Lippen und zieht wieder mal frische Sachen an. Ich habe mich von Vulko überzeugen lassen, daß man nach altem kroatischem Brauch die Rückeroberung entführter Frauen mit einem Festgelage feiern muß. Im Restaurant des Asylwirtes deckt man bereits die Tische und putzt das Familiensilber. Der Koch ist zu den Austernkörben hinaus gerudert, das klingt doch vielversprechend. Also macht euch fertig zum Landgang!"

Ich sah auf meine Digitaluhr, und dabei fiel mir etwas ein, das ich in den Wirren der letzten Tage völlig übersehen hatte.

„Eine prächtige Idee", rief ich. „Da können wir auch gleich meinen Geburtstag feiern. Den hätte ich um ein Haar vergessen. Aber heute ist doch der 5. Juni. Ich lade euch alle ein!"

„Nein, ich lade euch alle ein!" rief Anita.

„Nichts da", brüllte B.A. „Ich war der Erste. Ihr seid meine Gäste!"

Wir einigten uns später doch auf eine gemeinsame Einladung und zerrten die besten Kleider aus den Seesäcken.

Wir müssen ein farbenprächtiges, erhebendes Bild abgegeben haben, als wir uns auf dem Kai zu einer Art Festzug ordneten und zum Restaurant schritten.

Voran Kapitän B.A. Barawitzka in schneeweißem Leinendress,

250

die Tegetthoffmütze keck in die Stirn gerückt. Seinen Arm hatte er Anita angeboten, die ihn um einen halben Kopf überragte und in türkisgrünem Hosenanzug als tizianrotes Lockenwunder von der Dorfbevölkerung und von den Besatzungen der anderen im Hafen liegenden Yachten mit offenem Mund angestarrt wurde, als hätte jemand die Parole ausgegeben, sie sei Milva, die berühmte Sängerin.

Der Professor war ebenfalls in das frischgebügelte Weiß der Marinestabsoffiziere gekleidet; er geleitete Cleo, die den Reißverschluß ihres Overalls schon wieder bis beinahe zum Nabel offen trug und in der Zuschauermenge beträchtliche Unruhe hervorrief. Warum ausgerechnet Georg in seinem Seesack einen Blazer mit Messingknöpfen mitgeschleppt hatte, war mir schleierhaft, aber jetzt sah er Omar Sharif auf dem Gang zum Spielcasino verdammt ähnlich. Esther an seiner Seite trug ein dünnes Hängekleidchen wie Mireille Matthieu. Der schwarzgekleidete Simon mit dem Bajonett am Gürtel und Berta fielen gegen den eleganten Vortrupp bereits stark ab; als hätte sich zufällig der Seewolf und seine Braut vom Zirkus dem illustren Zug angeschlossen. Ich selbst konnte mich ja nicht bewundern, gehörte aber sicherlich mit meinem Matrosenhemd, der roten Jacques-Cousteau-Wollhaube und der holzkugelgeschmückten, blauwangigen Renate nur in die letzte Reihe des Festzuges.

Die männliche Skradiner Bevölkerung winkte, pfiff und schrie: *„Zivio!"* Das ist das kroatische Gegenstück zu dem italienischem *„Evviva!"*-Ruf. Vulko erzählte später bei Tisch, daß sich die Geschichte mit der Entführung und Befreiung der rothaarigen fremden Prinzessin schon im ganzen Ort herumgesprochen hätte; je öfter sie erzählt wurde, desto mehr Männer wollten am Ruhm des Dorfes teilhaben und erfanden ihre Heldenrolle und mutigen Taten in dem Frauenkrieg einfach dazu. Es dauerte nicht lange, dann gab es in Skradin keinen Großvater und keinen Jüngling, der nicht heldenmütig mitgekämpft und dabeigewesen sein wollte bei der Erstürmung und Vernichtung des Seeräuberschiffes, dessen Größe und Mannschaftszahl natürlich entsprechend der wachsenden Menge kriegerischer Kroaten zunehmen mußte. Eine Welle patriotischer Begeisterung durchlief Skradin, alle fühlten sich zum ersten Mal über den kleinlichen Hader des Alltags erhaben und als einig Volk von mutigen Kriegern, die es fremden Frauenräubern aber gezeigt hatten.

Es fehlte nicht viel, und sie hätten Anita adoptiert, um das lebende Zeugnis ihres Löwenmutes für immer bei sich zu haben und herzeigen zu können.

Vulko erzählte auch von der ersten Schlägerei mit Burschen aus dem Nachbardorf, die es gewagt hatten, Skradiner Mädchen nachzupfeifen. Sie waren mit Ohrfeigen und Steinwürfen vertrieben worden. Vulko schilderte diese Begebenheit, die sich nachmittags am Kirchplatz abgespielt haben sollte, mit so dramatischen Worten, als gelte es, die Völkerschlacht bei Leipzig zu beschreiben.

Sein Freund, der Wirt, aber hatte nicht übertrieben. Es war ein Festgelage. Dem üblichen Begrüßungsslibovitz (dreifach natürlich) folgten Miesmuscheln in einem köstlichen Kochsud aus Butter, Olivenöl, Weißwein, Knoblauch und viel Petersilie. Ich mache mir sonst nicht sehr viel aus diesen Suppen, in denen es klappert wie in der Sparbüchse, aber diesmal war ich mit Appetit dabei, den schmackhaften Sud mit Weißbrot aufzutunken.

Zwischengang waren Zitronenscheiben und Wasserschalen zum Fingerreinigen. Jetzt bemerkte ich schon die ersten Menüspuren, besonders auf den weißen Festkleidern, und beglückwünschte mich zu meiner suppenfarbenen Hose.

Dann gab es gegrillte Garnelen, die wieder mit den Fingern gegessen werden mußten. Danach Tintenfischscheibchen, in Bierteig knusprig gebacken. Das begeisterte mich.

Es folgten überbackene Jakobsmuscheln, frische Austern, gegrillte Makrelen, wieder Tintenfisch, aber diesmal gefüllt und in scharfer Paprikasauce gedünstet, und zum Abschluß Palatschinken, mit hausgemachter Brombeermarmelade gefüllt und mit Staubzukker bestäubt, wie in der besten k.u.k. Hofkonditorei.

Irgendwo zwischen Jakobsmuscheln und Tintenfisch schlug die Stunde der Wahrheit. B. A. verkostete einen Roséwein, schenkte den Amazonen.ein und räusperte sich dann. „Mir ist erst vor einer Stunde eingefallen, Anita, daß meine Weigerung, die Logbucheintragung sofort zu machen, unfair ist. Schwebende Urteile belasten unnötig das Bordklima. Was zu sagen ist, soll immer gleich gesagt werden." Er zog das Logbuch unter dem Tisch hervor und schob es Anita hin. „Wenn du mit dem Wortlaut einverstanden bist, wollen wir die Sache vergessen und auf die Regatta und die beste Segelcrew zwischen Abbazia und Zakynthos anstoßen!"

Anita las halblaut vor: „Für eigenmächtig und ohne Einwilligung und Absprache mit der Schiffsleitung angetretenen Kurzurlaub von 58 Stunden wird B. M. Anita Reschberger nach § 102a zu einer Geldbuße von drei Tagessätzen bestraft. Dieser Betrag wird von der Heuer abgezogen. Kapitän B. A. Barawitzka."

252

„Teufel auch!" stieß Simon grinsend hervor. „Das ist bitter für dich. Jetzt bist du um ganze 15 Schillinge umgefallen."

Anita starrte zu Boden, und einen Moment fürchtete ich schon, sie würde zu heulen anfangen. Dann trat ein trotziger Ausdruck in ihr Gesicht.

„Nein!" sagte sie. „Damit bin ich nicht einverstanden. Gleiches Recht für alle. Hier fehlt ein Vermerk nach § 6/2 . . ."

B. A. sah abweisend drein. „Ich sehe keine Notwendigkeit dafür. Du hast die Anwesenheitspflicht verletzt und damit basta! Schwamm drüber! Aus! Wir brauchen uns darüber nicht mehr zu unterhalten."

Anita biß sich auf die Unterlippe. „Ich danke euch allen für eure vornehme Zurückhaltung. Das war wahnsinnig nett und anständig von euch. Aber gerade deswegen sollt ihr erfahren, was sich wirklich in jener Nacht abgespielt hat . . ."

„Anita, halt den Mund! Das geht niemand was an!" fuhr sie B. A. an.

Sie sprach aber schnell und unbeirrt weiter: „Nein, nein, auch wenn der Punsch meine Handlungen beeinflußt hat und Arnolds Vortrag mich ärgerte, desto unentschuldbarer . . ."

„Anita! Ich sagte, Schwamm drüber!"

Aber ihre Worte standen schon klar und laut im Raum: „Desto unentschuldbarer war es, daß ich den Käptn unter einem Vorwand vom Lagerfeuer weglockte und zu einem Bad in der nächtlichen Lagune animierte, in der vollen Absicht, ihn dort zu vergewaltigen . . ."

„Gott im Himmel!" keuchte der Professor.

Esther kicherte hysterisch, Renate stieß ein ebenso unkontrolliertes nervöses Wiehern aus, Simon verschüttete seinen Wein, und dem großen Kapitän stieg das Blut in die Wangen. Aber nicht aus Zorn. Nein, das war tatsächlich ganz ordinäre Schamröte! So hatte ich ihn noch nie gesehen.

„Donnerwetter!" rief Berta. „Schade, daß ich ohnmächtig wurde, bevor dieser Höllenpunsch bei mir zu wirken begann. Würde mich schon interessieren, wen ich vergewaltigt hätte." Sie blickte in die Runde. „Oder hab' ich doch einen von euch in die Finger bekommen und es nur total vergessen?"

„Schön, schön!" heulte Simon. „Bei allen Pinselschwingern und Ölklecksern der romantischen Schule! Das wäre ein Sujet für ein episches Monumentalgemälde im Makart-Stil: Admiral Barawitzka, in Marinemütze und Unterhose, wie er sich in den Fängen der mannstollen Amazonenkönigin windet. Ha, ha, ha, ha! Mit viel Mondlicht, von Nixen, Faunen, Nereiden, Tritonen und kreischenden Barockengelchören umringt. Ha!"

B.A. hob belustigt grollend seine Salatschüssel. „Simon, ich schlage dir mit diesem schweren irdenen Ding den Schädel ein, wenn du deine kindische Phantasie nicht zügelst! Das geht euch alle einen Dreck an, weil wir nicht an Bord waren und deshalb keines der Seemannsgesetze angewendet werden kann. Anita, halt bitte jetzt wirklich den Schnabel, du warst randvoll bis an deine schönen Ohren. Du siehst doch, daß diesem verblödeten Gesindel nichts heilig ist, also erspare dir und mir alle gutgemeinten Beichten. Es besteht kein Grund, dieses Publikum mit Berichten über zwischenmenschliche Beziehungen, egal welcher Art, zu unterhalten."

Jetzt war die Verwirrung komplett.

Hatten die beiden? Oder hatten sie nicht?

B.A. und Anita hielten wirklich von dieser Sekunde an eisern den Mund und verrieten nichts mehr. Wir erfuhren von ihnen ebensowenig wie von dem stummen Mond, der vielleicht Zeuge gewesen war.

Bei den Palatschinken hörten wir aber wenigstens noch, daß Anita erst weit draußen in den Kornaten im Schlauchboot wieder zu sich kam, von einem entsetzlichen Punschkater gemartert, im Morgengrauen den Hafen und die Motorboote fand, zu ihrer grenzenlosen Erleichterung in einem der Skipper einen ehemaligen Freund erkannte und sich ihm anvertraute. Der liebe Fredi lud sie zu einer kleinen Spritztour ein, bevor er sie zu den Freundinnen zurückbringen wollte. Beim Bad im Wasserfall bei Krka war er handgreiflich geworden, wahrscheinlich angeregt durch ihre Mondscheinlagunengeschichte oder weil er vielleicht annahm, sie hätte viel für Unterwassersex über.

Im Flüchten hatte Anita ja schon Routine; so war es zu dem Asylersuchen an die Kroaten gekommen.

„Herrliche Story!" schwärmte Simon. „Wie ich zu meiner Freude feststelle, ist die STRAWANZER ein ebenso abenteuerliches Schiff, wie es unsere gute alte HIPPODACKL war. *Zivio!*"

„Was machen wir mit dem angebrochenen Abend?" fragte Berta unternehmungslustig.

„Oben an der Autostraße, am Ortsende, ist eine Diskothek", schlug Renate vor. Die Amazonen und Georg waren sofort dafür.

B.A. zögerte, er war kein besonders begeisterter Tänzer. Dann zählte er aber die Flecken auf seinem Hemd und lachte. „Von mir aus! Diskotheken sind wenigstens meist so finster, daß auch ich Schmierlapp nicht auffallen werde."

Der Skradiner Tanzpalast sah aus wie alle derartigen Etablissements in aller Welt: finster wie eine Bärenhöhle, nach Rauch, Staub und Schweiß riechend wie eine Boxhalle, vibrierend vor elektronischem Gedudel in einer Lautstärke weit oberhalb der Schmerzgrenze, das Baßgehämmer so moduliert, daß es durch die Schuhsohlen und über das Gesäß aufgenommen werden konnte. Wie in den meisten Diskotheken gab es zu wenig weibliche Gäste, dafür drückten sich scheue und schweigsame Burschen an den Wänden herum. Die Getränke waren abgestanden und warm, von minderster Qualität, aber dafür wurden Grand-Hotel-Preise verlangt.

Eine ganze Weile gehörte die Tanzfläche uns allein; einer überbot den anderen darin, noch idiotischere Figuren zu hüpfen. Sogar Barawitzka drehte sich wie ein Tanzbär im stroboskopischen Flackerlicht, weil jede andere Unterhaltung durch den entsetzlichen Krach unmöglich gemacht wurde.

Dann beschlich mich ein nicht ganz geheures Gefühl. So eine Vorahnung, an die man lieber erst gar nicht denken will; wie sie vielleicht einen einsamen Schwimmer im nächtlichen Meer befällt, der auf einmal nicht mehr genau weiß, ob er noch allein im Wasser ist oder ob das, was er gerade gesehen hat, eine große Flosse war.

Mit Haien kannte ich mich ein wenig aus. Als ich an sie dachte, wußte ich plötzlich, woher das unbehagliche Gefühl kam: Wir waren von einem ganzen Rudel zweibeiniger Haifische eingekreist. Die meisten hielten sich noch außer Sicht im Dunkel auf, aber man spürte, daß sie kreisten; einige ganz dreiste Burschen zogen ihre Kreise bereits in unangenehmer Nähe, starre Fischaugen auf die saftigen Rundungen unserer Amazonen gerichtet, die Zähne schon zu einem hungrigen Haifischlächeln entblößt.

Dann traute sich der größte Kerl heran und entführte Cleo zum Tanz. Ich dachte noch ärgerlich, daß sie ja ruhig: „Nein, danke!" hätte sagen können, da Georg ohnehin keinen Tanz mit ihr ausließ ... Da sah ich den Professor aufspringen und sich zwischen den Kerl und seine Oberschwester drängen. Später berichtete er, daß der Bursche mit beiden Händen in Cleos Ausschnitt gegriffen hätte.

Gleich darauf ging es so hoch her wie in einem Film mit Terence Hill und Bud Spencer.

255

Als erster ging der Professor zu Boden.

„Arnold!" Die dicke Berta schlug wie eine Kanonenkugel auf der Tanzfläche ein. Cleos Tänzer hieb mit den Armen um sich, es sah aus, als flattere ein riesiger Rabe mit den Flügeln; dann flog er auf, etwa bis zur Saaldecke.

Gellendes Kroatengeheul!

Das war das Signal zum allgemeinen Angriff des ganzen Haifischrudels. Eine Welle verzerrter Gesichter und geballter Fäuste schlug über uns zusammen.

Einer hatte mich von hinten gepackt, zerrte mich in eine Ecke und fing gemütlich an, mich zu erwürgen. Eine Weile war ich ziemlich wehrlos, konnte nur den Hals dick machen und den Kopf zwischen die Schultern ziehen, bis es mir gelang, meine Brille ohne Bruch im Stahlfutteral in Sicherheit zu bringen. Dann holte ich mir den lästigen Kerl aus dem Nacken und in eine für mich günstigere Position nach vorn. Ich hatte zwar keine so hervorragende Judoausbildung wie Tante Berta, aber irgendwo mußte zu Hause noch der grüne Gürtel von dem Jiu-Jitsu-Kursus herumliegen. Der Heimtücker versuchte, mir sein Knie in den Unterleib zu rammen. Das finde ich sehr unfair, und da werde ich böse. Er erwischte mich zum Glück nicht voll, aber ich dafür ihn. Er versank im Getümmel.

Im Halbdunkel klirrte Glas, barst Holz, zersplitterten Spiegel, kreischten Mädchen und brüllten Männer.

Ich suchte nach einem neuen Gegner. Als ich gerade einen anspringen wollte, erkannte ich im letzten Augenblick den Bart von B. A., der zwei Feinde, der Wirtschaftlichkeit wegen, gleichzeitig mit den Schädeln so aneinanderschlug, daß sie in die Knie gingen.

Jetzt packte auch mich die naturverbundene Rauflust. Ich stellte einem großen Kerl ein Bein und zerrte ihn abseits, um ihn in Ruhe fertigzumachen.

„Na warte, du Wanze!" knurrte der Kroate mit einer Stimme, die mich seltsam an Simon erinnerte. Dann explodierte meine Welt schon in tausend bunten Funken. Ich brauchte eine Weile, um wieder auf die Beine zu kommen und mein Kinn einzurenken.

Jetzt erkannte ich den enormen Vorteil der verschiedenfarbenen Uniform oder des Fußballdresses für den Kampf Mann gegen Mann. Besonders kurzsichtige Navigatoren sind bei der korrekten Partnerwahl enorm gehandikapt, wenn nur dunkel gekleidete Männer im Finstern miteinander ringen. Ich beschloß gerade, das Risiko einer kurzfristigen Brillenbenützung einzugehen, um nicht wieder

256

einen unserer eigenen Leute anzugreifen, da ertönte der Schrekkensruf: *„Milicija!"*

Im aufflammenden Scheinwerferlicht blitzten Uniformknöpfe, erhobene Schlagstöcke und rotemaillierte Sterne auf Schirmkappen, und der Kampf in der Diskothek war vorüber.

Es waren nur zwei stämmige Gendarmen, aber in Sekunden hatten sie alle Kämpfenden getrennt und zu Paaren getrieben. Der Kleinere mit dem buschigen Schnurrbart zückte sein Notizbuch und unterhielt sich mit dem Chef des Lokals, der andere packte am Boden herumliegende Raufbolde und half ihnen entweder auf, wenn sie stehen konnten, oder richtete sie in Reih und Glied auf dem Tanzparkett aus wie eine Jagdstrecke.

Der Professor blutete aus einer Stirnwunde und wurde von Cleo verarztet. Ich fand es sehr praktisch, immer eine Krankenschwester dabeizuhaben, und es tat mir nur leid, daß ich keine sichtbaren Wunden vorweisen konnte, die Cleo versorgen konnte, während ich meine Schmerzen durch einen Blick in ihren Ausschnitt bekämpfte.

„Das hat uns noch gefehlt!" knurrte B. A.

„Zwei oder drei gehen auf mein Konto", grinste Simon stolz und betrachtete die reglosen Figuren am Boden. „Einen habe ich besonders gut erwischt, er ist gleich umgekippt!"

„Danke!" murmelte ich. „Das nächste Mal sieh dir gefälligst an, wo du hinhaust, du blindwütiger Orang-Utan! Ich werde ein paar Tage Schwierigkeiten beim Essen haben."

„Du Turist?" wandte sich jetzt der Gendarm an Arnold. „Du haben angefangen Streit mit harmlose jugoslawische Bürger? Passaporto! Paß!"

„Ich bin Österreicher. Wir sind alle Österreicher. Unsere Pässe sind an Bord", erklärte der Professor.

Jetzt mischte sich Vulko ein und redete erregt auf den Milizionär ein. Der winkte dann den großen Busengrapscher zu sich und stellte ihm Fragen.

Die Situation wurde gleich darauf noch unübersichtlicher, denn bei der Tür drängten der Wirt und ein Dutzend Männer herein, die wir schon unten am Hafen gesehen hatten. Jetzt schrien und riefen alle durcheinander.

Irgendwann wurde es dem Gendarm zuviel, und er pfiff gellend auf seiner Trillerpfeife.

„Počinak! Ruhe!" Es wurde wirklich still in der Diskothek.

Der schnurrbärtige Milizionär stemmte die Hände in die Hüften und sah uns eine Weile finster an, dann wurde sein Blick wunderbarerweise ein wenig freundlicher.

„Das ist Amtshandlung! Es steht Aussage gegen Aussage! Ihr Turist behaupten, unsere Mann haben angefangen? Er behaupten, kleine Mann mit blaue Haar haben angefangen Streit. Gutt! *Dobre!* Wer haben niedergeboxt Männer hier? Missen bezahlen Schaden alle, aber wer ist Meisterboxer?"

Berta trat vor. „Das war ich. Tut mir leid, aber diese groben Kerle haben zu viert auf unseren kleinen Professor eingetreten und -geschlagen."

Der Gendarm lachte laut auf. „Du gutt! Du Frau wollen mir einreden, du boxen? Ha, ha! War das Mann deiniges? Wo ist er? Muß Hand schütteln Meisterboxer. Wer ist? Du?" Er zeigte auf B.A.

„Hören Sie, *Gospodin Poručnik!*" Berta zupfte den Gendarm am Ärmel. „Ich war das. Ich ganz allein. Die anderen Männer haben sich nur verteidigt, als sie ungerechtfertigt überfallen wurden. Wenn Sie einen Hauptschuldigen haben müssen, dann verhaften Sie mich!" Sie streckte ihm die gekreuzten Hände hin.

Der Milizionär und sein Kollege lachten, daß die Sturmriemen ihrer Kappen klapperten.

Tante Berta fand das offenbar nicht lustig; vielleicht verlor sie auch die Geduld mit den emanzipationsfeindlichen Gendarmen, jedenfalls beschloß sie, eine Probe ihres Könnens zu geben. Sie bückte sich blitzschnell, lud sich den Schnauzbärtigen auf die Schultern, dann streckte sie sich wie eine losgelassene Bandfeder; der Uniformierte beschrieb einen hohen Bogen durch die Luft, und hätte ihn Berta nicht am Gürtel festgehalten, wäre er wie der Hairudelanführer gegen die Decke geflogen. So landete er nur taumelnd auf der Theke, aber auf seinen Füßen.

„Haltet ein paar kaputte Sessel in die Höhe!" befahl Berta. Ich bückte mich, Simon und Georg taten es mir nach. Berta glitt wie eine Eiskunstläuferin mit glatten Bewegungen durch den Raum, dann zuckten ihre Beine hoch: Krach! Splitter! Peng! Knirsch! Die Trümmer entfielen unseren Fingern. Von Kung Fu hatte sie uns nichts erzählt, aber jetzt wußte ich, daß man Berta ohne Axt in den Wald schicken konnte, ein Blockhaus zu bauen oder zu demolieren.

Ihr letzter Tritt traf eine schon angeknickte Gipssäule. In einer gewaltigen Staubwolke kam der Rest der Barverkleidung von oben. Weißbestaubt sprang der Gendarm hustend von der Theke.

„Gutt! Gutt! *Dobre!*" schrie er. „Schon gutt! Aufheren! Wir glauben alles! Nix beese sein, scheene Dame! Du Champion! Aber bitte aufheren, bevor Diskothek ganz kaputt!"

Er stellte sich auf die Zehenspitzen und küßte Berta auf beide Wangen. „Amtshandlung wird nei angesetzt. Wenn Mann schlägt Frau, dann ganz andere Paragraph. Wenn scheene Dame schlägt in Trimmer Gasthaus, auch andere Paragraph. Also neiche Amtshandlung. Nix mehr Rede von Kerperverletzung, das hat blede Bursch verdient, wenn hinschlägt auf *Gospodjia! Dobre!* Gutt! Jetzt Amtshandlung ieber Schaden in Lokal." Er drehte sich um und fuhr den Anstifter der Schlägerei böse an: „Wo du her? Du nix von Skradin, sagt Wirt! Wo du her?"

Der Kerl murmelte etwas, das einen Aufschrei bei den Neuhinzugekommenen verursachte. Der Gendarm zeigte auf den nächsten Burschen, auf den nächsten, den nächsten, auf den . . .

Auf einmal klopfte der Gendarm dem Professor auf den Rücken und grinste übers ganze Gesicht. Vulko und der Wirt stürzten vorwärts, hoben Berta auf ihre Schultern, und unter dröhnendem *Zivio*-Geschrei und dem Absingen kroatischer Lieder formierte sich offensichtlich ein Triumphzug.

„Verzeihung, *Gospodin*, aber was ist jetzt los?" fragte B. A. den Milizionär. „Werden wir eingesperrt, oder wie geht's weiter?"

„Du machen keine Gedanken, *Gospodin!*" lachte der Gendarm. „Auch nix missen bezahlen Schaden. Streit hat eindeutig angezettelt Halunke hier mit seine Freinde und Spitzbuben. Sind allesamt Spitzbuben aus Milkovic, was ist Nachbardorf. Tickische Raufbrieder, hat gepfieft hinter brave Skradin-Mädel her heite nachmittag, miserable Hienerficker hier haben gekriegt Watschen dafier. Ist zarieckgekommen mit seine Bagasch und Freind, Stunk machen in Skradin. Ha! Ist gekommen an unrechte Dame. Hat alle verdroschen, alle nixnietzigen Milkovicer. Werden sich merken, Gaunerpack, Weibervarfiehrer elendige!"

„Puuuhh!" B. A. ließ Dampf ab. „Das hätte aber ins Auge gehen können. Ich hätte es vorhersehen sollen, aber ich bin es eben nicht gewöhnt, mit Matrosen in Kneipen zu gehen, die mit ihren Busen und Beinen alles Gelichter anlocken. Das ist eine ganz neue Erfahrung für mich." Er überlegte kurz und fügte hinzu: „Eine Kung-Fu-Lady in der Mannschaft zu haben, ist mir allerdings auch neu."

„Kommt alle mit!" rief Lukas. „Sie wollen ein Volksfest feiern!"

Und es wurde ein Volksfest.

259

Denn zu feiern hatten wir wahrlich genug: Die STRAWANZER-Crew die Befreiung und Rückholung von Anita, ich meinen Geburtstag und die Skradiner Kroaten den Sieg über die „nixnietzigen Hienerficker von Milkovic".

Ehrlich währt am längsten

Zwischenspiel in Venedig · Domenicos Kneipe · Nullstart!
Eine alte Weisheit sagt: Das schnellste Schiff gewinnt, nicht das
trickreichste! · Die Trockensegler von Aprilia Marittima
Saboteure am Werk · Oberschwester Cleo als Geheimwaffe

„Da ist der Campanile!"
„Und da der Markusplatz!"
„Seht nur, die vielen Gondeln und Tauben!"
Wie eine aufgeregte Schar von Pauschaltouristen, die Venedig
zum ersten Mal an Bord eines Kreuzfahrtschiffes anlaufen, drängte
sich die STRAWANZER-Crew an der Reling. Jeder hielt eine Kamera
ans Auge gepreßt und betätigte den Auslöser so hastig, als wäre ein
Preis für den am schnellsten verschossenen Film ausgesetzt worden.
„Der zivilisierte Mensch hat offensichtlich bereits die Fähigkeit
verloren", konstatierte Barawitzka philosophierend, „unmittelbare
optische Eindrücke direkt über seine Netzhaut zu verarbeiten. Ohne
Bildschirmbegrenzung oder Sucherleuchtrahmen kann er nichts
mehr ins Auge fassen. Statt daß sie dieses prächtige Panorama in
seinem kompletten Umfang, in seinen natürlichen Farben und seiner Lebendigkeit auf sich einwirken lassen, spähen sie nur durch die
winzigen Sucher, haben vor lauter Blendenberechnungen und Ob-
jektiveinstellungen keine Zeit zum Schauen. Erst wenn die Filme
entwickelt sind, werden sie versuchen, die Einfahrt nach Venedig zu
Hause nachzuerleben. Ist das nicht traurig?"
Er steuerte die STRAWANZER, lässig auf der Sitzbank stehend, den
Segelschuh in die Speichen eines Steuerrades gestemmt. Seine Balance sicherte er mit der Faust am Achterstag. Seit wir den Yachthafen von Maria Elena querab gelassen hatten, stand er so da und
sprach von den Vorteilen der hohen Achterkastelle alter Schiffe, die
bei starkem Verkehr auf dem Wasser doch einen besseren Ausblick
ermöglicht hätten als die niedrigen Hecks moderner Yachten.
Ich saß neben ihm auf der Bordwand, die italienischen Faltkarte

La Navigazione da Diporta della Laguna di Venezia aufgeschlagen auf den Knien.

Von Sibenik aus hatten wir uns nonstop bis auf die Breite von Venedig hochgekämpft und liefen nun unter Maschine in die Lagunenstadt ein, um einen speziellen Flautenspinnaker vom Zoll abzuholen, den der Professor noch schnell bei seinem Segelmacher am Wolfgangsee hatte schneidern lassen.

B. A. kam dieser Umweg ganz gelegen, weil er so den schon lange versprochenen Venedigausflug nachholen konnte. Da Zollangelegenheiten erfahrungsgemäß keine Blitzaktionen waren, hatte er ein kurzes Besichtigungsprogramm für die Mannschaft zusammengestellt. Drei Stunden Stadtrundgang vom Dogenpalast aus reichten seiner Meinung nach, die wichtigsten Sehenswürdigkeiten zu besuchen, die Tauben zu füttern, eine Shoppingtour durch die Mercería zu unternehmen, Erinnerungsfotos zu knipsen, an der Rialtobrücke ein Eis zu schlecken und mit dem Vaporetto, dem Wasseromnibus Venedigs, wieder zum Markusplatz zurückzukehren.

Siebzig Prozent der B. M.s fieberten schon sauber gekleidet dem Anlegen entgegen. Dreißig Prozent mußten an Bord bleiben und die lästigen Zollformalitäten erledigen. Das waren B. A., Simon und ich. Da er sich selbst zum langweiligen Warten in italienischen Amtsstuben eingeteilt hatte, konnte ich nicht gegen das Verlosen der Landetickets meutern. Auch wenn ich wußte, über welche taschenspielerischen Fähigkeiten unser Käptn verfügte, wenn es darum ging, Papierlose zu manipulieren.

B. A. wollte an keinem der für Yachten vorgesehenen Plätze anlegen oder ankern, denn er fühlte sich schon als Berufsschiffer; frech steuerte er zwischen zwei Vaporettos direkt den Landesteg San Marco an. Die Fahrkartenzwicker der venezianischen Verkehrsbetriebe schrien sofort lautstark Protest.

„Va bene! Va bene!" brüllte Barawitzka beruhigend zurück und drehte gekonnt vor dem Bug eines mit Hunderten von Touristen herandampfenden Vehikels wieder vom Steg weg. Doch unsere B. M.s waren schon auf den Ponton gehüpft und marschierten in Richtung Glockenturm.

„Beamte sind auf der ganzen Welt gleich", lachte B. A., während er an der goldenen Kuppel der Kirche Santa Maria de la Salute vorbei in den Giudecca-Kanal einbog. „Warum sollte ich diese bequeme Anlegestelle nicht benützen, wenn ich den innerstädtischen Verkehr nicht behindere? Sture Paragraphenreiter!"

262

Wir motorten durch das lustige Bootsgewimmel; hier war alles auf dem Wasser unterwegs: Feuerwehrboote, Betonschuten, auf denen sich die Mischtrommel drehte; ein schwarzes Leichenbestatterboot mit Kerzenleuchtern und Kristallscheiben; dazwischen schwimmende Gemüsehändler oder Schuten mit Weinfässern, Bierkisten und Müllabfuhrbarkassen.

In der Nähe des Hauptbahnhofs am Zollhafen legten wir die STRAWANZER an fünfter Stelle an ein dickes Päckchen von Lastkähnen, und während B. A. mit der Dokumentenmappe zum Zoll spazierte, mußten Simon und ich ständig verholen und Leinen bedienen, weil Kähne aus dem Päckchen ablegten oder andere sich mit südländischem Elan dazwischendrängten. Alle Bootsleute brüllten uns an, weil sie dachten, dumme Touristen in Yachten mit heiklen Bordwänden hätten an Plätzen, wo gearbeitet werden mußte, nichts verloren und könnten leicht verscheucht werden.

Mit Hilfe unserer neuen Gestuno-Kenntnisse verschafften wir uns aber sehr schnell Respekt. Wir konnten den venezianischen Wasserdroschkenkutschern noch mehr zurückdeuten als sie uns.

„Traumhaft", sagte Simon. „Und viel besser als mein Wörterbuch. Darin würde ich keinen passenden Satz finden, um so einem Kerl verstehen zu geben, wohin er sich seine Schute von mir aus schieben kann oder was er mit seinen verflixten Wassermelonen machen soll. Kannst du einen Moment allein verholen und den Leuten dabei die ‚Feige' deuten? Ich möchte zur Sicherheit noch ein paar Dosen Bier in den Eiskasten stellen. Wer weiß, wie lange wir in der Hitze warten müssen. Es kann Stunden dauern, bevor B. A. . . . . Bei allen Glasfiguren von Murano!" stieß er verblüfft hervor. „Da kommt er schon, und hinter ihm karren sie einen der gewaltigsten Segelsäcke heran, die ich je gesehen habe."

„Das glaubt mir daheim wieder keiner", sagte B. A. und kletterte an Bord. „Ich wurde freundlich empfangen, bekam sofort ein Dutzend Stempel auf die Papiere, der Beamte hatte sogar die notwendigen Stempelmarken zum Detailverkauf in seiner Schreibtischlade, und zehn Minuten später war ich fertig und das Segel mein Eigentum. Ich fasse es noch immer nicht."

Durch unsere ordinäre Gestik hatten wir uns die Zuneigung der Hafenarbeiter erworben; alle halfen, den voluminösen Sack über mehrere Boote hinweg auf unser Deck zu hieven. Er war tatsächlich so groß, daß er weder durch die Vorschiffluke noch durch den Niedergang passen wollte.

„Das ist natürlich ein kleines Handikap", meinte B. A. „Jetzt können wir uns nicht allzu weit vom Schiff entfernen, so lange der Sack an Deck verzurrt ist, weil wir sonst ehrbare Venezianer zum Gelegenheitsdiebstahl anstiften. Andererseits habe ich wenig Lust, vor dem Markusplatz Warteschleifen zu drehen, bis unsere Touristen sich wieder einfinden."

So hielten wir auf dem Rückweg vom Zollamt die Augen offen, ob es nicht irgendwo in Giudecca eine kleine Kneipe gab mit einem Anlegeplatz direkt davor.

Das führte zu einer jener Schicksalsverkettungen, wie sie nur in der Seefahrt vorkommen. Ein Kapitän kann nämlich nie so frei entscheiden wie jemand auf dem festen Land. Sein Handlungsspielraum ist sehr stark eingeschränkt, er bleibt von dem Element, auf dem seine Yacht schwimmt, so abhängig wie ein Leibeigener im Mittelalter von seinem Lehnsherrn. So wie der Gutsherr, der Pfarrer und der Landesfürst seinen Untertanen vorschrieben, was sie zu tun, zu denken und zu lieben hatten, so diktiert das Gesetz der See dem Seemann, was er zu tun, zu denken und zu lieben hat. Was vor der großen sozialen Befreiung die Gebote der Kirche, der Zunft, des Standes, der Familientradition waren, das ist auch heute noch für den Skipper das Gebot guter Seemannschaft und die Weisheit der Seehandbücher.

Diese Einschränkung der persönlichen Freiheit auf See ist aber durchaus kein Nachteil, eher das Gegenteil. Der moderne Mensch kann tun und lassen, was er will, er kann relativ frei über sich entscheiden. Ist er deshalb etwa glücklicher? Nein, die meisten stolpern ratlos durch die Gegend und suchen krampfhaft jemanden, der ihnen sagt, was sie tun sollen.

Seeleute dagegen können auf die tröstende Tatsache vertrauen, daß ihnen Wetter, Meer und seemännische Regeln beinahe alle freien Entscheidungen abnehmen; sie können ihre inneren Zweifel über die Reling werfen, denn sie leiten die Götter.

Jedenfalls wären wir ohne den großen Segelsack und den Mangel an Landungsstellen nie in Domenicos Kneipe gekommen.

Wir tuckerten an der Insel Giudecca entlang, wo es kaum Kaffeehäuser, Eissalons oder Restaurants gab, weil sich hierher selten Touristen verirrten. Das war Venedigs Hinterhof. Trotzdem erspähte Simons scharfes Auge eine *Birra-Azurra*-Reklame an einer sonst insignifikanten Hauswand. Er drehte mit der STRAWANZER einen Kringel im Kanal, bis wir die Fender ausgebracht hatten, und näherte sich dann der alten Kaimauer. Wegen des starken Schiffsverkehrs kabbelte das Wasser wie in einem nach Osten offenen, engen Hafenbecken bei stürmischer Bora. „Kazunga!" knurrte Barawitzka. „Für eine so wilde Schaukelei an den alten Steinen sind unsere Yachtfender etwas zu filigran. Da müßte man wie die Hafenschuten ein Dutzend Autoreifen an der Seite hängen haben."

Aus der Haustür kam ein junger Mann, der unser Manöver anscheinend beobachtet hatte, und deutete uns etwas.

„Er meint wohl, wir sollen uns mit dem Heck voran in diesen schmalen Seitenkanal legen", rief Simon. „Das ist keine blöde Idee. Da drin liegen wir geschützt wie ein U-Boot in seinem Bunker. Voll zurück, B. A.! Ich geh' an die Achterspring."

Wir dampften mit Rückwärtsfahrt in den kleinen Schutzhafen ein. Er nahm wirklich die ganze Länge der STRAWANZER auf, bevor ein Fußgängerbrückchen dem Achterstag jedes weitere Vordringen zwischen die brüchigen Häuser verbot.

So fanden wir Domenicos Cucina: kein internationales Restaurant, aber das venezianische Gegenstück zu einem Altwiener Beisl in den Außenbezirken. Hier wurden nicht nur Getränke und Speisen verkauft, sondern gleich auch das große Wohnzimmer der Familie Domenicos, wohin man auf einen Plausch, ein Glas Wein, ein Bier und einen Grappa kommen konnte, wo man sich mit den Wirtsleuten gemeinsam zum Essen setzte, wo es keine Speisekarte gab, sondern Hausmannskost, wo man Leute aus der Umgebung traf und sich wohlfühlte. Es war das Urbild einer „Gast"-stube. Da gab's eine strickende Oma im Lehnsessel, einen winzigen, hosenlosen Bambino auf einem Nachttopf mitten in der Stube, Katzen auf dem Fensterbrett, kartenspielende Gondoliere, eine halbwüchsige Tochter, die ihr Partykleid auf einer Nähmaschine kreierte, umringt von den Burschen der Nachbarschaft, die Breakdance übten. In einer Ecke saßen Schulkinder in ihren strengen Uniformen und machten Aufgaben unter der Aufsicht des Pfarrers.

Wir waren zur richtigen Zeit gekommen. Domenico, ein handfester Typ mit martialischem Viktor-Emanuel-Schnurrbart, schob uns Sessel an die Familientafel, band uns resolut große Servietten um den Hals, und dann mußten wir mit der ganzen zahlreichen Familie beim Frühstück zulangen.

Hochwürden Don Basilio sprach das Tischgebet, wir fielen in den Amen-Chor ein und griffen zu. Es war ein Armeleute-Essen, Polenta mit Sardinen und Milchkaffee.

„Hier geh' ich heute nicht mehr weg", sagte B.A. mit großer Bestimmtheit. „So ein Lokal findet man nicht alle Tage. Hier fühle ich mich schrecklich wohl. Es erinnert mich an das alte Gasthaus, wo ich als Bub immer meinen Vater abholen mußte, bevor er seinen ganzen Lohn beim Kartenspiel verlor." Er lächelte versonnen.

„Heißt das, daß du auf die Regatta verzichtest?" fragte Simon interessiert. „Die erste Wettfahrt wird bekanntlich morgen früh um neun Uhr vor der Ansteuerungsboje von Lignano gestartet. Bis dorthin sind es über vierzig Seemeilen."

Barawitzka trommelte auf den blankgescheuerten Tisch. „Was versäumen wir schon in Aprilia Marittima? Eine Nacht in einer modernen Marina, unter Hunderten von österreichischen Seglern. Vielleicht müssen wir gar im gleichen Nepplokal wie Dr. Krobatschek essen. Das reizt mich nicht. Ich kann von hier aus beim Regattakomitee in Lignano anrufen und ankündigen, daß ich direkt zum Start komme, Anmeldung und Startgeld sind schon lange erledigt. Ich denke doch, daß unsere Crew eine Nachtfahrt auf sich nimmt, wenn sie dieses Lokal hier sieht oder bis zum Abend Landurlaub bekommt. Wie wär's? Hol die Karten! Wir wollen ausschnapsen, wer später mit dem Vaporetto hinüber nach San Marco muß, die Genossen herzuholen."

Simon war nicht ganz einverstanden. „Eine Nachtfahrt ist meiner Meinung nach keine optimale Konditionierung für eine Regatta."

B.A. grinste ihn an. „Wieso bist du denn auf einmal so versessen auf diese Regatta? Immerhin verlierst du fünftausend Schilling, wenn wir gewinnen..."

„Das Geld ist mir kazunga-egal!" stieß Simon hervor. „Ich habe die zwei intensivsten Wochen meines Lebens in diese verdammte STRAWANZER investiert, jetzt möchte ich die Schaluppe aber auch gewinnen sehen! Ich will diesen Krobatschek niedersegeln!"

„Jetzt tut's mir leid, daß ich es euch nicht schon lange gesagt habe: selbstverständlich hatte ich nie die Absicht, diese Wette zu kassieren. Sie war nur ein Trick, euch zum Mitsegeln zu bringen. Habt ihr eure Zusage bisher bereut?"

Ich lachte. „Einige Male schon. Doch im Großen und Ganzen gefällt mir die Sache. Aber sieh besser zu, daß du wenigstens einen Pokal gewinnst, denn *wir* haben nämlich vor, die Wette zu halten. Du bist der Chef, also streng dich an!"

B.A.s Wangenmuskeln spannten sich. „Gut! Her mit den Karten!"

266

Überflüssig zu sagen, daß wir in Venedig blieben. Arnold war von der Kneipe begeistert, und die Amazonen waren es auch, als sich ein Gast als Louis Armstrong der Glasbläser von Giudecca entpuppte, sie zu seinem Schmelzofen mitnahm und ihnen winzige, allerliebste Glasmenagerien blies.

Der Kapitän gewährte nochmaligen Einkaufsbummel bis 23.30 Uhr, und Berta küßte ihn dafür.

Um Mitternacht motorte die STRAWANZER unter halbierter Wache an den Lichtern des Markusplatzes vorbei; die Crew sollte so viel Schlaf wie möglich bekommen.

Um sechs Uhr morgens ankerten wir in der Nähe der Ansteuerungsboje von Lignano, die eine Begrenzung der zukünftigen Ziellinie bilden sollte. Wir frühstückten in so schicksalsgeladener Atmosphäre, wie sie vielleicht nur Soldaten vor der Schlacht und Ehemänner vor der Trauung erleben. Berta drückte das so aus: „Ihr hockt alle da wie Napoleons Garde vor Waterloo. Mich wundert nur, daß keiner seine letzten Zeilen an die Geliebte mit der Bleispitze einer Patrone auf bereits blutbeflecktes Papier wirft. Was ist denn los mit euch? Ihr seid mir ein trauriges Gesindel! So kann man doch keine Regatta gewinnen. Es besteht überhaupt kein Grund, schon jetzt die Unterlippe hängen zu lassen. Klar, wenn der Mast bricht, dann verlieren wir. Aber wenn er stehen bleibt und wir nicht rausprotestiert werden oder eine Boje übersegeln, dann müßten wir doch mit diesem Superschiff allen anderen davonziehen. Ich war mit Arnold gestern noch in Lignano und hab' mir die Konkurrenz angesehen. Ich sage euch, wir haben das längste Schiff, die meiste Segelfläche und eine ganz hervorragende IOR-Vermessung. Auch gibt es mehrere Pokale zu gewinnen. Also werden wir doch einen davon für uns buchen können, oder? Und wenn wir keinen blöden Topf gewinnen, dann kauf' ich euch einen. Mit der Gravur: ‚Für die bestvorbereitete Crew der Saison‘. Aber jetzt macht gefälligst freundlichere Gesichter!"

B. A. strahlte sie an. „Tante Berta, wenn wir diesen blöden Antisex-Paragraphen nicht hätten, würde ich dich jetzt küssen! Du bist eine Seglerin, von der ein Segler nur träumen kann!"

Berta hob die Augenbrauen. „Seltsam, erst mußte ich alt und dick werden, ehe mir jemand so ein Kompliment macht. Wieviel Zeit haben wir denn noch, B. A.? Könnten wir nicht mit dem Schlauchboot ins Schilf fahren, da gilt § 6/2 nicht . . ."

„Also bitte, spiel dich nicht immer in den Vordergrund", ärgerte

267

sich Anita. „Ich weiß gar nicht, wieso du auf den Gedanken kommst, wir seien verzagt. Wir haben nur die Manöver im Geist wiederholt. Natürlich sind wir überzeugt, daß wir gewinnen werden."

„Ah! Jetzt tut sich was", rief Barawitzka und guckte durch sein Glas. „Das Startboot geht in Position. Gleich werden wir wissen, wo die Startlinie verläuft. Da müssen wir dann ... Hoppla, wie war das? Man segelt die Startlinie entlang, und wenn das Großsegel killt, ist die andere die bevorzugte Seite – oder umgekehrt?" Er grübelte eine Weile, dann stürzte er unter Deck und rumorte im Bücherbord herum. Ich konnte ihm dabei nicht helfen; ich war ein paar Seeregatten mitgefahren, aber nur über weite Strecken, bei denen das Ziel tagelang nicht zu sehen war. Da war es egal, wie man wegkam, ob auf bevorzugter Seite oder nicht.

B. A. stieg wieder an Deck und beobachtete die Arbeiten an der Startlinie. Mit der leichten Brise kamen die ersten Regattateilnehmer aus dem Hafen gesegelt und kreuzten sofort wie die Verrückten an der Linie auf und ab. Simon offerierte uns eine dritte Tasse Kaffee und nochmals Eierspeise mit Krabbenschwänzen. Da es unter Regatta-Bedingungen bestimmt ungünstig war, an Deck warmes Essen auf Tellern, mit Messer und Gabel zu verzehren, nahmen wir noch eine Portion an. Die von Arnold für später vorbereitete Kraftnahrung aus Schokolade, Nüssen, Traubenzucker, Haferflokken, Trockenfrüchten und Hundekuchen (das Zeug sah wenigstens so aus), wollten wir wirklich für besondere Notfälle aufheben.

Da schäumte die SIGISMONDO ziemlich dicht an uns vorbei.

„Einen blöderen Ankerplatz für Ihr Früchstück haben Sie wohl nicht gefunden", tönte die spöttische Stimme Dr. Krobatscheks übers Wasser. „Verschwinden Sie mit Ihrem Damenkränzchen! Hier wird nämlich eine Regatta ausgetragen. Sie sind uns im Weg!"

B. A. verzog das Gesicht, als hätte er Zahnschmerzen. Dann grinste er plötzlich. „Das heißt, dieser Tepp weiß anscheinend noch nicht, daß er heute gegen uns antreten muß. In Klasse I gibt es nicht allzu viele Yachten. Das erleichtert mir die Entscheidung, denn wenn wir ihm hier im Weg sind, dann bleiben wir auch liegen! Ho, ho! Nichts spricht dagegen, bis zum Start zu ankern. Weshalb sollen wir wie die Narren herumkreuzen? So liegen wir gemütlich, und die anderen müssen aufpassen, daß sie uns nicht rammen. Ist doch viel bequemer."

(Wie ich schon sagte, dem Seemann helfen die Götter, er braucht sich selten den Kopf zu zerbrechen).

268

Arnold zog die Stirn kraus. „Das ist ungewöhnlich. Wie willst du rechtzeitig zum Start kommen?"

„Das laß meine Sorge sein. Wir liegen keine zwei Kabellängen von der Backbordboje entfernt. Außerdem kann ich hier beim Schwojen am besten feststellen, welches die bevorzugte Startseite ist. Kinder, macht euch langsam fertig. Zieht euch die STRAWANZER-Overalls an, steckt eure Segelmesser ein, und dann möchte ich Gläser und eine Flasche Champagner an Deck sehen. Wir wollen das Rennen mit Stil beginnen."

Um neun Uhr wurde das Gedränge der Yachten im Startraum lebensgefährlich. Wir hörten das Krachen von Karambolagen, das entsetzte Aufheulen von Mannschaften, und genossen gemütlich den Anblick, wie hastig sich die heranbrausenden Geschwader auflösten, wenn sie plötzlich einer vor Anker liegenden Yacht ausweichen mußten. Die SIGISMONDO touchierte bei einem viel zu spät eingeleiteten Ausweichmanöver – ihr Skipper verwendete die ihm noch zur Verfügung stehende Zeit dazu, uns zu beschimpfen – einen Italiener oder behinderte ihn, jedenfalls flatterte die erste Protestflagge dieses Rennens hoch. Daß es ausgerechnet Dr. Krobatschek getroffen hatte, gefiel uns enorm.

Beim Vorbereitungsschuß ließ B.A. den Anker kurzstag holen, und während er dauernd Uhrzeit und Notizen auf kleinen Zettelchen verglich, gab er die Anweisungen fürs Segelsetzen. Wir hatten herrlich freien Manöverraum, denn der Pulk der Boote kam jetzt nicht mehr so hoch zu Boje heran; die Lektion mit der unverwundbar vor Anker liegenden Yacht hatten alle gelernt.

„Anker auf!"

Simon werkte an der Winsch. „Ist auf!"

Mit killenden Segeln fielen wir ab.

„Schoten dicht!" Die STRAWANZER nahm ganz vorsichtig Fahrt auf.

Sirengeheul und Flagge India: Regel der letzten Minute.

Wir gurgelten jetzt unbehindert im freien Wasser dahin.

Von Osten brausten hundert Segel auf uns zu.

Barummmm! Schuß! Rauchwolke!

„Start!" brüllte B.A. wie ein Stier. „Nullstart! Ich bin der Größte, ich bin der Beste, ich bin ein Kaiser!"

Wir zogen wirklich vor allen anderen davon, mit Kurs auf die Tonne vor Grado. Die Mannschaft hockte brav auf der Luvkante, Berta kam bei jeder Wende ganz schön ins Schwitzen, aber wir

269

zogen unsere Zickzackschläge mit der Präzision einer elektronik-gesteuerten Musternähmaschine.

Supernavigatoren wissen angeblich immer, welche Winddrehung zu erwarten ist. Ich weiß das nicht, und bevor ich mit den Böen Roulett spiele und womöglich auf einen falschen Schlag setze, bei dem ich verliere, halte ich es mit der gesunden Mitte: gleich weite Schläge links und rechts der Luftlinie vom Start zur Boje, wobei ich die Schläge in der Nähe der Tonne – auch auf Kosten der beim Wenden verlorenen Fahrt – immer enger mache.

Anfangs drehten unsere B.M.s die Köpfe ständig nach achtern und warfen besorgte Blicke auf die Verfolger. Als sich aber bald herausstellte, daß wir den Startvorsprung ohne weiteres halten konnten, solange uns kein Malheur passierte, stieg das Selbstvertrauen beträchtlich; auf der hohen Kante wurden wieder lustige Geschichten erzählt.

So erreichten wir die Luvtonne, und auf dem Raumwindschenkel des Regattakurses kam natürlich keiner an uns heran. Da konnte B.A. schnurgerade fahren und die B.M.s mit Begeisterung Gennaker und Stagsegel setzen, so daß wir nur so dahinzischten.

„Es gibt gut und gern noch einen halben bis einen dreiviertel Knoten mehr Geschwindigkeit", jubelte B.A., „wenn wir das Schwert hochziehen. Karl, unser Schicksal liegt in deiner Hand. Jetzt spüren wir Untiefen nicht mehr rechtzeitig, sondern wenn wir auf eine Schlammbank donnern, dann ist gleich das Rigg ab, bei den Segelwolken die wir da oben haben."

„Nur zu! Cleo sitzt wieder am Echolot, und ich habe ihr diesmal auch den Echographen zugeschaltet. Sie ist ganz begeistert und kann dieses Geschreibsel lesen wie Kurzschrift. Es erinnert sie an die EKG-Streifen in der Klinik, sagt sie. Übrigens sehe ich die Raumtonne schon. Jetzt sollten wir aber den Spi ausprobieren, der Wind hat deutlich gedreht."

Simon pfiff durch die Zähne, als er den neuen Leichtwind-Spinnaker auspackte. „Das ist ja kein Segel, sondern ein Frühstückssäckchen!"

So war es auch. Der neue Spi war nicht aus gewebtem Material genäht, sondern aus langen Bahnen ganz ordinär aussehender, durchsichtiger Plastikabdeckplane geschweißt. Gesetzt war das Segel im leichten Dunst beinahe nicht zu sehen. Wie eine dünne Seifenblase stand die seltsame Halbkugel schillernd vor der STRAWANZER und knisterte.

Der Dunst wurde leider stärker. Ich war ziemlich froh, als wir die Leetonne vor dem Bug ausmachen konnten. Allerdings kam jetzt ein navigatorisches Gustostückchen, denn laut Regattaanweisung mußten wir die Luvtonne noch einmal finden und runden. Der Nebel verdichtete sich. Jetzt machte sich Cleos Schulung am Echographen bezahlt. Sie zeigte mir kleinste Unterschiede im Vergleich zu den früheren Echolotstreifen, und ich glaube, wir zogen unsere Kreuzschläge haargenau auf denselben Kursen wie bei der ersten Runde.

Boote aus allen Richtungen kamen uns entgegen. Einer preite uns doch wirklich an und fragte nach der Richtung zu Tonne. Ich sagte ihm die Peilung auf den Grad genau, aber zu unserer Verblüffung drehte der Kerl auf dem Teller und segelte in Gegenrichtung davon.

„Allzu viel Mißtrauen ist auch schlecht", rief B. A. lachend. „Jetzt wird's noch dicker. Georg, hol mir bitte das Nebelhorn herauf! Sicher ist sicher."

Vier Stunden später querten wir die Ziellinie ziemlich dicht am Startschiff und wurden abgeschossen.

„Da dürften wir gar nicht so schlecht abgeschnitten haben", meinte Arnold. „Sonst würden die würdigen Herrn auf dem Komiteedampfer nicht so enthusiastisch winken und rufen."

Wir suchten die Einfahrt nach Lignano und folgten den dichtgesetzten Dalben bis in die Marina von Aprilia Marittima.

Am Abend lasen wir unseren Namen an der Spitze der Ergebnislisten im Fenster des Circolo-Nautico-Büros.

Sieger der ersten Wettfahrt nach Zeit und Berechnung: STRAWANZER, Klasse I.

Professor Lullinger schwamm im Glück und lud die Crew zu einem Siegesdinner in Robertos Pizzeria ein.

Am zweiten Renntag herrschte klares Wetter, dafür war der Wind unstet, sprang dauernd um und kam auch recht böig. In der Lagune tanzten schon weiße Krönchen auf den Wellen, und die Flottenparade vor der Startlinie wurde zu einer echten Nervensache. B. A. hielt sich deshalb mit unserem langen Schiff ein wenig zurück.

„Wo treibt sich denn der Krobatschek herum?"

„Der muß verrückt geworden sein", meldete Simon vom Ausguck. „Er übt Anläufe auf der falschen Seite der Startlinie."

„Tod und Teufel!" lachte Barawitzka. „Ich weiß schon, was er vorhat. Er möchte jetzt das Glück zwingen. Das ist ein ganz verwegener und riskanter Trick. Er versucht wahrscheinlich, vor dem Minutensignal von der freien Seite her in voller Fahrt auf Backbordbug über die Linie zu schießen, denn dann muß ihm das ganze Feld ausweichen. Danach wird er blitzschnell wenden und als Erster starten. Ein höllischer Trick."

„Jetzt nimmt er die Schoten dicht!" schrie Georg.

Es war ein spannendes Schauspiel. Die SIGISMONDO kam dahergebraust wie ein angreifendes Torpedoboot, einen Knochen zwischen den Zähnen, wie man so schön sagt. Im übrigen Feld entstand Unruhe.

In diesem Moment ließ die Bö nach, um gleich darauf kräftig zu schralen und wieder loszupusten. Die Segel der SIGISMONDO killten, daß man es bis zu uns hörte, dann ging das Stakkato im Rattern der übrigen Flotte unter. Alle kämpften mit Ruder und Schoten. Ich war froh, daß wir nicht in diesem dicken Schlamassel steckten.

Die Sirene heulte. Flagge India flatterte.

„Er hat's verpatzt! Er hat's verpatzt!" brüllte der Professor. „Er hat die Startlinie nicht mehr erreicht. Jetzt muß er allen ausweichen und darf Strafkreise um die Tonne drehen. Er ist weg vom Fenster! Er hat's komplett verpatzt!"

Die STRAWANZER startete diesmal mit den Nachzüglern, aber Krobatschek hatte noch nicht mal mit seinen Ausweichmanövern begonnen.

Barawitzka und die Crew kämpften wie die Löwen. Wir kreuzten zur Luvtonne hoch wie – eben wie ein gutgeführtes Regattaschiff, wendeten wie im Lehrbuch, und dann stand auch schon der Spinnaker; bis zur Raumtonne holten wir doch ganz schön wieder auf.

Der böige Wind und die kurzen harten Wellen behinderten die kleineren Yachten viel stärker als die lange STRAWANZER. Wir hatten genug kinetische Energie, um in voller Fahrt durch die Wenden zu drehen, und auch genügend Dampf in den Segeln, um auf den Vorwind-Rennstrecken die gegeneinander kämpfenden Bootsmassierungen in elegantem Bogen zu umsteuern und dennoch leicht aufzuholen.

Wir errangen einen ehrenvollen dritten Platz, und auf der Heimfahrt prägte Tante Berta den sehr gescheiten Regatta-Merksatz: „Mit dem größten und schnellsten Schiff am Platz, mit einem gutsortierten Segelstell, modernstem Material, einem guten Skipper, einer trainierten Mannschaft und ein wenig Glück hat man bei einer Regatta doch sehr ausgewogene Chancen!"

Die vergnügungssüchtige Mannschaft trieb sich in irgendwelchen

272

Eissalons, Schuhgeschäften, Boutiquen oder Diskotheken herum; ich saß mit B. A. und Simon in der Cafeteria in der Marina und genoß bei einem Gute-Nacht-Schluck den lauen Abend.

Da begannen Simons Hände zu reden: „Hört, Nebentisch, interessante Unterhaltung, großartige Seeleute."

Wir spitzten die Ohren. An mehreren zusammengestellten Tischen hockte eine große Runde österreichischer Skipper. Sie trugen protzige Kappen mit Goldverbrämung wie mittelamerikanische Juntageneräle. Simon deutete: „Motorboot?"

Das bekamen wir nie ganz heraus. Ihre Gespräche drehten sich jedenfalls nicht um ihre Schiffe, sondern um eine ganz andere Sportrichtung.

„Habt's ihr den Krach heut' nacht am 12er Steg gehört?" fragte ein dicker Admiral in kurzer, knallroter Hose und geblümtem Hawaiihemd. „Des waren die Schmerzenschreie vom Pepi. Seine Frau hat doch nach Wien fahren müssen, und kaum war sie weg, da hat er sich die kleine Verkäuferin vom Bootsladen, die er schon die ganze Woche belagert hat, angeholt. Kaum hat er sie so weit g'habt, daß de Klaane endlich aus der Wäsch' hupft und mit eahm auf die Matratzen steigt, da geht des Luk auf, de Magda steht da und will eahm ihr Meinung sagen, weil er's mit einem beinah' leeren Tank losfahren hat lassen. Na, ihr kennt's die Magda ja. Die sieht die Signorina und ihren Pepi, packt den Bootshaken und jagt den Hasen und ihr'n eiganen Mann pudelnackert über den ganzen Steg, durch die Vorhalle von der Bowlingbahn und quer durch die Tisch' von der Cafeteria. Dös war a Wirbel! Kennt's euch vorstellen, wie die Leut' g'lacht ham?"

„Ui jegerl na!" Ein anderer Marineur verzog das Gesicht, als hätte die gute Magda ihn verdroschen. „Mir kann so was net passieren. I hab meiner Frau a so an elektronisches Piepserl an die Wagenschlüsseln g'hängt und hab ihr g'sagt, des is so a Lawinenwarngerät, wenn's amal in so an Kanal oder Canaletto fällt mit'n Wagen oder von da Mafia varschleppt wird, dann find's die Polizei, wegen dem Signalton. Des hat meiner Alten was g'geben, daß i mir Sorgen mach wegen ihrer Sicherheit. He, he! Aber es dient a meiner Sicherheit. Wenn unser Dampfer sturmfrei ist und i hab mir Damenbesuch eing'laden und sie kommt wirklich daher, dann pfeift mei' elektronisches Diebstahlwarngerät wie a Teekessel, wenn mei Frau nur auf zweihundert Meter rankommt. Da is no immer gemütlich Zeit für mi, mei Betthaserl durchs Vorluk türmen zu lassen. Ja, *da* muaß man's haben . . ." Der moderne Don Juan tippte sich erst an die Stirn und dann an den Ellbogen. „Und net da, varstehst?"

Ein anderer wollte nun etwas wissen. „Sagt's, wer is' denn die fesche Katz', mit der der Ossi den ganzen Tag im Buggy herumkutschiert is'?"

„Des ist die Frau von dem Tankstellenbesitzer, dem die Bertram 35 am 3er Steg g'hört. Des is a heißes Weib. Die treibt's mit jedem, wie ihr Mann außer Sicht ist . . . ah, belissima, cara mia, Bambina!" Der Hobbykapitän in mittleren Jahren sprang auf und umarmte eine kleine Italienerin, die auf einer Vespa vor das Café gesaust war. Die beiden küßten sich, daß man es bis zu unserem Tisch schmatzen hörte, und dann schrie der Mann nach der Rechnung.

„Wo schleppst denn dein' neuen Aufriß hin, Joe?" fragte der Hawaii-Admiral. „I hab' doch dei' Frau noch z'mittag auf dei'm Kahn g'sehn?"

„He, he! Dort ist sie auch noch und schaut sich Videokassetten an. Ich hab' ihr eing'red't, daß wir mit der Herrenrunde kegeln gehen, des is' ihr zu langweilig. I hab' die Schlüssel vom Bongo sei'm Appartement. Des braucht er net, weil er heute bei der Rita auf der CIOCOLATA schlaft. Ah! Bellissima cara, te amo, te amo!" Er packte seine kleine Freundin wieder.

Das war wie in einem Lustspiel. Der mittelalterliche Liebhaber sah aus wie ein biederer Wiener Gastwirt, und sein gespieltes südländisches Temperament und die Liebesglut paßten zu ihm wie Spitzentanz zu einem dicken See-Elefanten.

„Wuii!" pfiff der Neugierige durch die Zähne. „Schau, dort drüben die alte aufgedonnerte Blonde, wie sie sich an den klaanen Ithaka zuwedruckt. Der geht ihr net amal bis zum Busen und könnt ohne weiteres ihr Firmkind sei'. Jetzt bückt sie sich noch und busselt 'n ab! Höhöhö! Des müaßt's euch anschauen. De zwaa san zum Schiaßen!"

„Wo?"

„Na, dort drüben beim Travellift!"

„Johanna!"

Das Gebrüll ließ die Gläser an den Tischen erzittern; die Gäste der Cafeteria zuckten erschrocken zusammen.

Der biedere Gastwirt mit der Generalskappe riß sich von seiner kleinen Italienerin los und ging wie ein gereizter Stier das ungleiche Paar beim Kran an.

„Maria und Josef!" heulte der Hawaii-Admiral auf. „Des is' ja 'n

Bertl sei' eigene Frau, die mit dem Ithaka. Na, servas! Jetzt fliag'n die Watschen!"

Die meisten Gäste erhoben sich wie die Besucher bei einem Derby, um das Finish vor dem Zieleinlauf besser sehen zu können. Dem Stimmengewirr nach spielte sich unter dem Travellift eine handfeste Tragödie ab.

„Das gibt einen recht interessanten Einblick in die Urlaubsgewohnheiten von Marinaleuten", sagte B. A. sarkastisch und zündete sich eine neue Zigarre an. „Hier kennt anscheinend jeder jeden, und der Hauptspaß ist es, zu erraten, wer mit wem schläft. Ob es da auch ein Wettbüro gibt, wo man auf den Pepi, den Ossi, den Bongo oder auf die Rita setzen kann?"

Von einem anderen Nebentisch konnten wir dann ein weiteres aufschlußreiches Gespräch mithören. Da unterhielten sich zwei Skipper über die Vorteile der neuen Trockenliegeplätze mit Wasser-, Strom- und Kanalanschluß. Einer der beiden erklärte dem anderen, wieviel er schon an Reparatur- und Slipgebühren gespart habe, seit er sein Schiff nicht mehr ins Wasser setzte, sondern nur noch an Land darauf wohnte.

„Vom Salon hab' ich eine prächtige Aussicht über die ganze Lagune", versicherte er. „Durchs eine Seitenfenster kann ich sogar im Kanal angeln, der Wagen steht neben der Bootstreppe, und du kannst mir glauben: ein Schiff und Salzwasser, das paßt nicht zusammen. Da wird nur alles rostig und kaputt. Ich hab' mir schließlich nicht ein Schiff für eine Million gekauft, damit es von den Muscheln und vom Rost aufgefressen wird. Am Ufer hält so eine Yacht ewig! Glaub' mir!"

Simon machte ein paar sehr ätzende Bemerkungen über Leute, die sich Yachties oder gar Seeleute nennen und den Hafen noch nie von außen gesehen haben.

„Sei doch froh, Rebitschek", schmunzelte B. A. „Wir müssen uns freuen, daß es viele solcher Marinas gibt. Und wir sollten in der Kapelle der heiligen Barbara Kerzen anzünden mit der Bitte, den Bau von noch viel mehr solcher Marinas zu fördern. Aprilia Marittima hier faßt, über den Daumen gerechnet, tausend Yachten jeder Größe. Ist es nicht herrlich für uns, daß diese tausend Yachten schön brav am Steg bleiben? Stell dir vor, die würden alle auslaufen. Entsetzlicher Gedanke! Das Meer wäre schwarz vor Booten. So ist es mir schon lieber. Ab sofort bin ich ein eifriger Anhänger des Marinabaus. Je mehr solcher Anlagen Yachten einsammeln und festhal-

275

ten wie ein Elektromagnet Eisenfeilspäne, um so sauberer bleibt das Meer für uns." Er beugte sich vor. „Seht mal! Da kommt der Professor mit Berta."

Die beiden sahen Simons Winken und steuerten durch die Kaffeehaustische zu uns. Dann ließen sie sich verdrossen in die herbeigezogenen Sessel fallen.

„Was ist denn mit euch los?" fragte Simon. „Haben euch die bösen Buben die Luftballons weggenommen? Sagt's dem guten Onkel, und er kauft euch neue."

„Unsere diplomatischen Vertretungen sind doch das letzte!" stieß Arnold hervor.

Simon bohrte in seinem Ohr, als wäre es verstopft. Aber die Antwort des Professors war wirklich etwas seltsam.

Da trafen ungewöhnliche Lichtreflexe von Arnolds Ohr mein Auge. Ich legte den Kopf schief – in der Tat! Der Professor trug nach Seeräubermanier ein dickes Goldringelchen im Ohr. Das glitzerte so ungewohnt.

„Was ist denn das? Geht ihr auf einen Maskenball?"

„Das sind unsere Verlobungsringe", grinste der Professor. „Berta haßt Ringe, und ich trage in der Klinik keine. An Bord sind sie bei der Arbeit nur hinderlich. Da haben wir uns eben die Ohren durchstechen lassen."

B. A. schüttelte verblüfft den Kopf. „Hab' ich da richtig gehört?"

„Unsere Verlobungsringe, ist schon richtig", sagte Berta und wandte sich ab, um zu zeigen, daß auch durch ihr rosiges Ohrläppchen ein schwerer Goldring gezogen war.

„Bei allen Fußketten der Bagnosträflinge!" keuchte Simon erschüttert. „Ich werd' verrückt!"

Wir waren ziemlich geschockt, und auch ich plapperte ungereimtes, dummes Zeug. Der Kapitän faßte sich als erster, schüttelte beiden die Hände und murmelte Glückwünsche.

„Seid bitte nicht böse, daß ich noch immer den Kopf schüttle, aber das hat mich doch ein wenig umgehauen. Ihr seid mir aber ein paar Schnipfer! Wie lange treibt ihr denn das schon heimlich? Ich hatte nicht den leisesten Verdacht . . ."

Berta versicherte ihm, daß sie sich immer streng an § 6/2 gehalten hätten, und erzählte dann, warum sie so niedergeschlagen waren.

Um den beiden abenteuerlichen Regattawochen die Krone aufzusetzen und weil eine so romantische Gelegenheit nicht so schnell wiederkam, hatten sie beschlossen, bei der Preisverteilung ihren

276

Entschluß, fürderhin gemeinsam durchs Leben zu segeln, bekanntzugeben und die ganze Crew zu einer Blitzhochzeit nach Venedig einzuladen. Das hatten sich die beiden so richtig romantisch ausgemalt. Aber der österreichische Konsul in Venedig hatte ihnen bedauernd mitgeteilt, daß auf Grund neuerer Vorschriften auf Konsulaten keine Eheschließungen mehr durchgeführt werden durften; er hatte ihnen anheimgestellt, den Urlaub ohne Gewissensbisse und als erwachsene Menschen bis zum Ende zu genießen und sich dann in der Heimat an das zuständige Bezirksamt zu wenden.

„Berta hat noch nie geheiratet", fügte Arnold hinzu. „Und deshalb sollte sie alles bekommen, was dazugehört: eine Hochzeit in Venedig, Blumen, eine Gondelpartie, Brautjungfern, eine Hochzeitstafel, einen Chor und so weiter. Jetzt ist es Essig damit. Wir haben heute abend noch einen Abstecher nach Latisana ins erzbischöfliche Ordinariat gemacht. Aber auch die Kirche kann uns nicht helfen. Die sind ja noch bürokratischer und umständlicher als die Beamten des auswärtigen Dienstes. Sie versteifen sich auf dreimaliges Aufgebot an aufeinanderfolgenden Sonntagen, und das ist natürlich Unsinn. Unser Urlaub ist in drei Tagen vorbei. So haben wir uns eben nur verlobt . . ."

„Hm!" B.A. stülpte nachdenklich die Lippen vor und zurück. „Vielleicht gibt es doch noch eine Möglichkeit. Laßt mich überlegen. Ich muß mir einen Plan ausdenken, aber ich sehe einen Silberstreif am Horizont . . ." Er musterte die beiden pfiffig. „Mir ist, glaub' ich, schon was eingefallen. Aber haltet jetzt den anderen gegenüber wegen der Hochzeit noch den Mund. Die Verlobung allein wird die Amazonen schon umwerfen. Ihr müßt nur ein wenig Vertrauen in euren alten Kapitän haben. Wenn alle Stricke reißen, dann traue ich euch selber. Auf hoher See. Laßt mich nur machen. Ringe im Ohr!"

B.A. kicherte. „Das ist eine Idee, die mich fasziniert. Das wird in Wien die Runde machen. Es sollte mich gar nicht wundern, wenn man es euch da nachmacht und schon bald der ‚Lullinger-Korsaren-Look' bei den Juwelieren angeboten wird."

Wir wechselten in die Restaurant-Bar, wo der Professor Spumanti auffahren lassen wollte. Im Eingang gab es einen kurzen Zusammenstoß mit Dr. Krobatschek und seiner Crew, wobei sich beide Skipper vom DDSG mit ausgesuchter Höflichkeit gepfefferte Gemeinheiten an den Kopf warfen. Der Vizekommodore beglückwünschte B.A. zu seiner geradezu unheimlichen Glückssträhne, erklärte aber, daß er gern eine alte Decksbürste mit Ragout bolognese verspeisen wolle, wenn die STRAWANZER beim letzten Rennen überhaupt auf der Liste der Gewerteten stünde. B. A. blieb nichts schuldig und versicherte seinem Widersacher, daß die Geschichte mit dem tollen Startmanöver in die Klubannalen eingehen werde. Ein Wort gab das andere, und als sich die Gruppen trennten, stand eine Wette über zehntausend Schilling für und gegen STRAWANZER und SIGISMONDO.

„B. A. hat wirklich sein kühles Blut verloren", flüsterte ich beim Weitergehen Simon zu. „Jetzt kann es sein, daß er sein letztes Hemd verliert. Wenn wir morgen keinen Pokal erringen, muß er uns jedem fünftausend geben, und noch einmal soviel hat er dann an Dr. Krobatschek verloren."

Simon Rebitschek sah mich bedauernd an. „B. A. ist für dich zu schlau. Aber auch für den Kazunga-Kommodore. Hast du denn nicht mitgekriegt, daß unser mit allen Salben geschmierter Kapitän nicht auf Sieg, sondern auf Verlust gewettet hat?"

„Na und, zahlen muß er auf jeden Fall . . ."

„Nix zahlt er!" brummte Simon ungeduldig. „Egal, was passiert, B. A. ist aus dem Schneider. Er steigt aus dem Debakel wie Phönix aus der Asche. Verliert er, zahlt er mit Krobatscheks Wettgeld seine Schulden bei uns; gewinnt er, gibt er unsere zweimal fünftausend dem blöden Kommodore. So hat er's gedeichselt. Verflixter Höllenhund, dieser Boris."

Ich brachte es aber an diesem Abend nicht mehr ganz heraus, wie B. A.s Doppeltrick funktionierte. Ich kritzelte sogar auf einem Stück Papier herum, in der Art: „Wenn A verliert, zahlt er 5000 an B und C, wenn A gewinnt, dann . . ." Später gab ich es auf. Das war mir zu kompliziert. Ich war noch nie auf die Idee gekommen, auf Verlust zu setzen.

„Leinen los!" kommandierte der Kapitän am nächsten Morgen pünktlich um acht. „Sputet euch! Arnold, beeil dich mit der Leine! Hopp, hopp! Ein wenig flinker, du lahme Ente!"

„Also bitte . . ." Berta wandte sich empört um, aber sie kam nicht weit.

„Berta, ich lege dir sehr nahe, dich nicht in meine Anordnungen zu mischen. Da wird schnell der Aufwiegelungsparagraph daraus. Arnold hat selber eine Zunge, und wenn er sich ungerecht behandelt fühlt, kann er sich beim nächsten Seemannsamt beschweren. Du misch dich da nicht ein! Am Ufer kannst du deinen Arnold

gegen Tod und Teufel verteidigen, aber hier steht es mir laut Seemannsgesetz zu, jeden einzelnen von euch getrennt fertigzumachen. Sonst ist das Meuterei... Himmelsapperlot!" brüllte B. A.
überrascht auf, als die STRAWANZER mit voller Fahrt auf die Stein-
mole zuschoß und überhaupt nicht auf das Ruder reagierte. Er gab
dem Rad einen neuerlichen Stoß, aber die Speichen blitzten nur in
der Sonne, so leicht spann es um seine Achse.

„Kazunga!" Er brachte das Schiff kurz vor dem Anprall mit Vollgas rückwärts zum Stehen. Ich griff ins zweite Steuerrad. Es war
überhaupt kein Widerstand zu spüren.

Die Bedeutung dieses Phänomens erschreckte mich. Das Steuerseil mußte gerissen sein. O verdammt!

„Simon, angle nach dem Dalben", brüllte B. A. mit verzerrtem
Gesicht. „Seht zu, daß wir wieder in die Box kommen. Versucht,
Lasso zu werfen, sonst muß einer reinspringen und uns schwim-
mend verholen!"

Wir schoben hastig Seekarten und im Cockpit stehendes Geschirr
zur Seite und räumten die Achterschapps aus. Fender, Taue, die
Rettungsinsel, dann konnte ich endlich in die düstere, halbdunkle
Achterpiek klettern. Das kleinfingerdicke Stahlseil ringelte sich vor
mir, und ich brauchte nicht viel davon einzuholen, um das eine lose
Ende in der Hand zu halten.

Jetzt fluchte ich unbeherrscht los. Das Seil war nicht durchge-
scheuert oder durchgerostet, die Kardeele zeigten einen blanken,
glatten Schnitt. Das hatte jemand eindeutig mit einem schweren
Schneidewerkzeug mutwillig durchtrennt!

Sabotage!

Ich hielt B. A. die glatten Enden entgegen. Er verstand sofort. Das
sah ich seinen aufglühenden Augen und seinen gebleckten Zähnen
an.

„Wer kann das gewesen..."

„Ganz egal!" knirschte er und preßte die Fäuste auf die Augen.
„Ich weiß nur, daß wir auf diese Lagune dort hinaus müssen. Man
muß es irgendwie reparieren können."

Simon kam von vorn zurück. „Wir liegen wieder am Steg. Oha!"
Er betrachtete ebenfalls die Seilenden. „Hundsg'fraß! Das kann
doch nur dieser Krobatschek gewesen sein. Dem schneid' ich aber
jetzt..."

„Haltet bitte alle die Schnauze!" sagte B. A. grob und böse. „Das
ist alles nebensächlich. Ich will zum Start. Simon, komm, wir laufen

zur Werft hinüber, und wenn die eine Terminalpresse haben, dann weiß ich einen Weg."

Die beiden turnten über den Bugkorb und trampelten über den Steg davon.

Ich mußte den Amazonen den Schaden noch einmal erklären. Wahrscheinlich gab es keine bessere Methode, ein Schiff an einer Regattateilnahme zu hindern, als seine Steuereinrichtung zu demolieren. Natürlich wußten wir nichts genaues, aber nach dem Grundsatz *cui bono?* fiel uns natürlich sofort Dr. Krobatschek ein. Beweisen konnte niemand etwas.

„Schlauchboot ins Wasser!" schrie B.A. von fern. „Fix! Fix!"

Er schleppte mit Simon einen langen, verwitterten Ruderriemen und darauf eine schwere Rolle Stahldraht. Sie schoben das meterlange Ding an Deck.

„Der Takelmeister könnte uns das in einer Stunde reparieren", berichtete er voll wiedergefundener Energie. „Wenn er die beiden Steuersäulen nicht abmontieren muß, um das Steuerseil neu einzuscheren. Aber das dauert zu lange, dann kommen wir nie mehr rechtzeitig zum Start. Wir haben nur eine Chance. Wir bringen die STRAWANZER unter Notruder durch die Lagune und versuchen, den Schaden in der Zwischenzeit mit Bordmitteln zu beheben. Simon, du bist der geschickteste Takler an Bord, geh ran, Karl wird dir helfen! So, alle anderen zu mir. Ich zeige euch, wie man ein wirkungsvolles Notruder baut. Das muß jetzt fix gehen!"

Simon kletterte in die Achterpiek; für mehr Leute war da unten ohnehin kein Platz, also sah ich B.A. zu, der das sehr geschickt machte. Sie laschten den langen Riemen etwa auf der Hälfte mit einem weichen Taustropp an die Heckmitte als Drehlager und legten den Großbaum an Deck; mit der Dirk hoben sie das obere Ende des Notruders so an, daß sein Blatt schön tief unter Wasser gepreßt wurde. Gesteuert wurde dann wie auf ägyptischen Flußbarken mit Brassen, die, an die achterlichen Unterwanten angeschlagen, den Riemen mit Kraft übers Deck bewegen konnten.

Georg mußte mit dem außenbordgetriebenen Schlauchboot mit einer Leine am Bug der STRAWANZER bleiben, um die Manöver bei Bedarf wie ein kleiner Hafenschlepper zu unterstützen.

So legten wir unter den staunenden Augen der Menge zum zweiten Mal ab. Der Kapitän führte den Gashebel mit der Zartheit eines Augenchirurgen, die Amazonen bedienten unter Arnolds Aufsicht die Ruderbrassen, und Berta überwachte die Schleppleine am Bug.

Ich steckte den Kopf ins Achterschapp zu Simon. Dessen Nacken glänzte jetzt schon schweißnaß.

„Das ganze alte Seil ausfädeln und neu einziehen traue ich mich nicht", meinte er nach einer ersten Untersuchung. „Dazu müßten wir die Radkonsolen abmontieren, und das dauert zu lange. Mich erinnert die ganze Anlage hier an den Schlepplift, den mein Onkel in Kärnten gebaut hat; nur daß hier der Antrieb sozusagen in der Bergstation erfolgt und einmal rechtwinklig umgelenkt wird, weil ja das Steuerrad senkrecht steht und der Ruderquadrant waagrecht auf der Ruderachse sitzt. Und wie beim Skilift sitzen dazwischen viele geschickt montierte Laufräder, die das Zugseil leichtgängig machen und leiten. Das Problem ist, daß ich das gekappte Seil nicht einfach grob flicken, mit Seilklemmen verbinden oder anstückeln kann. Dann spießt es sich in diesen Umlenkrollen fest. Ich erinnere mich an einen Skiurlaub in Kärnten, da ist das Seil gebrochen, und ein neues einziehen hätte eine Woche gedauert. Zwei Spezialisten kamen von der Liftfirma und haben ein Stück mit einem der schönsten Langspleiße eingesetzt, die ich je im Leben gesehen hatte. Das haben diese Knaben locker an einem Vormittag hingekriegt, und du konntest nachher nicht mehr sagen, wo die schadhafte Stelle war." Simon sah zu mir auf. „Karl, alter Kumpan, so muß ich's machen. Halt mir die Daumen, denn entweder wird das mein Meisterstück, oder wir haben verloren. Bring mir Schnaps, ich brauch' jetzt eine Nervenstärkung. Und schütt' mir ab und zu Wasser über, damit ich nicht verdampfe hier unten."

Oben an Deck wurde herumgebrüllt, als ginge die Welt unter. Die große, seitenwindanfällige STRAWANZER mit dem primitiven Holzriemen und dem kleinen 10-PS-Jockel durch die engen Dalbenstraßen zu manövrieren, war wahrscheinlich auch kein Honiglecken.

Es war ein Wunder, aber wir schafften es gerade noch zum Start. Simon war von der einstündigen Schwerstarbeit in dem engen Verlies unten so entkräftet, daß er nicht einmal sein Glas ruhig halten konnte. Seine Hände zitterten, und über seine ölverschmierten Finger rann Blut. Es war eine gewaltige Anstrengung gewesen, Kardeel für Kardeel aufzudrehen, sorgfältig in die freigemachte Kiep des Ersatzdrahtes zu legen, mit der Zange stramm zu ziehen, dann den Hohlpfriem hundertmal durch das steife, bockige Seil zu bohren, die Kardeele durchzuschieben und wieder glattzuziehen. Trotz der Schutzhandschuhe waren seine Finger zerstochen, seine Handflächen mit aufgeriebenen Blasen bedeckt.

Zum Umziehen blieb uns keine Zeit mehr. Beim Ankündigungssignal laschten wir das Dingi an Deck, zurrten den Riemen an die
Reling und setzten in Hast Segel.

Rachsüchtig hielten wir Ausschau nach der SIGISMONDO, aber die
blieb immer am anderen Ende des Feldes.

„Um eines bitte ich euch", verlangte B. A. „Kein Wort darüber
während der ganzen Regatta, und sollten wir stundenlang neben
diesem Kommodore hersegeln. Wir wollen mit keiner Miene verraten, was wir denken. Wenn es eine Möglichkeit gibt, ihm diesen
Sabotageakt anzulasten, dann nur, indem er sich selber verrät; es
wird ihm schwerfallen, ruhig zu bleiben, wenn wir lächelnd unser
Ruder drehen, als wäre nichts geschehen."

„Sollen wir nicht aus meinem Regattatrickbuch etwas Gemeines
heraussuchen und ihm antun?" fragte Simon.

„Nein! Ich habe ein paar Vorkehrungen getroffen. Ich bin ja
schließlich nicht auf der Nudelsuppe dahergeschwommen. Aber
keine gemeinen Tricks! Alle auf die Plätze!"

Wir starteten.

Es war nicht gerade ein Superstart, aber uns genügte es diesmal
schon, überhaupt dabei zu sein.

Der Wind war frisch; wir holten auf der Kreuz in gewohnter
Brillanz wieder ein paar Konkurrenten ein und entkamen jedem
Versuch kleinerer Yachten, uns abzudecken oder auszutricksen,
durch unsere größeren und vor allem höheren Segel.

Vorwindkurs. Die wilde Jagd brachte nicht nur das Kielwasser
zum Rauschen, sondern auch das Blut in unseren Ohren.

„Pack ihn! Bring ihn um! Segel' einfach drüber! Zerschmettre
ihm doch das Heck!" Solche und ähnliche Aufforderungen feuerten
den Kapitän an. Nur gut, daß wir uns dabei in Zeichensprache
unterhielten, sonst hätten einige Segler auf anderen Booten das
Gruseln gelernt.

Diesmal griffen wir mit der Scheinhalse an, und der unvergleichliche Barawitzka brachte uns im Feld wieder nach vorne.

Die SIGISMONDO lag weit voraus. Wir arbeiteten uns langsam, aber
stetig heran. Diesmal waren die Voraussetzungen nicht mehr so
ungleich wie bei unserer ersten Begegnung. Was Krobatschek auch
versuchte, wir hielten mit. Die intensive Trainingswoche in Jugoslawien machte sich bezahlt.

Es war deutlich zu sehen, daß Krobatschek nervös wurde, als wir
ihm nicht mehr vom Heck wichen. Er drehte sich sehr oft um und

starrte mit dem Feldstecher herüber. Wir tanzten wie im Ballett seinem Kielwasser nach. Es gelang ihm auch nicht, uns an der Boje abzuschütteln. Unser Spinnaker blieb dank der überaus praktischen Spistrümpfe beinahe eine Minute länger voll stehen, während seine Mannschaft das wogende, flatternde Riesensegel schon hereinzog. Allerdings nach der alten Methode quer über die Reling ins Cockpit, und dabei behinderten sie das Schoten der Genua beträchtlich. Bei uns war das anders: Der Spi zog bis zum letzten Augenblick, Georg an der Genuaschot konnte ungehindert bis auf den Millimeter einstellen, und Berta holte den bestrumpften Spi beim Großmast herunter, aus dem Lee der Genua. So konnten wir uns ein paar Meter nach vorne schieben und lagen nun plötzlich in der sicheren Leestellung vor der SIGISMONDO. Krobatschek konnte uns nicht mehr abschütteln, er konnte nicht mehr luven, und unsere verwirbelten Abwinde trafen seine Segel. Einzig abdrehen und uns vorbeilassen, das hätte er können. Aber dann war es mit seinem Sieg vorbei.

Georg hatte eine Gebärde für Vizekommodore erfunden: das Handzeichen für Vorsitzender, die gebeutelte Faust, wie beim Läuten der Vorsitzenden-Glocke, dazu der Buchstabe V für Vize.

Esther zeigte schon triumphierend „Sieg" und „Pokal" für uns und „Heulen und Zähneknirschen" für die SIGISMONDO, da versuchte Dr. Krobatschek nochmals, den Verlauf des Rennens zu beeinflussen.

Wir schäumten auf raumem Kurs zur Tonne, da brüllte unser Erzfeind herüber: „IYRU-Entscheidung Nr. 60! Ich nehme Sie mit auf die falsche Seite der Boje, Barawitzka! Hahaha! Sie werden nicht gewinnen!"

Ich merkte, wie B. A.s Gesicht sich verzerrte. Er drehte sich schnell nach den Verfolgern um. Sehr weit waren die nicht weg.

„Alle Schoten ruckartig loswerfen!" befahlen seine Hände.

Es knallte und donnerte entsetzlich, die SIGISMONDO-Crew sah herüber, dann perlte drüben das erste Gelächter auf, als bei uns anscheinend alles außer Kontrolle geriet und wir rasch an Fahrt verloren.

„Achtung!" brüllte Dr. Krobatschek. Er war überzeugt, daß wir den verzweifelten Versuch starteten, hinter seinem Heck doch noch die Boje richtig anzuliegen.

Aber es war zu spät für ihn. Jetzt schlug B. A. zu!

Ein Wink – plötzlich stand Cleo nackt in all ihrer prallen Schönheit am Want und winkte den italienischen SIGISMONDO-Boys zu.

283

Für Krobatschek verlorene Sekunden lang waren seine Leute genauso gelähmt wie der Tiroler Skipper in Piškera. Dann stieg ein Wolfsgeheul auf. Cleos Atombusen wippte im selben Rhythmus wie unser Bug, der mit wenig Fahrt in den Wellen tanzte.

Die feindliche Crew stand an der Reling oder drängte sich im Cockpit, um einen letzten Blick auf unsere bronzene Göttin zu erhaschen, bevor B. A. unseren Bug herumriß und wir die Schoten anknallten.

In einem weißen Schaumkreis drehte die STRAWANZER gefährlich nahe an der Boje, aber es ging gerade noch gut, bevor uns die anderen Yachten eingeholt hatten.

Etwas krachte laut und blechern hallend. Ich konnte nichts erkennen, weil ich zu beschäftigt war, Georg beim Wenden zu helfen.

Als ich wieder aufsah, waren wir allein auf dem Meer. Vor uns nichts, hinter uns Gebrüll, ein schreckliches Durcheinander an der Boje.

„Was war denn das jetzt?"

Simon kniete neben dem Mast und hielt die Hände wie zum Beten gen Himmel gestreckt. „Schön!" heulte er. „Schön! Das war schön! So was gibt's ja gar nicht! Bei allen Wracks von Ouessant! Das geschieht diesem Großmaul recht. Nein, daß ich so etwas erleben durfte!"

„Was war denn los?"

„Schön! Schön!" Simon rutschte auf den Knien zu mir und umarmte mich. „Er ist vierkant in die Tonne gerasselt. Er hat sie versenkt oder hängt noch dran, ich weiß es nicht. Er hat B. A.s Manöver nachmachen wollen und ist abgefallen, aber seine Boys hingen samt und sonders mit ihren Glotzaugen an Cleos Busen und haben das glatt verkazungat! Wammm! Ich hab's Blech knallen gehört! Wammm! Voll drauf! Karl, Karl, das war zu schön!"

„Ruhe an Bord!" brüllte B. A. „Cleo, bitte zieh dich wieder an! Solch dreckige Tricks wenden wir auf einer Regatta nur an, wenn Kerle wie dieser Krobatschek mitmachen. Habt ihr die Gemeinheit mitbekommen? Der wollte uns ins Out mitnehmen! Zwar hätte er dann auch nicht mehr gewonnen, aber uns wollte er draußen haben, wir hätten halsen und vielleicht das ganze Feld vorbeilassen müssen, wenn ihm das gelungen wäre. He! Arnold, bist du blind? Wir schleifen eine Schot nach!"

Die Stimmung an Bord war unbeschreiblich. Jeder schäumte über, als hätten wir kistenweise Sekt in uns hineingekübelt.

284

Cleo winkte den SIGISMONDO-Boys zu

Eine Stunde später schossen wir über die Ziellinie – als zweites oder drittes Boot.

Die Kiste Champagner leerten wir auf der Heimfahrt.

Von Dr. Krobatschek hörten und sahen wir nichts mehr, weder bei der Siegerehrung, noch bei der Preisverteilung. Die SIGISMONDO tauchte auch auf den Wertungslisten nicht auf. Sie mußte mitten im Rennen aufgegeben haben und heimgesegelt sein.

Hochzeitsglocken in Venedig

*Venedig ist einmal Mastlegen wert · Der fünfte Pokal war einer
zuviel · Die Trauung in Santa Angela und das Duell der
Ehrengarde · B. A. schickt Dr. Krobatschek endgültig ins Exil*

Die STRAWANZER sah ohne Mast seltsam aus, und auch die Blumengirlanden paßten nicht zu dem schnittigen Rumpf. Aber Arnold
hatte darauf bestanden, auf eigenem Kiel zur Trauung zu fahren, als
sich herausstellte, daß Don Basilios kleine Ruinenkirche auf dem
Wasserweg erreichbar war. Nur der Mast mußte weg, wegen zweier
kleiner Brücken.

„In Gondeln können andere fahren. Wenn schon Seglerhochzeit,
dann aber stilecht!" hatte er gesagt.

Und stilecht sah's aus. Wenn nicht Domenicos Stammgäste mit-
geholfen hätten, wäre es uns in der zur Verfügung stehenden Zeit
nicht gelungen, den Baum abzuschlagen, alle Spannschrauben des
Riggs abzumontieren, die elektrischen Verbindungen zu lösen und
den langen Mast mit Hilfe des alten Kranbalkens an Domenicos
Dachfirst aus dem Deck zu ziehen. Der Einfachheit halber ließen
wir den Mast mit allen Anhängseln gleich am Kran und zurrten den
unteren Teil nur an einigen Fensterstöcken fest. Den über das Dach
hinausragenden Teil beflaggte Simon, was sehr marinemäßig und
dekorativ aussah.

Wie Berta und Arnold Don Basilio dazu gebracht hatten, sein
Einverständnis zu dieser unvorschriftsmäßigen Blitzhochzeit zu
geben, erfuhren wir nie. Aber der Pfarrer von Giudecca war B. A.s
Geheimtip gewesen.

„Das ist kein normaler Monsignore", hatte B. A. auf See erklärt.
„Das ist ein Rebell Gottes, ein Giuseppe Garibaldi der Seelsorger,
ein Don Camillo! Er hat beim Kartenspielen unverschämt ge-
schwindelt und mir zehntausend Lire abgeknöpft. Als ich ihm auf
den Kopf zusagte, daß da nicht alles mit rechten Dingen zugegangen

sei, meinte er mit treuherzigem Blick, er kenne kein Gebot, das da
lautete: Du sollst nicht Kartenspielen für das Wohl der leeren Pfarr-
kasse! Und er bedankte sich bei mir im Namen der Bedürftigen.
Dieser Schäfer sieht mir ganz so aus, als kümmere er sich keine
rostige Lira um Vorschriften. Wir wollen mal mit ihm sprechen, ich
habe den starken Verdacht, bei ihm findet ihr ein offenes Ohr."

So waren wir wieder nach Venedig gesegelt. Drei Stunden blieben
sie in der Kirche, dann kam B.A. gelaufen und verwandelte die
Kneipe Domenicos mit unheimlicher Energie in ein Tollhaus. Er
schickte die Crew nach allen Richtungen mit Aufträgen auseinander. Ich glaube, im Endeffekt war das ganze Viertel um die Kirche
Santa Angela mit der Vorbereitung der Feierlichkeiten beschäftigt.
Der Kirchenchor probte, vor Domenicos Haus standen Leitern, und
auf allen Laternen und Haustoren baumelten Blumengirlanden.
Unsere Amazonen verschwanden wieder einmal alle zum Friseur,
und ich zog mich in die letzte Ecke von Domenicos Kneipe zurück,
um einen Prototyp, die Idealyacht für gemischte Crews, zu entwer-
fen. Über dem Echolot mußte man zum Beispiel an einem geschickt
konstruierten Arm eine Haartrockenhaube anbringen, dann konnten weibliche B.M.s gleichzeitig die Tiefe beobachten und die Frisur
erneuern. Und viel mehr Spiegel mußten im ganzen Schiff verteilt
werden, nur nicht im Torpedoraum; dort sollte so ein Schild wie in
den öffentlichen Telefonzellen montiert werden: „Fasse Dich kurz!
1 Minute Schminkdauer!"

„Da hast du!" Simon drückte mir einen alten Säbel in die Hand.

Ich sah ihn verständnislos an. „Was soll ich mit dem langen Blech-
messer?"

„Ein Einfall vom Käptn. Wir waren beim Maskenverleiher, um
uns ein weißes Ballkleid für Berta und einen Frack für Arnold zu
borgen, da hat er die Säbel entdeckt und gemeint, es wäre sehr
schiffig, wenn das Brautpaar beim Verlassen der Kirche unter einem
Spalier gekreuzter Klingen durchschreiten könnte. Das hat er mal in
einem Film gesehen, und es war sehr beeindruckend."

„Herrje! Ihr seid ja alle total übergeschnappt! Vielleicht sollen
wir uns auch noch schön anziehen und Dreispitze aufsetzen? Und
Salut schießen wollt ihr nicht? Vielleicht borgen sie euch drüben im
Arsenal so ein altes Schiffsgeschütz. Ein Schuß, und das ganze
Viertel fällt zusammen."

Simons Seeräuberaugen glänzten auf. „Kazunga! Natürlich!
Ohne Salutschießen ist's der halbe Spaß." Er kratzte sich seine glat-

287

ten Wangen wie früher den Bart. „Weißt du, wieviel Schuß einem Primarius zur Hochzeit zustehen?"

Jetzt ließ ich ihn ärgerlich sitzen. Sie waren alle vom wilden Affen gebissen. Ich nahm mit meinem Säbel an der Hochzeitstafel Platz, um auf die fünf dort aufgestellten Pokale aufzupassen.

Die Preisflut hatte B. A. gestern in einen alkoholfreien Rausch gestürzt. Für einen einzigen Trophäentopf hätte er vor Monaten noch seine schwarze Seele verpfändet und mit Tod, Teufel und den Emanzen paktiert. Jetzt bescherte ihm der Zufall gleich fünf Pokale, und er flippte komplett aus.

Wir mußten überhastet noch während der Preisverteilung aus Aprilia Marittima auslaufen und versäumten die ganzen folgenden Lustbarkeiten: das Pizzawettbacken, den Eierlauf, die Prämierung der am lustigsten verkleideten Crew und das Badewannenrennen.

An unserem raschen Aufbruch war nicht der Professor schuld, sondern der fünfte Pokal. Der erste Silbertopf mit Holzsockel war für den Sieg im ersten Lauf. Das war nur recht und billig. Der zweite Pokal faßte nur mehr ein Achtel Wein, er war für den dritten Platz im zweiten Rundkurs; und den dritten, mittelgroßen, bekamen wir für den dritten Platz im letzten Rennen. Der vierte aber war schon eine Überraschung, nämlich für den Kombinationssieg in Klasse I. Immerhin war er der Größte, und der Präsident des Circolo Nautico hielt ihn minutenlang in die Höhe; die versammelten Segler applaudierten, oder wenigstens einige. Denn um diese Zeit war schon ein gewisses Murren in der Menge zu hören gewesen. Die Circolo-Nautico-Regatta wurde nämlich mehr als Spaßregatta für Fahrtensegler und Dickschiffe veranstaltet, es gab sogar eine IV. Klasse für Motorsegler; da fanden es manche Teilnehmer übertrieben, mit einem so riesigen übertakelten Racer aufzukreuzen, wie es die STRAWANZER im Vergleich zu den anderen Yachten war, und alle Preise abzukassieren.

Volksgemurmel wie: „Mit vollen Hosen ist leicht stinken!" – „Das nächste Mal kommen sie mit der GORCH FOCK und dreihundert Mann", und: „Diese STRAWANZER ist doppelt so lang wie meine BUNTE KUH, aber sie hat dasselbe IOR-Rating!" schimpfte einer. „Das ist unfair! Pfui! Schiebung! Betrug! Nieder mit den Profisportlern!"

Doch der fünfte Pokal machte den ganzen Sieg bedenklich und unser Verbleiben gefährlich.

Gespannte Stille herrscht um die Tribüne, als der Präsident Barawitzka mit vielen salbungsvollen Worten auch noch einen fünften Pokal hinstellte und begeistert ins Mikrophon rief: „Diesen Ehrenpokal hat die Stadt Lignano gestiftet. Unser werter Bürgermeister, Dottore Albiano Caesare Fragiatelli, war an Bord des Zielschiffes selbst Zeuge dieser außerordentlichen sportlichen Leistung einer Mannschaft von Behinderten. Es ist mir eine stolze Freude, dem Kapitän die Hand schütteln zu dürfen, dessen menschliche Fürsorge für die Ärmsten der Armen unser Herz beschämt; der es sich zur Aufgabe gemacht hat, unseren herrlichen Segelsport auch einer taubstummen Mannschaft nahezubringen. Und sein Sieg gibt ihm recht! *Capitano* Barawitzka, er lebe hoch! Hoch! *Evviva!"*

Au! Wir von der STRAWANZER duckten uns und schlichen vorsichtig rückwärts aus der Menge. Das konnte – nein, das mußte – ins Auge gehen. Diese Auswirkungen unserer neuen lautlosen Kommandosprache hatten wir nicht bedacht. Natürlich hatte es von Bord anderer Schiffe so ausgesehen, als ob wir ... Kazunga! Da hatten wir uns ganz schön in was hineingeritten! Ein falsches Wort, und die Menge steinigte uns. Aprilia Marittima mußten wir die nächsten paar Jahre meiden wie einen fleckfieberverdächtigen Überseehafen.

B. A. biß sich auf die Lippen, deutete „große Freude" und „vielen Dank", schüttelte sich wie ein Boxchampion selber die Hände über dem Kopf, drückte dem Komitee die Hand und schritt dann stumm mit seinem Geschirrladen durch die Menge davon, bis an Bord der STRAWANZER.

Jetzt war ich wahnsinnig froh, daß Dr. Krobatschek nicht mehr aufgetaucht war. Denn der hätte sicherlich nicht den Mund gehalten und den Skandal aufgedeckt.

Lautlos und unter vielen Gesten liefen wir sofort aus, mit Kurs auf Venedig.

Später auf hoher See, als das Sprechverbot endlich aufgehoben werden konnte, schnappte B. A. dann über. Er begann zu singen, das war schrecklich, denn er ist nicht besonders musikalisch, und dann steigerte er sich mit Arnold in eine Regattahysterie hinein. Als die Sonne sank und an Steuerbord das Licht des Leuchtfeuers von Piave Vecchia am dunklen Strand aufglühte, gewannen die beiden Größenwahnsinnigen schon die Giraglia, das Rund-Korsika, den Admiral's Cup und das Sydney-Hobart-Rennen.

Berta kündigte ihren Freundinnen die bevorstehende Hochzeit an, mit oder gegen oder ohne Vorschriften. Amtlich oder auch selbstherrlich privat veranstaltet. Das war Berta inzwischen egal.

„Es geht mir doch verdammt noch mal nicht darum", rief sie
aufgebracht, „von irgendeiner amtlichen oder geistlichen Stelle die
Erlaubnis zu erbetteln, mit Arnold die Koje teilen zu dürfen! Das
können wir zwei alten Uhus schon allein entscheiden und auch
verantworten. Wir wollen es aber nicht nüchtern und übergangslos
machen wie Teenager, es geht uns einzig und allein um eine Klasse-
Zeremonie! Um ein bißchen Trara, um Tamtam, um eben den
romantischen Zinnober einer richtigen Hochzeit, wo man feierliche
Worte spricht und zu Tränen gerührt wird und alles mit Wein be-
gießt. Eben um ein passendes Happy-End unserer tollen und abenteuerlichen Segelfahrt. Das ist doch wirklich nicht zuviel verlangt!"

All das ging mir nochmals durch den Kopf, als ich in der kleinen
schmuddeligen Kneipe saß und dem hektischen Treiben rundum
zusah.

Gegen drei Uhr erschien der Bräutigam. Arnold sah in dem altmodischen Frack, mit steifem Jabot und Schmetterlingsschleife allerdings sehr ungewohnt aus, überhaupt nicht wie ein Grandsei-
gneur. Ich brauchte eine ganze Weile, um zu begreifen, was den
vornehmen Hauch so störte. Dann wußte ich es: Er sah wie ein
Oberkellner aus! Die schlampigen Kostümverleiher hatten ihm eine
schwarze statt einer weißen Frackmasche umgebunden. Dieses winzige Detail war aber sehr wichtig.

Berta improvisierte eine weiße Frackschleife mit einem Stück
Reservesegelstoff aus dem Takelbeutel.

Dann ging's los. Ich mußte mir den Säbel umbinden und mit
Simon und Georg die STRAWANZER bemannen. Unter den Ziehhar-
monikaklängen von *La donna e mobile* tuckerten wir vorsichtig
durch die Kanäle zum Friseur, wo die Brautjungfern und die holde
Braut abzuholen waren.

Unsere Amazonen sahen aus wie die weiblichen B.M.s des
Raumschiffs Enterprise, frisch aus den Händen der Maskenbildner,
und Berta – Berta war ein Traum!

„Unwahrscheinlich, was so ein Kleid, ein guter Friseur und die
Aussicht auf eine weiße Hochzeit aus einer Frau machen können",
raunte mir Simon zu. „Sie ist schön wie eine Primadonna aus der
Oper!"

Berta war wirklich kaum wiederzuerkennen. Sie war eine weiße
Wolke aus Spitzen, Schleiern und Blumen. So hätte auch ich sie
geheiratet, wäre ich noch ein lediger Segler gewesen.

Domenico im Sonntagsanzug, von Brillantine tropfend, geleitete

290

B. A. lief mit seinem Geschirrladen davon

sie als Brautführer und hielt ihr die Schleier und Säume, als sie über die Reling kletterte und den Rock dabei beinahe bis zu den spitzenbesetzten Dessous heben mußte. Aus allen Fenstern von Giudecca winkten die Leute und warfen Blumen auf unser Schiff, während wir schwitzenden Bootsleute den breiten Rumpf fluchend durch die engen Kanäle bugsierten, mit dem Bootshaken von bröckelnden Mauern abstießen und mit dem Prallfender auf und ab rannten, um wenigstens ein paar Häuser stehen zu lassen.

Vor der Kirche Santa Angela wartete eine überraschend große Menschenmenge; aus der offenen Tür drang Orgelklang, und davor stand Don Basilio im vollen Ornat und winkte uns, doch ein wenig schneller zu machen.

„Evviva!" brüllten die Gäste, als die Braut den Rock wieder bis zu den Hüften schürzte und weiße Netzstrümpfe und ähnliches in der Abendsonne aufleuchteten. Dann formierte sich der Hochzeitszug.

Voran der Bräutigam, gestützt von B. A., der mit seiner Tegetthoffmütze und dem Säbel so kaiserlich offiziersmäßig aussah, daß ein uralter Mann ein piepsiges: *„Evviva, imperatore e ré d'Austria!"* rief.

Simon, Georg und ich marschierten wie eine Leibwache hinterher, gefolgt von allerhand Venezianern aus der Kneipe und der Umgebung. Dann kamen Domenico und die holde Braut, von ihren Raumschiff-Amazonen umringt und ihrerseits gefolgt von einer Menge Weibervolk.

So zogen wir in die Kirche ein.

Auf der Treppe fiel Simon zum ersten Mal der Länge nach hin, weil ihm der Säbel zwischen die Beine geraten war. Das muß man geübt haben, mit so einem langen Ding am Gürtel stolperfrei herumzustelzen. Drinnen in der Kirche flog er dann noch einmal hin, und die heilige Angela oben am Altar hörte höchstwahrscheinlich zum ersten Mal in ihrer Kirche das ominöse Massaiwort: „Kazunga!"

Sonst lief alles ab, wie es sich gehörte. Die Kerzen brannten, der Chor sang, die Orgel spielte, die Ministranten knieten, standen oder gingen hin und her wie vorgeschrieben, sagten: „Amen", schwangen den Weihrauchkessel und trugen Don Basilio das Messbuch immer auf die Altarseite, wo er es nicht vermutete. Das hatte ich seinerzeit als Ministrant auch so gemacht, weil Hochwürden ja in unmittelbarer Nähe des Tabernakels nicht fluchen und schimpfen darf.

Alle Frauen einschließlich unserer schönen Braut weinten wie in einem Courths-Mahler-Roman. Es war wunderschön.

Die Kernfragen der Zeremonie wurden gestellt, richtig beantwortet, aber dann entstand eine gewisse Unruhe, weil Bräutigam und Don Basilio sich über die Ringe nicht einigen konnten. Der Professor wollte die Verlobungsringe verwenden, wogegen der Pfarrer ja grundsätzlich nichts einzuwenden hatte, aber er bestand darauf, sie persönlich anzustecken. Das ging aber nicht, weil man erst einen Goldschmied hätte kommen lassen müssen, um die Ohrringe wieder aufzusägen.

„Kannst du ihm nicht übersetzen, daß das keine Klips sind", bat Arnold seine neue Frau, „sondern echte Ohrringe? Sag ihm, wenn er noch mal an meinem Ohr zieht, hau' ich ihm eine runter. Die Stanzlöcher sind ja noch nicht mal verheilt, Sapperlot!"

Um dem Protokoll Genüge zu tun, borgten ihnen schließlich Domenico und Renate einstweilen ihre Ringe.

So waren alle zufriedengestellt.

Das Finale bekam ich nicht ganz mit, weil mich B. A. schon zupfte und für das Spalier vor die Kirche beorderte.

„Herrliches Thema für einen Horrorfilm!" schwärmte Simon, während wir uns mit gezogenen Säbeln in Reih' und Glied ausrichteten, je zwei Mann an jeder Seite der Kirchentreppe. „Braut und Bräutigam treten glücklich lächelnd aus dem Portal, nicht ahnend, daß da im Spalier der rauschgiftsüchtige und irre frühere Geliebte der Braut steht, der blutige Rache geschworen hat. Das junge Paar schreitet unter den Säbeln durch, da sieht sie das ihr wohlbekannte, verzerrte Gesicht, erschrickt, aber es ist zu spät! Der Mörder schlägt zu und macht auf den Stufen der Kathedrale alles zu Aufschnitt . . ."

„Simon, bitte halt deine blutrünstige Phantasie in Zaum! Du bist weder Bertas abgewiesener Liebhaber noch . . ."

Simon machte ein geheimnisvolles Gesicht. „Wer kann das schon wissen?"

„Bitte, fang nicht auch du noch mit solchem Kazunga an! Das ist ja direkt lachhaft! Da kann eine Frau Jahrzehnte allein herumstehen, und niemand nimmt von ihr Notiz. Aber kaum taucht einer auf, der sie haben will, sofort wird sie für alle hochinteressant; schlagartig bemüht sich jeder um sie. Das ist wie mit dem Spielzeug bei kleinen Kindern. Da will auch jeder von den lieben Fratzen immer genau die Puppe oder den Traktor, mit dem der andere gerade spielt. Kindisch!"

Simon spielte mit seinem Säbel. „Hm! Vielleicht ist es mit den Frauen wie mit den Autos? Einen Wagen, den sonst niemand fährt, einen ganz unbekannten, den will keiner haben. Aber der Schlitten, den der oder der Schauspieler fährt, oder der Nachbar, der muß toll sein. Vielleicht sollten Männer zwei Frauen haben, etwa so wie einen Zweitwagen? Eine schöne Limousine für den Stadtverkehr, mit viel Chrom und Lack, mit Stereoanlage und Ledersitzen zum Angeben – und einen unverwüstlichen Jeep mit Allradantrieb für die Jagd und für Bergtouren? Eine Dame von Welt zu Hause und eine Messerwerferin für die Seetörns?"

„Na schön", sagte ich. „Wenn du willst, rede ich mit Sonja, damit sie Anita als Zweitwagen in eure Familie aufnimmt . . ."

Er holte mit dem Säbel aus und schlug glatt nach mir!

Gut, daß ich bewaffnet war und wir in der Textilschule schon viel gefochten hatten, wenn auch nicht mit eisernen Klingen, sondern nur mit hölzernen Färberstöcken.

„En garde!" – „Da, nimm, du Hund!" – „Ätsch! Daneben!" –

„Terz!" – *„Touché!"* – „Pariert, Monsieur le Marquis! Aber jetzt nehm' ich Ihnen den Blinddarm ambulant!"

Kling! Klang, klirr, schepper! Das war lustig.

„Seid ihr wahnsinnig geworden? Hört sofort auf, ihr Blödmänner! Die Braut kommt!" B.A. fuhr beidhändig mit Säbel und Scheide zwischen uns. „Zurück ins Spalier!" Also stellten wir uns wieder auf. „Ta-ta-tara! Treulich geführt . . ."

Gemessenen Schritts kam Arnold mit dem bläulichen Haar am Arm seiner weißen Wolke aus dem Kirchentor. Wir kreuzten die erhobenen Säbel. Das war ein wirklich ergreifender Moment. Das letzte Licht des Abends glitzerte rosagolden auf den Waffen, der Braut rannen Tränen der Rührung über die Wangen. Georg machte den beiden die Geste „lebenslängliche Verurteilung", und Simon fragte erstaunt, wo sie denn ihre Nasenringe hätten, weil das doch die würdige Steigerung von Verlobungsohrringen wäre . . .

(Daß wir dann noch mit der Signalpistole weiße Sterne als Salut geschossen haben, sage ich lieber nicht laut. Es gibt nämlich einige Sportkollegen, die Vorschriften und: „Das tut man nicht!" tierisch ernst nehmen und nicht nach Lust und Laune segeln wie wir).

Dann gingen wir unter dem Ansturm der kußwütigen Menge in die Knie. Braut und Bräutigam wurden eine Viertelstunde lang geschmust, bis ihre Gesichter glänzend und fettig leuchteten wie die von Millionen geküßten Hände von Wallfahrt-Madonnen.

„Ihr seid alle meine Gäste!" schrie Arnold und umfaßte das Volk am Kirchplatz mit einer großzügigen Armbewegung. „Geht einstweilen zu Domenico!" Er drehte sich zu B.A. um. „Bringt ihr uns noch zum Fotografen?"

Das hätte ich beinahe vergessen. Natürlich wollte Berta ein nostalgisches Hochzeitsfoto aus Venedig haben. Sie wünschte sich eines mit gemaltem Hintergrund, gefrorenem Lächeln, hölzerner Pose und einer kitschigen Vase auf einem Tischchen, auf das sich der Bräutigam stützen mußte. Es sollte so aussehen wie das Hochzeitsbild ihrer Großmutter. Beim Herumstreunen in den Kanälen hatte ich das Atelier eines Kunstfotografen gefunden, der in erster Linie alte Fotos reproduzierte, die mir in seiner winzigen Auslage aufgefallen waren und mich an Bertas Wunsch erinnerten. Er verstand sich noch auf die Herstellung einer echten Daguerreotypie, jener veralteten Kunst, auf mit Jodsilber beschichteten Blechplatten ein Bild ohne Negativ zu entwickeln. Dabei entstanden diese herrlichen Brauntöne wie eben auf ganz alten Aufnahmen.

„Kling, klang, klirr!" Das war lustig

Dort brachten wir das neuvermählte Paar hin.

Danach motorte ich unseren Kapitän mit dem Schlauchboot zum Bahnhof, wo er einen Geldwechsler zu finden hoffte. Denn die Bordkasse der STRAWANZER und auch die Börsen aller B.M.s waren hochgradig erschöpft. Es war ein wildes Abenteuer, mit dem Zodiak durch die Kanäle zu brausen. Nur der Wendigkeit unseres Gummidingis und meiner in langen Jahren erworbenen Beibooterfahrung war es zu danken, daß wir nicht von dicken Schuten an Häuserwänden zerquetscht oder von scharfen Gondeln zerschnitten wurden.

An einer moosschlüpfrigen Stiege band ich das Schlauchboot an, B.A. verschwand im Touristenstrom, und ich blieb als Bootswache in der Nähe. Nicht, daß ich Venezianern zutraute, unseren Außenborder zu klauen. Aber was war, wenn gerade kostenbewußte Landsleute vorbeikamen, die sich den Schlaucher für eine Do-it-yourself-Kanalfahrt auf ein paar Stunden leihen wollten? Bei der heute modern gewordenen Selbstverständlichkeit, sich im Verlegenheitsfall einfach aus fremden Kassen, Geldbörsen oder Brieftaschen zu bedienen und sich Autos, Mopeds und Yachten ungefragt für Spritztouren zu leihen, schien es mir sicherer, ein aufmerksames Auge auf den Tender der STRAWANZER zu haben.

Nach einer Stunde begann ich, Barawitzka heftig zu verfluchen. Er kam und kam nicht zurück, ich stand mir die Beine in den Bauch, wurde ständig von hilflosen Touristen um den Weg zum Canale Grande, zum Markusplatz oder zur nächsten Toilette gefragt, während mir die einheimischen ambulanten Händler Andenken, Zigaretten, Eistüten, Ansichtskarten, Adressen intimer Klubs, Porno-Videokassetten oder ihre eigene Schwester andrehen wollten.

Wo, zum Teufel, irrte dieser Kerl herum? Oder war er ganz einfach irgendwo fein dinieren gegangen? Barawitzka war so etwas zuzutrauen.

Es wurde dunkel. Auf den Kanalterrassen leuchteten Tausende bunter Lampen und Lichtgirlanden. Mitten im dicksten Vaporettoverkehr glitten Gondeln vorbei, in denen Touristen den schmelzenden Gesängen der Ruderer lauschten.

Ich wollte schon allein losfahren, um nicht allzuviel von der Hochzeitsfeier zu versäumen, da hörte ich B.A.s lautes Organ in der Menge. Und dann wäre ich beinahe von der Schlauchbootseite, auf der ich kniete, in die dreckige Kanalbrühe gefallen, denn ich hörte auch die näselnde Stimme unseres alten Erzfeindes Dr. Krobatschek.

Wo, zum Henker, hatte B.A. diesen Halunken aufgegabelt?

„Also abgemacht", sagte er, schüttelte dem vermaledeiten Steuerseilabschneider noch die Hand und kletterte ins Boot.

Krobatschek, der Kazunga der Meere, stellte sich dicht an die Kaimauer und sagte etwas von einer vernichtenden Niederlage, die Barawitzka erleben werde.

Ich wurde aus der gegenseitigen Prahlerei nicht schlau, aber als ich die Leine löste und dicht vor meinen Augen Krobatscheks loses linkes Schuhband baumeln sah, da konnte ich mich nicht mehr bezähmen. Der Schotstek an der Bugleine saß blitzartig, und schon startete ich den Motor.

B.A. hob grüßend die flache Hand. „Und wenn Sie sich den neuesten America's Cupper mit Flügelkiel chartern, Dr. Krobatschek, ich werde Sie doch mit meiner Weibercrew schlagen. Und zwar mit jeder normalen seegängigen Serienyacht. Finden Sie sich ab damit!" Zu mir gewandt, rief er: „Ab die Post!"

296

„Niemals, niemals!" schrie der Vizekommodore des DDSG.

Ich gab Gas, Vollgas, und spürte schon nach wenigen Metern den Ruck am Bug. Krobatscheks Krawatte flatterte, als er plötzlich am Kanalrand entlangtanzte, ein Bein ausgestreckt wie ein Cancan-Tänzer. Dann sah es aus, als wolle er uns nachspringen. Es klatschte gewaltig, und ich ging sofort in den Leerlauf.

B. A. warf mir einen giftigen Blick zu und griff zum Bootshaken. „Idiot! Wenn ich das gewollt hätte, hätte ich ihn selbst angebunden. Jetzt ist vielleicht mein ganzer Plan im Eimer. Fahr näher ran!"

„Ich weiß gar nicht, wovon du sprichst."

„Ich hab' dir doch zugesehen. Tadellose Arbeit, aber nicht schnell genug für mich. Sieh zu, daß du den Knoten abschneidest, bevor wir ihn bergen."

Ich knirschte mit den Zähnen, weil ich mich nicht gern erwischen lasse. „Da is'n Slip dran", brummte ich unwillig.

B. A. erwischte den im Wasser Herumspuckenden mit dem Haken, zog ihn längsseits, und ich tuckerte vorsichtig zur Treppe zurück. Der Vizekommodore hatte zum Glück so viel Wasser geschluckt, daß er nicht sprechen konnte. B. A. hob ihn ans Ufer und übergab ihn hilfsbereiten Händen. „Tragen Sie ihn am besten gleich zum Bahnhof", riet er einem kräftigen Mann in T-Shirt. Mir zischte er zu: „Nichts wie weg! Gib Gas! Und halte dich an die Nebenkanäle!"

Die Rückfahrt glich einem nautischen Alptraum. Positionslampen hatten wir natürlich keine, und die Taschenlampe, die B. A. als Rundumlicht schwang, half so gut wie gar nicht. Es war eher ein Katz-und-Maus-Spiel mit den Barkassen und Motorbooten, und wir waren die Maus. STRAWANZERS Schlauchboot war zum Glück übermotorisiert, der 15 PS starke Suzuki gab uns das rasante Sprintvermögen einer recht flinken Maus. Aber trotzdem war ich froh, als die Lampions vor Domenicos Kneipe wieder in Sicht kamen. Wir legten bei STRAWANZER an, und die ausgelassene Menge am Kai nahm uns ohne Kommentar auf. B. A. wurde in den tanzenden Menschenhaufen gerissen, und ich landete auf einem Sessel neben Georg und Simon, die Arm in Arm ein in den Ohren schmerzendes Operetten-Potpourri schmetterten. Ich hatte mir kaum das erste Glas Wein eingeschenkt, da steckte Berta den Kopf zwischen uns und fauchte: „Sagt mal, ihr feiges und faules Pack, wollt ihr euch nicht gefälligst was einfallen lassen und die Braut entführen? Was ist denn das für eine langweilige Hochzeitsfeier?"

Das ließ sich Simon natürlich nicht zweimal sagen. Zwei Minuten später stopfte er den großen, leeren Genuasack durch das offene Fenster der Damentoilette, ich half Berta hineinsteigen, und dann trug ich sie mit Georg wie einen Ballen Bettwäsche völlig unbeobachtet durchs Lokal bis in unser Schlauchboot. Unter Arnolds Trinkglas ließen wir einen Zettel zurück: *„Wenn professore nix zahlt molto Lösegeld, dann arrivederci bella fidanzata! – I tre carbonari."*

Wir setzten uns in eine kleine Osteria ein paar Kanäle weiter, und obwohl die Karnevalszeit schon lange vorüber war, fiel dort eine weiße Braut mit säbelklirrenden Leibwächtern nicht sonderlich auf. Ein glückliches Volk, diese Giudeccanesen.

Der Wirt brachte Wein. Simon wollte wissen, wo ich mit B. A. so lange gesteckt hatte, und ich erzählte ihnen von Krobatscheks Kanalbad. Simon war so begeistert und schlug derart heftig auf den Tisch, daß die Gläser umfielen und die weiße Braut mit einem großen Rotweinfleck gleich viel STRAWANZER-mäßiger aussah.

„Ihr seid alle miteinander total verrückt", lachte Berta, während ihr der Wirt Salz auf den Schoß streute. „Ihr alle, euer Kapitän und auch Arnold. Aber ich war selbst zeit meines Lebens ein verrücktes Huhn, und deshalb liebe ich euch."

Mit einer weiten Armbewegung schaffte sie es, uns alle drei zu umarmen, daß wir mit den Köpfen aneinanderkrachten wie Billardkugeln, und küßte uns.

„Ancora un Litro!" schrie Simon gut aufgelegt. *„Padrone,* eine Runde fürs ganze Lokal ..."

„Wo bleibt denn mein Romeo so lange?" wollte Berta wissen. „Er könnte mich doch wirklich langsam finden. Ich bekomme Hunger ..."

„Der Wirt hat sicher auch was zu essen", schlug Simon vor. „Käse, Thunfisch oder Spaghetti ..."

Berta gab ihm einen übermütigen Schubs. „Du Dummkopf!" rief sie. „Ich meine doch nicht diesen Hunger. Wir haben schließlich bisher enthaltsam gelebt. Aber du verstehst eben nichts von Liebe, Rebitschekchen ..."

„Da sind sie!" dröhnte in diesem Moment Käptn Barawitzkas Stimme, und Arnold stürzte ins Lokal, wild um sich blickend wie Othello, der Desdemona in einer übelbeleumundeten Kneipe mit Cassio aufgespürt hat.

Auf der Straße vor Domenicos Kneipe feierten wir danach weiter.

Anita klingelte so lange mit dem Löffelstiel an ihrem Glas, bis zumindest einige der Gäste neugierig aufsahen.

„*Silencio!* Ruhe! Ich bitte um absolute Ruhe. Ich möchte eine immens wichtige Ansage machen."

Das war leichter gesagt als getan. Erst mußten wir dem wie besessen dudelnden Ziehharmonikaspieler seine Musikquetsche wegnehmen und dann Simon knebeln, der auch ohne Begleitung nicht aufhörte, italienische Arien in die Nacht zu heulen.

Schließlich stand Anita auf und stützte sich mit einer Hand auf meine Schulter.

„Liebe B.M.s, Freunde und Mädels! Seeschwestern und Seebrüder! Es wird noch lange dauern, bis wir alle Eindrücke und realen Auswirkungen dieser historischen Seefahrt verdaut haben. Wenn ich ‚historisch' sage, dann meine ich das auch so. Zum ersten Mal in der Geschichte der Seefahrt hat es für uns Frauen an Bord eines Schiffes keine Diskriminierung gegeben. Wir wurden wirklich, wie ausgemacht, gleichberechtigt behandelt. Das ist das alleinige Verdienst eines Mannes, der erstaunlicherweise hält, was er verspricht. Darum bringt jetzt mit mir ein Hoch aus, auf unseren Käptn B.A. Barawitzka. Er hat es verdient ..."

Sie ging in die Knie, und ich konnte sie gerade noch um die Hüften erwischen und festhalten.

„Hoch, hoch, es lebe unser Kapitän! *Evviva! Evviva!*" brüllte der Chor.

Anita rappelte sich wieder auf und stellte sich jetzt hinter mich, um sich mit beiden Händen abstützen zu können. Offenbar wollte sie noch etwas sagen.

„Seeschwestern von der S.U.F.F.! Noch eine erfreuliche Nachricht. Der Professor hat vorhin die *Strawanzer* dem Wimpel der Union unterstellt, und wir können damit Trainingsfahrten für Amazonencrews unternehmen, wenn er das Schiff nicht gerade für eine Regatta braucht. Was sagt ihr dazu? Es lebe Arnold, unser ..." Der Rest der Ansprache ging wieder in *Evviva*-Geschrei unter. Die wenigen Amazonen waren ja nicht so stimmgewaltig, aber die Venezianer brüllten mit, als hätten sie den Einsatz vorher geübt wie ein Festspielchor.

Anita war aber noch nicht am Ende. „Zwanzig Jahre habe ich vergebens nach einem männlichen Partner gesucht, der intelligent und emanzipiert genug ist, sich über veraltete Mann-Frau-Rollenklischees hinwegzusetzen; der auch mir meinen Freiraum zugestehen

299

kann, ohne deshalb zusammenzubrechen, impotent zu werden oder sich zu besaufen..."

„Harrrrrump!" machte B.A. und räusperte sich überlaut, doch Anita war prächtig in Fahrt. „Wißt ihr, warum ich keinen gefunden habe?" rief sie in die Menge. „Weil ich am falschen Platz gesucht habe: an Land. Richtige Männer gibt es nur auf See! Da draußen auf dem Meer, da treiben sie sich herum, diese Prachtexemplare, kräftig, stark und schön, die eine Frau nicht zum Kochen, Putzen und Nähen brauchen, weil sie das alles selber können. Dort müssen wir sie suchen! Zur See! Zur See! So wird jetzt die neue Kampfparole der Union Freier Frauen heißen. Holt euch die Matrosen, holt euch..."

Der Rest ihrer Brandrede ging in einem schrecklichen Tumult unter. Esther und Cleo sprangen hoch und stürzten sich auf Georg. Der wurde bleich und sprintete wie ein flüchtender Hase den Kai hinunter. Zehn oder zwanzig der weiblichen venezianischen Hochzeitsgäste nahmen ebenfalls die Verfolgung auf. Anitas Worte konnten sie unmöglich verstanden haben, aber vielleicht meinten sie, das Ganze wäre ein lustiger ausländischer Brauch.

„Wir werden eine Seglerkontaktseite in unserer Unionszeitung einrichten", verkündete Anita noch, dann sank sie plötzlich in meine Arme. „Oooooh! Wie kommt denn das?" stöhnte sie. „Jetzt werde ich auf ebener Straße seekrank? Wo ist der Torpedoraum, Rechenschieber?"

Ich geleitete sie vorsichtig bis vor die Tür des entsprechenden Etablissements von Domenico.

Auf dem Rückweg rannte ich Simon in die Arme. Er packte und schüttelte mich wie eine Rumbakugel. „Hast du gehört? Das ist super! B.A. hat mir soeben von seiner letzten Begegnung mit Krobatschek erzählt. Und ich habe geglaubt, sein Kanalsturz sei die Krönung unseres STRAWANZER-Törns gewesen. Hast du's etwa nicht gewußt? B.A. hat alle Wetten annulliert, auch unsere. Wir brauchen die fünftausend Kröten, die wir verloren haben, nicht zu bezahlen. Was sagst du nun?" Er tanzte mit mir einmal im Kreis und schleppte mich dann zum Tisch des Käptns. „B.A. hat diesen Halunken vor dem Geldwechselschalter getroffen. Sie haben sofort wieder zu streiten begonnen. B.A. hat ihm die Sabotage an unserem Steuerseil auf den Kopf zugesagt, da hat dieses Aas nur gegrinst und gesagt, wenn er im Klub auch nur eine Andeutung darüber macht, dann steckt er dem Alt-Kommodore die Sache mit dem Taubstummenpokal. Weiß der Teufel, woher er davon Wind bekommen hat! Aber er hat's gewußt. Doch damit hatten sich die beiden selber in eine hoffnungslose Patt-Stellung manövriert. So blieb ihnen nichts anderes übrig, als alles zurückzunehmen, alles zu annulieren. B. A. verzichtet deshalb großzügig auf alle Wetten, die er in Zusammenhang mit dieser Regatta abgeschlossen hat. Na, was sagst du dazu, Karl?" Simon manövrierte mich in den Sessel neben Barawitzka. „Ende gut, alles gut! Jetzt kommt traditionell wie bei allen unseren Fahrten der Moment, in dem Simon Rebitschek sein Schlußplädoyer hält, das Fazit aus Miseren und Meriten zieht und die Laudatio . . .“

„He! Halt! Sei nicht so voreilig", stoppte ich ihn.

„Hat dir unser listenreicher Odysseus und verschlagener Trickskipper auch schon verraten, daß er bereits eine neuerliche Wettfahrt mit Krobatschek abgemacht hat? Weißt du, wohin wir diesmal verkauft worden sind? Frag ihn lieber erst, bevor du Lorbeeren, Weihrauch und Myrrhe verteilst! Wer weiß, in was er uns wieder hineingeritten hat!"

B. A. machte ein so sonderbares Gesicht, daß Simon schlagartig mißtrauisch wurde. „Heraus damit! Was hast du uns schon wieder verheimlicht?" fuhr er den Kapitän rauh an. Seine Begeisterung war wie weggewischt. „Welches Komplott hast du mit dem Kazunga-Kommodore gegen uns geschmiedet?"

Barawitzka sah uns so treuherzig und scheinheilig an wie ein Gebrauchtboothändler, der ein besonders morsches Wrack an blutige Landratten verscherbeln will.

„Ihr werdet begeistert sein, wenn ihr hört, in welches Ding ich Krobatschek hineingehetzt habe." Er beugte sich vertraulich näher und senkte die Stimme. „Er war Feuer und Flamme, daß wir unsere Kräfte auf einer richtigen Hochsee-Langstrecke messen. Es ist alles perfekt, besiegelt und beschworen. Wir starten im nächsten Jahr von Monte Carlo zu einem richtig langen Törn, und wer als Erster wieder in Monte Carlo anlegt, ist Sieger und wird Vizekommodore. Es wird also eine faire Privatregatta, nur er und ich, unsere Schiffe und Crews. Was haltet ihr davon?"

Rebitscheks Gesicht leuchtete auf. „Ohne Dreieckskurs, Wettfahrtleitung und Regattaregeln ist er aufgeschmissen! Das ist doch klar wie die Kimm bei Bora. Jetzt haben wir ihn im Sack, B. A. Auf einer Langstrecke, da bügeln wir ihn mühelos unter. Da bin ich dabei. Wohin soll's gehen, o Kommodore aller Kommodores und erhabener Flottenführer? Einmal rund Korsika? Oder gar bis Sizilien und zurück?"

Barawitzka grinste teuflisch. „Viel weiter, Rebitschek. Du wirst dabei auf deine Kosten kommen. Wir haben ausgemacht, daß der Sieger Hafenbestätigungen von Las Palmas, Panama, Tahiti, Tonga und Kapstadt mitbringen muß. Das ist die längste Strecke, die wir uns ausdenken konnten. Na, was sagt ihr dazu, ihr Meilenfresser?"

In meinen Ohren klang zwar noch „Panama", „Tahiti" und „Kapstadt" nach, aber dennoch glaubte ich, mich verhört zu haben. Dann sickerten diese Regatta-Wegpunkte tiefer in mein Gehirn, und vor meinen geistigen Augen entstand eine lange, lange Kurslinie, die diese Häfen auf einer Weltkarte zu verbinden begann. Von Monaco nach Westen, – Kolumbus, schau herunter! –, bis wir, von Osten kommend, die weißen Häuser und den Leuchtturm von Cap Ferrat wieder in Sicht bekamen. Das war – das war ... Ich verspürte den ungeheuren Drang, wie ein Werwolf den Mond anzuheulen.

„Panama ... Tahiti ..." stammelte Simon. „Das hört sich ja an wie Zwischenstationen einer Weltumsegelung ..."

„Sehr richtig, Rebitschek, mein alter Wantenspleißer und Magellan! Das ist unsere Route. Wir müssen spätestens zu Weihnachten mit den Vorbereitungen fertig sein. Um die günstigen Winde auszunützen, sollten wir schon im Januar starten." B. A. zündete sich eine neue Zigarre an. „Ich lege Ausrüstung und Verproviantierung in deine bewährten Hände ..."

Aber diesmal hatte sich der gerissene Barawitzka verplant. Simons bewährte Hände griffen nicht nach der Ausrüstung, sondern nach B. A.s kurzem Hals, und im nächsten Augenblick rollten die beiden wie kämpfende Kater über die Straße. Wenigstens ging ihr Gefechtslärm in der Tarantellamusik unter. Ich war von B. A.s neuem Regattavorschlag noch so gelähmt, daß ich mich erst bewegte, als die beiden schon über die Kaikante ins Wasser plumpsten. Ich ging am Ufer nebenher, während sie im Kanal zur Badeleiter der Strawanzer schwammen.

Beim Umziehen mußten sie sich beeilen, denn ein improvisierter Fackelzug geleitete das Brautpaar nach alter Tradition bis in die Brautkojen. Wir entkamen durchs Vorluk, um so lange bei Domenico weiterzufeiern, bis die Hochzeitsnacht vorüber war. Sehr ideal war ja Lullingers Yacht für eine intime Romanze nicht gerade.

Vom Kanalbad etwas ernüchtert, besprachen wir drei die Konsequenzen von B. A.s Irrsinnswette. Weder ich noch Simon sahen eine

302

Chance, einen 24monatigen Urlaub genehmigt zu bekommen. B. A. gab zu, daß er dafür seine Firma liquidieren müßte.

„Und ich dachte schon, diese Regatta mit den Amazonen wäre dein blödsinnigster Geniestreich gewesen", sagte Rebitschek. „Was waren das für gemütliche Reisen damals mit der alten HIPPO-DACKL ...“

HIPPODACKL!“ stieß der Käptn plötzlich triumphierend hervor. „Das ist es! Ich sehe schon wieder den Silberstreif am Horizont ... Nein! Ich sehe mehr. Ich hatte das Mittel, diesen Krobatschek unschädlich zu machen, schon die ganze Zeit in der Hand und merke das erst jetzt. Ich werde scheint's auch schon alt und dumm. Der HIPPODACKL-Trick! Natürlich! Damit schaffen wir ihn uns vom Hals.“

„Nicht nur alt und dumm, sondern ganz vertrottelt, scheint mir ...“ Aber Simon wurde von B. A. unterbrochen, der jetzt in seinem goldgelben Trainingsanzug förmlich vor Energie zu dampfen begann (oder waren das nur seine feuchten Haare und Socken?).

„Hört mir einen Moment zu und versucht mitzudenken", flüsterte der Käptn verschwörerisch. „Aber ja kein Wort zu einer anderen lebenden Seele! Das muß absolut unter uns bleiben. Jede Regatta hat einen P. O. N. R ...“

„Einen was?“

„Einen P. O. N. R., einen *point of no return*. Das ist der Punkt, von dem an es kein Umdrehen, kein Abbrechen, keine bequeme Rückkehr mehr gibt; das ist beim olympischen Dreieck die Luvtonne oder beim Fastnet Race der gleichnamige Leuchtturm und Felsen. Ist man erst dort, muß man weitermachen. Bei einer Weltumsegelung liegt der P. O. N. R. schon ziemlich am Anfang der Strecke, Zwei-, Dreitagesreisen hinter den Kanaren. Dort dreht man nicht mehr um, besonders wenn man glaubt, im Rennen vorn zu liegen. Hört ihr vielleicht schon das Vöglein singen?“ B. A. starrte uns erwartungsvoll an.

Über Rebitscheks glattes Gesicht huschte ein hinterhältiges Lächeln. *„Mais oui, mon cher capitaine! J'ecoute chanter un petit oiseau méchante.* Einen sehr heimtückischen Vogel höre ich pfeifen. Jetzt weiß ich, was du unter HIPPODACKL-Trick verstehst. Also werden wir die Weltumsegelung mit Volldampf betreiben? Alles unter strengster Geheimhaltung? Aber wenn Krobatschek beim Seekartenhändler seine Liste auspackt, werden wir kaum verhindern können, daß er erfährt, daß wir eine Tonne Karten, Handbücher und Almanachs

303

bestellt haben. Er wird unsere Spur leider auch bei den Segelmachern, den Schiffselektronikhändlern und Seilflechtern aufspüren." Simons weißes Gebiß leuchtete im Lampionschein. „Wie sollen wir unsere Zeitungsannoncen um Besatzungsmitglieder verschlüsseln, ohne daß er bald dahinterkommt, wer da wetterfeste Smutjes und transatlantikerfahrene Deckhands sucht?"

„Sehr richtig!" nickte B. A., ebenso hinterhältig grinsend. „Selbstverständlich werden wir keine Interviews geben, unsere Vorbereitungen müssen wir vor Krobatscheks Regattaspionen absichern, als wäre es ein Komplott zu einem Staatsstreich. Schlimm ist natürlich, daß wir all den Charterunternehmen, bei denen wir um eine geeignete Hochseeyacht anfragen, keine strikte Geheimhaltungspflicht auferlegen können. Und wir müssen natürlich in Krobatscheks Umgebung versuchen, so viele seiner Mitsegler und Freunde wie nur möglich zu bestechen und zum Verrat seiner Vorbereitungen zu bewegen. Das wird ein hektischer Herbst. Viel Zeit haben wir nicht."

„Nach dem Start geben wir natürlich nur mehr chiffrierte Positionsmeldungen durch", flüsterte Simon verschlagen. „Wir werden vielleicht noch im Mittelmeer eine Havarie vortäuschen, damit sich Krobatschek sicher fühlt und trödelt. Aber auch er wird zu allen Tricks greifen, die es gibt. Wir werden auf der Hut sein müssen, sonst passiert es uns, daß wir zum Start gar nicht auslaufen können, was, Käptn?"

„Das wäre selbstredend eine Katastrophe", lachte B. A. unpassend fröhlich. „Stellt euch vor, wir vergessen schon vorher, den Charterkontrakt rechtzeitig anzuzahlen. Dieses Handicap . . ."

Da dämmerte es mir endlich. „Ihr verdammten Halunken! Jetzt hab' ich erst den HIPPODACKL-Trick begriffen. Wir bereiten die ganze Weltumsegelung vor, und dann . . ."

„Sehr richtig!" prustete Barawitzka lauthals. „Dann rast er los wie ein vergifteter Affe. Durch die Säulen des Herkules, über den Atlantik, immer weiter, immer weiter . . . Den Vizekommodore schenke ich ihm. Den hat er sich danach verdient. Hauptsache, das Mittelmeer ist mindestens zwei Sommer lang krobatschekfrei. Ein herrlich aufbauender Gedanke!"

Simon packte B. A. Barawitzkas Hand und schüttelte sie freudig erregt. „Boris, Boris, du bist der Größte! Bei allen ausgekochten Spitzbuben von Tanger! Meiner Seel', du steckst sie alle in den Sack!"